*Meinen Kindern Marja-Lisa, Janna und Henrik,
die mir eine Brücke sind auf dem Weg in eine
offenere und bessere Welt.*

Mut stand am Anfang, Glück am Ende!

eMail: weber.hage@t-online.de

Internet: www.depri-info@hans-georg-weber.de

Ausstattung & Gesamtherstellung:

Digitalakrobaten / Druckwerkstatt, Fernwald
www.digitalakrobaten.de Tel. o64o4-9o49o

Einbandgestaltung: K.-H. Bloch

1. Auflage 2oo2
2. Auflage 2oo2
3. Auflage 2oo3
4. Auflage 2oo3

ISBN 3-936705-06-2

bookXpress

HANS-GEORG WEBER

(K)EIN DEPRESSIVER MANN

EINE UNGEWÖHNLICH OFFENE LEBENSGESCHICHTE ZWISCHEN DEPRESSION UND LEBENSLUST

EIN BETROFFENER ERZÄHLT

Zum Autor:

Hans-Georg Weber, geboren 1959, erlebte bereits im Alter von 25 Jahren eine erste schwere Depression. Nach acht depressionsfreien Jahren nahm ihn die Krankheit unbarmherziger denn je zuvor ein zweites Mal fest in ihre Umklammerung. Nach einer Odyssee durch verschiedene Institutionen und drei langen Klinikaufenthalten kam der Tag, an dem die Schleierwand der Depression sich langsam für ihn lichtete.
Eine Broschüre, die er in der Praxis seines Neurologen entdeckte, bewog ihn dazu, dieses autobiographische Erfahrungsbuch zu schreiben. Hans-Georg Weber lebt und arbeitet in Mittelhessen und engagiert sich für den Aufbau von Selbsthilfegruppen und setzt sich für die Ent-Tabuisierung der Depression ein.

Alle Namen von Personen, Firmen, Kliniken etc. wurden verändert

Inhaltsverzeichnis

Danksagung

Ich bedanke mich bei meiner ehemaligen Deutschlehrerin Hannelore Hepp, die als „Lektorin“ die abschließende Textkorrektur vornahm und mir sachkundig und wohlwollend empfahl, sprachliche und inhaltliche Änderungen vorzunehmen. Ich danke meiner Erstleserin Reinhild Löbrich die das zunächst wesentlich längere Manuskript las und mir wichtige Tips und Hinweise zur Verbesserung und Straffung des Textes gab. Dank an meine Verhaltenstherapeutin, die das Manuskript hinsichtlich schwieriger Details zum Abschluß las. Danke, Markus Montebauer für die computertechnische Arbeit und Herrn Bloch für die graphische Gestaltung.
Und danke an meine Frau Ina für die vielen guten Gespräche und fürs Zuhören, wenn ich oft, manchmal auch zu oft, über meine Arbeit zur Ent-Tabuisierung der Krankheit Depression sprach. Ohne die Hilfe dieser vier Frauen und drei Männer wäre meine Autobiographie nie in dieser Qualität und Form zustande gekommen.

Dieses Buch will Mut machen,

und all den vier Millionen Menschen, die in unserem Lande ständig an Depressionen leiden, helfen, diese quälende und im äußersten Falle bis zur Selbstaufgabe und Selbstzerstörung führende Krankheit zu überwinden. Aber das Buch will auch zeigen, daß es für den Weg auch aus schwersten Depressionsphasen und deren Heilung enorm wichtig ist, sich offen zu der Krankheit zu bekennen und das Gespräch darüber zu suchen.

Ich selbst habe, nachdem ich mich über ein Jahr in meiner zweiten Depressionsphase in einem riesigen abgrundtiefen Loch befand, keine Hoffnung mehr auf Heilung gehabt.

Durch die Hilfe meiner Frau, die mich nie aufgab, meines Neurologen und letztlich durch das gesamte Ärzte- und Pflegeteam, sowie den Arbeitstherapeuten der Klinik „Hohe Mark", Oberursel, schaffte ich es nach 22 Monaten, wieder Schritt für Schritt aktiv am Leben teilzunehmen.

Sicherlich begünstigt unsere Gesellschaft nur wenig das Erleben und den Ausdruck von Gefühlen. Außer im Sport werden Sie von frühster Kindheit angehalten sein, Ihre Emotionen zu verbergen. So lange Sie nicht körperlich krank sind, wird von Ihnen erwartet, daß Sie funktionieren. Deprimiert zu sein, an einer Depression zu leiden, ist gegenüber Krankheiten wie Herzinfarkt oder Magengeschwür immer noch mit einem gesellschaftlichen Tabu belegt und damit sozial inakzeptabel. Darum halte ich das Bekennen und das Heraustreten aus dem Schatten der Anonymität für einen wichtigen Schritt, um diese für Angehörige und Nichtbetroffene immer noch mit viel Unverständnis behaftete und nicht nachvollziehbare Krankheit vom Stigma zu befreien.

Bitte ignorieren Sie nicht die Anzeichen und Symptome einer Depression, sondern haben Sie den Mut offen über Ihr Seelenleben zu reden und schämen Sie sich nicht, Hilfe anzunehmen.

Verlieren Sie trotz aller Verzweiflung nie den Glauben daran, daß das Eis Ihrer Seele nicht wieder auftauen wird. 90 Prozent aller De-

pressionen sind heilbar. Mit meinen Erfahrungen möchte ich Sie ermutigen daran zu glauben, daß es immer einen Weg gibt, Sie müssen ihn nur finden.
Mit meinem autobiographischen Erfahrungsbuch will ich aufzeigen, wie aufregend, spannend und auch leidenschaftlich ein Leben trotz, wegen und nach dieser Krankheit sein kann.

Bubenjahre

Haus und Hof - Land- und Gastwirtschaft

Hoppla, da war ich nun auf der Welt. Geboren am 10. August 1959 in einem extrem heißen Sommer als drittes Kind meiner Eltern Hans Albert Weber und Maria Loni Weber geb. Engel. Zu der Stunde, wo in unserem kleinen mittelhessischen Dorf inmitten der hügeligen Landschaft, umgeben von Wiesen und Feldern, die Menschen die Kirmes feierten. Und wieder ein Sohn. Dabei hatte sich mein Vater so sehr ein Mädchen gewünscht. Schon immer und nicht nur als Nachzügler meiner sechsjährigen und neunjährigen Brüder.

Nach der Geburt nahm ich keine Nahrung zu mir und wurde nach ein paar Tagen in die Kinderklinik verlegt. Mit Schläuchen am Kopf lag ich in einem Sauerstoffzelt und wurde künstlich ernährt. Mein junges Leben hing an einem seidenen Faden.

Bei meiner Taufe im September '59 lebten noch zwei Großväter und eine Großmutter. Für meinen Großvater Georg Weber erblickte ich bereits als der siebte Enkelsohn das Licht der Welt und keiner von den männlichen Nachkommen trug seinen Vornamen. Großvater Georg stellte meinen Eltern die erpresserische Forderung: „Entweder heißt das Kind so wie ich, oder ich komme nicht zur Taufe und will den Jungen auch nicht sehen."

So wurde ich als Kompromißlösung auf dem Namen Hans-Georg getauft. Nur wenige Wochen nach meiner Geburt starb Opa Georg, den ich somit nur noch von alten Bildern her kenne. Großvater war als Land- und Gastwirt ein mächtiger Mann mit viel Ansehen gewesen. 1934, als mein Vater 10 Jahre alt war, starb seine Frau. Später heiratete Opa Georg wieder. Mein Vater und seine drei Brüder wurden von ihrer Stiefmutter großgezogen. Auch wenn sich Vater mit dieser Frau sehr gut verstand, so konnte er sie doch niemals mit Mutter anreden. So lernte ich als Kind leider nur die Eltern meiner Mutter Loni kennen.

⁂

Die erste Erinnerung an meine Kindheit habe ich im Alter von vier Jahren. Man schrieb das Jahr 1963, als Kennedy Berlin besuchte und meine Oma Luise den 70. Geburtstag feierte. Ich lag zum Mittagsschlaf im Kinderbett, das im Schlafzimmer meiner Eltern stand. Als ich erwachte, hörte ich Stimmen und Geräusche, so als wäre die Geburtstagsfeier unten in der Gastwirtschaft meiner Eltern bereits voll im Gange. Ich zog mich an den Stäben des Bettes hoch und sah auf der Kommode neben dem Kinderbett einen Teller mit Kuchen stehen. Außer einem Teelöffel lag ein Messer daneben. Laut rief ich nach meiner Mutter, daß sie mich endlich holen kam. Nichts rührte sich. Aus Wut und vor lauter Langeweile, schnappte ich mir das Schneidwerkzeug und begann zwischen den Stäben des Gitterbetts zu sägen. Frei nach Max und Moritz: Ritsche-Ratsche-Ritsche-Ratsche. Meine Mutter schrie und tobte, als sie mich zu meiner Freude endlich aus dem Bett holte.

Ölöfen und Plumpsklo

Zu dieser Zeit, in den 60er Jahren, saßen bei uns acht Personen am Mittagstisch. Eine typische ländliche Großfamilie. Außer meinen Eltern und Großeltern – die durch die damaligen harten Arbeitsbedingungen in der Landwirtschaft und durch die Gaststätte sehr beschäftigt waren, noch meine 13 und 10 Jahre alten Brüder, Hugo und Lothar, sowie der Bruder meines Großvaters.
In der nahe der Kirche gelegenen großen Hofreite befand sich im Erdgeschoß des Wohnhauses die Gaststätte. Über dem Lokal war das Wohnzimmer. Während Küche und Gaststätte mit Ölöfen beheizt wurden, stand in der guten Stube ein kleiner brummender Elektroofen. Neben dem regional typischen Hoftor befanden sich die Toiletten der Dorfkneipe. Daran grenzte die Wirtschaftsküche des 1930 von Opa Albert erbauten Saalgebäudes an. Der Saal war ein separates Gebäude, das in den vormals sehr großen Hof gebaut wurde. Auf dem Dachboden des mit Klinkern gebauten Saals, lagerte das Getreide. Unterhalb der Treppe, die auf den Speicher

führte, waren zwei Plumpsklos und ein Pissoir, die als Saaltoiletten dienten. Durch einen kleinen Hof getrennt, grenzte der Saal, an die riesengroße Scheune, die meine Uroma 1911 in einem für unsere hessische Region untypischen Klinkerstil erbauen ließ. Auch wenn die Gaststättentoiletten beim Umbau des Lokals 1963 grundlegend renoviert wurden, benutzte mein Großvater Albert Engel immer nur sein gewohntes Plumpsklo.

Eines Sonntagmorgens – ich war jetzt sechs Jahre alt – rief mich meine Oma. Ich sollte nachsehen, warum mein Großvater so lange für den Gang zum Klo benötigte. Ich lief aus der Küche durch den Hausflur in den kopfsteingepflasterten Hof. Als ich in den kleinen hinteren Hof zwischen Saal und Scheune mit ihren herrlichen Segmentbögen blicken konnte, sah ich meinen Großvater regungslos am Boden liegen. Opa Albert lag auf dem Pflaster direkt vor seinen geliebten Pferdeställen. Ich traute mich nicht ihn anzurühren, wie er da auf den graublauen Steinen lag, als würde er schlafen. So schnell ich konnte, rannte ich ins Haus zurück. Die Sorge meiner Oma, daß der Opa zu lange ausblieb, hatte sich auf traurige Weise bestätigt. Opa Albert Engel starb im Alter von 73 Jahren.

Ich war anders als meine Brüder noch zu klein, um mich später noch gut an ihn erinnern zu können. Ich weiß nur noch, daß Großvater übermaßen ordentlich war und mehrmals wöchentlich Hof und Straße kehrte, und daß ich ihm einmal mit seinem Stock aus dem Schuppen hochhalf, nachdem er gestürzt war. Wie Opa Georg, war Opa Albert ebenfalls ein angesehener und engagierter Mann im Dorf, der mit Leib und Seele den Beruf des Bauern ausübte und zum ersten Kreislandwirt des Landkreises gewählt wurde. Ebenfalls engagierte er sich parteipolitisch für die „Christlich-Demokratische-Union", wie Oma Luise die Partei stets mit ihrem vollen Namen nannte und besonders betonend aussprach.

*

Als mein Bruder Hugo seine Lehre als Landwirt im elterlichen Betrieb beendet hatte, erfolgte 1968 ein großer Hofumbau. Das Vorhaben nannte sich „Althofsanierung". Ich freute mich, als die Bau-

maschinen anrückten. Doch würde sich die Investition lohnen, die meine Eltern für die Zukunft des Hofs einsetzten? Und wie würde sich das Gesicht der Scheune ändern?
Jeden Morgen in den großen Ferien konnte ich es kaum erwarten, bei den Bauarbeiten mitzuhelfen. Mit einer blauen Schürze ausgestattet, versuchte ich mich überall nützlich zu machen. Beim Umbau des Pferde- und Hühnerstalls zu einem großen modernen Schweinestall fiel mir ein riesengroßer „Wackerstein" auf den Daumennagel. Nachdem der Finger drei Tage stark geklopft hatte, löste sich der Nagel ab. Erst viele Jahre später fiel mir auf, wie sehr die schöne Scheune unter dem Umbau gelitten hatte.
Nicht nur äußerlich, nein auch im Inneren von Haus und Saal hatte sich viel verändert, weil mein Vater der Meinung war, daß das ganze alte Gerümpel nun vom Hof müsse. Mir standen die Tränen in den Augen, als er das zwar etwas verstimmte, aber schöne alte Klavier mit Kerzenleuchter links und rechts auf den Mistwagen lud und auf den örtlichen Schuttabladeplatz fuhr. Von B wie Bauschutt, bis W wie Waschmaschine wurde in dieser Zeit als der Begriff Umweltschutz noch ein Fremdwort war, alles auf diese Dorfmülldeponien abgeladen.

*

Nachdem mein Bruder Hugo zur Bundeswehr mußte, hatte er danach wenig Interesse für die Landwirtschaft. Dadurch hatte mein Vater nur noch selten Hilfe bei Ackerbau und Viehzucht. Doch mit Land- und Gastwirtschaft und als Arbeiter in einem Betonwerk, hatte „Babbe" wie ich ihn immer auf mittelhessisch zu nennen pflegte, eine Dreifachbelastung.

Knolle und Wurst

Apropos Landwirtschaft. Die schönsten Erinnerungen an die Zeit zwischen dem sechsten und zwölften Lebensjahr habe ich an die alljährliche Kartoffelernte, wo ich immer den kleinen Traktor fah-

ren durfte. Und an die Abholung der Küchenabfälle bei den amerikanischen Kasernen in Gießen.
Obwohl wir mit zwei verwandten Bauern einen Kartoffelsammelroder besaßen, brauchte es noch einer Anzahl von fleißigen Helfern, um die Ernte einzubringen. In die Spätherbstsonne stieg der Kaffeeduft empor, als meine Mutter das selbstgebackene frische Brot auf dem Anhänger auspackte. Jeder von uns suchte sich auf dem Wagen oder den Säcken ein Plätzchen, um sich in Gottes freier Natur zur stärken.
Nachdem ich meinen „Traktordienst" beendet hatte, luden Vater und die anderen männlichen Helfer die Kartoffelsäcke auf den Anhänger. Ich schnappte mir in der Zwischenzeit meinen Drachen und freute mich darauf, das selbstgebaute Teil, steigen zu lassen. Es war ein herrlicher Oktobertag an dem mir der Wind nur so um die Ohren wehte. „Viel Schnur, gib ihm nur soviel Schnur damit der Drachen richtig steigen kann", dachte ich mir und lief immer weiter vom Kartoffelacker weg. Ich hörte eine Stimme rufen und drehte mich während ich weiterlief um. Ich sah meinen Vater in der Nähe des Traktors stehend, mir wild gestikulierend etwas zurufen, das ich aber nicht verstehen konnte. Er schrie immer lauter und deutete mit der rechten Hand nach oben, als ich mich wieder umdrehte. „Was wollte Vater nur. Der Drachen ist so schön hoch", dachte ich. Und urplötzlich schaute ich instinktiv nach oben.
„Mein Gott, ach du sch..., keine hundert Meter vor mir, sah ich auf mehrere Hochspannungsleitungen!" Wie angewurzelt blieb ich stehen. In aller Eile zog ich die Drachenschnur ein und rannte zum Kartoffelfeld zurück. „Mensch, Kleiner, hast du mich nicht gehört?", rief mir Vater mit hochrotem Gesicht zu. Erst sehr viel später wurde mir bewußt, daß „Babbe" mein junges Leben gerettet hatte.
Nachdem die Erdäpfelernte eingefahren war, warteten auf mich und viele meiner Schulkameraden die Tage, in denen die Kartoffeldämpfmaschine von Hof zu Hof fuhr, um die aussortierten kleinen Knollen wie Pellkartoffeln auf dem Herd zu kochen. Alleine schon dieser Geruch, der mir auf dem Nachhauseweg vom Schul-

bus um die Nase wehte, war atemberaubend und appetitanregend. In meiner Erinnerung rieche ich noch heute diesen unverwechselbaren köstlichen Dämpfkartoffelgeruch. In Windeseile aß ich zu Mittag, machte schnell meine Hausaufgaben und rannte zu dem Hof, wo das Unikum auf vier Rädern stand. Nachdem die Knollen gewaschen waren, wurden sie in einem der drei trichterförmigen Kessel transportiert. Die Erdäpfel wurden nun eine bestimmte Zeit unter Dampf gesetzt und gar gekocht. Danach mußte der Druck am Deckel des Behälters langsam abgelassen werden.
Ich war gerade rechtzeitig gekommen. Ich half beim Ausleeren der Säcke vom Anhänger in die „Waschtrommel", als ich dieses zischend laute Geräusch hörte. Und wie das zischte und dampfte. Für mich bedeutete es einen Heidenspaß, den Kesseldeckel zu öffnen, auch wenn mir das Druckablassen nicht immer geheuer war. Die gedämpften Kartoffeln wurden in eine Schneckenpfanne abgelassen und von dort auf einen Anhänger befördert. Da stand ich nun wieder unten an der Transportschnecke und holte mir eine kleine heiße Knolle nach der anderen heraus, um sie genußvoll zu verzehren.

⁂

In den Küchen der amerikanischen Armee bekam ich als Belohnung fürs Mitfahren auf dem Traktor meistens Icecream oder auch mal ein Frühstück mit Ham and Eggs. Wenn mein Vater aus den alten aufgeschnittenen Öltonnen mit den Essensabfällen der Kasernenküchen wieder einmal innerhalb weniger Wochen eine Menge Bestecke herausgefischt hatte, kam der Küchenchef zu uns nach Haus, um über den „Finderlohn" zu verhandeln. Seine Besteckausstattung war vollkommen geplündert, nachdem seine GI's oft das komplette Tablett mit Zubehör in die Essensrestetonnen warfen.
Meist rechnete Vater und der US-Offizier in Naturalien in Form von Verpflegungspäckchen oder Lebensmitteldosen ab.

⁂

Ein Höhepunkt in jedem Frühjahr und Herbst war die Hausschlachtung. Nicht, daß mir das „Tot machen" vor dem Scheunentor im Hof durch unseren Dorfmetzger Spaß gemacht hätte, wenn ich immer das Blut rühren mußte, nachdem der tödliche Schlagbolzen das an einem Wandhaken befestigte Nutztier traf. Nein, das nicht. Aber am nächsten Tag die verschiedenen Sorten Koch- und Bratwurst herzustellen, das gefiel mir gut. Gleich nach der Schule, die ich sogar öfters dafür schwänzte, flog der Ranzen in die Ecke und ich zog mir die kleine blaue Kittelschürze an. Ich schnitt Fleisch klein, ließ es durch einen Wolf und vermengte von Hackfleisch bis Blutwurst, jede Wurstsorte im Trog. Am Abend, nachdem alles Fleisch verarbeitet war und der Hackklotz, der Tisch und die Geräte gereinigt waren, begann in der Gaststätte das große Schlachtfest. Mein Vater lud die halbe Firma Greiling ein. Und so blieb von dem Schwein nicht mehr viel für unsere Familie übrig.
Im selben Kessel, in dem die Wurst gekocht wurde, bereitete auch meine Mutter aus Pflaumen das Pflaumenmus zu. Auch diesen herrlich süß duftenden Geruch, der im Hof sofort zu riechen war, wenn ich von der Schule heim kam, empfinde ich noch heute als einzigartig und schön.
Solange meine Eltern Kühe hielten, so etwa bis zum Hofumbau, trank ich jeden Morgen ein Glas frische Kuhmilch. Es dauerte sehr lange, bis ich mich danach an die Tütenmilch gewöhnte. Später wiederum konnte ich dann keine Frischmilch mehr von der Kuh trinken.
Aber eines blieb bis heute gleich: Daß ich jeden Morgen eine Tasse voll Milch trinke.

Sportplatz und Pausenhof

Mein Tummelplatz zum Spielen war die Scheune. Egal ob sich Heu, Stroh oder Klee darin befanden, es machte mir immer wieder Spaß, hier zu toben und Budchen zu bauen. Öfters passierte es mir beim Springen ins Heu, daß ich mit dem Kopf irgendwo gegen

Balken oder Scheunenwand knallte und ein „Loch“ im Kopf hatte. Schräg gegenüber von meinem Elternhaus, befand sich ein Lebensmittelgeschäft, das noch bis 1983 existierte. Oft konnte ich nicht schnell genug über die Hauptstraße kommen, um irgendwelche Süßigkeiten wie Brausestäbchen oder Gummilutscher zu kaufen. Dabei lief ich schon mal vor ein Auto und konnte von Glück sagen, daß ich mir außer einem geschwollenen Fuß keine schlimmere Verletzung zuzog.

Aber meistens war ich in Gottes freier Natur, jedoch nicht zum Helfen bei der Arbeit auf Acker, Wiese und Garten. Sondern am liebsten war ich auf einem bestimmten Platz, dem Sportplatz. Da es damals weder ein Kinderfernsehprogramm noch Video und Computer gab, traf sich dort die Dorfjugend täglich zum Fußball spielen.

1968, im Jahr der Studentenrevolten und des sogenannten Prager Frühlings, meldete ich mich bei der Handballabteilung des durch den Zusammenschluß der beiden Ortsvereine entstandenen TV 05/07 Hüttenberg an. Daß ich viel lieber auf dem Sportplatz oder in der neu erbauten Sporthalle war, lag auch daran, daß es mir einfach keinen Spaß machte am Hof mitzuhelfen. Selbst wenn ich meinen Vater ständig ansprach, war es nahezu unmöglich mit ihm ins Gespräch zu kommen. Ich bombadierte „Babbe“ mit Fragen und lechzte danach, wenn ich etwas gut gemacht hatte, auch nur einmal ein Lob von ihm zu bekommen. Ich entwickelte mich zu einem Perfektionisten, der trotz aller Anstrengungen und Bemühungen, von meinem Vater niemals Anerkennung bekam. So ging ich neben Schule und Sportplatz viel lieber zu meinen Onkel und Cousin, der mit seiner jungen Frau ebenfalls Landwirtschaft betrieb, und der beim Helfen in Stall und Hof meine Neugier befriedigte. Da seine Eltern nicht mehr lebten, war es mein Vater, der dem jungen Paar bei der Ausübung ihres Broterwerbs viel behilflich war.

*

Auch wenn ich wegen Streitigkeiten mit den Jungen vom anderen Ortsteil für ein Jahr mit dem Handballspielen aussetzte, galt doch spätestens ab 1970 mein ganzes Interesse dem Sport. Vor allem

Tischtennis und Handball wurden zu meiner Lieblingsbeschäftigung. Das Spiel mit dem kleinen Zelluiloidball war damals vor allem im Winterhalbjahr der Sport der Dorfjugend. Oft standen zwei Platten in unserem Saal, an denen dann Turniere bis hin zum „Olympiasieger" ausgespielt wurden. Bei diesen Spielen wurde aus den alten Tischen und Bänken, regelrechte Tribünen aufgebaut. Bereits als ich geradeso mit dem Kopf über die Tischtennisplatte schauen konnte, begann ich zu spielen. Drei Jahre später, als der Saal 1973 renoviert wurde, kamen die meisten älteren Jungen, die nun ein Moped oder eine Freundin oder beides hatten, nicht mehr so oft. Doch ich spielte fast täglich mit meinem Jugendfreund Burkhard, öfters bis spät in die Nacht. Und genau wie meine Brüder konnte auch ich nicht verlieren. Und obwohl ich meistens gegen Burkhard gewann, passierte es einmal, daß ich nach einem verlorenen Spiel ausrastete und ihm vor Zorn und Ärger über meine schlechte Leistung den Schläger gegen den Kopf warf. Doch wie es unter guten Freunden nun einmal so ist, war diese Unbeherrschtheit von mir schnell ausgeräumt. Unsere Wege trennten sich erst im Jahre 1975, als er mit dem Handball aufhörte. Doch aus den Augen verloren wir uns nie. Dabei war es Burkhard, der mich nach dem Jahr Pause wieder zum Handball überredet hatte.

Strafarbeit und Mengenlehre

An Ostern 1966 wurde ich in die Grundschule eingeschult.
Das 2. und 3. Schuljahr, sogenannte Kurzschuljahre, besuchte ich im Nachbarort, der damals noch zum Kreis Wetzlar gehörte. In der 4. Klasse fuhren wir mit dem Schulbus wieder einen Ort weiter, bevor ich 1970 in die ehemalige Mittelpunktschule und neue Gesamtschule Schwingbach, in die Förderstufe einzog.
Als ich in der ersten Klasse war, ging mein Bruder Lothar in die 8. Jahrgangsstufe. Die Jungen aus seiner Klasse machten sich und den anderen Schülern einmal einen großen Spaß, indem sie den kleinen Fiat 500 ihrer Klassenlehrerin, der in einem kleinen Hof hinter dem Schulgebäude parkte, auf die Seite kippten!

Da ich im Unterricht häufig von meinen Tischnachbarn gestört wurde und ich es oft von unserer jungen Lehrerin in die Schuhe geschoben bekam, hatte ich zum Ende des ersten Schuljahres den Eintrag im Zeugnis: „Hans-Georg war häufig unaufmerksam".
In der 2. und 3. Klasse erinnere ich mich mehr an die ältere Pädagogin die Handarbeit und Sport unterrichtete, als an unsere Klassenlehrerin. Die Leibeserziehung fand praktisch nur in der besseren Jahreshälfte statt, weil damals ein Winter noch kalt und schneereich und ein Sommer eben heiß und schwül war. Und weil es zu dieser Zeit erst sehr wenige Sporthallen, geschweige den Schulsporthallen gab, wurde der Sportunterricht im Freien auf dem Schulhof durchgeführt.
Wir spielten das noch heute beliebte Brennballspiel. Da ich bereits über einen guten Wurf verfügte und auch sehr schnell auf den Beinen war (nur einer aus der Grundschule war schneller) versuchte ich möglichst viele Runden durchzulaufen. Ich rannte und schaute in die Richtung, in die der Ball flog. Als ich um die zweite Ecke des Rechtecks schoß, sah ich nicht, daß mir unsere Lehrerin im Wege stand. Auch wenn sie eine korpulente Figur besaß, rannte ich sie durch meine Kraft = Masse x Beschleunigung, (später Physik A-Kurs) locker um.
Ich hatte mir nur etwas die Waden und das Knie aufgekratzt. Doch als meine Mitschüler und ich ihr aufhalfen, sah ich, daß ich doch einigen Schaden angerichtet hatte. Ihre Strumpfhose wurde bei dem Sturz total zerfetzt. Und darunter erkannte ich viele, zumeist tiefe Schürfwunden am Bein. Ich bat sie um Entschuldigung und war noch verängstigt und schockiert über das was geschehen war. „Ob ich ihr noch schwerere Verletzungen zugefügt hatte?", fragte ich mich.
Im 3. Schuljahr bekamen wir mit dem ehemaligen Lehrer der Volksschule in Hörnsheim, einen Pädagogen der „alten Schule". Es wurde meine allerschwerste Zeit auf dem Weg zum Schulabschluß. Seitenweise bekam ich jetzt Strafarbeiten auf. Der Lehrer, ein Mitfünfziger, war genau wie sein Nachfolger in Klasse 4 einer, der auf die Tugenden Zucht und Ordnung setzte. Jedoch bestand zwi-

schen beiden ein gravierender Unterschied: Der eine schreckte nicht vor Ohrfeigen und Stock zurück, während der andere sich mit Kreide werfen und Kopfnüssen begnügte. Und im Gegensatz zu dem einen, behandelte der andere Jungen und Mädchen gleich.

Als absolute Krönung in diesem Schuljahr durfte ich einmal 52! (in Worten zweiundfünfzig!) DIN A 5 Seiten Strafarbeit schreiben. Ich schrieb im Heft so groß, daß manchmal nur zwei bis drei Worte in eine Zeile gingen.

Eines Tages aber bekam ich, was noch viel schlimmer war und ist als jede Strafarbeit, eine dermaßen kräftige und harte „Watschen" von dem Lehrer, daß sein Handabdruck noch drei Tage in meinem Gesicht zu erkennen war. Aus welchem Grund ich diese Ohrfeige damals bekommen habe, weiß ich leider nicht mehr. An eines aber erinnere ich mich noch ganz genau: Daß ich mich ungerecht behandelt fühlte. Als ich nach dem Unterricht mit diesem schönen rot leuchteten Backen nach Hause kam und auf Verständnis und Unterstützung meiner Eltern hoffte, bekam ich von ihnen nur lapidar zu hören, daß ich diese Backpfeife bestimmt nicht umsonst bekommen hätte. „Das wirst du schon verdient haben, hast bestimmt wieder etwas angestellt", sagte meine Mutter mit gleichgültigem Gesichtsausdruck. „Ohne Grund wird er dich nicht geschlagen haben". Jedenfalls hatte der Lehrer, so angesehen wie der Pfarrer und der Apotheker, immer Recht. Wenn nicht in dieser Situation, wann sonst hätte ich mit Verständnis meiner Erziehungsberechtigten rechnen können?

So richtig bewußt, daß ich auf mich alleine gestellt war und keine Unterstützung von zu Hause erwarten konnte, wurde mir erst nach Beendigung der Schule.

Gerade in der 3. Klasse litt ich sehr unter diesen Bedingungen. Meine Leistungen sackten allgemein sehr stark ab. Mein Zeugnis in der Dritten war schlechter als später das der Abschlußklasse. Auch mit meinem Selbstvertrauen stand es nicht zum Besten. Und die Angst, noch einmal solch eine Ohrfeige zu fangen, lähmte mich. Die abschließenden Worte des Lehrers klingen mir noch

heute im Ohr. „Wir sehen uns dann in der 6. Klasse wieder," sagte er und löste damit wiederum Angst und Panik in mir aus. Zu meinem Glück kam es nie zu einem Wiedersehen.
Nach dem 4. Schuljahr, hatte ich mich im Rechnen von einer Vier wieder auf eine Zwei verbessert. Auch insgesamt fielen meine Noten gut aus. Schule machte wieder Spaß. Besonders in den Pausen bei Büchsenfußball, Murmeln und Gummitwist tobten wir uns mächtig aus. Überhaupt waren wir, egal ob Sommer oder Winter, ständig draußen. In den Weihnachtsferien und in den Wintermonaten Januar und Februar war es meist wochenlang kalt, eisekalt, so daß ich jeden Tag an den nahegelegenen Bach zum Schlittschuhlaufen oder an den am Dorfrand gelegenen Fischteich zum Eishockeyspielen ging. Beim Eislaufen fuhr ich einmal in eine Schlaufe von einem Seil, das wir im Sommer als „Tarzansprungseil" benutzten. Um ein Haar hätte ich mich stranguliert. Denn als ich in dieser Schlinge hing, zog es mir regelrecht den Eisboden unter den Füßen weg.

*

Vom Fensterplatz des altertümlichen Schulbusses der uns in das 5. Schuljahr in die vierte neue Schule brachte, sah ich kurz vor der Einfahrt zum Busparkplatz unser neues Domizil. Das Schulgebäude, welches direkt an der Landstraße lag, sollte für die nächsten zwei Jahre der Förderstufe, meine neue Heimat sein. Als Klassenlehrerin bekamen wir die dienstälteste Lehrkraft der Schule. Sie hatte ein herzensgutes Gemüt und zeigte sehr viel Einfühlungsvermögen. Sie lehrte uns noch einige deutsche Schriftzeichen. Doch die Unterrichtsstunden waren viel zu knapp bemessen, als daß ich mich noch an verschiedene Symbole erinnern könnte.
In den ersten Unterrichtswochen waren wir noch im ebenerdigen Flachbau untergebracht, dessen beide Ein- und Ausgänge direkt auf den großen Schulhof führten. Danach folgte die Kurseinteilung in Mathematik, Englisch und später auch in Deutsch. Eine Reihe von Tests mußten meine Mitschüler und ich über uns ergehen lassen, ehe wir in A, B, oder C-Kurs eingestuft wurden. Wie

während meiner gesamten Schulzeit, in der ich immer zu den durchschnittlichen Schülern zählte, lag ich auch hier in der goldenen Mitte. Später ab der Klasse 7, wich ich jedoch in drei Fächern von der Mittelmäßigkeit ab.
In der Grundschule lernten wir noch die Grundrechenarten. Doch das, was jetzt auf mich zukam, hatte für mich überhaupt nichts mit Lernen für's Leben zu Tun. Mengenlehre hieß das Zauberwort, das erst einmal alle elektrisierte, mich aber in keinster Weise faszinierte. Für mich bedeutete diese abstrakte Darstellungsform ein Buch mit sieben Siegeln. Und als irgendwann einmal der Kreisschulrat bei einer Arbeit neben mir stand und seine Hand auf meine Schulter legte und mich fragte: „Na, warum kommst du nicht zurecht?", antwortete ich verärgert und frustriert: „Das kann ich nicht, das kapiere ich nicht, und das will ich auch gar nicht verstehen".
Das Rüstzeug für ein zufriedenes und gesundes Leben, wie Sozialverhalten, Konfliktbewältigung, Toleranz, Diskussions- und Streitverhalten wurde uns kaum vermittelt, ebensowenig wie die Einsicht in die Tricks und Manipulationen der Geschäfts- und Berufswelt. Stattdessen standen auch damals Anfang der 70er Leistungs- und Erfolgsdruck bereits im Vordergrund, so daß es Mitschüler gab, die bereit waren, um ihre Arbeits- und Zeugnisnoten zu feilschen.
Ab dem 7. Schuljahr, der Sekundarstufe I, konnte ich zwischen der zweiten Fremdsprache, Französisch und Latein oder Polytechnik wählen. Warum auch immer ich mich damals für Französisch entschieden habe und nicht für Schreibmaschine, Steno oder Arbeiten mit Holz und Metall, ist mir bis heute unerklärlich geblieben. Ein möglicher Grund könnte gewesen sein, daß mir für meine Zukunft eine besondere berufliche Qualifikation vorschwebte und ich mir in diesem Alter in praktischen Dingen nichts zutraute. Nicht nur dafür war bei uns zu Hause mein Bruder Lothar zuständig. Und vielleicht auch deswegen, weil mir diese Entscheidung ganz alleine überlassen wurde.
Unser neuer „Klassenlehrer" war ein sportbegeisterter Mitdreißiger, bei dem wir sage und schreibe vier Stunden in der Woche Unterricht hatten. Meist wurden diese Schulstunden – gerade Biolo-

gie und weniger Sport – nicht für Unterrichtszwecke genutzt. Es wurden Probleme diskutiert, die wir als Klasse, (die sich schnell einen berüchtigten Ruf in der Lehrerschaft erworben hatte) mit Lehrern in anderen Fächern hatten.
Zugegeben, wir waren für damalige Verhältnisse eine sehr wilde Klasse, die allerhand Unfug anstellte, aber im Gegensatz zu den Schülern der Lehranstalten im Jahr 2000 geradezu harmlos. Vor allem entwickelte sich eine sehr gute Eigenschaft, wie sie sonst bei keiner anderen Klasse an der Schwingbachschule vorkam, und die man heute nur noch sehr selten vorfindet: Zusammenhalt.
Anfangs wurde ich in Physik und Chemie noch im B-Kurs eingestuft, stieg aber nach kurzer Zeit in die A-Kurse auf. Das bedeutete, zumindest in diesen Fächern bei der Elite zu sein. Im Gegensatz zu den naturwissenschaftlichen Kursen, befand ich mich in Mathe in einem rot/grünen Bereich. Für den B-Kurs zu schlecht und für den C-Kurs zu gut.
Für mich gab es nur die eine Erklärung: Unter einer schiefen Ebene oder einer Elektrolysation konnte ich mir etwas vorstellen, nicht aber unter einer Gleichung mit zwei Unbekannten.
Ein Unterricht, der mir, im Gegensatz zu Musik und Kunst, Spaß machte, war Gesellschaftslehre, kurz „GL" genannt. Hier beschäftigten wir uns bereits mit Umweltthemen, als das Wort „Umwelt", lange bevor es die Grünen gab, von der Bevölkerung als lächerlich und spinnerisch abgetan wurde, was ich oft in Stammtischgesprächen in unserer Kneipe mitbekam. Nachdem wir daheim neue 200 Liter fassende Mülleimer bekommen hatten, ging es mir einfach nicht in den Kopf, daß dort mit Zeitungen, Glas und Dosen etc., alles an Abfall hinein geworfen wurde.
Da sich mein Selbstbewußtsein nur im Sport zeigte – wo ich auch immer meine Eins bekam – obwohl ich den Feldaufschwung am Barren nie konnte, suchte ich im normalen Schulalltag die Nähe eines Klassenkameraden. Er war nicht sonderlich groß, verfügte aber über unheimlich viel Kraft und Intelligenz, die sich auch in seiner „Bauernschläue" und seinen „altgescheiten" Sprüchen widerspiegelten. Obwohl Bernd bis zur 5. Klasse kein Hochdeutsch

sprach, strafte er die landläufige Meinung lügen, daß Dialekt zu mäßigen Leistungen in Deutsch führte. Bernd wurde für mich wie ein „großer" Bruder, der mir half, wenn es darauf ankam. Auch durch seine urige, laute und oft spektakuläre Art hatte er eine exponierte Stellung in der Klasse. Bedingt durch eine Zeichentrickserie, die ich immer sah, bekam ich den Namen „Astro" verpaßt. Auch heute, werde ich von bestimmten Leuten immer noch mit diesem Utznamen angeredet. Lieber wäre mir gewesen, daß man mich mit meinem richtigen Namen ansprach. Deswegen war ich, als mein Klassenlehrer mich immer wieder mit „Schorsch" anredete, furchtbar verärgert. Ich verfluchte meinen Namen. Als ich eines Tages von der Schule heim kam, saß ich weinend an meinen Hausaufgaben, die ich immer in der Gaststätte machte, weil es auf dem Zimmer, das ich mit Lothar teilte, erstens eisekalt war und zweitens keinen Schreibtisch gab. Ich klagte meiner Mutter mein Leid, daß mich niemand mit meinem Namen anreden würde und ich deshalb diesen Vornamen verfluchte. Ich war wütend und zornig auf Großvater Georg, dem ich diesen Namen zu verdanken hatte. Mit der Zeit gewöhnte ich mich dann doch an „Schorsch", und irgendwann kam der Tag, an dem ich mächtig stolz war, diesen Vornamen tragen zu dürfen.

Klassenfahrt und Trauma

Im siebten Schuljahr führte uns die Klassenfahrt nach Bad Herrenalb im Schwarzwald. Es wurde eine Superreise, diese erste Tour mit unserem Klassenlehrer, die nur durch das Schlammbaden in einem Moorsee getrübt wurde. Alle Schüler meiner Klasse machten mit, beim „Baden" in den zahlreichen Moorseen dieser Region. Anfangs war es noch ein Stapfen und Springen durch den Schlamm, bis es sich immer mehr zu einem Moorbaden entwickelte. Auch ich sprang in diese weiche Masse hinein. Aber nicht so tollkühn wie manch ein Klassenkamerad. So ähnlich wie beim Kopfsprung im Schwimmbad hechteten einige in Bade- oder Unterhosen in den Matsch. Immer doller, immer schräger und immer tiefer, sprangen meine Mitschüler in die schwarzbraune Soße hinein. Bis ich plötzlich bei der Moorschlacht mit all dem Spaß einen grellen Aufschrei hörte. Ich sah wie Christoph, unser enfant terrible, mit schmerzverzerrtem Gesicht aus dem Moorsee aufstand. Irgendwie muß er sich weh getan oder sogar verletzt haben, vermutete ich. Wahrscheinlich verletzt, dachte ich aus einigen Metern Entfernung, weil sich in diesem Morast außer Wurzeln auch einiges an Wohlstandsmüll befand. Als ich näher an die Unglücksstelle stapfte, sah ich, daß Christophs Hose an der Stelle voller Blut war, wo es einen Mann oder in diesem Falle auch einem 13jährigen Jungen, am meisten schmerzte. Er blutete sehr stark und unser Lehrer zog ihm vorsichtig die Badehose aus. Sein linker Hoden war verwundet, regelrecht aufgeschlitzt. Als ich mir diese Wunde aus nächster Nähe betrachtete, drehte sich mir der Magen um. Die ganze Klasse versammelte sich um den Verletzten. Unser Lehrer schickte uns Jungen weiter ins Moor hinein, um Wasser zur Reinigung der Wunde zu holen.

Uwe und Rüdiger schleppten Christoph, abgestützt auf ihren Schultern, zu einer Waldhütte. Bernd und ich liefen im handylosen Zeitalter voraus, um Hilfe zu holen. Mit Krankenwagen und Blaulicht wurde er nach Waldbröl in die Klinik eingeliefert. Zwei Tage später machten wir mit der Klasse einen Ausflug in das Kreiskrankenhaus der Schwarzwaldstadt, um Christoph zu besuchen. Er war an diesem empfindlichen Körperteil mit mehreren Stichen genäht worden, sagte er und schob die Bettdecke beiseite, um uns den riesengroßen Verband an der Leiste zu zeigen. Doch als er uns alle sah, konnte er bereits wieder lachen. Christoph hatte im Hinblick auf seine Zeugungsfähigkeit noch mal Glück gehabt. Mir widerstand im Krankenzimmer der Geruch zwischen Desinfektionsmittel und Toilette. Nach wenigen Minuten ging ich auf den Flur und wartete bis die „Klassenvisite“ beendet war.

Ansonsten wanderten wir viel und trieben jede Menge Sport. Als einer der wenigen neuen 7. Klassen waren wir, die S7g, auf große Fahrt gegangen. Ach ja! Da war noch die Sache mit den kleinen

Diebstählen, da fast alle unserer Klasse in einem Souvenirgeschäft etwas mitgehen ließen. Es wurde ein regelrechter Sport, bis uns der Lehrer auf die Schliche kam.

*

Im 8. Schuljahr zog es uns in das kleinste aller elf Bundesländer, ins Saarland nach St. Ingbert. Ich und alle anderen waren hellauf begeistert, als wir aus dem Bus heraus die Jugendherberge sahen. Alle Jungen und Mädchen freuten sich auf vierzehn unbeschwerte Tage. Doch es sollte für uns alle ganz anders kommen...
Schnell entdeckten wir das Land an der Saar, das wie jedes andere Bundesland seine ureigenen Reize hat. Alleine schon die im viktorianischen Stil erbaute Jugendherberge, die inmitten eines großen Parks lag, bewirkte, daß wir uns von Anfang an hier wohl fühlten. Wieder sollten lange Wanderungen und Sport im Mittelpunkt unserer Aktivitäten stehen. Wir planten sogar ein Handballspiel gegen eine heimische Vereinsmannschaft.
An einem wunderschönen Sommertag stand eine Wanderung auf dem Programm, die uns zu einer Statue von „Hänsel & Gretel" führen sollte. Da wir nach einer Weile vor lauter Wald keine Bäume mehr sahen, verpaßten wir den richtigen Weg an der Wegabbiegung und gelangten nicht an unser Ziel. Trotz mehrerer Versuche, bekamen wir dieses Denkmal nicht zu Gesicht. Noch rechtzeitig zum Abendessen erreichten wir das Quartier.
Nach dem Essen waren wie jeden Tag fünf bis sechs Schüler mit dem Küchendienst beschäftigt. Nachdem auch das letzte Glas abgetrocknet und der letzte Topf gespült war, kam unser Lehrer in die Küche. „Wer von euch hat Lust eine Nachtwanderung mitzumachen, um diesen Gedenkstein zu finden", sagte er mit erwartungsfroher Stimme. Meine sechs Zimmergenossen waren genauso wie ich hellauf von diesem Vorschlag begeistert. Aus der Restklasse gesellten sich noch vier weitere Schüler hinzu. „Wir treffen uns um 19 Uhr vor dem Eingang der Jugendherberge", sagte der Lehrer und appellierte an unsere Pünktlichkeit. Da es damals Europaweit noch keine Sommerzeit gab, nahm ich jeden-

falls meine Taschenlampe mit, ein Original aus den Beständen der Bundeswehr, die mein Bruder Hugo mit nach Hause gebracht hatte. Das besondere an dieser natooliven Lampe war, daß ich außer auf normale Leuchtstärke noch auf Rot-Grün- und Tarnlicht umschalten konnte.
Wie bei unserem Tagesmarsch war uns auch bei der Nachtwanderung nicht das Glück hold. Schlimmer noch, wir verirrten uns in den Wäldern St. Ingberts. Ich ging auf dem schmalen Waldweg am Ende unserer Gruppe, als ich die Glühwürmchen durch die Luft tanzen sah. So etwas hatte ich noch nie zuvor gesehen. Wir blieben kurz stehen und ich schaute freudestrahlend diese hellgrün leuchtenden Tierchen an.
Irgendwo dort muß es geschehen sein, daß mich irgendein Insekt zwischen Daumen und Zeigefinger der rechten Hand gestochen hat. Der Stich war länglich und ungewöhnlich groß. Die Stelle begann zu jucken und ich bemerkte, daß meine Hand leicht anschwoll.
Aber von größerer Bedeutung war es, daß wir wieder zur Herberge finden würden, dachte ich mir, als wir Nachtschwärmer an eine große Straße kamen. Nur gut, daß ich meine Taschenlampe und den Spazierstock dabei hatte. Die Lampe befestigte ich mittels der zwei Lederriemchen am Stock und lief zu unserer Sicherheit als letzter Mann der Wandergruppe. Vorne warnte ein Klassenkamerad die entgegenkommenden Fahrzeuge. Es war gegen 22 Uhr, als wir abseits der Bundesstraße ein Ausflugslokal entdeckten. In Anbetracht der Tatsache, daß wir uns wie in der Wüste Nevada verlaufen hatten, lud uns unser Klassenlehrer in das Lokal ein. Dort würde sich bestimmt eine gute Möglichkeit ergeben, um nach dem Nachhauseweg zu fragen. Aber würden wir den Weg in dieser pechschwarzen Nacht überhaupt finden? Dass wir weit von der Jugendherberge entfernt waren und uns total verlaufen hatten, war mir und allen anderen klar. Aber dass wir noch eineinhalb Stunden laufen mußten, damit hätte keiner gerechnet. Doch letztlich freuten wir uns nach dieser ungewöhnlichen Einkehr, den Durst zu löschen und eine gute Erklärung für den Nachhauseweg bekommen zu haben.

Gegen Mitternacht landeten wir erschöpft aber glücklich in der Herberge. Als ich in mein Hochbett hinein krabbelte, faßte ich meine rechte Hand an und fühlte, daß sie noch mehr angeschwollen war. Ich sah schwarz für das geplante Handballspiel, auf das ich mich besonders gefreut hatte.
Gleich nach dem Frühstück am nächsten Morgen zeigte ich dem Lehrer meine jetzt noch dicker angeschwollene Hand. "Mit dieser Wurfhand kann ich morgen jedenfalls nicht spielen," sagte ich mit trauriger Miene zu ihm. "Das Schwimmbad heute wird dir bestimmt guttun, denn durch das kühle Wasser wird die Schwellung bestimmt abklingen," meinte er überzeugend. Ich hoffte auf Besserung.

⁂

Es war ein herrlicher Julitag. Richtiges Sommersonnenbadewetter. Die Sonne brannte so als hätte sie's gewußt! Wir, die S8g, machten uns quer durch die Stadt auf den Weg ins Freibad. Unterwegs schauten wir uns die altehrwürdige Sporthalle an, wo ich morgen möglichst viele Tore werfen sollte. Doch ich glaubte schon nicht mehr daran, daß es sich mit meiner rechten Greif-und Schreibhand bessern würde.
Das Schwimmbad hatte, gemessen an der Einwohnerzahl St. Ingberts eine beachtliche Größe und war wunderschön am Stadtrand gelegen. Schon vom Eingang aus konnte ich im vorderen Bereich das Nichtschwimmerbecken in der prallheißen Mittagssonne sehen. Das Bad war um diese frühe Vormittagszeit bereits gut besucht. Unter mehreren schattigen Bäumen bereiteten wir unsere Handtücher aus. Es herrschte eine Superstimmung, und jeder konnte sich beim Baden und Spielen so richtig austoben. Ich lief über eine steile Treppe, um das 50-Meter-Schwimmbecken mit dem Sprungturm zu erreichen und schwamm einige Bahnen. Doch meine Hand zeigte sich unverändert stark geschwollen. Mittlerweile war fast die ganze Klasse oben am Sprungturm versammelt, weil Roli, Chrisi und Mattse vom Dreimeter Brett artistenreife Sprünge zeigten.

Unter den wenigen Nichtschwimmern befand sich auch Robert. Der groß gewachsene Junge, von allen nur „Hoss" gerufen, war ein Jahr älter als wir und zählte, da er entwicklungsverzögert war, zu den Mitschülern, die besondere Hilfe und Aufmerksamkeit benötigten. Niemand von uns allen bemerkte, daß der über 80kg schwere Junge plötzlich ganz alleine zwischen den Bäumen saß und mit dem Lunchpaket der Herbergsmutter seinen mächtigen Appetit stillte.
Weder unser Klassenlehrer noch die weibliche Lehrkraft, die als Betreuerin die Klassenfahrt begleitete, sahen, ebenso wenig wie wir Schüler, daß „Hoss" die Treppe hoch ging und an der Beckenlängsseite stehen blieb. Das Schwimmbecken öffnete sich an dieser Längsseite zehn Meter im rechten Winkel zum Sprungbecken hin. Die Mittagssonne brannte vom Firmament, als ob sie zeigen wollte, welche Kraft und Energie in ihr steckte. Die komplette Klasse schaute gespannt auf die Ausführungen der Brettspringer. Niemand sah, daß Robert am Beckenrand stand. In dieser Gluthitze streikte plötzlich sein Kreislauf und er stürzte torkelnd ins Wasser. Später erfuhren wir, daß Umstände wie übermäßige Nahrungsaufnahme, Übergewicht und Hitze einen Kreislaufkollaps ausgelöst hatten.
Der am gegenüberliegenden Beckenrand stehende Bademeister dachte zuerst: Das ist auch einer von denen, die einen „Ich stell mich erschossen Sprung" machen. Doch er erkannte sehr schnell, daß hier Gefahr im Verzuge war. Er hechtete mit einem Kopfsprung ins Wasser und holte Robert aus dem Becken. Urplötzlich bildete sich eine Menschentraube um unseren verunglückten Klassenkameraden. Auch unser Lehrer eilte sofort an den Ort des Geschehens. Im rasanten Tempo bereitete sich die Nachricht von Roberts Unfall unter meinen Mitschülern aus. Niemand konnte in diesem Moment abschätzen, wie schwer sich „Hoss" verletzt hatte. Als einer der ersten traute ich mich nach vorne. In diesem Augenblick verspürte ich keine Angst und Hemmungen. Als ich ihn auf den sonnenerwärmten Fliesen liegen sah, konnte ich nicht glauben, daß der Verunglückte unser „Hoss" sein sollte. Robert wirkte wie ein dreißigjähriger Mann, dessen Körper vollkommen blau

und aufgedunsen aussah. Mittels Sauerstoff versuchte man ihn zu beatmen. Ich trat wieder zurück. Allmählich breitete sich eine Unruhe und Ratlosigkeit in mir aus. Alle, aber auch wirklich alle unglücklichen Umstände trafen an diesem Tag, in dieser Stunde und Minute zusammen. Denn sonst hätte ein herkömmliches Magenauspumpen gereicht, und Robert wäre es nach zwei bis drei Tagen wieder gut gegangen. So aber wurde er immer noch bewußtlos in die städtischen Kliniken eingeliefert.
Wie schnell schlug nun unser freudiges Gejohle in matte Niedergeschlagenheit und Betroffenheit um. Und auf unserem Nachhauseweg zur Jugendherberge, auf dem nur über den Unfall gesprochen wurde, spielte meine geschwollene Hand von der Größe eines Boxhandschuhes überhaupt keine Rolle mehr. Vielmehr fragten wir uns: Wie schwer ist Hoss verletzt? Wann wird er aufwachen? Und wann werden wir Robert besuchen?
Beim Abendessen herrschte verständlicherweise eine tief bedrückte Stimmung. Alle hielten sich danach um die Jugendherberge auf und warteten angespannt auf einen Anruf aus der Klinik. Doch so sehr mich auch dieser Unglücksfall beschäftigte, mußte ich nochmals unseren Klassenlehrer aufsuchen, weil außer der dicken Hand auch noch der Arm schmerzte. Ich sah unseren Lehrer, die Arme auf den Oberschenkeln abgestützt, auf einer Bank im Park sitzen. Bestimmt macht er sich Vorwürfe, daß es zu diesem Unfall gekommen war, ging es mir durch den Kopf. An das morgige Handballspiel dachte ich längst nicht mehr, sondern nur noch an meine Schmerzen unter der Achsel.
Innerlich aufgeregt schritt ich über die Parkwiese zu unserem Lehrer. Ich schämte mich, ihn in dieser Situation anzusprechen. „Bitte, würden Sie sich meinen rechten Arm anschauen – hier oben tut es so weh“, sagte ich, als er sich zu mir aufrichtete und mich dabei ansah. Er nahm meine Schmerzen sehr ernst und stand auf. Vorsichtig umfaßte er meine geschwollene Hand und drehte den Arm behutsam nach außen. „Du mußt sofort zum Arzt“, sagte er zu mir, nachdem er an der Arminnenseite zwei Blutstreifen entdeckt hatte. Nur gut, daß ich ein solches Vertrauensverhältnis zu meinem

Klassenlehrer hatte. Denn einen Lehrer, zu dem ich keinen „Draht“ hatte, hätte ich in dieser Situation nicht anzureden gewagt. Er ging mit mir in die Unterkunft und bat den Herbergsvater, mich zur nächstgelegenen Arztpraxis zu fahren. Dem Doktor erzählte ich die Geschichte, wann und wo es passiert war. Blutvergiftung, lautete seine Diagnose. „Eine weitere Nacht hättest du nicht überlebt“, sagte der Hausarzt mit dem weißen Kittel. Ich bekam Spritzen, Medikamente und eine Gipsschiene verpaßt.
Nachdem mein Leben kurz nach der Geburt bereits am seidenen Faden hing und ich vor einigen Jahren bei der Kartoffelernte mit dem Drachen fast in der Hochspannung hängengeblieben wäre, war diese Blutvergiftung, außer diversen sonstigen Unfällen, das dritte Mal, wo ich dem Teufel von der Schippe gesprungen war. Als ich zurück in die Herberge kam, zeigten sich meine Klassenkameraden sehr erstaunt, daß ich eine Gipsmanschette trug. Zig mal erklärte ich ihnen meine Krankheit und das Glück, das mir hold gewesen war, so daß meine Mitschüler mir in den nächsten Tagen, vor allem beim Essen, sehr behilflich waren.
Aber was war mit „Hoss“? Gab es eine Nachricht? Wie war sein Zustand? „Roberts Eltern sind informiert und wollen morgen anreisen,“ teilte der Lehrer uns nach dem Abendessen mit. „Hoss wird künstlich beatmet und hat sehr viel Wasser in der Lunge,“ informierte er uns weiter. „Wir müssen abwarten, hoffen und beten,“ sagte er zum Schluß.
Als sich seine Eltern am nächsten Tag sichtlich mitgenommen in unserem Kreise aufhielten, dachten die Lehrkräfte daran, die Klassenfahrt abzubrechen. „Bleibt hier und macht eure geplanten Ausflüge“, sagte Roberts Vater. Es war ihm und seiner Frau lieber hier in der Fremde nicht alleine zu sein, vermutete ich.
Trotz dieses schrecklichen Unglücks machten Roberts Eltern weder unserem Lehrer noch der Betreuerin hinsichtlich einer Aufsichtspflichtverletzung Vorwürfe. Keiner von uns Schülern wäre auf die beiden Lehrer sauer gewesen, wenn wir jetzt nach Hause gefahren wären. Die Klassenfahrt wird fortgesetzt, lautete die Entscheidung. Und die Busausflüge nach Frankreich und Luxemburg finden statt.

Bereits drei Tage nach dem tragischen Unfall sollte die erste Tour nach Luxemburg starten. Ich mußte jeden Morgen zum Arzt. Irgendwie habe ich seine Worte wohl falsch verstanden, indem ich dachte, ich dürfte an der Fahrt nicht teilnehmen. So fuhr die Klasse ohne mich in den Zwergstaat. Statt dessen unternahm ich mit dem Herbergsvater einen Ausflug nach Saarbrücken. Er zeigte mir die Jugendherberge der saarländischen Landeshauptstadt, in der er etwas zu erledigen hatte. Genau dieses Haus sollte drei Jahre später eine bedeutende Rolle in meinem noch jungen Leben spielen.
Der Tag ging vorüber. Meine Klassenkameraden kamen aus Luxemburg zurück. Und immer noch gab es keine Neuigkeiten aus dem Krankenhaus. „Die Röntgenaufnahmen seiner Lunge sind fast gänzlich schwarz, so daß „Hoss" nur mit sehr viel Druck beatmet werden kann", erfuhren wir nach dem Abendessen. Bevor wir uns ins Land von Asterix und Obelix aufmachten, wurde Robert per Hubschrauber in die Landesklinik nach Homberg verlegt.
Mit dem Kriegsgräberfriedhof in Verdun besuchten wir eines der großen Schlachtfelder des 1. Weltkriegs. Nach dem Museumsbesuch schauten wir uns den riesengroßen Soldatenfriedhof mit Leichenhalle an. In den Kellerräumen dieses Gebäudes stapelten sich die Knochen von unbekannten gefallenen Soldaten, die wir uns durch kleine Fenster von außen anschauten. Ich jedenfalls fühlte mich noch zu jung um zu begreifen, was damals zwischen 1914 - 1918, und später auch im 2. Weltkrieg geschehen war. Heutzutage aber würden sich viele Schüler an solch einem Ort des Grauens mit dummen Sprüchen darüber lustig machen, wie uns 25 Jahre später unser Lehrer bei einem Klassentreffen erzählte.
Als wir nach der Frankreichtour am Spätnachmittag nach Homburg fuhren, um die Ausgrabungsstätte eines Römerlagers in Bexbach zu besuchen, nahm unser Lehrer das Busmikrofon in die Hand. „In dieser Klinik dort oben liegt „Hoss", sagte er und deutete mit dem Zeigefinger auf eine Bergkuppe, wo ein großes weißes Gebäude zu erkennen war. „Am fünften Tag hat Robert sogar auf die Worte seiner Eltern reagiert", sagte er und seine Miene erhellte sich ein wenig, so daß sich die Anspannung unserer Klasse auf

dem Ausflug wieder etwas löste. Doch als wir am Abend dieses Sommertages nach St. Ingbert zurückkehrten, empfingen uns Roberts Eltern mit versteinertem Gesicht. Robert („Hoss") war tot. Gestorben etwa zur gleichen Zeit als wir durch Homburg fuhren. „Sein Herz hat dem Druck der Beatmungsgeräte nicht mehr stand gehalten", teilte uns unser Lehrer unter Tränen mit. Das erste Mal war jetzt der Tod hautnah in mein Leben getreten.

Am nächsten Morgen reisten wir zwei Tage vor dem eigentlichen Ende der Klassenfahrt ab. Ich und auch viele meiner Mitschüler sprachen auf der Heimfahrt sehr bedrückt von dem was sich ereignet hatte. Als wir als erste Heimatstation Hüttenberg erreichten, warteten viele Eltern aufgeregt auf uns. Der Tod von „Hoss" hatte sich in der Schule und in den Dörfern wie ein Lauffeuer herumgesprochen. Ich kann mich nicht mehr genau erinnern, ob meine Mutter am Bus auf mich wartete, oder ob ich ganz alleine mit einer Hand den Koffer die einhundertfünfzig Meter nach Hause tragen mußte. Nur an eine Szene erinnere ich mich genau:

Daß meine Mama (aber ich nannte sie immer „Mamme", aus dem mittelhessischen Dialekt) ganz erstaunt war, daß ich eine Gipsschiene trug. Ihr war nicht im geringsten bewußt, daß mein Leben auf des Messers Schneide gestanden hatte. Ich dachte mir, wenn ich einen anderen Lehrer gehabt hätte, zu dem ich nicht solch ein Vertrauen hatte, wer weiß ob ich ihn auf der Parkbank angesprochen hätte, und wer weiß, wie dieser reagiert hätte.

Bei der Trauerfeier nahmen wir mit einem Kranz Abschied von unserem Kameraden „Hoss". Wir, die wir im Alter von 13 Jahren noch Kinder waren, konnten leichter vergessen. Doch ich glaube, für unseren Lehrer, bedeuteten die Geschehnisse ein Trauma für lange, lange Zeit.

Aus diesem verständlichen Grund unternahmen wir in der 9. Klasse keine Abschlußfahrt.

Es mußte sehr viel Wasser den Rhein bzw. die Lahn hinabfließen, bis Herr Baum wieder auf Klassenfahrt fuhr. Da die Hälfte meiner Klassenkameraden nach dem Hauptschulabschluß die Gesamtschule verließ, wurde der Rest mit anderen zu einer neuen Klasse zusammengewürfelt. Bei uns im Saal feierten wir noch eine zünftige Abschiedsfeier, auf der es hoch her ging. Ich und alle zukünftigen Zehntklässler waren nach dieser Party sehr traurig, daß diese tolle Klassengemeinschaft nicht mehr bestand. Gerade für mich sollte mit Beginn der 10. Klasse wieder einmal ein äußerst schweres Schuljahr bevorstehen.

Erlöst und Froh

Im September 1973 verstarb meine geliebte Oma Luise. Doch zu dieser Beerdigung ging ich frohen Herzens. Warum?
Da meine Oma sechs Jahre lang schwer krank und pflegebedürftig war, fühlte ich mich nun erleichtert, daß sie ihren Frieden gefunden hatte. Immer wieder betete die religiöse, aber weltoffene Frau dafür, daß sie der Herrgott zu sich nehme. Selbst in der Nacht wurde Oma von Schmerzen gepeinigt, wenn sie die offenen geschwollenen Beine voller Wasser nicht mehr ertrug. Sehr oft war ich es, der ihre Rufe und Wehklagen am anderen Ende des Hauses erhörte.
Oma Luises Krankheit begann 1967 mit einer Gelbsucht, und breitete sich dann nach und nach auf den ganzen Körper aus. Wenn es ihr körperliches Befinden einigermaßen erlaubte, konnte Großmama in den ersten Jahren noch rückwärts auf allen Vieren die Treppe herunter gehen, oder bis ins Wohnzimmer laufen und sich dort in einen Sessel ans Fenster setzen. Später mußte sie den ganzen Tag auf ihrem Zimmer verbringen.
Jeden Tag nach der Schule sprang ich die knarrende Treppe zu ihr hoch und brachte ihr den Mittagstisch. Nach dem Essen holte ich das Geschirr wieder ab. Nach den Hausaufgaben ging ich noch mal zu ihr, um Großmutter Gesellschaft zu leisten. Ich habe mich immer sehr gerne mit Oma Luise unterhalten. Denn trotz ihrer schweren Erkrankung war sie bei hellem Verstand. Sie schrieb sehr viele Briefe in gestochen scharfer deutscher Schrift. „Oben licht, unten dicht", sagte sie öfters, wenn ich von ihrem Schreiben be-

eindruckt war. Schon möglich, daß ich die Freude am Schreiben von Großmutter geerbt habe. An ein Gespräch mit ihr erinnere ich mich noch haargenau. Zumindest in diesem einen Punkt waren wir geteilter Meinung. „Bub, laß vom Sport, damit kannst du nicht reich werden“, sagte sie voller Überzeugung zu mir. Oma Luise konnte zu dieser Zeit noch nicht ahnen, wie sehr sich der Spitzensport in nicht allzu ferner Zukunft verändern sollte.
Ihre beiden Söhne, meine Onkel, waren im Krieg gefallen. Mit dem Begriff „Gefallen“, konnte ich lange Zeit nichts anfangen. Wie mir meine Mutter erzählte, erlitt Oma schwere reaktive Depressionen, als sie vom Tod von Albert (1941) und Hugo (1945) benachrichtigt wurde.
Hugo Engel, einer der Brüder, war in Italien in den letzten Kriegstagen ums Leben gekommen. Ich nahm mir vor, irgendwann einmal sein Grab in Bologna aufzusuchen.

Jugendzeit

Partys und Petting

Als ich dreizehn war, richtete ich erstmalig bei uns im Saal eine Kinderfastnacht am Faschingsdienstag aus. Mit Lothar fuhr ich in den Gastro-Großhandel, um all die Dinge einzukaufen, die Kinderherzen höher schlagen lassen. Anders, als heute, wo vom Karnevalsverein sonntags ein Kinderfasching veranstaltet wird, gab es damals im gesamten Umkreis nur eine Karnevalsparty für Kinder, die mir bekannt war. Bei 50 Pfennig Eintritt und Fleischwürstchen für 1,50 DM, hatten die verkleideten Jungen und Mädchen in dem bis auf ein paar Tische und Bänke ausgeräumten Saal bis in die Abendstunden ihren Spaß. Ein Jahr später kamen abends einige Schulkameraden/innen von mir.

Wir feierten bei Musik aus dem Kofferplattenspieler eine tolle Faschingsparty. Es wurde nach den Hits aus den 60ern und 70ern nicht nur getanzt und gesungen. Nein, hinter dem Bühnenvorhang sammelte ich in Form von Flaschendrehen die ersten Erfahrungen über die Kußausdauer und die Zungenkußtechnik mit dem anderen Geschlecht. Bei diesen Partys fehlte immer nur ein Mädchen, auf das ich in der Schule bereits beide Augen geworfen hatte: Petra.

Sie, ein Jahr jünger als ich, hatte eine drei Jahre ältere Schwester, die im Gegensatz zu ihr bezüglich des männlichen Geschlechts recht forsch zu Werke ging. So verliebt wie ich in Petra war, lehnte ich mich oft aus dem Wohnzimmerfenster und schaute sehnsuchtsvoll auf das Haus, in dem sie wohnte. Noch traute ich mich nicht sie anzusprechen. Doch beim Vorläufer der Hüttenberger Fastnacht, dem Wintervergnügen des Gesangsvereins, sah ich meine Chance. Und ich nutzte sie.

Petra stand als jüngstes Mitglied des kleinen Balletts auf der Mini-Bühne. Ich teilte mir die Arbeit als Kellner mit einem guten Bekannten meiner Eltern. Für mich als 14jährigem war das Bedienen zwischen den engen Tischreihen nicht einfach und sehr anstrengend. Es machte mir aber dennoch Spaß, zumal ich sehr viel Trinkgeld bekam.

Als Petra nach ihrem Auftritt die dreistufige Treppe von der Bühne kam, sprach ich sie mit all meinem Mut an. „Willst du etwas trinken?" fragte ich das verschwitzte Mädchen mit den kurzen dunklen Haaren. „Ja, gerne", antwortete sie und ging zum Tisch ihrer Eltern. Ich sah Petras Eltern in der ersten Reihe sitzend stolz applaudieren. Ihr Vater, ein früherer Schreinermeister, hatte sich seit Jahren voll und ganz der Politik verschrieben. Ich brachte ihr eine Cola und kam mit ihr ins Gespräch. „Ich muß um Zehn heim", sagte sie mit traurigem Blick. „Wenn du willst bringe, ich dich nach Hause", antwortete ich und bot ihr meine Begleitung an. Kurz vor zehn trafen wir uns vor dem Saaleingang im Hof. Wir gingen die fünfzig Meter zu ihrem Elternhaus auf der gegenüberliegenden Seite der Hauptstraße. Vor dem Hoftor standen wir noch eine Weile ohne ein Wort zusammen, ehe ich sie ansah und Petra innig küßte. Mit dem Zungenkuß hatten wir so unsere Probleme, denn ich war der Junge, mit dem Petra Kußpremiere hatte, wie sie mir kurz darauf sagte. Danach fragte ich, ob sie mit mir gehen wollte – was man in diesem Alter genauso lapidar fragte, als wenn man später sagte: „Willst du mit mir schlafen?"
„Ja, Hans-Georg", antwortete sie. Doch unser sehr junges Glück wurde eine kurze und schwierige Liebe, die durch meine Intoleranz viel zu früh endete.
Meine ersten intimen Erfahrungen mit der Weiblichkeit sammelte ich 1972 bei der Konfirmation meiner ein Jahr älteren Freunde. Die meisten dieser „Konfi-Partys" fanden in Nebenräumen oder auch schon mal in Partykellern statt, die in den 70er Jahren ein typischer Modetrend waren. Für die passende Musik zeigte ich mich zuständig. Ich lieh mir diverse Singles aus den 60ern aus. Allein schon wegen der beiden Songs „Crimson and Clover" und „Jerusalem" lohnte es sich, die Scheiben auszuleihen. Ich legte besonders gerne diese und andere Bluestitel auf. Anfangs war bei uns Jungen noch eine gewisse Schüchternheit vorhanden, die sich dann aber relativ schnell legte. Gerade die weiterentwickelten Mädchen bauten bei mir Berührungsängste ab. Bei jedem Tanz spürte ich aufs Neue die Unterschiedlichkeit ihrer weiblichen Körper, ihrer Haare und Eigengerüche, sowie den Duft dezenter Parfüms.

Mit Petra traf ich mich meistens in unserem „Budchen" oder auf einer der zahlreichen Feten, die nach den Konfirmationen stattfanden. Einige ältere Jugendliche hatten sich auf der Wiese meines Cousins Arthur, nahe des Kleebachs, eine Holzhütte gebaut. Ihr Name: „Hey-Che-Bude". Woher die Bezeichnung stammte oder wer als Namensgeber fungierte, weiß ich nicht mehr. Doch entsprach dieser Ausdruck haargenau dem damaligen Zeitgeist.
Die Inneneinrichtung bestand aus einer kleinen Theke, einem Sofa, einer bettähnlichen Liege und einem Tischchen. Hier traf man sich, quatschte, hörte Musik vom batteriebetriebenen Kassettenrecorder. Und das Wichtigste an der Bude: Hier konnte man ungestört knutschen und fummeln. Für mich und viele andere Jugendliche bedeutete es quasi die einzige Möglichkeit, ohne Angst und Kontrolle von zu Hause, unbeschwert die ersten Erfahrungen mit dem anderen Geschlecht zu machen. Höchstwahrscheinlich haben in diesem Budchen auch einige Jungen neben Petting auch ihre ersten Sexualkontakte erlebt. Für Petra und mich war es jedenfalls gut, daß es diese kleine Hütte gab und wir uns oft am Nachmittag hier treffen konnten, um ungestört sein zu können.
Solange sie noch nicht vierzehn, sprich konfirmiert war, wurde es für uns sehr schwierig, auf einer Party zusammenzukommen. Meistens mußte Petra spätestens um Zehn nach Hause. Oft kam es vor, daß ich nach dem Handball erst nach Neun eintraf, so daß wir nur sehr wenig Zeit für uns hatten. Wenn ich sie von der Fete nach Hause begleitete, ärgerte ich mich nicht über Petra, sondern war auf ihren Vater sauer. (Obwohl ich es heute besser verstehen kann!) Denn der einzige Vorteil meiner „Erziehung" bestand nur in dem unbegrenzten ausgehen können.
Total frustriert ging ich auf die Party zurück und ließ die „Post" so richtig abgehen. Ich tanzte, flirtete und fing aber ausser Küssen nichts mit einem anderen Mädchen an.
Nach dem Sommer '74, der mit einem großen Jubiläumsfest des Gesangvereins eingeläutet wurde, verlebten Petra und ich eine schöne Zeit, bis wir im Herbst des Jahres auf eine Feier ihrer Freundin eingeladen waren. Nach einem Schülerhandballspiel be-

trat ich den gemütlich mit Matratzen ausgelegten Partykeller. Ich sah Petra durch das rötliche Licht neben Bärbel sitzen. Mit einem Kuß begrüßte ich sie. Sofort fiel mir sehr unangenehm auf, daß ihr Atem und ihre Küsse sehr nach Alkohol schmeckten. Ich ekelte mich vor dem Geruch und ihrem Zustand und schaute sie den ganzen Abend nicht mehr an. Warum nur gestand ich ihr diesen Aussetzer nicht zu? Galt das etwa nur für mich?
Frei nach dem Motto, ein anständiges Mädchen macht so etwas nicht?
Jedenfalls sah ich Jahre später ein, daß Petra ebenso das Recht hatte wie ich, auf diesem Gebiet ihre Erfahrungen zu machen. Am nächsten Tag, als ich Petra vor dem Café „Bella" traf, machte ich kurz entschlossen mit ihr Schluß. Wie noch öfters in meinem Leben war es eine zu schnelle Entscheidung. Denn emotional verband mich noch lange Zeit sehr viel mit Petra. Bereits nach einigen Wochen trauerte ich meiner Jugendliebe nach. Zwei Jahre später, im Spätherbst '76, befand ich mich in einer sehr schwierigen und bedrückenden Situation und schaffte es nicht, mit Petra wieder Kontakt aufzunehmen. Verdammt, warum nur?

*

Die Hoch-Zeit der Partys lag zwischen meinem 15. – 17. Lebensjahr. Praktisch jedes Wochenende fand in unserem Dorf eine Fete statt. Es wurde viel geschwoft und gelacht. Ich guckte mir immer ein Mädchen für den Abend aus, mit dem ich dann ausgiebig eine Art der körperlichen Liebe entdecken wollte. Dieses neudeutsch genannte Petting machte mir viel Spaß. Ich empfand es jedesmal aufs Neue schön. Später, in der Anfangszeit meiner ersten großen Liebe, sollte Petting zumindest vorerst, auch noch im Vordergrund stehen.
„Bist Du konfirmiert, dann darfst du schon mal ausgehen", lautete die Devise. Und bereits nach der Prüfung beim Presbyterium (so heißt unser Kirchenvorstand), ging ich in das örtliche Jugendlokal. Die Pinte war im Grunde keine Kneipe, sondern ein Café. Alle Jugendlichen nannten die Lokalität „Bella", nach der gleichnamigen 60jährigen Wirtin.

Café deswegen, weil der kleine Gastraum zu einer Bäckerei gehörte. Durch den Hof gelangte ich über wenige Treppenstufen im Flur ins Lokal. Durch den zwanzig Quadratmeter großen Gastraum trat ich durch eine offen stehende Schiebetür in den Nebenraum, der zur Hofseite lag. In diesem Raum stand ein Tischfußball und eine Musikbox. Ich ging einige Schritte bis zu den fünf quadratischen kleinen Tischen des Cafes und sah auf eine Art Wohnzimmerschrank, in dem „Bella" Gläser und sonstige Utensilien aufbewahrte. In der Ecke zwischen Schrank und Fenster stand ein klassischer Schwarzweiß-Fernseher. Das Café bot insgesamt zirka 20 Gästen Platz. Öfters ging es in der Jugendkneipe gerade nach Tischfußballspielen heiß her, so daß sich die Wirtin, die als geschiedene Frau! 1951 das Cafe eröffnet hatte, schon mal über eine kaputte Scheibe der Musikbox ärgern mußte.
Tante Bellas „Menüs" waren der absolute Hit. Im Angebot: Fleischwürstchen, speziell mit Pökelfleisch hergestellte Bratwürstchen - die absolut super mit Gurken und Senf schmeckten, und Hackbraten aus der Dose, der gewissermaßen seine besonderen Reize hatte. Seit dem Beginn meiner Lehrzeit, ging ich regelmäßig zweimal in der Woche in die „Bella-Bar".

*

Und es war Sommer. Und wieder Kirmes, wie jedes Jahr.
Ich war noch 16 und über die Liebe wußte ich nicht viel.
Der Sommer '76 wurde wahnsinnig heiß. In jeder Beziehung.
Die Bauern im Kleebachtal hatten bereits Ende Juli die gesamte Ernte eingefahren.
Am Kirmessamstag entlud sich abends im Zelt meine Freude darüber, noch eine Woche Urlaub zu haben. Die ausgelassene Stimmung verbreitete sich rasend schnell. Die laue Sommernacht tat ihr übriges dazu, daß morgens um drei Uhr die Theke noch gut besetzt war. Zum Hit des Jahres wurde der Song „Ein Bett im Kornfeld", mit dem Jürgen Drews noch heute durch die Lande tingelt. Auch ich favorisierte dieses Lied, und wenn ich es auf meiner Konfirmationsstereoanlage im Bett hörte, träumte ich davon, ein

Mädchen im hohen Gras auf einer Waldwiese zu verführen. Als sich das vornehmlich junge Publikum vor der Theke mehr und mehr verdünnisierte, schlenderte ich in die Sektbar, wo noch reger Betrieb herrschte. In der von den Burschen selbst gezimmerten Bar, an der ich tags zuvor mit Hand anlegt hatte, war eine Schlummerbeleuchtung installiert worden, so daß ich die Personen erst aus der Nähe erkennen konnte. Ich gesellte mich zu einer kleinen Thekengruppe, die allesamt älter als ich waren. Mitten in der Runde stand ein Anfang zwanzig Jahre junger Mann, der in unserem Dorf als ein ganz bunter Vogel galt. Neben „Chaco", wie jeder Gerhard nannte, alberte eine gleichaltrige Frau, namens Vera, die ich bereits seit mehr als einem Jahr kannte.
Schon damals, als meine Eltern, das dritte Mal überhaupt, in Urlaub weilten und sie „Chaco" und mich in der Gaststätte besuchte, hätte ich mir nur allzu gerne ein sexuelles Abenteuer mit ihr gewünscht. Nun, ich gesellte mich zu der lustigen Runde und bestellte eine Lage Asbach-Cola. Ich bemerkte, daß Vera bestens drauf war, wie sie mich aus der Laune heraus umarmte. Nach einer Weile des Anbaggerns setzten Vera und ich uns auf eine der Bänke, die an den Innenwänden standen. Mutig tastete ich mich bei ihr langsam vor und traute mich Vera zu küssen. Ich knutschte sie innig. Daß ihre Zungenküsse dabei einen eigenartigen Geschmack hatten - nein davor ekelte ich mich in diesem Moment nicht. Ganz im Gegenteil. Ich wollte mehr von Vera und genoß es sehr, daß sie meine Annäherungsversuche erwiderte. Ich witterte meine Chance, denn ich suchte mehr als nur einen Flirt. Während wir uns wiederholt küssten, schob ich meine linke Hand unter ihre Bluse und streichelte ihre großen, zarten und weichen Brüste. Als ich zärtlich ihre Knospen berührte, spürte ich, daß sie Lust empfand. Und mir wurde klar, daß ich noch mehr von Veras gut gebautem Körper wollte. „Komm, laß uns ins Feld fahren", las sie mir sozusagen meinen innigsten Wunsch von den Lippen ab. Dadurch brauchte ich nicht meinen ganzen Mut aufzubringen, um selbst diese innersten Sehnsüchte nach Sex auszusprechen. Ehrlich gesagt em-

pfand ich in diesem Moment, außer Vorfreude auch Angst, daß meine erste sexuelle Erfahrung kein Erfolg werden könnte. Ich war ja noch so jung und so unerfahren.
Ich war Sechzehn und sie Zweiundzwanzig und über Liebe wußte ich nicht viel ...
...SIE wußte alles und sie wollte es mich spüren lassen – DU bist kein KIND mehr !!!
Nicht weit vom Kirmeszelt fuhr Vera irgendwo ins Feld und stellte den Motor ihres Fiats ab. Sie kurbelte ihren Fahrersitz runter. Ich tat es ihr gleich. Wir knutschten uns, wobei ich sie gleichzeitig streichelte. Ich öffnete den Knopf an ihrer blauen Hose und glitt mit meinen Fingern langsam in Veras Scheide. Sie fühlte sich feucht, sehr feucht an. Und als ich Vera weiter massierte, wurde sie zunehmend erregter. Sie riß mir förmlich den Gürtel auf, ehe sie mein edles Teil umfaßte. Dabei zog mir Vera mit geradezu brachialem Griff die Vorhaut zurück. Das schmerzte verdammt und sofort dachte ich, was ist geschehen?
Jede Bewegung tat mir weh. Ich hatte das Gefühl, es wäre an meinem empfindlichsten Körperteil etwas kaputtgegangen. So jedenfalls hatte ich mir in meinen Träumen dieses erste Mal nicht vorgestellt. Rien ne va plus, – Nichts ging mehr – und ich bat Vera, mich nach Hause zu fahren.
Noch immer litt ich mit und an meiner Männlichkeit. Mindestens eine Stunde saß ich auf dem Bett und versuchte selbst für Abhilfe zu sorgen. Nichts tat sich. Und langsam staute sich in mir immer mehr Wut auf. Ich war verzweifelt, schlief aber dennoch mit diesem schmerzhaften Gefühl ein. Auch am Sonntagmorgen versuchte ich es ohne Erfolg. Jetzt bekam ich es mit der Angst zu tun und stellte mir vor, ich müßte zum Arzt oder in eine Klinik. In diesem Fall hätte ich meine Mutter einweihen müssen. Und weil ich zu ihr kein Vertrauen hatte, war für mich alleine schon die Vorstellung, es „Mamme“ zu sagen, peinlich, ja geradezu schamhaft.
Nach ein paar Tagen war die Sache behoben. Was blieb, war die Wut auf Vera. Ich konnte es nicht begreifen, daß sie trotz ihrer Er-

fahrung so rabiat bei mir vorgegangen war. Immer und immer wieder mußte ich daran denken und hatte vorerst genug von diesem ersten Liebesversuch. Aber wenn die Richtige kommen würde, machte ich mir Hoffnungen, würde es wahrscheinlich um so schöner werden.

Als ich eines Freitagabends im Herbst Veras Auto vor der örtlichen Jugendkneipe „Kajazzo“ stehen sah, kochten meine Gefühle wieder hoch. Ich kam gerade aus dem gegenüber liegenden „Alten Steinhaus“ und schaute direkt auf den Fiat 124. Eigentlich wollte ich mich bereits auf den Nachhauseweg machen, als ich plötzlich schräg über die Straße zu Veras Auto lief und voller Wucht gegen die Fahrertür trat.

Warum nur hab' ich Vera nicht gesagt, daß sie mir Schmerzen zugefügt hatte und daß ich stinkwütend auf sie war? Bereits auf dem Heimweg meldete sich mein schlechtes Gewissen. Ich wußte, daß ich falsch gehandelt hatte. Und mir wurde klar, daß mich die Sache mit der Autotür noch einige Zeit beschäftigen würde, so lange, bis meine Probleme in der „Leere“ immer größer wurden und sich auch im Handball, der mich irgendwie immer über Wasser hielt, mehr und mehr Frust aufstaute. Wie sehr wünschte ich mir jetzt einen Menschen, mit dem ich über all meine Nöte und Ängste reden konnte.

Versprechen und Verweigern

Ab der Klasse 9 hatte ich samstags vormittags alle 14 Tage noch drei Stunden Polytechnik. Ein junger Fachlehrer, der in einem heute in ganz Mittelhessen bekannten Autohaus arbeitete, weihte uns in die Grundkenntnisse der KFZ-Technik ein. Es machte mir Spaß, an einem Käfermotor herumzuschrauben, ohne Angst haben zu müssen, daß ich dabei etwas kaputt machte. Im Zeugnis stand die Note Eins. Dies sollte für meine berufliche Zukunft noch ganz entscheidend sein.

Unsere neuen Mitschüler kamen aus dem Schulort, was für uns übriggebliebenen Rest der S9g eine sehr große Umstellung bedeutete. Als weniger gewöhnungsbedürftig empfand ich unseren neuen Klassenlehrer, den ich bereits von Kursen her kannte und der unter uns Schülern einen guten Ruf genoß. Und das, obwohl er erst zwei Jahre an der Bildungsstätte tätig war.
Irgendwann im Laufe des ersten Halbjahres stellte sich uns in der Klasse die Frage, ob wir eine Abschlußfahrt machen sollten. Bis auf einige wenige Linkenheimer Schüler zeigten sich alle anderen von der Idee hellauf begeistert. Mit Zantvort an der holländischen Nordseeküste, in der die Formel 1 startete, wurde schnell ein Reiseziel ins Auge gefaßt. Bei der definitiven Planung kam die Riesenenttäuschung: Bei der Abstimmung wollten nur noch wenige ortsansässige Mitschüler mitfahren. Es ist durchaus möglich, daß diese Abschlußfahrt auch deswegen nicht zustande kam, weil meine neuen Mitschüler sich ganz auf das Bewerbungszeugnis der 10. Klasse konzentrieren wollten. Der Rest der Klasse, die sich mit mir auf die Fahrt gefreut hatten, reagierte gefrustet und sehr enttäuscht.
Ich war sehr verärgert. Dies bedeutete, daß alle Abschlußklassen außer uns auf Tour gehen würden. Stattdessen durften wir eine Wanderwoche planen und bei den Bundesjugendspielen helfen. Innerlich beschloß ich, daß ich mit diesen Jungen und Mädchen aus dem uns unfreiwillig zugeschlagenen Teil der Klasse nicht auf Wanderschaft gehen würde. Ich fühlte mich reingelegt und im Recht. Ich sah nicht einen einzigen Grund in die Schule zu gehen. Am dritten Tag, den ich der Gesamtschule fernblieb, machte mich meine Mutter um acht aufgeregt wach. „Das Sekretariat der Schule hat angerufen, wenn du dich bis Zehn nicht beim Direktor meldest, dann lassen sie dich von der Polizei holen", sagte sie sichtlich mitgenommen mit zornigem Gesicht und zog die Decke zum Fußende. Mit dem Mofa, das ich von meinem Konfirmationsgeld gekauft hatte fuhr ich zur Schule. Ich meldete mich beim Direktor an. Er bat mich in sein Büro. Da ich zu ihm Vertrauen hatte, erzählte ich ihm immer noch aufgebracht voller Unmut weswegen ich zu Hause geblieben war. Der Direktor zeigte Einfühlungsvermögen und Ver-

ständnis für mein Verhalten. „Du brauchst mit „Denen“ nicht mitlaufen“, sagte er. „Aber trotzdem kannst du nicht einfach der Schule fernbleiben“, fuhr er mit hörbar lauterer Stimme fort. „Zur Strafe hilfst du sofort beim Aufbau für die Bundesjugendspiele“, ergänzte er wobei er mit einem Augen zwinkerte.
Den Nachteil dieser Gesamtschule sah ich hauptsächlich darin, daß sehr viel Unterricht in Kursen stattfand. Dabei bildeten sich bei den guten, mittleren und schwächeren Schülern Cliquen. Das bedeutete, daß in den wenigen Stunden, in denen die Schüler im Klassenverband unterrichtet wurden, der Gemeinschaftssinn viel zu kurz kam.
Für den B-Kurs zu schwach und für den C-Kurs zu gut, hatte ich mich an die Vier in Mathe gewöhnt. Obwohl es vielleicht besser gewesen wäre, eine Zwei im C-Kurs zu haben. Denn obwohl ich bei jeder Bewerbung ein Erklärungsblatt dazu legte, kannten sich weder weiterführende Schulen noch Ausbildungsbetriebe mit diesem Kurssystem richtig aus.
Nach dem 1. Halbjahr des 10. Schuljahrs hätte mich mein Bewerbungszeugnis durchaus zufriedengestellt. Wenn, ja wenn da nicht die Sache mit der Deutschnote gewesen wäre.
Die Leherin sicherte mir mündlich eine Drei zu. Daß ich schriftlich auf einer Vier stand, weil ich die Thematik Interpretation nicht beherrschte, wußte ich. Aber mündlich zeigte ich mich immer sehr aktiv in Richtung Note Zwei. Ich konnte es damals noch nicht einschätzen, daß es oft ein großes Risiko ist, sich auf solche mündlichen Zusagen zu verlassen. Ich war dermaßen enttäuscht und verärgert darüber, daß die Frau mit dem blonden Kurzhaarschnitt ihre Zusage nicht einhielt. Ich ahnte bereits, wie sehr mir diese Deutschnote den Weg zu meinem Traumausbildungsberuf zerstören würde. Hätte ich sie wegen dieser Ungerechtigkeit sofort zur Rede gestellt, so hätte mein beruflicher Lebensweg eine ganz andere Richtung nehmen können. Und die Wutgefühle, die ich noch Jahre danach verspürte, wären mir erspart geblieben. Vielleicht war gerade die Geschichte mit der Deutschlehrerin der Grund, warum ich keine Lust hatte, an der Schulabschlußfeier teilzunehmen. Ich verschlief und verpaßte den Bus.

Mit dem Mofa hätte ich die Schule auch nicht mehr rechtzeitig erreicht. So fuhr mich Lothar mit Vaters Auto. Mit dem gelb-schwarzen Manta, nahm Lothar beim Linksabiegen an der Kreuzung zur Schule dem Gegenverkehr die Vorfahrt. Natürlich trug ich an diesem Unfall die Hauptschuld, da ich nicht mit dem Bus zum letzten Schultag gefahren war. Wir beide zogen uns außer Prellungen und Schürfwunden keine weiteren Verletzungen zu. Aber der Schaden am Manta A belief sich auf zirka 3000 DM. Wenn ich mit dem Bus gefahren wäre, wäre dieser Autounfall nicht geschehen,bekam ich immer wieder zu hören. Ich weiß selber ganz genau, daß es nicht zu diesem Unfall hätte kommen müssen. Doch seit der Geschichte mit der Ohrfeige hatte ich vollends das Vertrauen zu meinen Eltern verloren. Und deswegen hatte ich nichts von meinem Ärger in der Schule erzählt.

Bewerbungen hatte ich im Frühjahr '75 einige geschrieben. Jedoch ganz alleine auf mich gestellt, hatte ich keine Lust und Geduld, mich wie einige meiner Klassenkameraden 20 - 30 mal zu bewerben.

Meinen Wunschberuf Industriekaufmann – diesen Traum konnte ich ziemlich schnell begraben. „Mit einer Vier in Deutsch brauchst du dich erst gar nicht zu bewerben", sagte mir ein Bekannter nachdem ich die Unterlagen postwendend zurückbekommen hatte. Überhaupt wurde schon das Bewerbungsschreiben ein Problem für mich. Was hatte ich nur falsch gemacht?

Da ich also kaufmännisch keine Chance sah, mußte ich mich auf technische oder handwerkliche Berufe konzentrieren. Bei zwei großen Wetzlarer Industriebetrieben bewarb ich mich um eine Ausbildung als Nachrichtengerätemechaniker. Ich wurde eingeladen. Aber nicht zu einem Vorstellungsgespräch, sondern für einen Eignungstest. Mit mehr als 100 Mitbewerbern saß ich in einem großen Raum und mußte einen berufsspezifischen Fragenkatalog beantworten.

Schon in Runde Eins, d.h. nach diesem Test, kam das Aus. Ich durfte wieder nach Hause fahren. Ja, wenn ich die Berufsfachschule besucht hätte, wäre ich bei diesen speziellen Fragen be-

stimmt besser weggekommen, dachte ich mir. Aber irgendwie sollte es doch mit Elektrik zu tun haben. Doch den Inhaber des Elektrobetriebs in der Nachbarschaft zu fragen, daran dachte ich nicht, warum auch immer. Zwar hätte ich als Maschinenschlosser oder KFZ-Mechaniker anfangen können. Doch diesen für viele meiner Mitschüler Traumlehrberuf, wollte ich wegen meiner Mittleren Reife nicht ergreifen, weil mir der Werkstoff Metall einfach nicht behagte. Fast hatte ich einen Lehrvertrag als Büromaschinenmechaniker in der Tasche, bis mich die beiden Herrn der Geschäftsleitung fragten, was ich im Fach Polytechnik gemacht hätte. „Wir haben einen VW-Motor zerlegt und wieder zusammengebaut“, antwortete ich ehrlich. „Warum lernst du denn nicht einen Autoberuf?“, fragte mich der Geschäftsführer wegen dieser Eins. „Ich bin nicht so autoverrückt“, sagte ich entschlossen. „Lieber möchte ich etwas mit Elekrik und Mechanik machen“, fügte ich hinzu.
Als Tip nannte mir der untersetzte Meister den Beruf des Autoelektrikers. Nach dieser Aussage wußte ich sofort, daß es mit dieser Lehrstelle nichts werden würde. Obwohl die Firmenvertreter diese Entscheidung natürlich noch offen ließen. Nach der schriftlichen Absage schnappte ich mir das Branchenfernsprechbuch um unter AUTOELEKTRIK zu suchen. Ich bewarb mich bei zwei Bosch-Diensten, wie sich diese Betriebe nannten. Und danach ging alles sehr schnell. Letztendlich freute ich mich darüber, einen interessanten Beruf und eine Lehrstelle gefunden zu haben. Jetzt lagen nur noch die Sommerferien dazwischen und dann begann, was die „Alten“ so beängstigend nannten: Der Ernst des Lebens!
Es war schon ein andersartiges komisches Gefühl, das erste Mal in meinem Leben mit dem Bus morgens nicht in die Schule, sondern in eine Firma zu fahren, von der ich so gut wie nichts vorher wußte. Diesen 1. und 2. August 1975 werde ich in meinem Leben nie mehr vergessen.

Mit dem Linienbus fuhr ich am Morgen des ersten Augusttages nach Wetzlar. Am Schützenplatz vor dem Hauptgebäude eines großen Optikunternehmens stieg ich aus und mußte noch zwanzig Minuten laufen, bis ich die am Stadtrand gelegene Firma erreichte. Äußerst aufgeregt und mit einem flauen Gefühl in der Magengegend stand ich an diesem ersten Arbeitstag vor dem Eingang der Firma Kurthans & Söhne GmbH. Ich ging die Treppe zum Verkaufsraum hoch, um mich bei Herrn Kurthans pünktlich zum Lehrbeginn zu melden. Ich wartete einige Minuten auf den Chef, der, wie ich von der Theke aus gut durch das Fenster beobachten konnte, exakt zum Arbeitsbeginn um 7. 30 Uhr die Werkstatttore öffnete. Mit einem „Guten Morgen“, begrüßte mich der Meister. „Geh hier die Stufen hinunter und warte auf Didimo“, sagte der Chef und deutete mit einer Hand in die Ecke hinter der Verkaufstheke. „Er wird dir erst Mal zeigen, wo die Arbeitsanzüge sind und dann mit dir einen Rundgang machen“, sagte der mit einem beigen Kittel mit braunem Schulterabsatz bekleidete Bosch-Dienst Chef und entfernte sich bereits einige Schritte von mir. Ich sah ihn in Richtung alufarbener Eingangstür gehen und schaute ihm hinterher, als er die Stufen der Granittreppe hastig herunter trommelte und zu einem Kunden auf den Hof eilte. Ich wunderte mich schon sehr darüber, daß nicht einer der beiden Firmeninhaber die Betriebsführung mit mir machte.

Ich stand im Vorraum zwischen Halle und Werkstatt. Weiter hinten sah ich eine große schäbige Werkbank mit viel durcheinander liegendem Werkzeug und Material. Rechts von mir, schaute ich auf die Ersatzteilausgabe. „Hallo, ich bin der Didimo und du einer von den drei Neuen“, hörte ich plötzlich eine dialektfreie Stimme. Ich drehte mich zu ihm herum. „Ja, ich bin der Hans-Georg“, stellte ich mich vor und sah einen jungen Südländer, kaum älter als ich, vor mir stehen. „Ich hol nur noch eine neue Batterieklemme, und wenn ich mit dem Audi 50 fertig bin, zeig ich dir alles“, sagte der

einen Kopf kleinere Typ mit schwarzem gelocktem Haar. Ich sah ihm bei der Reparatur zu und dachte, immer noch angespannt, an meine ersten sichtbaren Eindrücke von meiner Lehrfirma.
Auf einer Fläche, die etwa zwei Fußballfelder groß war, befand sich ein zweistöckiges Haus mit Verkaufsraum und Verwaltung. Im gesamten Obergeschoß konnte ich eine Privatwohnung, vermutlich die des Chefs, über den Geschäftsräumen erkennen.
An diesem Flachbau war von der Hauptverkehrsstraße, der Steinfelser Allee, links, im rechten Winkel eine Fahrzeughalle angebaut. Die Halle verfügte in ihrer ganzen Breite über eine Grube für LKW, sowie mehrere Autohebebühnen. In der Mitte befand sich ein separates Motor- und Bremstestzentrum, das mit einer ein Meter hohen gemauerten Wand umgeben war, auf der ringsum Glasscheiben in Metallrahmen montiert waren. Das „Tune up Center", wie später die Bosch Ingenieure diese Anlage tauften, verfügte gegenüber den sonstigen Hallentoren über ein separates Rolltorsystem. Gleich hinter der langen Verkaufs- und Reparaturannahmetheke kam man über drei Treppenstufen hinunter zu Ersatzteillager und Werkstatt. Vor der Ersatzteilausgabe führte eine betonierte gewendelte Treppe zu den Reparaturwerkbänken hoch.
Alles was ich gesehen hatte war so neu für mich. Die gesamte Autotechnik von A wie Anlasser bis Z wie Zündanlage sah ich auf mich einstürzen. Zum einen beängstigte mich der abrupte Wechsel von der Schule – in der ich nur für mich selbst verantwortlich war und in der ich immer wieder Erfolgserlebnisse hatte – in dieses elektrotechnische Arbeitsleben. Zum anderen dachte und hoffte ich, daß drei Jahre Ausbildung genügend Zeit bedeuteten, um alles von der Pike auf lernen zu können.
Didimo ließ just in diesem Augenblick die Haube des Kleinwagens runterfallen und schnappte sich seinen Werkzeugkasten. Er klickte das Bügelschloß zu und stellte den Kasten auf der Wendeltreppe neben der Ersatzteilausgabe ab.
„Ach, bevor ich's vergesse. Wenn du deine Werkzeugkiste erhältst, dann kennzeichne die einzelnen Teile und schließ sie immer sofort ab, denn hier klauen sie wie die Raben. Und wenn etwas fehlt,

mußt du es bezahlen“, sagte er mir und klopfte mir freundschaftlich auf die Schulter, so als wollte er mir sagen, daß er nicht zu diesen Greifvögeln gehörte.

„So, fangen wir mit dem Keller an“, sagte der in seinen braunroten Boscharbeitsanzug gekleidete neue Kollege. Didimo ging die Kellertreppe vor mir hinunter und zeigte mir die Umkleideräume, den Frühstücksraum und die Toilette, die sich hier unter dem Geschäftshaus befanden. Er führte mich zu einem Ständer im Flur, auf dem die Arbeitskleidung auf Drahtbügeln hing. Wir hörten Schritte. Im Licht der Neonlampe erkannte ich, wie der Chef mit den beiden anderen Lehrlingskollegen zu uns in den Keller kam und sie bei dem jungen Gesellen ablieferte, bevor er sich wieder hurtig auf den Weg nach oben machte. „Sucht euch die passende Jacke und Hose aus. Jedem stehen drei Kombinationen zu, die von der Firma gewaschen werden“, sagte Didimo, sichtlich stolz, in diesem Moment selbst ein kleiner „Boss“ zu sein. Nachdem wir uns die Klamotten mit dem Boschemblem auf der linken Brusttasche ausgesucht hatten, zeigte uns der frisch gebackene Geselle die Umkleide- und Waschräume. „Sucht euch einen von den Spinden aus, an dem kein Namensschild klebt“, sagte der gebürtige Spanier, der in Deutschland aufgewachsen war. Ich öffnete einige dieser olivgrauen Metallschränke. „Im Prinzip ist es egal, welchen von den leerstehenden Dingern ich mir nehme, denn in jedem sieht es aus wie in einer Mülltonne“, sagte ich mit fassungslosem Gesichtsausdruck zu ihm. Von Essensabfällen, Flaschen, alten Schuhen und Zigarettenschachteln fand ich alles an Abfall, was eine Deponie füllt. Kurz danach trat der Chef und KFZ-Elektrikermeister Herbert Kurthans nochmals auf den Plan und teilte den gleichaltrigen Lehrling Markus und mich zum Umkleideraum reinigen ein. Der andere fünf Jahre ältere Azubi bekam den Auftrag, den Frühstücksraum zu säubern.

Danach erhielten wir beiden jungen Lehrlinge die Anweisung, gemeinsam die Fahrzeughalle sauberzumachen und später noch oben bei den Werkbankarbeitsplätzen aufzuräumen. Beide waren wir an dem unendlich langen ersten Arbeitstag nur mit Aufräumen und Kehren beschäftigt. Dagegen durfte unser Kollege Heinz-Jürgen schon mal ab und zu eine kleinere Reparatur, wie z. B. Birnenwechsel oder Licht einstellen, durchführen. Wäre es damals Pflicht gewesen ein Betriebspraktikum zu absolvieren, hätte für mich dieser eine Tag bereits ausgereicht, um in der Firma Kurthans nicht anzufangen.

„Im wöchentlichen Wechsel habt ihr für die gesamte Belegschaft einzukaufen", sagte uns Didimo und zeigte uns den Einkaufswagen in einer Ecke der Halle neben ausrangierten Rasenmähern. „ Jeden Tag ab 15. 30 Uhr ist hier unten und dort oben aufzuräumen", sagte er mit freudigem Blick, weil er von nun an diese monotone Tätigkeit an uns drei abgeben konnte.

Nach dem Rundgang durch die Reparaturhalle führte uns Didimo zu den Gesellen hoch. Er stellte uns den Gesellen vor und zeigte Heinz-Jürgen, Markus und mir, wie die Werkbänke täglich gereinigt werden sollten. Dabei ging er mit uns in die hinterste Ecke zu der Arbeit, die er von nun an nicht mehr erledigen mußte. „Wenn sich hier genügend Schlamm abgesetzt hat, ist das Waschbenzinbecken von euch abwechselnd zu reinigen", sagte er und hob dabei das Sieb aus der dunklen Benzinbrühe hoch, wo Lichtmaschinen- und Anlasserteile von Schmutz gereinigt werden müssen.

Da dieser 1. August '75 auf einen Freitag fiel, dachte ich, ich hätte nach meinen ersten negativen Eindrücken wenigstens ein freies Wochenende vor mir.

Denn ich war getreu dem früheren Gewerkschaftsmotto „Samstags gehört Papi mir", der Meinung, daß der Sonnabend arbeitsfrei wäre. Leider hatte ich mich getäuscht. Ich konnte über diesen ersten Tag nicht ein komplettes Wochenende lang nachdenken. Denn jeweils drei Gesellen und ein Lehrling mußten im Dreiwochenrhythmus von 8–12 Uhr Notdienst schieben. Mich traf es jedenfalls als ersten von uns Azubis. Da samstags erst um 8 Uhr Arbeitsbeginn war und kein späterer Bus mehr fuhr, stand ich bereits um 7. 25 Uhr vor der verschlossenen Firmenhalle. Ich setzte mich im geteerten Firmenhof auf eine Bank und sah auf das rotgelbe Werbeschild „Bosch Tune up", das über dem Rolltor hing. Ich

dachte an den Geruch des Benzin-Öl-Fett-Gemischs, den ich gestern beim ersten Betreten sofort gerochen hatte, und der mir ein Leben lang in der Nase hängenblieb.
Wie ein Häufchen Elend saß ich auf der schwarzen Parkbank vor der Eingangstreppe des Verkaufsraums und starrte auf die mausgrauen Schiebetore. Ich wünschte mir, daß sich die Tore nie mehr öffnen würden. Den Kopf in meine Hände gestützt, blickte ich regungslos auf das triste Firmengelände. In meiner Hilflosigkeit und Einsamkeit weinte ich hemmungslos. Irgendwie ahnte, fühlte und spürte ich, was in den nächsten drei Jahren auf mich zukommen sollte. Doch wie zu einer Salzsäule erstarrt, schaffte ich es nicht zur Haltestelle zurückzulaufen und mit dem nächsten Bus heimzufahren. Warum habe ich es nicht getan? Warum?, frage ich mich noch heute – denn so wäre mir eine sehr schwere Zeit meines Lebens erspart geblieben.
Höchstwahrscheinlich hätte sich mein gesamter beruflicher Lebensweg völlig anders entwickelt. Wer weiß welche Ausbildung ich nach Abbruch meiner Autoelektrikerlehre begonnen hätte? Vielleicht Maler? Wo ich doch bereits seit drei Jahren eifrig am Hof mit dem Pinsel alles anstrich, was nach frischer Farbe lechzte. Mir machte das Streichen Spaß und ich war mächtig stolz, wenn ich eine Tür oder ein Fenster fertig gepinselt hatte.
Am Wochenende erzählte ich zu Hause von der Arbeit, mit der ich beauftragt wurde und von meinen negativen Eindrücken. „Lehrjahre sind keine Herrenjahre“, sagte Lothar und versuchte mir klarzumachen, was er alles habe machen müssen in seiner Lehre als Landmaschinenmechaniker in einem Kleinbetrieb im Nachbardorf.
„Das ist Normalo“, sagte er weiter und ließ mich spüren, daß man erst einmal ganz klein anfangen müsse. „Und überhaupt, kannst du dir nach zwei Tagen noch kein richtiges Bild von der Firma machen“, sagte Lothar und appellierte an mich, nicht vorschnell die Flinte ins Korn zu werfen. „Wenn du so schnell das Handtuch wirfst und woanders anfängst, wird es dir in vier Wochen wieder so gehen“, fügte er im Brustton der Überzeugung hinzu.

Doch die Photographie meiner zwölf ersten Arbeitsstunden war bereits dermaßen negativ belichtet, daß für mich einzig und allein die Farbe schwarz dominierte.
Ich fühlte mich eingeschüchtert wie ein junger Löwe, der in einem Käfig eingesperrt war und nach einer gewissen Zeit des vergeblichen Freiheitskampfes, sich auf den Boden legte und aufgab. Auch später, als man das Tier in einen offenen Käfig setzte, machte es dasselbe: Es legte sich hin.
Auch ich konnte nicht mehr aufstehen, um nach einem neuen Weg zu suchen. Zu sehr war ich früher bereits gedemütigt worden. Gefunden hätte ich ihn ohne Zweifel. Denn es gibt immer einen Weg, ich mußte ihn nur suchen, auch wenn er manchmal um viele Hindernisse und Ecken führt.
Auch Lothars Vergleich mit seiner Lehre hinkte sehr. Zum einem lernte er bereits vor acht Jahren in Vaters Heimatort und zum anderen war er mit seinem Chef, bei dem Vater schon viele Jahre Kunde war, bestens bekannt und per Du. Beide arbeiteten oft gemeinsam an einem Traktor oder einem anderen landwirtschaftlichen Gerät. Unter diesen Umständen wäre es mir sehr viel leichter gefallen, private Arbeiten für Herbert Kurthans zu übernehmen. Dagegen war dieser Bosch-Dienst mit seinen ca. 30 Mitarbeitern ein Großbetrieb. Vom Vater der beiden Geschäftsführer, Herbert und Martin, wurde der Betrieb im Jahre 1925 gegründet. Wie mir ein erfahrener Geselle erzählte, war der Betrieb vor einigen Jahren aus der Innenstadt in dieses Industriegebiet am Stadtrand umgezogen. Herbert, der ältere von beiden, besaß den Meisterbrief im KFZ-Elektrikhandwerk, Martin, den Mechanikermeister. Der kleine untersetzte jüngere Kurthansbruder hatte wie der körperbehinderte Lagerist an der Ersatzteilausgabe ein zusätzliches großes Problem, die gesellschaftliche Droge: ALKOHOL.
Im Büro arbeite der Chefbuchhalter und daneben noch drei weibliche Angestellte. Im Verkauf und Lager waren zehn Personen beschäftigt und in der Werkstatt neben acht Gesellen noch sechs Lehrlinge.

Sehr schnell fiel mir in den ersten Wochen auf, daß es zwischen den Chefs absolut keine Arbeitsteilung gab. Das bedeutete, daß Martin Kurthans, der teilweise noch im Betrieb mitarbeitete, und normalerweise für die Werkstatt zuständig sein sollte, oft von seinem Bruder überrumpelt wurde. Dies führte dann zu großen Konflikten und Auseinandersetzungen. Ohne irgendwelche Skrupel trugen sie diese Streitigkeiten auch vor der Kundschaft aus.
Als ich wieder einmal in meiner Naivität, bei einem Kunden erwähnte, daß er die durch die Gurtpflicht erforderlichen Einbaugurte woanders günstiger kaufen könnte, und der Chef dies irgendwie mitbekam, machte mir Herbert Kurthans die Hölle heiß. Probleme und Differenzen wurden versucht zu „lösen", indem man die Phonzahl der Rede erhöhte. Dieses Schreien und Brüllen jagte mir unheimliche Angst ein. Ein Zustand der Angst, gegen den ich mich niemals wehren konnte.
Bis auf den kleinen Spanier Didimo, setzten alle von den jungen Gesellen und die im letzten Lehrjahr befindlichen Azubis sehr oft und massiv körperliche Gewalt ein. Wir, die drei neuen Lehrlinge, waren jetzt das letzte und damit schwächste Glied in der Kette, wie ich schnell und deutlich zu spüren bekam.
Aus Verbundenheit zum Handball fand ich mit Hartmut Leicht einen Gesellen mit dem ich sehr oft und gerne zusammenarbeitete. Hartmut erzählte mir beim Ausbau eines LKW-Anlassers, daß mein Kollege Heinz-Jürgen irgendwie mit dem Chef verwandt sei und er nicht nur weil er bereits 21 war, mehr Verantwortung übertragen bekam.
Doch wehe Herbert Kurthans erwischte mich dabei, wenn Hartmut mir etwas am Fahrzeug erklären wollte. Dann krachte es mit einem Ton, der mit dem deftig rauhen Klima, das am Bau herrschte, überhaupt nichts gemein hatte, sondern der in seiner hektischen Primitivität und Megaphonlautstärke nicht zu überbieten war. „Mach dich hoch und spritz Anlasser", brüllte er mich an und schickte mich zu der Drecksarbeit, um mit einer Farbpistole in der Hand und einem billigen Papiermundschutz die Anlasser schwarz zu lackieren. Die Gesellen waren froh, daß sie für diese schmutzige

gesundheitsgefährdende Tätigkeit, für die es nur eine primitive Abzugsanlage gab, uns kleine Lehrlinge hatten. Außerdem durften sie diese Arbeit alleine schon deswegen nicht machen, weil ein Geselle dem Chef vom Stundenlohn viel zu teuer dafür war!
Bereits im ersten Lehrjahr hatte ich schnell mitbekommen, wie die Kunden – ob bei Austauschaggregaten oder bei Reparaturen nach Arbeitskarte – so betrogen wurden, daß die wenigsten es bemerkten.
Mit überteuerten Lehrlingsstundenreparatursätzen, die im zweiten und dritten Lehrjahr fast Facharbeiterniveau erreichten, mit Kleinteilen, getricksten Arbeitszeiten und unnötigem Zubehör. Auch dieses „Abzocken“ der Kunden prägte sich über die gesamte Lehrzeit bei mir ein und sollte noch eine weitreichende Bedeutung für mich haben. „So läßt du dich später nicht über den Tisch ziehen“, dachte ich in meinem Innersten.

*

Im Oktober '75 setzte ich Herbert Kurthans davon in Kenntnis, daß ich mich Anfang Dezember einer Nasenoperation unterziehen mußte. Der Termin wurde bei dem HNO-Arzt Dr. Sichelschmidt bereits im Frühjahr, lange vor dem Lehrbeginn festgelegt.
Der Eingriff wurde nötig, weil ich im 9. Schuljahr während des Sportunterrichts Handball spielte und durch meine Kritik einen Klassenkameraden zur Weißglut brachte. Er kam dermaßen in Rage, daß er mir in der Umkleidekabine die Faust auf die Nase schlug. Seitdem war meine Nasenscheidewand deformiert und ich hatte dadurch Schwierigkeiten mit der Atmung. Ich wurde in die Hals-Nasen-Ohren Abteilung des St. Antons Krankenhauses in Gießen aufgenommen. Als die Schwester die ockerfarbene Tür des Krankenzimmers öffnete, sah ich einen zirka dreißigjährigen Mann im Bett liegen, dessen Riechorgan der Dicke einer Faschingsmaske ähnelte. In den Nasenlöchern erkannte ich weißes fadenartiges Zeugs, das sich später als Tamponade herausstellte. Und dort, wo viele Männer einen Schnauzbart tragen, hatte er ein Teil vorgebunden, das wie eine Miniaturausgabe einer Mullbinde

aussah. Nach diesem Anblick hätte ich am liebsten meine Tasche gar nicht erst ausgepackt und wäre mit Lothar, der mich in die Klinik gebracht hatte, am liebsten sofort wieder nach Hause gefahren. Ich fühlte mich hundsmiserabel elend und allein, als Lothar mit gut gemeinten beruhigenden Worten das Zimmer verließ. „Ich bin der Jürgen, Jürgen Räber“, stellte er sich mir vor und reichte mir die Hand. Ich nahm auf dem Bett Platz und mein Gegenüber begann eine Unterhaltung mit mir, von der ich nicht mehr weiß, ob sie gut oder schlecht für mich war. Aus dem Angestellten einer Baufirma sprudelten alle Details seiner Nasenoperation hervor.
Ich hatte als 16jähriger große Angst vor der bevorstehenden OP. Doch keinesfalls dachte ich daran wegzulaufen. Ich wollte nicht als Feigling abgestempelt werden. Am Nachmittag erschien Dr. Sichelschmidt zur Visite. Er schaute sich meinen „Kolben“ an und sagte wortwörtlich: „Morgen wird er geschlachtet.“ Diese grobe deftige Ausdrucksweise machte mir noch mehr Angst. Was hätte ich dafür gegeben heute noch hier heraus zu kommen. Mittels örtlicher Betäubung wurde mir auch ein Schlafmittel verabreicht. Trotzdem bekam ich nicht nur die furchtbaren hammerschlagartigen Geräusche mit, sondern auch die ständigen Privatgespräche des OP-Teams. Als ich gegen Abend langsam wieder das volle Bewußtsein erlangte, vermutete ich, die Ärzte hätten mir die Nase total zertrümmert. Es dröhnte und klopfte in meinem Kopf. Da ich nur durch den Mund atmen konnte, mußte ich ständig trinken. Die Nächte wurden zur Qual. Nach drei Tagen bekam ich die Tamponade aus der Nase gezogen. Ein Gefühl, wie wenn eine lange Schnur aus der hintersten Gehirnkammer gezogen würde.

*

Zwischendurch kam ein 8jähriger Junge mit dem ungewöhnlichen Namen Sinus, als dritter Patient in unser Zimmer. Ihm wurden die Mandeln entfernt. In der Nacht nach seiner Operation begann er plötzlich zu husten. Als Jürgen das Licht einschaltete, sah er, daß bei dem Jungen Blut aus dem Mund trat. Jürgen betätigte den Notruf und regte sich mächtig auf. „Das gibt's doch nicht, warum

haben sie ihm sofort zu Essen gegeben?“ rief er und machte sich Luft. Aufgeregt eilten Schwester und Arzt herbei und fuhren den Jungen sofort in den Operationssaal. Noch mal gutgegangen.
Am Morgen des 23. Dezembers kam Dr. Sichelschmidt zu mir ans Bett und unterschrieb die Entlassungspapiere. Das bedeutete, daß ich am nächsten Tag, dem Heiligen Abend, wieder in die Firma mußte. „Können Sie mich nicht wenigstens für den 24ten krankschreiben?“, fragte ich ihn.
„Ich muß auch bis zum letzten Tag arbeiten“, antwortete er lapidar und verließ das Krankenzimmer.

*

Neben „meinem“ Gesellen Hartmut Leicht wunderten sich viele Kollegen, warum ich am Heiligen Abend zur Arbeit erschien. „Na, auch wieder mal da“, rief mir schnippisch der Kundendienstmonteur zu. „Ich denk du bist krank?“ fragte er mich plötzlich ernsthaft.
„Der bescheuerte Arzt hat mich nur bis gestern zum Entlassungstag krank geschrieben. Er müßte schließlich auch bis zur letzten Minute arbeiten“, antwortete ich zögernd und lief in die Halle. Herr Förster lachte, schüttelte den Kopf und ging die Treppe in den Verkaufsraum hoch.
Da Markus und Heinz-Jürgen Urlaub hatten, durfte ich an diesem Morgen einkaufen. Nach der Frühstückspause räumte ich zügig den Aufenthaltsraum auf und legte mich als Lohn meines schnellen Aufräumens auf eine der Eckbänke. Die Knie ließ ich vornüber hängen, um sofort aufstehen zu können. Zur Sicherheit falls jemand plötzlich den Frühstücksraum betreten sollte, hielt ich einen Putzlappen in der Hand. Ich schloß die Augen und dachte an etwas Schönes. An das, was mir mehr als die schönste Nebensache der Welt bedeutete: Der Handball.
Anfangs stand für mich beim Sport nur der Spaß an der Bewegung und am Spiel im Vordergrund. Später versuchte ich jedoch, mit meiner sportlichen Leistung meinen Vater zu beeindrucken und ihm zu beweisen, daß ich auch etwas kann. Nachdem mich mein

Freund Burkhard auf dem Sportplatz überredet hatte, fing ich mit der Kleinfeldrunde 69/70 wieder mit dem Handball an. Wir spielten zuerst gemeinsam in der B-Knabenmannschaft – so hieß das früher, stiegen aber durch sehr gute Spiele schnell in das A-Team auf. Ich setzte mich mittels überzeugender Leistungen und meines kämpferischen Naturells auch in der neuen Mannschaft sehr schnell durch, zumal ich der einzige Spieler war, der bereits den Sprungwurf sicher beherrschte. Burkhard überzeugte durch sein intelligentes Spiel, so daß sich ab 1970 die ersten Erfolge auf Kreis- und Bezirksebene einstellten.
Da sich im Jugendbereich schon ein Altersunterschied von ein bis zwei Jahren bemerkbar machte, bekamen wir in der ersten Saison der A-Schüler erhebliche Probleme, um gegen die körperlich überlegene Konkurrenz mitzuhalten. In der nächsten Runde konnten wir unsere beachtliche Spielstärke gegen immer noch physisch stärkere Mannschaften besser ausnutzen. Wir sicherten uns gegen einen Gegner aus dem Busecker Tal knapp aber verdient die Bezirksmeisterschaft. Dieses starke Schülerteam sollte uns noch bis zur zweiten B-Jugend-Saison 75/76 ein ebenbürtiger Gegner sein.

„Leere“ und Meister

Im meinem ersten Berufsschuljahr wurden wir drei Autoelektriker in einer gemischten Klasse mit Automechanikern und anderen Metallberufen zusammengewürfelt. Von der KFZ-Innung bekamen wir zum Lehrbeginn, die AUSBILDUNGSVERORDNUNG übergeben. Ein Wälzer so dick wie ein Leitz-Ordner.
Die Ausbildungsverordnung (AVO) beinhaltete die Ausbildungsrichtlinien- und Verordnung, die Berichtshefte und die Testaufgaben für den innerbetrieblichen Unterricht.
Die AVO sah für jeden Ausbildungsabschnitt eine bestimmte Zeitspanne vor, anhand dessen ich sehen konnte, über welche Fertigkeiten ich zu verfügen hatte.
Und sie beschrieb haargenau die einzelnen Tätigkeiten und Kenntnisse, die ich in der praktischen Ausbildung vermittelt be-

kommen sollte. Ich lief in den Keller um aus meinem Spind den schweren blauen AVO-Ordner zu holen. Da ich zu Beginn meiner Lehre das Gefühl hatte, ich würde mich eher trauen Martin Kurthans anzusprechen, als den „richtigen" Chef, ging ich mit dem Ordner unter dem Arm eines Vormittags zu ihm, als er an der Theke zur Ersatzteilausgabe stand. Als ich die grauschwarze Steintreppe hochkam, sah ich Martin Kurthans immer noch entspannt an der Lagertheke anlehnen. Nun erkannte ich meine Chance und schritt mutig in die Nähe der Stempeluhr, wo sich in der Ecke zur Lagerausgabe ein schwerer olivgrüner Müllkübel aus Eisen befand. Ein Kübel, in dem ohne jegliche Abfalltrennung alles hinein geworfen wurde, und der mir beim Entleeren einmal auf den Fuß gefallen war und meinen großen Zeh verletzt hatte.

„Herr Kurthans, wann werde ich diese Fertigkeiten erlernen?", fragte ich ängstlich den sichtlich überraschten Werkstattmeister und zeigte ihm den Ausbildungsplan, der nach Zeitabschnitten geordnet, auf einem DIN-A4-Blatt stand. Ich merkte wie Martin Kurthans sich den Plan nur äußerst oberflächlich ansah. Urplötzlich drehte er sich zu mir herum. „Was willst Du denn mit dem Scheiß?", rief er mit hochrotem Gesicht so laut, daß es die Gesellen oben an den Werkbänken hören konnten.

Natürlich hatte ich in keinster Weise mit solch einer harschen Reaktion gerechnet und ließ mich durch seine Antwort niederschmettern und einschüchtern. Und wieder brachte ich es in dieser Situation nicht fertig – weil ich es nicht gelernt hatte und es somit nicht konnte, daß ich passend auf diese Provokation reagierte und auf dem Ausbildungsplan bestand. Ich war verängstigt und verärgert und fragte mich damals noch nicht, wann ich es lernen würde, Autoritäten und Menschen dieser Art angemessen entgegenzutreten. Ich wußte, daß ich bei einem Kollegen oder Freund in vergleichbarer Situation durchaus helfend eingegriffen hätte. Sollte das etwa bedeuten, daß ich jedesmal wenn es um meine Person ging und ich persönlich angegriffen wurde, Angst hatte mich zu Wehr zu setzen?

Ja, so mußte es sein. Denn bei allem, was ich in nächster Zeit an der Arbeit oder zu Hause tat, war ich sehr verunsichert. Noch dazu hatte ich durch meine perfektionistische Art, alles hundertprozentig erledigen und es jedem Recht machen zu wollen, Angst, etwas falsch zu machen. Bei bestimmten Menschen geriet ich so sehr unter Spannung, daß mir die gestellten Aufgaben erst recht mißlangen.

*

Selbst beim „Einkaufen" geriet ich oft in eine absolute Streßsituation. Für die Frühstückspause um 9.30 Uhr mußte ich jeden Mitarbeiter fragen, ob ich ihm etwas mitbringen sollte. Also aufschreiben und Geld kassieren, das war klar.
Der große Renner war bereits damals: die „BLÖD"-Zeitung. Auch heute sehe ich oft dieses dünne Blatt mit den zehnzentimetergroßen Überschriften auf der Titelseite, in Firmenfahrzeugen oder in Aufenthaltsräumen liegen. Ich nahm mir ebenfalls eine mit, hauptsächlich wegen des Sports, um immer auf dem aktuellsten Stand zu sein, wie ich überhaupt in diesem Alter ausnahmslos den Sportteil einer Zeitung las.
Mit dem Notizzettel in der rechten Hand und die andere am Einkaufswagen, ging ich flotten Schrittes zu dem zweihundert Meter entfernten „Alpha-Markt". Jetzt galt es all meine Konzentration abzurufen und nur nichts von dem zu vergessen, was auf der Liste stand. Mit zig Tüten, Dosen, losem Obst und manchmal bis zu 15 „Blöd"-Zeitungen, kam ich vom Einkauf aus dem neuen Supermarkt zurück. Danach machte ich mich auf den Weg durch die Firma, um die belegten Brötchen, Getränke und Zeitungen zu verteilen. Das Frühstück für die Gesellen und Lehrlinge mußte ich im Aufenthaltsraum auf deren Plätze legen! Die Sachen für die anderen Mitarbeiter hatte ich direkt an ihren Arbeitsplätzen abzuliefern. Bei der Herausgabe des Wechselgelds passierte es mir, bedingt durch die Hektik, vor halb zehn in der Firma sein zu müssen, öfters, daß ich Geld drauf legte. Da ich alle drei Wochen an der Reihe war, bedeutete das, daß ich in der Einkaufswoche täglich eineinhalb Stunden, nur mit Brötchen

oder Wurst einkaufen beschäftigt war. Weitere ein bis zwei Arbeitsstunden mußte ich für Kehren und Aufräumen einplanen. Die restliche Zeit des Achtstundentages war ich mit irgendwelchen Handlangerarbeiten oder mit besonderen Aufgaben wie Auto waschen, Garten umgraben, Rasen mähen, Regale bauen und Hausgeräte transportieren beschäftigt. Dies geschah natürlich alles auf lautstarke Anweisung im Komißton vom Chef, Herbert Kurthans.
Und all dies trug ich höchst sorgfältig in mein Berichtsheft ein. Meinen zerstrittenen Chefs war dies gleichgültig. Ich jedenfalls füllte die Tagesberichte und Übungsaufgaben, die für den innerbetrieblichen Unterricht vorgesehen waren, sehr ordentlich aus, so daß Herbert Kurthans am Ende der Lehrzeit sich die Finger wund schreiben konnte, um die einzelnen Seiten abzuzeichnen.
Ich freute mich über jeden Tag, jede Stunde, ja jede Minute, in der ich nicht in der Firma zu sein brauchte. So kam es, daß ich schon mal ab und zu, meist, wenn es etwas zu Schleppen gab, beim angegliederten Hausgerätekundendienst tätig war, der wie Elektrowerkzeuge, Fahrtenschreiber und Rasenmäher zum Firmenspektrum gehörte. Außer mit dem Schraubenzieher gut umzugehen, habe ich dabei ein halbes Jahr lang nicht viel gelernt. Doch war es in jedem Fall besser, als in dieser Kraut-und-Rüben-Werkstatt acht Stunden zu arbeiten. Auch als ich danach wieder in der Werkstatt arbeitete und für weitere sechs Monate meist nur Batterien mit Säure auffüllen und laden durfte, war ich immer sehr froh, wenn ich mit einem Gesellen im Stadt- oder Landbereich zu einem Reparaturauftrag fahren konnte. Dann räumte ich das Werkzeug blitzschnell zusammen und ab ging's zum Außendienst.
Oft fuhr ich mit „meinem" Gesellen Hartmut Leicht los, der als ein Vorbild an Fleiß und Pflichterfüllung galt, und dem sein Beruf Spaß machte, auch wenn er, ein Hüne von einem Mann, den alle nur „Bulla" nannten, oft herummeckerte. Er kannte die beiden Herren Chefs seit mehr als 15 Jahren.
Eines frühen Montagmorgens wurde ich mit Geselle Berthold Merz, einem speziell geschulten Busreparaturspezialisten, zu einer Instandsetzung auf Tour geschickt.

Noch einen Monat und mein zweites Lehrjahr würde beginnen, dachte ich und stieg in den weißen VW Bus ein. Ich legte mich entspannt gegen den Türholm, als Berthold vom Firmenhof losfuhr. Ich fühlte mich jetzt frei, locker und gelöst. Gerade so, als würde eine zentnerschwere Last von mir fallen. Ohne Angst und Druck, der mir jeden Tag in diesem Betrieb entgegenschlug. Statt wie sonst immer auf der Fahrt zur Reparatur ein Nickerchen zu machen, döste ich vor mich hin, und ließ meine sportlichen Ereignisse in diesem Jahr noch einmal Revue passieren.

*

Mit nur einem Minuspunkt gegen eine Mannschaft aus dem unteren Tabellendrittel wurden wir ungeschlagen Bezirksmeister in der B-Jugend-Saison 75/76.

Klar, bei diesem einzigen Punktverlust hatten wir überheblich und miserabel gespielt, aber daß unser Trainer Manfred Kurz, ein Psychologe par exellence, sich dermaßen darüber aufregte, hielt selbst ich, einer von denen, die immer Leistungsbereitschaft und Motivation zeigten, für überzogen. Bei der Nordhessen-Meisterschaft war unser Kasseler Gegner, gespickt mit einigen Hessenauswahlspielern, ein ganz harter Brocken. Doch wir siegten verdient mit 16:14 Toren und wurden danach relativ leicht Hessen- und Südwestdeutscher Meister. Damit qualifizierten wir uns als eine von fünf Mannschaften, die den Deutschen Meister in Turnierform in Saarbrücken ermittelten. Ehrlich gesagt, war ich als ehrgeiziger Jugendhandballer sehr glücklich, überhaupt dieses Ziel erreicht zu haben. Wir fuhren, begleitet von vielen Eltern und Fans, locker und gelöst am frühen Samstagmorgen des 10. April '76 ins Saarland. Nachdem die Zuschauer am Hotel am City-Ring ausstiegen, zog der gesamte Troß unseres Teams weiter zur: Jugendherberge Saarbrücken !!!

Ja, genau die Jugendherberge, die ich drei Jahre zuvor bei unserer tragischen Klassenfahrt, durch das Mißverständnis beim Arzt mit dem Herbergsvater besuchte. Uns wurde ein Schlafraum im Keller

zugeteilt, in dem wir alle, Spieler, Trainer und Betreuer, in Stockbetten Platz fanden. Nach dem Mittagessen chauffierte uns der Bus zur Sporthalle, wo am Samstagnachmittag das Deutsche Meister Turnier der B-Jugend Regionalmeister stattfand.
Als wir Zwölf mit unseren „Mischmasch"-Trainingsanzügen das Spielfeld betraten und ich die körperlich weitaus überlegeneren Spieler aus Hamburg und Berlin sah, sagte ich zu meinen Mitspielern, daß wir froh sein könnten, wenn wir hier den dritten Platz erkämpfen würden. Der Spielplan meinte es gut mit uns. Das bedeutete, daß Trainer Manni Kurz unseren jeweiligen Gegner vorher beobachten konnte. Mit Spielwitz und Technik, gepaart mit einer guten Abwehr, gelang es uns beide Samstagsspiele erfolgreich zu bestreiten. Doch stand uns die entscheidende Partie am Sonntagmorgen gegen den selbst ernannten Meister aus Nürtingen noch bevor. Die Nachricht von unserem hervorragenden Abschneiden drang schnell in die Heimat, so daß am Sonntag zu diesem sogenannten Endspiel, noch mehr als 150 Fans nachgereist kamen. Uns allen war klar, daß es eine sehr schwere Aufgabe werden würde. Am Samstagabend unternahmen wir einen Stadtspaziergang, der auf einem Restaurationsschiff Namens: „Saarschleife", auf dem gleichnamigen Fluß endete.
Zeitig wie die Kurpatienten lagen wir um 22 Uhr unter den Decken der Hochbetten. Selbst wenn wir morgen beide Spiele verlieren sollten – was ich nicht glaubte, würden wir aller Wahrscheinlichkeit nach dennoch unser Ziel dritter Platz erreichen, gingen mir vorm Schlafen positive Gedanken durch den Kopf.
Die Halle war brechend voll, als die mit Spannung erwartete Partie der beiden ungeschlagenen Teams angepfiffen wurde. Unsere Abwehr wurde von Manni speziell auf den einen sehr starken Rückraumspieler des Gegners eingestellt. Das Spiel wogte hin und her, wobei meine Mannschaft meist mit einem Tor in Führung lag. Beim Stand von 5:4 wurden nach 25 Minuten Spielzeit, die Seiten gewechselt. Halbzeitpause.
Die zweite Spielhälfte verlief ähnlich wie die erste. Bis es dann beim Spielstand von 9:9 nach einem Unentschieden roch, da sich

keine der beiden Mannschaften mehr gegen die gut gestaffelten Abwehrreihen entscheidend in Szene setzen konnte.
Bis zu jener 58. Spielminute. Wir hatten Ballbesitz. Nach einem Foul an mir, bekamen wir einen Freiwurf zugesprochen. Ich wollte eine Freiwurfvariante organisieren. Hinter dem Block meiner Mitspieler nahm ich mir vor, zum Sprungwurf hochzusteigen und den Ball in den Torwinkel zu plazieren. “Auf, Udo, Klaus und Erdal, baut einen Dreierblock auf – ich geh dahinter hoch“, rief ich lautstark mit dem Selbstbewußtsein, das ich nur beim Handball hatte, meine Spielerkollegen zusammen. Just als ich dieses taktische Mittel aussprach, schnappte sich unser türkischer Linksaußen mit dem Rücken zum Tor den am Freiwurfpunkt liegenden Ball. In dem Augenblick, als ich noch auf Udo und Klaus wartete, drehte sich Erdal blitzschnell Richtung Tor, und zog vorbei an den Abwehrhänden, unten durch ab. Im ersten Moment dachte ich, jetzt ist er durchgeknallt, unser Erdal, um dann Sekundenbruchteile später wahnsinnig zu jubeln. Tor, 10:9 für uns. Und auch die letzte Spielminute überstanden wir noch. Welch ein Jubel und Freude herrschte danach auf dem Spielfeld. Viele unserer Fans sprangen von den Bänken auf und stürmten auf die Spielfläche. Vor allem aber waren wir mächtig stolz, den großen Favoriten besiegt zu haben. Auch im abschließenden, nur noch statistische Bedeutung habenden Spiel, gaben wir uns keine Blöße und gewannen sicher. Während dieser Partie hatte unser früherer Knabentrainer und jetziger Jugendwart Peter Bode zusammen mit dem Vater einer unserer Torleute bereits in unserer Kabine mit Farbe und Pinsel ein schönes Transparent gemalt, auf dem zu lesen stand: Deutscher Meister 1976-TV 05/07 Hüttenberg
Als erster Deutscher Meister der gesamten mittelhessischen Region kehrten wir müde aber unheimlich stolz und glücklich, am Spätnachmittag des 11. April 1976 in die Heimat zurück. Auf uns wartete ein großer Bahnhof, den ich mir nicht mal in meinen Träumen so schön vorgestellt hatte. Und noch etwas war, als die Symbolfigur dieses Erfolgs, besonders wichtig für mich: Ein Handwagen, das K ... ?

Mein Geselle Berthold Merz und ich hatten insgesamt drei Reparaturaufträge laut Arbeitskarten zu erledigen. In einem großen Wetzlarer Konzern war ein Stapler in der Abteilung Industrierohre, bei einer Umzugsfirma ein LKW und in einem Steinbruch ein Bagger elektrisch defekt. Die Arbeit an der Starteranlage des Lastwagens und dem damit verbundenen Kabelbrand war äußerst zeitaufwendig. Bevor wir am frühen Nachmittag des schönen Sommertags in den Steinbruch einer Kreisgemeinde fuhren, behoben wir den Defekt an der Lichtmaschinenregelung des Gapelstaplers. Am Bagger war nur ein Kabelschuh am Anlasser aboxydiert. Nachdem ich die Reparatur erledigt hatte, hatten wir nach der Messung des Ladestroms bereits um ein Uhr mittags unsere Arbeitsaufträge erledigt. Da wir uns keine Frühstücks- und Mittagspause genehmigt hatten, und weder Berthold noch ich schon so früh in die verdammte „Klitsche" zurück wollten, fuhr er zwar wieder stadteinwärts, aber diesmal in den Stadtteil Breitenheim, am gegenüberliegenden Lahnufer. „Prima, wenn es spät genug wird, brauche ich wenigstens nicht mehr aufzuräumen", dachte ich mir. Die Breitenheimer Wohnstadt ließ Berthold wortwörtlich links liegen. Er fuhr, nachdem er von der B 44 abgefahren war, weiter Richtung Innenstadt zum Kurt-Schumacher-Ring, wo er vor einem Lokal mit dem Namen „Schinderhannes" auf dem geschotterten Parkplatz stehen blieb. Wir stiegen aus dem alten VW-Bus mit roter Firmenreklame und ich wunderte mich, daß Berthold nicht direkt zum Gaststätteneingang an der Kaltenberger Straße ging, sondern die seitliche Tür zur Küche benutzte. Ich stiefelte hinter ihm her und sah beim Eintreten zwei junge Frauen am Küchentisch sitzen. Während beide, schätzungsweise Mitte Zwanzig, herumalberten, bereitete eine ältere zirka 50jährige Frau wahrscheinlich die Mutter von beiden, am Küchenherd etwas zu. Berthold setzte sich zu den Damen, die überhaupt nicht meinen persönlichen Vorstellungen von Frauen entsprachen. Ich nahm ebenfalls an dem großen Eßtisch Platz und schaute mir die beiden nachdenklich an. Obwohl heute ein ganz gewöhnlicher Werktag war, saßen die zwei nicht dezent, sondern leicht bekleidet und stark geschminkt in der Küche. Sie wirkten auf mich wie viele dieser Disco- und Party Girls, oder wie...

Die füllige Frau mit viel „Holz vor der Hütten" unterbrach meine Gedankengänge und fragte uns, ob sie etwas für uns zu essen machen sollte. „Ich hab keinen Appetit, Erika", sagte Berthold und gab der Köchin den Hinweis, daß ich immer mächtigen Kohldampf hätte. Ich dachte mir auch nichts dabei, als er ein Stück Fleischwurst aus dem Kühlschrank holte, während ich zwei Riesenhamburger von Erika serviert bekam. „Setz dich in die Kneipe und trink was du willst, heute ist hier Ruhetag!", sagte Berthold bestimmend und schickte mich durch die zugeschobene Tür in das Lokal.

Das ließ ich mir nicht zweimal sagen und schnappte mir den dritten „Burger", ging hinter die Theke und zapfte mir ein Bier, so wie ich es von Haus aus gelernt hatte.

Ich setzte mich an einen der Kneipentische, um mir zu allererst mal einen kräftigen Schluck zu genehmigen. Da ich etwas zu lesen suchte, wenn möglich eine Sportzeitung, stand ich noch einmal auf, um in der Küche nachzufragen. Als ich die Schiebetür aufzog, sah ich weder Berthold, noch die beiden Damen. Nun gut, ich dachte mir nichts dabei.

„Habt ihr den „Kicker" oder eine Illustrierte?", fragte ich Erika, die mir mit dem Rücken zugewandt an der Spüle stand. „Zwischen Theke und Fenster ist ein Zeitungsständer, da wirst du etwas finden", sagte sie mit einem mütterlichen Ton, während sie dabei weiter Geschirr spülte. Nachdem ich eine ältere Ausgabe dieser Sportzeitung fand, machte ich es mir im Lokal gemütlich. Äußerst interessiert las ich einen Artikel vom letzten deutschen Hallenhandballendspiel im Mai '76, das ich mir mit meinem Bruder Hugo in der Dortmunder Westfalenhalle angesehen hatte. Ab der neuen Saison würde es eine einteilige Bundesliga geben, stand dort zu lesen. Ich schwelgte in Gedanken an unsere sagenhafte Meisterfeier und träumte von der Zukunft als Handballstar.

Am Ortseingang von Hüttenberg wartete das Musikkorps aus Großen-Linden, das 1974 Weltmeister der Feuerwehrkapellen wurde. Von der ersten Gaststätte, dem „Goldenen Mond“, zogen wir mit den adrett in Uniform gekleideten Hobbymusikern durch die Hauptstraße bis zu den beiden Vereinslokalen. Vor jedem Haus standen Leute, um uns als Meistermannschaft zu begrüßen. Ich und alle anderen Spieler hatten die Trikots gleich nach dem Duschen in der Halle wieder angezogen. Arm in Arm, Schulter an Schulter, marschierten wir mit den jungen weiblichen Fans zwischen uns hinter dem großen Siegestransparent her. Als wir uns auf Höhe der Kirche, in der Nähe meines Elternhauses befanden, klinkte ich mich aus dem Jubelzug mit Spielern, Betreuern und Fans aus, um hinter unserer großen Scheune, den Handwagen, das „KERNCHE“ zu holen. Denn an diesem knallorangenen „Kernchen“, war alles sonderbar und einmalig. Als Räder dienten zwei ehemalige Mopedreifen, jedoch mit verschiedenen Profilen. Um diese Reifen gab es keine Schutzbleche, denn sie waren in einem Stahlrohrgrundgestell außen neben der Ladefläche gelagert. Transportieren konnte man auf dieser glatten Spanplattenfläche nur irgendwelche Güter, die nicht leicht verrutschten.
Währenddessen spielten die Feuerwehrmänner auf der Straße meinem Vater ein Ständchen, weil sie früher schon einige Male unentgeltlich im Saal proben durften.
Aus tausend Kehlen grölte die Menge, als ich mit dem „Kernchen“ aus dem Hoftor heraus spaziert kam. Und schnell ertönte dabei der Schlachtruf: „Eins, Zwei, Drei, Luft offs Kernche“. Ich wollte, daß Manni, als der Vater dieses einmaligen Erfolgs, sich auf das Gefährt setzte, um ihn nach dem Umtrunk vor unserer Gastwirtschaft, in der mein Vater die Bierkörbchen aus dem Kneipenfenster reichte, damit durchs Dorf zu kutschieren. Die Fußgesellschaft bewegte sich weiter Richtung Sporthalle und von dort zu unserer Stammkneipe, dem „ Alten Steinhaus“. Mit einem Spruchband „Barbara grüßt den Deutschen Meister“, empfing uns freudestrahlend die Wirtsgattin. Nach weiteren Lagen Gerstensaft steuerten wir unser Ziel, das Ver-

einslokal Rühl an. Im großen Saalbau fand der Empfang durch die Vereinsführung statt. Am Abend feierten wir im „Alten Steinhaus“ und zogen dann von Kneipe zu Kneipe weiter.
Gemeinsam hatten wir uns vorgenommen, nicht nur heute, sondern zumindest auch morgen, am Montag, mit einem Frühschoppen beginnend, weiter zu feiern. Halt so richtig die „Wutz“ raus zu lassen. Denn nicht alle Tage wird man Deutscher Meister. Vielleicht nie mehr, dachte ich, und genoß jede Minute in vollen Zügen. Diese einzigartige Montagsfeier wird mir ewig in Erinnerung bleiben.
Um zehn trafen wir uns an diesem herrlichen Frühlingsmorgen wieder im „Alten Steinhaus“. Einer nach dem anderen trudelte ein. Natürlich mußten wir uns nach den ersten Runden Gerstensaft durch ein gutes bürgerliches Essen erst einmal eine Grundlage für diesen Feiertag schaffen. Manch einer von uns bestellte sich einen „halben Hahn“ und andere einen „Indianer“, was ein mit Paprika gewürztes Hähnchen bedeutet.
Wer von uns am Nachmittag die Idee hatte, den alten runden Tisch aus der Mitte des urigen Gastraums hinaus zu befördern, weiß ich beim besten Willen nicht mehr. Da sich der Wirt Wilhelm, den alle nur Willi nannten, in seinem unter Denkmalschutz stehenden Lokal, so ärgerte, als wir in prächtige Stimmung kamen, machte uns Willis Gesichtsausdruck erst recht scharf darauf, den zentralen Tisch aller Gastlichkeit aus der Kneipe zu tragen. Dieses „Alte Steinhaus“, dessen Außenwände 80cm stark sind, war damals der absolute Handballertreff und gerade nach Spielen der Bundesligamannschaft immer restlos überfüllt. Die originelle Kneipe mit dem urigen Flair hat sich später immer mehr zu einem reinen Speiselokal gewandelt. Mit mir war das ganze Team sauer, weil die Wirtsfamilie noch nicht mal eine Runde Freibier spendierte. Und auch deshalb mußte der runde Tisch dran glauben. Wir luden das gute Stück in Mannis feuerwehrroten VW-Bus ein. Von Kneipe zu Kneipe hievten wir das Prunkstück durch die Eingangstüren. In der letzten Gaststätte beim „Glaserwirt“, mußten wir das Teil mit den gedrechselten Beinen durchs Fenster heben.

Zum Abschluß stellten wir den runden Tisch in die Grünanlage gegenüber unserer Gaststätte, mitten in den kleinen Betonteich hinein. In der kleinen Anlage standen zwei gezimmerte massive Parkbänke, von denen man auf den Teich und die Rasenfläche, sowie mein Elternhaus sehen konnte. Der absolute Höhepunkt dieses unvergeßlichen Tages folgte eine Stunde später.
Wie wir beim Kastenbier auf dem Teichrand um den Tisch saßen, geschah folgendes: Irgendeiner von uns hatte eine Gitarre dabei, und Erdal unser Türkisch-Deutscher Meister (Einmalig, zumindest im Handball), schnappte sie sich. Mit dem Musikinstrument um den Bauch ging er zu einem Mofa, das auf dem Bürgersteig abgestellt war. Erdal setzte sich darauf, startete das Zweirad und fuhr freihändig !!! musizierend die Hauptstraße hoch und runter.
Am Spätnachmittag dieses herrlichen Tages schlenderte eine Klassenkameradin auf der Straße an uns vorbei, als sie auf dem Weg zum DLRG-Training ins heimische Hallenbad war, das sich direkt neben der Sporthalle befand. Ruck, Zuck saß Heike zwischen uns und einer unserer beiden Torhüter, nahm ihr ohne daß sie es bemerkte, die Schwimmtasche ab und zog ihren Badeanzug an. Er stellte sich mitten auf den Teichtisch und posierte zu unser aller Freude wie ein Model auf dem Laufsteg. Ein Supertag, eine Supermeisterschaft und eine Superfeier fand dort ein Ende, wo wir uns am Morgen getroffen hatten.
Zwei Wochen später schlossen wir mit einem Freundschaftsspiel diese Supersaison ab. Auch diese Partie gestalteten wir siegreich und blieben damit auch im 34. Spiel unbesiegt!
Würden wir diesen Erfolg in der A-Jugend wiederholen können?, fragte ich mich. Da nun jeder Gegner wußte, daß er mit uns den Deutschen Meister vor sich hatte, sollte es für uns in der kommenden Saison sehr viel schwerer werden. Ich war mir durchaus dieser Tatsache bewußt und ging dementsprechend motiviert in die neue Spielzeit.
Zumindest für diese erste A-Jugend-Runde hegte ich aber große Zweifel, bekamen wir doch leider wieder einen neuen Übungsleiter. Aber diesmal einen vom ganz alten Schrot und Korn.

*

Als ich bereits beim vierten Bier angelangt war, zog Berthold die Tür zwischen Kneipenküche und Gastraum auf und rief mir zu: „Komm, wir fahren zurück".
Wenige Minuten vor vier fuhren wir los und kurz vor Feierabend um 16. 30 Uhr landeten wir, durch den regen Stadtverkehr aufgehalten, im Betrieb. „Wo seid ihr denn gewesen?", fragte mich Hartmut Leicht, da ich eine „Fahne" hatte. "In der Kaltenbergerstraße im „Schinderhannes", antwortete ich. „Ei, Gewitter", rief er im schönsten mittelhessischen Platt, das ich selber sehr gerne verwendete. "Dann wart ihr ja im „Drei-Mädel-Haus", sagte Hartmut und lachte herzerfrischend. Jetzt war auch mir Jüngling klar, daß mein „Sponsor" auf etwas anderes als Hamburger Appetit gehabt hatte. In meiner jugendlichen Naivität hatte ich es mir nicht vorstellen können, daß dieser wie ich wußte verlobte junge Mann es am hellichten Tag gleich mit zwei Frauen treiben würde.
Nach all den Meisterschaftsfeiern fiel es mir montags unheimlich schwer, wieder in diese Geruchsmischung aus Öl, Fett und Benzin zurückzukehren. Wie immer erschien ich pünktlich zum Arbeitsbeginn, oft aber mit übermüdeten und roten Augen, da die Endspiele meist sonntags ausgetragen wurden. Es kostete mich sehr viel Überwindung, mich mit meinem dicken Kopf unter das Armaturenbrett eines Fahrzeugs zu legen, um beispielsweise die Sicherungen zu kontrollieren. Am meisten störte mich jedoch das ständige Geschrei und Gezanke der beiden Bosse. Dieser Ton, gegen den eine Pauke noch leise ist, und den sie hauptsächlich gegenüber uns jungen Lehrlingen anschlugen, ängstigte mich und brannte sich geradezu in meine verwundete Seele ein. Diese ständige brisante Atmosphäre und die grundverschiedenen Charaktere der Mitarbeiter führten sehr häufig zu besonderen Ereignissen. Oben an den Werkbänken, wo durch die Gesellen Anlasser und Lichtmaschinen auf billigste Art und Weise runderneuert wurden, herrschte immer wenn Herbert Kurthans auch nur von weitem zu hören war, Alarmstufe Eins. Selbst einige der älteren KFZ-Elektriker taten oft nur so, als seien sie total in ihre Arbeit vertieft, wenn Herbert Kurthans sich unten von der Ersatzteilausgabe bemerkbar

machte und lautstark die Treppe hoch kam. Kam der Big Boss, „BIG BROTHER“ einmal unbemerkt in die Reparaturabteilung, zuckten alle Facharbeiter die an einer Werkbank standen, regelrecht zusammen, als sie seine keifende Stimme vernahmen. Fast jeder von der Belegschaft freute sich, wenn der Chef für Stunden oder gar für Tage nicht im Betrieb war. Dann galt ganz besonders das uralte Sprichwort: „Ist die Katze aus dem Haus, tanzen die Mäuse auf dem Tisch“.
Gerade vor Feierabend, wenn sich alle um die Werkbänke scharten, wurden oft die verrücktesten Spielchen getrieben. Entweder wurde mittels Faust- oder Hammerschlag mit Fetttuben herum gespritzt, oder es wurde für einen Kollegen eine „Falle“ aufgebaut. Dazu wurde von Arnold, einem ausgepflippten lebenslustigen jungen Gesellen, den auch der entzogene Führerschein nicht davon abhielt, mit den Firmenfahrzeugen zu fahren, Strom auf einen Schraubstock gelegt. Kam das „Opfer“ dann aus der Fahrzeughalle mit einem Anlasser nach oben und legte das kiloschwere Teil auf die Einspannvorrichtung, so schreckte es laut auf, geradeso, als hätte es an einen Metallzaun gegriffen.

Angst und Ausgenutzt

Für die neu gegründete A-Jugend-Oberliga qualifizierten wir uns in dieser ersten Saison ohne Probleme. Doch weder konnte ich mich mit den Uralt-Trainingsmethoden unseres neuen Trainers anfreunden, noch mit seinen Wunschvorstellungen und Spielvorgaben, daß wir ein Spiel mit 8–10 Toren gewinnen mußten. Permanent kritisierte der mit dem Feldhandball groß gewordene Coach uns Spieler, womit nicht nur ich, sondern auch die meisten anderen Spieler große Probleme hatten. Der große Erfolg in der B-Jugend hatte mich noch von den Problemen mit der miserablen Lehre abgelenkt. Nun aber machte mir in meinem Leben rein gar nichts mehr Spaß. Alles schien wegzubrechen. Die Krise wurde immer bedrohlicher für mich.

Ich konnte mich auf nichts mehr freuen. Meinen Stimmungspegel konnte ich selbst mit dem Handballspielen nicht anheben. Ich wurde zunehmend ängstlicher, unruhiger, gereizter und in mich gekehrter, wobei es mir noch nicht einmal möglich war, nach Feierabend diese negativen Gedanken abzuschalten. Nachdem ich in der Wohnküche mit der schönen, allerersten Massivholzeinbauküche aus den 50ern – die, wie mir meine Mutter erzählt hatte, wahre Besucherströme von Landfrauengruppen angelockt hatte – auf der blauen Eckbank zu Abend gegessen hatte, ging ich durch die kleine Getränkeabstellkammer, öffnete die Schiebetür und lief hinter der Theke vorbei in die Gaststube. Wie früher wenn Samstags das „Aktuelle Sportstudio" gesendet wurde, schenkte ich mir ein Glas Fanta ein und nahm mir eine Packung Chips. Ich setzte mich an den runden Tisch vor dem Farbfernseher, den Vater zur Fußball WM '74 gekauft hatte, und konnte mich nicht darauf konzentrieren, was dort vorne auf der Mattscheibe gesendet wurde. Immer wieder quälten mich angstvolle Vorstellungen von dem nächsten Arbeitstag. Nur wenn eine Sportsendung ausgestrahlt wurde, konnte ich für kurze Zeit das angstvolle Grübeln an die Maloche vergessen, bis diese negativen Gedanken mich wieder einholten. Ich hatte Angst vor dem Choleriker von Chef und vor der mir am nächsten Tag bevorstehenden Arbeit. Noch schlechter fühlte ich mich, wenn ich am Vortag etwas angefangen hatte und kein Selbstvertrauen besaß, um die zugewiesene Aufgabe zu lösen. Ich spürte Unsicherheit und Angst. Ich war mir bewußt, wenn ich z. B. den Fehler an einer Starteranlage nicht fand oder zu lange für den Einbau einer Antenne brauchte, daß ich dafür wieder angebrüllt wurde.
Ein halbes Jahr lang! füllte ich Batterien mit Säure ab und lud die Energiequelle eines jeden Fahrzeugs für den Verkauf auf. Wenn Säurespritzer auf die Hose kamen, bildete sich sofort ein Loch. Den neuen Anzug durfte ich dann selbst bezahlen. Der gleichaltrige Lehrling und ich strichen die gesamte Fahrzeugreparaturhalle, innen wie außen.

Ich mußte bei einer Baumaßnahme, einem Hallenanbau, mithelfen die Zwischendecke zu betonieren. Im Lager montierte und baute ich diverse Regale um. Ich fühlte mich oft überfordert, mit einer Arbeit allein gelassen und vor allen Dingen ausgenutzt!
Der „Höhepunkt", aller Tätigkeiten, die mit einer ordentlichen Ausbildung nicht das geringste zu tun hatten, war die Arbeit die ich wenig später ausführen mußte:
Seit zwei Tagen war das etwa ein Meter breite kastenförmige Pinkelbecken in der Toilette im Keller verstopft. Von Herbert Kurthans erhielt ich den Auftrag, dieses verstopfte Siphon am Urinal zu säubern. Ich glaube, ich war schon zu sehr klein gemacht und eingeschüchtert genug, als daß ich hätte Nein sagen können. Es war grauenhaft und ekelerregend zugleich, als ich den Abfluß auseinander schraubte. Ich fühlte mich wie ein Putzlumpen, den man nur noch auswringen brauchte.
Selbst als mein Bruder Hugo mit seinem neuen azurblauen Kadett GTE zur Firma Kurthans kam, um sich Nebellampen montieren zu lassen, (weil ich es mir an dem neuen Fahrzeug nicht zutraute), gingen zwei jüngere Gesellen im üblichen Kurthans-Orginalton mit mir um.
Erst als einer von beiden bemerkte, daß der Kunde mein Bruder war, schlug die Stimmung ins glatte Gegenteil um. Von Roland wurde ich plötzlich für mein schnelles, beim Hausgerätekundendienst gelerntes Schrauben gelobt. Hugo, der ebensowenig wie ich zu Hause in seinem Selbstvertrauen gestärkt wurde, bemerkte sehr deutlich, wie mit mir umgesprungen wurde. Doch daheim wurde dieser Besuch in meinem Lehrbetrieb höchstens am Rande erwähnt. Denn auch mein Bruder Hugo konnte sich nur schwer für sich selbst und noch weniger für mich verbal einsetzen.
Meine Angstzustände wurden immer dramatischer und es schien mir niemand auf dieser Welt da zu sein, mit dem ich hätte reden können. Ich war auf der Suche, meine angeschlagene trauernde Seele mit Worten befreien zu können. Doch ich fand irgendwann nur ein Ventil.

Ich sehnte mich nach meiner Jugendliebe Petra.
Obwohl ich mir fast jeden Tag vornahm sie anzurufen, fehlte mir der Mut und das Selbstvertrauen, es zu tun. Als ich es nicht schaffte mit Petra zu telefonieren, nahm ich mir vor, sie in ihrem neuen Elternhaus am Ortsrand zu besuchen. Aber auch diese Wunschvorstellung scheiterte genauso kläglich wie die vielen Telefonversuche vorher.
Durch die negativen Erfahrungen mit meiner Lehrstelle spürte ich zu viele Ängste und verfügte nur über ein geringes Selbstwertgefühl. Aller Wahrscheinlichkeit nach hätte mich schon ein einziges Treffen und Reden mit Petra oder mit jemand anderem, zu dem ich Vertrauen hatte, vor dem größten Blödsinn meines Lebens bewahrt.
Gab es wirklich niemanden der mir helfen konnte? Niemanden?
Doch, mit Brigitte der Frau meines Cousins gab es einen Menschen, mit dem ich reden konnte, der mir zuhörte. Öfters besuchte ich sie Sonntagsmorgens, wenn sie gerade mit der Zubereitung des Mittagessens beschäftigt war. Mit ihr konnte ich mich über vieles unterhalten, was mich bewegte. Aber leider nicht über alles. Meine innersten Gefühle ließ ich auch bei Brigitte nicht an die Oberfläche kommen. Daß sie einen sehr engen Kontakt mit meiner Mutter pflegte, vermutete ich als Grund, daß ich mich ihr nicht ganz anvertrauen konnte.

*

Es war ein typischer naßkalter Wintertag, dieser 16. Dezember '76, ein Mittwoch, an dem wir ein Auswärtsspiel im Rhein-Main-Gebiet zu bestreiten hatten. Wir verloren dieses Spiel und verspielten damit auch die letzte Chance, in den Titelkampf eingreifen zu können. Nachdem wir spätabends ins Mittelhessische zurückkehrten, wollten ich und einige andere aus der A-Jugend-Mannschaft beim „Glaserwirt" unseren Frust hinunterspülen. Außer dem obligatorischen Bier nach dem Spiel trank ich an diesem Abend noch

ein Getränk, das ich bis zum heutigen Tage nie mehr getrunken habe: Heißen Apfelwein – weil ich mich mit einer Erkältung herumplagte. Gegen Mitternacht lief ich mit meiner Sporttasche in der Hand nach Hause. Ich öffnete die Küchentür, knipste das Licht an und sah den Autoschlüssel meines Vaters auf der Anrichte liegen. Da ich schon des öfteren den Manta, der mit seinem sportlichen Aussehen überhaupt nicht zu meinem 53jährigen Vater paßte, die zirka 150 m um die Ecke zur Raiffeisen-Tankstelle gefahren hatte, nachdem ich das Auto im Hof gewaschen hatte, sah ich das kurze unerlaubte Fahren als eine Art Belohnung an. Jetzt mitten in der Nacht entstand in meinem traurigen Kopf die verrückte Idee, mit dem gelbschwarzen Flitzer eine Spritztour zu machen. Ich ging in den Hof und öffnete leise das große regional typische Hoftor. Ich ließ den im letzten Jahr reparierten Manta rückwärts aus dem Torhaus rollen und startete auf der Straße den Motor. Wo ich hinfahren wollte wußte ich nicht. Und so fuhr ich einfach die Landstraße Richtung Autobahnanschluß, die ich von meinen Tankausflügen kannte. An der Kreuzung auf der Kreisstraße zwischen zwei Nachbarorten fuhr ich rechts ab zur Autobahn. Die erste Auffahrt nach Süden mit dem Hinweisschild Frankfurt visierte ich an, noch immer ohne ein konkretes Ziel vor Augen zu haben. Als ich nach etwa drei Kilometern auf die Höhe des Gießener Südkreuzes kam, überfiel mich ein gewaltiges Panikgefühl. Ich fuhr vom Autobahnkreuz ab und folgte dem Hinweisschild Richtung Butzbach auf eine andere Schnellstraße.
Von da an, so wußte ich, brauchte ich nur bei der Ausfahrt abzufahren, denn von da an kannte ich bestens den Heimweg. Am Ortsausgang bog ich nach links in die Landstraße nach Hüttenberg ab. Nach weiteren zwei Kilometern, wählte ich die kürzeste Verbindung in mein Heimatdorf, eine vornehmlich landwirtschaftlich genutzte Nebenstraße. Auf der abschüssigen Strecke beschleunigte ich in einer Art und Weise, als wollte ich den 1971 in Monza tödlich verunglückten Formel 1 Weltmeister Jochen Rindt, den ich als Junge sehr verehrte, nachahmen. Die Tachonadel zeigte, wohlgemerkt im dritten Gang, 120 km/h an, als ich in die nach rechts ab-

fallende Linkskurve einbog. In dem Moment als ich merkte, daß ich viel zu schnell auf der schmalen Straße unterwegs war, verlor ich auch schon die Kontrolle über das Fahrzeug. Ich kriegte, wie es im Volksmund so treffend heißt, im wahrsten Sinne die Kurve nicht. Auf gar keinen Fall wollte ich die etwa einen Meter hohe Böschung geradeaus ins Feld runter fahren, schoß es mir in Sekundenbruchteilen durch den Kopf. Ich riß das Lenkrad herum, bis ich auf der anderen Straßenseite auf einen der Bäume zusteuerte, die an diesem Teilstück der Nebenstrecke im Abstand von wenigen Metern standen. Geistesgegenwärtig steuerte ich wieder das Sportlenkrad in die entgegengesetzte Richtung, wobei ich die Herrschaft über den Manta vollends verlor und das Fahrzeug total ins Schleudern geriet. Plötzlich ging alles so schnell, in Bruchteilen von Sekunden so schnell, daß ich das mehrmalige Überschlagen des Autos in den Acker in keinster Weise registrierte.

Im ersten Moment wußte ich nicht, wo ich mich befand. Ich spürte und fühlte meinen Körper. Mein Verstand wollte mir einreden, daß dieser Unfall nur ein böser Traum sei, wie ich ihn öfters in letzter Zeit hatte. Ich hörte eine sonore Männerstimme aus dem Radio.

Der Sprecher verkündete in der Mitte der Nacht froh gelaunt, daß ich als Hörer das ARD-Nachtprogramm eingeschaltet hätte, was mich in diesem Augenblick nur befremdete.

Erst allmählich bemerkte ich, daß ich in einem Auto saß, dessen Dach jetzt der Fahrzeugboden war. „Mein Körper ist okay, außer daß mir die Beine schmerzen", dachte ich. Doch langsam begriff ich, daß die Situation, in der ich mich befand, nicht einer dieser schlimmen Träume von der Lehrfirma war, nach denen ich jedesmal erleichtert aufwachte und sehr froh war, daß ich es sich nur um einen Albtraum handelte. Nein, ich wußte, es ist bittere Realität.

Durch die zerbrochene Fahrertürscheibe kletterte ich aus dem Wrack. Draußen fegte ein kalter Wind. Die Temperatur in dieser klaren Nacht pendelte um den Gefrierpunkt. Wer weiß was geschehen wäre, wenn ich verletzt oder ohnmächtig gewesen wäre. Mein Schicksal lag in Gottes Hand. Denn daß mich mitten in der

Woche um diese Uhrzeit ein Autofahrer auf dieser Nebenstraße gefunden hätte, wäre einem Wunder gleich gekommen. Auch für mich könnte wie so oft an deutschen Kreis- Land- oder Bundesstraßen, jahrelang ein Kreuz am Straßenrand als Zeichen der Trauer stehen.
Unter schwerem Schock lief ich wie in Trance den einen Kilometer heimwärts. Ich schloß die Haustür auf und schlich mich die Treppe hinauf. Ich verfügte noch über mehr Mut als Angst, als ich im Dunkeln den Flur mit den zwei Stufen entlang ging, und an die Schlafzimmertür meiner Eltern klopfte. Ich rief und rief, weil wie immer die Tür verschlossen war. „Was ist dann los, es ist mitten in der Nacht?“, fragte mich meine Mutter mit schläfriger Stimme. „Ich hab das Auto kaputt gefahren“, sagte ich unter Tränen zu ihr. Mein Vater schloß die Tür auf und fragte mich nicht, ob mir etwas passiert sei, sondern schrie voll Zorn: „Was werden wir mit dir Mißgeburt noch alles erleben!“.
Mein Vater und Lothar fuhren mit dem Traktor hinaus in die „Hohl“. Die landläufige Bezeichnung für die Straße, die ich ihnen genannt hatte. Doch dort fanden sie keine Spur von einem Auto. Aufgrund meines Schockzustands hatte ich ihnen die falsche Straßenbezeichnung gesagt, nämlich die Verbindung, die ich zur Autobahn genommen hatte. Diese Nebenstrecke auf der der Unfall geschah, nannte sich im Volksmund „Stern“. Folglich kehrten beide wieder zurück. Ich war so durcheinander, daß es mir sehr schwerfiel einen klaren Gedanken zu fassen. „Ist es auf dem „Stern“ passiert?“, fragte mich mein Bruder und ich entgegnete ihm: „Ja, „Stern“, nicht die „Hohl“, in der Kurve auf dem Acker“. Ich legte mich ins Bett, schlief aber in dieser Nacht nicht mehr ein. Voller Angst bekam ich auf meinem Zimmer mit, wie beide das Autowrack nach Hause schleppten.
Am Morgen danach, ich war frühzeitig aufgestanden, sah ich den Manta mitten im Hof stehen. Auf den ersten Blick sah ich, daß offensichtlich nur das schwarze Venyldach und die ebenfalls matt schwarze Motorhaube verbeult waren. Als ich mittags von der Berufsschule in Gießen kommend aus dem alten Peugeot eines Kollegen vorm Haus ausstieg, stand der Sportwagen nicht mehr im Hof. Als wenn ich es ge-

ahnt hätte, lief ich zielgerichtet zur Scheune und drückte auf die Klinke der kleinen seitlichen Tür. Ich sah im Dunkeln den Manta stehen, öffnete die Beifahrertür und setzte mich hinein. Mehr als eine Stunde versuchte ich mit all meiner Kraft, mittels Händen und Füßen, das Fahrzeugdach zu richten. So sehr ich mich auch bemühte, gelang es mir natürlich nicht, auch nur eine Beule herauszudrücken. Schweren Schrittes ging ich enttäuscht mit meiner Berufsschultasche ins Haus und setzte mich auf meinen Stammplatz auf der Eckbank. Ich wartete innerlich angespannt am gedeckten Tisch auf das Mittagessen und weniger auf meinen Vater, der jeden Tag um kurz nach eins zum Essen heim kam. Mein Appetit hielt sich in Grenzen, als ich in meinem Suppenteller herumstocherte. Die Luft duftete nach gekochtem Rindfleisch mit Meerrettich. Doch die Atmosphäre in der Küche empfand ich als sehr angespannt und bedrückend. Ohne daß mir meine Eltern das Reden verboten hatten, wußte ich auch so, daß jedes Wort von mir zu verbal-aggressiven Reaktionen von Vater und Mutter geführt hätte. „Ich hebe mein Geld von meinem Postscheckkonto ab und gebe euch mein Lehrgeld“, sagte ich plötzlich, als mir die finanziellen Vorwürfe wegen des Autoschadens immer unerträglicher wurden. Ohne eine erkennbare Regung nahmen meine Erziehungsberechtigten meine Aussage zur Kenntnis.
Obwohl ich mich sonst sehr gerne alleine in meinem Elternhaus aufhielt, konnte ich an diesem Nachmittag nicht allein zu Hause sein. So ging ich mit meiner Mutter die wenigen Minuten zu Fuß zum Hof auf der gegenüberliegenden Seite der Hauptstraße, um meinem Onkel und Cousin Albert, zum Geburtstag zu gratulieren.
Mit „Ei, was machst du denn für Sachen“, empfing mich seine Frau Brigitte an der Haustür. „Du hättest ja tot sein können“, sagte sie mit verängstigtem und traurigem Gesichtsausdruck. Sofort bemerkte ich wie der Blick meiner Mutter als Brigitte den Unfall der vergangenen Nacht ansprach, immer starrer und verärgerter wurde, bis sich ihr Gesicht zur Grimasse formte. Das durfte ja nicht sein, daß vor anderen Leuten darüber geredet wurde, denn von anderen erfährst DU ja auch nichts, war schon seit je her Mutters feste, fast einzige persönliche Meinung gewesen.

Wie ein Häufchen Elend saß ich am Kaffeetisch und quälte mich mit zwei Stückchen Kuchen ab.
Als das Thema Unfall wieder zur Sprache kam, fiel mir anhand ihrer Körpersprache auf, daß ich noch mit einer schlimmen Zeit zu rechnen hatte.
Ich plünderte mein Postsparbuch und das erst vor einem Jahr eröffnete Bankkonto, um wenigstens einen Teil des Totalschadens begleichen zu können. Als Bestrafung bekam ich wochenlang Ausgehverbot. Und das schlimmste von allem aber war, ich durfte nicht einmal am Handballtraining teilnehmen. Nach zwei Monaten schöpfte ich genügend Mut und Kraft, um meinen Vater zu fragen, ob ich wieder zum Trainieren in die Sporthalle durfte. Unter dem Vorbehalt, „Aber am Wochenende gehst du vorerst noch nicht weg!“, sagte er ja. Als ich eines Dienstagnachmittags wieder mit der Sporttasche in die Halle einmarschierte, freuten sich meine Mannschaftskameraden mit mir. Wenige Wochen später gestattete mir mein Vater, auch freitags oder samstags auszugehen. Ich nahm mir immer nur 20 DM mit, wenn ich beispielsweise zum Beatabend in die „Fürstenmühle“ ging. Denn wie versprochen, lieferte ich das restliche Lehrgeld über Monate bei meinen Eltern ab.

*

Jetzt wünschte ich mir für das neue Jahr 1977 in dem ich 18 werden würde, daß es in beruflicher, sportlicher und auch privater Hinsicht vom roten in den grünen Bereich aufwärts gehen würde. Denn seit dem sportlichen Höhepunkt im April hatte die Negativphase lange genug gedauert.
Da ich keine Ersparnisse mehr auf dem Konto hatte, wurde es für mich unmöglich, wie alle anderen Altersgenossen mit 18 Jahren den Führerschein zu machen. Eines jedoch lernte ich durch diesen Unfall mit 17 ohne Fahrerlaubnis. Ich hatte in Zukunft äußerst Respekt vor den physikalischen Gesetzmäßigkeiten auf dieser Erde. Und als positiven Nebeneffekt lernte ich sparsam, aber nicht geizig mit Geld umzugehen.

*

Beruflich,(Nein, berufen fühlte ich mich nicht), hatte ich nach der Zwischenprüfung nur noch das eine Ziel: Diese quälende Lehrzeit zu Ende zu bringen. Danach wollte ich als „Freiwilliger“ zur Bundeswehr, denn als dritter Sohn einer Familie wäre ich bestimmt nicht eingezogen worden. Alleine um mein großes Ziel Handball-Bundesliga erreichen zu können, glaubte ich beim Bund die größtmögliche Unterstützung und Entfaltungsmöglichkeit zu haben, wobei ich damit liebäugelte, statt des 15monatigen Wehrdienstes mich auf zwei Jahre zu verpflichten.

Offenheit und Vertrauen

Mit dem neuen Coach Werner Frohn, machte mir der Handball in der letzten Jugendsaison 77/78 wieder sehr viel Spaß. Besonders gerne erinnere ich mich an das Osterturnier in Werners idyllischem Heimatort im Weserbergland, dem äußersten Zipfel Nordhessens. Da ich seinen Bruder Elmar seit dem B-Jugend-Hessenauswahllehrgang 1975 kannte, fuhr ich bereits am Karfreitag mit ihm und seiner Frau an die Weser. Das Elternhaus der Frohn-Brüder war quadratisch, praktisch, gut und groß. Eine kleine Scheune und ein Stall zeugten von einer kleinen Landwirtschaft, die Mitte der 70er noch in voller Blüte stand. Doch wie seit 1972 auch mein Vater, betrieb Vater Frohn die Arbeit als Bauer nur noch nebenberuflich. Ich war vom ersten Tag, von der ersten Stunde, ja von der ersten Mahlzeit im Hause Frohn an tief beeindruckt, in welch einer freundlichen Art und Weise, die Familie miteinander umging. Vor allem die Offenheit und das Vertrauen, das gerade Elmar, mein gleichaltriger Freund, seinen Eltern entgegenbrachte, indem er z. B. erzählte, wer mit wem am Abend vorher bei einer Party zusammen turtelte, und was sich dort besonders ereignet hatte, machte mich schier perplex. Nein, solche vertrauensvollen Gespräche kannte ich von meinem Elternhaus nicht. Ich traute mich anfangs nicht, so wie Volker, etwas von meinen Erlebnissen zu erzählen. Solch eine Atmosphäre konnte ich mir bei uns zu

Hause nur im Traum vorstellen. Aber Träume sind bekanntlich Schäume, oder? Ich fragte mich, ob ich einmal in meinem Leben solch eine familiäre Nähe erfahren durfte? Oder ob ich diesen Wunsch nach Vertrauen und Bindung, nach eigener Familiengründung, sogar einmal selbst spüren würde?

Novum und Pokalfinale

Wir knüpften an die Erfolge in der B-Jugend an und wurden mit fast unverändertem Kader Meister der Oberliga-Nord, Hessen- und Südwestdeutscher-Meister. Statt mit einem Turnier wie zwei Jahre zuvor, wurde jetzt die DM in Hin- und Rückspielen gegen die vier anderen Regionalverbände ausgetragen. Es folgte das mit viel Spannung erwartete Endspiel am 11. Juni '78, Ort: Sporthalle Lübbecke, Gegner: GW Dankersen. Unter den Augen von vielen mitgereisten Schlachtenbummlern fand am Sonntagvormittag vor ausverkaufter Halle unser Finale statt. Bereits beim Warmmachen herrschte eine knisternde spannungsgeladene Atmosphäre. Einige von uns glaubten ob der körperlichen Überlegenheit des Gegners wieder nicht an unsere Chance, zumal es für die Jungs von GWD praktisch ein Heimspiel war, da Lübbecke nur 15 Kilometer von Dankersen entfernt liegt. Es entwickelte sich von Beginn an ein spannendes Spiel, in dem die Grün-Weißen meist mit einem Tor in Führung lagen. Vor dem Pausenpfiff waren nur noch Sekunden zu spielen, als ich nach einer Freiwurfsituation zum Sprungwurf hochstieg und abzog. Ich schaute dem Ball hinterher und hoffte auf einen erfolgreichen Abschluß.

Kurz vor dem Tor hörte ich den Schlußpfiff, ehe der feste und plazierte Wurf unter der Latte einschlug. Für mich war sofort klar, daß das Tor zählen würde, da der geworfene Ball nach dem Pfiff in der Luft war, und somit laut Reglement der Erfolg abgewartet werden mußte. Doch dem war nicht so. Die Zeitnehmer hielten die Uhr zu früh an und deswegen wurde das regulär erzielte Tor nicht gewertet. Stattdessen wurde unter den wütenden Protesten unserer Fans

nach der Halbzeit das Spiel mit drei Sekunden! Nachspielzeit angepfiffen. Die Partie blieb weiterhin spannend, wobei ich, nachdem ich sechs Siebenmeter sicher verwandeln konnte, beim siebten am Innenpfosten scheiterte.
Bis zu dieser spielentscheidenden Szene in der letzten Spielminute. Ein Verzweiflungswurf eines Dankersener Rückraumspielers, den ich nie in meinem Leben vergessen werde. Der Ball nahm durch Abwehrhände abgefälscht, seine Flugbahn Richtung Tor, und kam auf' unseren Torwart zu. Bernd ließ den nicht plaziert geworfenen kopfhohen Ball durch die Hände rutschen. Schluß aus! 15:16 verloren. Einige von uns waren noch lange nach Spielschluß am Boden zerstört. Andere ließen ihren Gefühlen freien Lauf und weinten hemmungslos. Alle, wir und die Fans, die uns auf dem Spielfeld umringten, waren vollkommen fix und fertig. Dabei spürte ich aus den Zuschauerreaktionen schnell, daß der „moralische Sieger" TV Hüttenberg hieß. (Der sympathische Verlierer ist immer beliebter, als der glückliche Gewinner).
Noch an diesem Sonntag erfolgte ein sofortiger Protest unserer Vereinsführung, der sich dann aber über Wochen hinzog und die „beste" Entscheidung überhaupt brachte, die wahrscheinlich je ein deutsches Sportgericht traf. Trotz allem feierten wir als moralischer Meister mit dem „echten" Deutschen Meister, unserer B-Jugend die am gleichen Wochenende in heimischen Gefilden siegte, das Erreichte. Denn da wir im Torhüterbereich eindeutig schwächer besetzt waren als zwei Jahre zuvor, bedeutete für uns alleine schon die Endspielteilnahme einen Riesenerfolg. Der Umzug durchs Dorf führte uns bis zur Sporthalle, wo wir auf dem Parkplatz bis in die späten Abendstunden feierten, und den Frust dieses einzigartigen Spiels in der Handballgeschichte hinunterspülten.

⁂

Ich wurde als einziger von uns jugendlichen Spielern, in den Kader für das am Freitag, den 16. Juni 1978 stattfindende Deutsche Pokalendspiel gegen den VfL Gummersbach nominiert. Austragungsort: Die vollbesetzte Sporthalle Ost in Gießen.

Alleine schon das Gefühl gegen die damals weltbeste Vereinsmannschaft mit solchen Assen wie: J. Deckarm, E. Wunderlich, H. Brand, K. Westebbe und J. Feldhoff, dabei sein zu können, wurde bereits zu einem tollen Erlebnis für mich. Nach einer Viertelstunde Spielzeit kam ich auf der für mich bis dato ungewohnten Linksaußenposition ins Spiel. Mittels eines Spielzugs wurde ich in Position gebracht. Ich stieg mächtig hoch und warf beim ersten Wurf als 18jähriger Aktiver ein Tor. Unbeschreibliche Freudengefühle und Glückshormone spürte ich in meinem Körper fließen. In meinem knapp zehnminütigen Einsatz holte ich noch einen Siebenmeter heraus. Das Endspiel verloren wir mehr durch eigene Schwäche, als daß der VfL an diesem Tag so stark gewesen wäre. 12:14 lautete das Endergebnis, wobei sich meine Mannschaft auch als Verlierer auf den Europapokal freuen konnte, da das Team aus dem Bergischen Land bereits als Deutscher Meister der Saison 77/78, feststand. Am Montagmorgen stürzte ich mich auf alle drei heimischen Zeitungen, und schaute mir stolz die Spielberichte an. In groß und fettgedruckten Lettern las ich: „Youngster Hans-Georg Weber begeisterte“, bevor ich die Berichte ausschnitt.

Musikbox und Uniform

Nach diesem Finale bekam ich, der letzten Sonntag noch im Jugendendspiel stand, vielfach Lob, Anerkennung und Schulterklopfen ob meiner gezeigten Leistung. Nach Ende des offiziellen Banketts durch die Universitätsstadt Gießen, fuhr ich mit unserem Pressewart und seiner Frau zurück nach Hüttenberg. Vor dem „Alten Steinhaus“ stieg ich aus. Ich betrat das wie immer nach solchen Anlässen proppenvolle Lokal an diesem Vorabend zum Tag der deutschen Einheit. Viele sprachen mich an der Theke auf das Pokalendspiel an, und so dauerte es eine ganze Weile, bis ich einen Platz am Tresen gefunden hatte. Voller Stolz redete ich von dem Erlebnis, gegen die Startruppe aus Gummersbach dabei gewesen zu sein, und hatte dabei unser eigenes Finale vor fünf Tagen fast verdrängt. Ich schaute mich um, welche be-

kannten Gesichter, in der Kneipe zu sehen waren. Als jemand den Raum betrat, schweifte mein Blick Richtung Eingangstür. Ich wollte schon wieder meine Augen Richtung Theke führen, als ich noch mit einem kurzen Blick an der Musikbox neben der Kneipentür hängenblieb. Ich sah ein junges Mädchen mit kastanienbraunen halblangen Haaren ganz locker auf der kastenförmigen Musiktruhe sitzen, die ich mit meinem Blickkontakt grüßte und die mit einem unbeschreiblichen Lächeln meinen Gruß erwiderte. Ihre Ausstrahlung und ihr Liebreiz trafen mich wie ein Amorpfeil mitten ins Herz hinein. Wie elektrisiert und magnetisch angezogen, stand ich vom Barhocker auf und bewegte mich zu ihr hin. Ich begrüßte das mit Jeans und Sweatshirt bekleidete sehr natürlich wirkende Mädchen und fragte sie, ob sie das Pokalendspiel gesehen hätte. „Ja", antwortete sie und ergänzte, daß ich in den wenigen Minuten ein sehr gutes Spiel gemacht hätte. Sie hieß Jutta. Und ich wußte, daß sie genau wie ich, die jüngste von drei Geschwistern war und daß ich vor nicht einmal einer halben Stunde bei ihrem Vater im Auto gesessen hatte.
Bereits vor einem Jahr war mir Jutta als damals 15jährige in unserer Gaststätte bei einer Abschlußfeier, der Turnerinnen besonders angenehm in Erinnerung geblieben. Juttas natürliche Art und ihr schallendes Lachen hatten es mir angetan. In dieser Pokalendspielnacht redeten wir lange und sehr intensiv. Mit gebannten Augen klebten meine Blicke förmlich an Juttas wohlgeformtem Körper, an dem alles harmonisch wirkte. Und alles andere was sich an diesem Abend im Lokal oder sonstwo auf der Welt abspielte, war plötzlich uninteressant. „Ich würde dich gerne nach Hause bringen", antwortete ich Jutta zu vorgerückter Stunde, als sie mir sagte, daß sie sich langsam auf den Heimweg begeben müsse. Wo Jutta wohnte, wußte ich. Denn dort fuhr früher immer der Schulbus entlang. Zu ihrem Elternhaus, an der Ecke einer Straßenkreuzung, brauchten wir nur einige hundert Meter zu gehen. Vor der gußeisernen schwarzen Gartentür küßte ich sie. Ich verabredete mich mit ihr für nächste Woche.
Ich zweifelte daran, ob sie überhaupt eine feste Freundschaft und Beziehung mit mir wollte. Nach einem Freundschaftsspiel mit der

Ersten verabredeten wir uns am ersten Juliwochenende Samstags auf der Kirmes im Nachbardorf. Wie immer, wenn ich ein Bierzelt betrat ging ich zuerst an die Theke. Ich hielt Ausschau nach Jutta. Endlich, nachdem ich meinen Kopf durch die spanische Tür der Sektbar gesteckt hatte, erblickte ich sie im Gespräch mit ihrer Freundin Martina. Nach einem Sekt forderte ich Jutta zum Tanzen auf. Wir drehten unsere Kreise, obwohl sie sich nur ungern mit Blasmusik abfand, im Gegensatz zu mir, der ich ein Faible für diese volkstümlichen Klänge hatte. „Willst du mit mir gehen?“, wie man damals bei den Mädchen anfragte, wenn man mit ihnen eine feste Freundschaft wollte. „Ja, Hans-Georg“, antwortete sie kurz und bündig.
In nächster Zeit trafen wir uns wöchentlich, meistens sporadisch, in diesem Sommer '78. Es wurde der Beginn einer großen Liebe, die mir sehr viel bedeutete und die sehr wichtig für mich war. Vieles, was ich in all den Jahren meiner Kind- und Jugendzeit, wie Vertrauen, Verständnis und Zuhören vermißt hatte, erlebte ich jetzt, ein Familienleben, so wie ich es mir immer gewünscht und erträumt hatte.

*

In der Zeit unseres Kennenlernens im Juni '78, fanden die drei Teilbereiche der Gesellenprüfung, schriftlich, praktisch und mündlich statt. Nach der mündlichen Prüfung Montags um 9 Uhr, in der ich genau die Frage gestellt bekam die ich nicht beantworten konnte, fuhr ich mit einem Berufsschulkollegen in seinen Heimatort, um auf dem Frühschoppen der 1200 Jahr Feier, die bestandene Gesellenprüfung gebührend zu feiern.
Abends wollte ich mich mit Jutta auf der „Fürstenmühle“ treffen. Diese ehemalige „Mühle“ liegt mitten im Feld. In den 60ern erst als Diskothek genutzt, wurde die „Mühle“ später zu einem Treffpunkt für die Jugend aus der gesamten Region. Alle drei bis vier Wochen trat eine Beatgruppe auf, und die etwa 300 Personen fassende originelle Lokalität war immer brechend voll. Bei solch einer Veranstaltung lernte ich mit 18 Jahren frühmorgens um vier die ersten

Tanzschritte. Auf Lieder aus der Musikbox brachte mir eine junge Frau um die 20, den Foxtrott bei, weil ich wegen des Handballtrainings nicht in einen Tanzkurs gehen wollte. Und weil ich später, nach dem Autototalschaden, dafür kein Geld hatte, lernte ich das Tanzen auf diese unkonventionelle Weise.
Gleich vorn an der Theke sah ich Jutta stehen, die an diesem Abend eine Klassenfeier des Gymnasiums hatte. Sie bemerkte sofort meinen feucht-fröhlichen Zustand. Ich war nach diesem ereignisreichen Tag, sehr müde, als kurz darauf ihre Schwester kam, um Jutta abzuholen. Ulrike fuhr mich nach Hause und im Auto verabschiedete ich mich innig von meiner geliebten Freundin.
Als ich vom Bett aus eine Schallplatte auf meine Stereoanlage auflegte, träumte ich von einer rosigen Zukunft. Und dabei stellte sich eine innere Vorfreude auf den letzten Lehrlingsarbeitstag den, 17. Juli 1978 ein.
Ich war gut vorbereitet auf diesen Tag. Denn die schriftliche Kündigung mit der Anrede, „ Sehr geehrter... „Weber" !!!, hielt ich bereits seit drei Wochen in den Händen. An diesem Morgen betrat ich mit einer Flasche Sekt die Fahrzeughalle, um meinen ersehnten Abgang, besonders gebührend zu feiern. Nach dem von mir gesponserten Frühstück köpfte ich bei der letzten Lichtmaschinenreparatur die Flasche, so daß der Korken gegen die Hallendecke knallte.
Anschließend lief ich durch diese für mich verdammte „Glitsche" von einem Arbeitsplatz zum anderen, um mit jedem Gesellen ein Gläschen zu trinken. Leicht angesäuselt und froh diese schlimme Zeit der Einschüchterung, Erniedrigung und Demütigung hinter mich gebracht zu haben, verließ ich wie an allen Tagen zuvor diesen Ort der Angst, der in diesem Moment bereits Vergangenheit für mich bedeutete. Eigentlich aber wollte ich mir vornehmen, diesen Herbert Kurthans bei der Kreishandwerkskammer „anzulappen", um weitere Auszubildende vor diesem „Leermeister" zu schützen. Doch letztendlich war ich froh, mit dem Laden nichts mehr zu tun zu haben. Ich ließ es sein, weil mir mit knapp 19 nicht nur wie schon so oft der „Mumm" fehlte, Probleme und Ärger so-

fort lösen zu können, sondern ich auch vor einer möglichen Gegenreaktion Angst hatte. Hätte ich es getan, ja dann wäre mein Einsatz wiederum nur für andere gut gewesen. Aber nicht für mich.
Ob ich mich irgendwann einmal ohne Schuldgefühle gegenüber meinen Mitmenschen für mich selbst einsetzen kann?

*

Nach meiner Musterung im März '78 hatte ich von Mitte Juli an noch sehr viel Zeit bis zum Einrücken am 1. Oktober. Die Zeit bis dahin nutzte ich intensiv um endlich meinen Führerschein zu machen und mich für die erste Bundesligasaison in Form zu bringen.
Mit meinem Einberufungsbefehl in der Hand fuhr ich am 2. Oktober '78 mit meinem ersten Auto, einem grünen Ascona mit schwarzem Vinyldach, in die Bismarckkaserne nach Homberg/Efze. Da ich noch nicht lange den Führerschein besaß, fuhr ich auf der Autobahn gerade beim Fahrbahnwechsel noch sehr unsicher.
Apropos, Führerschein! Bei der Fahrprüfung fiel ich durch, weil ich wegen absoluter Nervosität in eine Anlieger-Frei-Straße fuhr. Sichtlich geknickt stieg ich in den Bus und fuhr nach Hause. Ich wollte am Mittagstisch nicht mit meinen Eltern darüber reden. Ich schämte mich. Mein Vater bemerkte aufgrund meines traurigen Gesichtsausdrucks, daß ich durchgefallen war, und begann lautstark zu lachen. Noch sehr lange klang mir dieses schallende Gelächter in den Ohren.
Außerhalb der Stadt auf einem Ausläufer des Knüllwaldes befand sich für die nächsten drei Monate mein neues „Zuhause". An der Kasernenwache vorbei bog ich rechts auf einem großen Parkplatz für Zivilfahrzeuge ein. Von dort hatte ich noch zirka 300 Meter zum Ausbildungsblockgebäude zu laufen.
Absolut grausam empfand ich das morgendliche Wecken – was heißt morgendlich? Es war 5. 15 Uhr, mitten in der Nacht! Der UvD (Unteroffizier vom Dienst), dessen Posten im Kompanieblock, zusammen mit dem GvD (Gefreiter vom Dienst) ständig besetzt sein mußte, warf um diese nachtschlafene Zeit seinen Stahl-

helm! durch den langen Flur und grölte lauthals: „Kompanie aufstehen!“ Dieses Gescheppere auf dem Gang machte einen Wahnsinnslärm, so daß ich förmlich aus dem Schlaf gerissen wurde. Danach hieß es für mich, Beeilung, Beeilung, um rechtzeitig beim „Antreten“ zu sein, wo von den Dienstgraden die Kleiderordnung überprüft wurde. Ich meiner Naivität dachte ich, auch hier in der Bismarckkaserne und nicht nur in einer Sportkompanie würde ich einen privilegierten Status haben. Doch wie sehr sollte ich mich täuschen und gelangte gegen Ende des Jahres auf den harten Boden der Realität.

Schwerter und Pflugscharen

Ich war froh und auch besonders stolz auf meine Freundin Jutta. Und ich spürte, daß sie sehr wichtig und bedeutungsvoll für mein Leben werden würde.
Jutta wirkte für eine 17-jährige sehr selbstbewußt, reif und erwachsen, sehr viel mehr, als es die meisten jungen Frauen Mitte Zwanzig waren. Sie wußte genau, was sie wollte. Außer ihrer sportlichen Figur und den kleinen Füßen, begeisterte mich ihre natürliche Art, wie sie mit ihren Mitmenschen umging. „Jutta Sozial“, eine von den Grünen, wurde sie hinter vorgehaltener Hand wegen ihrer eigenständigen Meinung zu Umwelt, Politik, Soziales und Menschenrechten im Dorf genannt.
Besonders gut konnte Jutta zuhören, eine Gabe deren Bedeutung ich für mein weiteres Leben noch nicht ahnen konnte. Da wir oft verschiedener Meinung waren, lernte ich von und mit ihr zu diskutieren. Und ich wurde durch Jutta aufgerüttelt, nicht mehr nur den Sportteil einer Zeitung zu lesen. Oft lieferten wir uns wahre Wortgefechte, über den Sinn oder Nichtsinn einer militärischen Bewaffnung mitten in dieser Zeit des Kalten Kriegs, in der jede der beiden Weltmächte ihre Macht und Stärke demonstrieren wollte. „Schwerter zu Pflugscharen“ – Der Spruch, die Kampagne, mit dem die Grünen-Bewegung auf sich und auf Tausende andere aufmerksam machte. Auch Jutta war der Meinung, daß es mit dem

wahnsinnigen Wettrüsten zu Ende gehen müsse. Schon deswegen hätte sie es viel lieber gesehen, wenn ich statt dem Dienst an der Waffe Zivildienst abgeleistet hätte. Aber ich ging alleine schon deshalb zum „Bund", weil ich der Meinung war, für meine sportlichen Ambitionen dort die bessere Unterstützung vorzufinden. Ob ich bereit wäre die Freiheit des deutschen Volkes, wie ich bei der Vereidigung auf die Fahne schwor, im Ernstfall zu verteidigen, dessen war ich mir nicht sicher. Doch war mir bewußt, daß ich meine nächsten Angehörigen mittels einer Waffe verteidigen würde, wenn sie angegriffen würden.

*

Bedingt durch den Handball sahen wir uns nur an den Wochenenden, meist nur für wenige Stunden, bevor ich am Sonntagabend gegen acht wieder zur Kaserne nach Nordhessen aufbrach. Immer fiel es mir sehr, sehr schwer, mich von Jutta zu verabschieden und die eineinhalbstündige Fahrt anzutreten.
Mit dem Kompaniechef handelte ich eine Sonderregelung aus, daß ich dienstags und donnerstags nach dem Training, erst um Mitternacht in der Kaserne sein mußte. Oft wurde es 0 Uhr und später. Nach solch einem langen Tag fiel mir das Aufstehen um 5.15 Uhr besonders schwer. Überhaupt fand ich es schon ätzend genug, nach dem Training wieder gleich ins Auto steigen zu müssen und noch 120 Kilometer Autobahn fahren zu müssen. Schon damals wußte ich, daß ich keiner von diesen Handballern bin, die drei bis viermal pro Woche hundert und mehr Kilometer irgendwohin zum Training fahren.
Jedenfalls bemerkte ich, daß unter den Kameraden schnell Neid und Mißgunst aufkamen, weil ich nach ihrer Meinung besondere Vorteile hatte. Um die Sonderregelung mit den Trainingsfahrten hatte ich mich selber gekümmert. Vom Verein bekam ich keinerlei Unterstützung. Die Herren vom Vorstand gaben mir das Gefühl, daß ich praktisch vergessen war. Diese beiden Punkte führten zu meinem Entschluß, daß ich mich in der Kasernenturnhalle fit hielt.

Gegen Ende November stand für meine Einheit nur noch die Ausbildung in Schlamm und Dreck auf dem Plan. Vorher fand noch ein Übungsschießen statt, wobei ich merkte, daß mir diese Ohrstöpsel, die wir vor dem in einer Kladde eingetragenen Schießen bekamen, nicht paßten. Nach dem Abendessen klagte ich über ein Summen in beiden Ohren. Ich ging die wenigen Schritte über den Kasernenhof in das gegenüberliegende Sanitätsgebäude.
In dem ungemütlichen Flur, an dessen Wänden nur einige Werbeplakate der Bundeswehr hingen, wartete ich auf den Feldarzt. Der Bereitschaftsarzt in weißer Dienstkleidung diagnostizierte ein Knalltrauma und wollte mich an eine Infusionslösung anschließen. Ich ging noch mal ins Zuggebäude zurück und holte mir ein paar Sachen aus meinem Spind. Der Arzt führte mich auf die stationäre Abteilung. Als wir den Raum betraten, sah ich, daß vier der sechs Betten von Kameraden belegt waren. Es herrschte eine ganz eigenartige Stimmung unter den fünf Soldaten. Selbst die Mahlzeiten, mußten wir uns selbst ans Bett bringen und auch wieder abräumen. Ich fühlte mich mies und wie abgeschoben in diesem Krankenlager fern der Heimat.
Von einer Nacht in diesem San-Bereich hatte ich genug. Und den Sinn das Knalltrauma mit Infusionen zu behandeln, verstand ich nicht, oder wollte es nicht verstehen.
Am nächsten Morgen drängte ich auf eine erneute Untersuchung mit anschließendem Hörtest. Da dieser Test nur in Gießen durchgeführt werden konnte, wurde ich noch am gleichen Tag mit einem San-Car in das Bundeswehrkrankenhaus der Universitätsstadt eingeliefert. Das Untersuchungsergebnis lautete: Knalltrauma und Hördefizite auf dem linken Ohr. Da ich in meine engen Gehörgänge keine Ohrpfropfen hinein bekommen hatte, wurde dieses Knalltrauma ausgelöst. Wieder ausgelöst muß es heißen Denn am Silvesterabend, als ich 13 war detonierte ein Kanonenschlag einen Meter neben meinem Ohr. Ein erwachsener Nachbarsohn zündelte äußerst gerne mit diesen roten und höllischen

Krach machenden Böllern. Mir selber waren die verschiedenen Sorten der China-Kracher laut und wirkungsvoll genug, um in der Neujahrsnacht die Klappendeckel der Kaugummiautomaten mit wahrer Begeisterung zu sprengen. An Neujahr hatte ich ein ständiges Rauschen in meinen Ohren und bemerkte, daß ich meine Armbanduhr am linken Hörorgan erst dann hörte, wenn ich sie dicht an die Ohrmuschel hielt.

Der Feldarzt im der Kaserne sollte recht behalten, denn ich bekam zwei Wochen Infusionen und konnte somit am Hauptteil der militärischen Ausbildung nicht teilnehmen.

Durch diese täglich angelegte Infusionslösung, die bei mir jedes Mal neu angeschlossen wurde!, sollte sich die Durchblutung im Ohr verbessern. Vor allem aber war ich zufrieden in Heimatnähe zu sein und freute mich riesig auf die Besuche von Jutta.

Ausgestattet mit einem sechswöchigen ärztlichen Schießverbot, wurde ich Anfang Dezember bedingt dienstfähig aus dem Bundeswehrkrankenhaus entlassen. Wenige Tage später, am 12. Dezember '78, stand die Kompaniebesichtigung durch den Brigadekommandeur auf dem Plan. Da ich nichts vom militärischen Teil der Grundausbildung mitbekommen hatte, blieb mir nicht mehr viel Zeit, um für den großen Tag zu üben. Der Prüfungsparcours war mit einem Dutzend Aufgaben aufgebaut, als meine Kompanie am frühen Morgen des bitterkalten Wintertags auf das „hohe Tier" wartete.

Wir warteten und warteten in Reih und Glied, als ich bei minus 20 Grad meine Füße kaum noch spürte. Ich wurde immer wütender und sah bereits bildlich vor mir, daß meine Zehen erfroren waren. Endlich, nachdem wir über eine Stunde ausharren mußten, begann diese Prüfung ausgerechnet mit mir und einem anderen Kameraden, der ebenfalls durch eine Krankheit gefehlt hatte. Nach vier Stationen, in denen ich es mit zum Teil wohl gesonnenen Ausbildern zu tun hatte, brach der Brigadegeneral die Kompanieprüfung ab.

Kurz vor Weihnachten erhielt ich vom Standort Homberg den Marschbefehl für die Sixt-von-Arnim-Kaserne in Wetzlar. Die Instandsetzungskompanie 130 wurde für mindestens 12 Monate meine neue Einheit. Durch das auferlegte Schießverbot hatte ich das Glück, daß ich an der großen Schießübung Anfang des neuen Jahres '79 nicht teilnehmen mußte. Ich war ausgesprochen froh darüber, bei dieser Fahrt in den Westerwald nur als Beifahrer eingeteilt zu sein und nicht auf dem Truppenübungsplatz Daaden in den halben Meter hohen Schneemassen eine Woche verbringen zu müssen. Ich hegte die Hoffnung, daß es jetzt, wo ich direkt vor der Haustür stationiert war, sportlich und privat aufwärts ging. Doch weder Kompaniechef, Unteroffiziere noch Mannschaftsdienstgrade zeigten Interesse und Verständnis für meine sportlichen Ambitionen.

Bedrückt und Verkrampft

Nach den schönen Reisen zu den Erstrunden-Europapokalauftritten in Belgien und Holland verkrampfte ich auch aufgrund meiner sehr geringen Spielanteile immer mehr. Und durch den Bundeswehrdienst und das Mitanpacken in der elterlichen Gastwirtschaft wurde ich zunehmend deprimierter. Ich besaß in keinster Weise die Lockerheit, um im Spiel selbstbewußt und mental stark auftreten zu können. Wenn ich alleine war zerbrach ich mir den Kopf und überlegte, wie ich eine Veränderung zum Positiven herbeiführen könnte. Bedingt durch meinen innerlich aufgebauten Druck wurde mir deutlich, daß ich eine Entscheidung treffen mußte, die es mir ermöglichte, aus diesem Stimmungsloch, dieser Schwermütigkeit zu kommen. So wie manchmal noch heute, zerbrach ich mir auf dem stillen Örtchen den Kopf und überlegte, wie ich mich entscheiden sollte.

Ich kam zu dem Entschluß, daß ich Jutta nicht wegen des Bundesliga-Handballs aufgeben wollte. Bevor ich mit ihr Schluß machen würde, wollte ich lieber den Handball, zumindest die Bundesliga sausen lassen. Ich wußte, daß ich an den beiden anderen Belastungen „Bund“ und Kneipe nichts ändern konnte. So warf ich bei der Ersten enttäuscht die Brocken hin, und wurde von meinem alten Jugendtrainer Manni mit Freude ins Bezirksligateam der zweiten Mannschaft aufgenommen.

*

Zusammen mit einem kurz vor der Pensionierung stehenden Zivilangestellten, der mich sehr gut einarbeitete, lernte ich als Autoelektriker in der Spezial-Instandsetzung in meinem Beruf mehr, als vorher in der Lehre. Es machte mir zunehmend mehr Spaß, an Unimog, DKW, Leopard und MTW mich auf Fehlersuche zu begeben. Über Fasching erhielt die Kompanie den Marschbefehl zu einer Schießübung nach Schwarzenborn. Weil ich jetzt nicht mehr vom Schießen befreit war, drückte ich mich, wenn nur die kleinste Chance bestand, vor jedem Schuß. Ich lief früh morgens nach dem Antreten von unserem Mannschaftsblock zum Sanitätszelt und wurde nach einem Zahnarztbesuch in der Stadt zum Küchendienst eingeteilt. Frei nach dem Motto „Lieber Kartoffelschälen im Küchenwagen, als eine Panzerfaust zu bedienen", nutzte ich alle Tricks, um nur nicht an den Schießstand zu müssen. Wie in irgendwelchen alten Filmen, saß ich mit zwei Soldaten um den großen Topf herum und schälte in entspannter Atmosphäre eine Knolle nach der anderen.

Wache und Manöver

Nach dem extrem harten Winter 78/79 mit meterhohen Schneemassen in Norddeutschland, ausgelöst durch einen Temperatursturz an Silvester, freute ich mich um so mehr auf das Erwachen des Frühlings.
In einer dieser milden Frühjahrsnächte im März war ich für die Wache des außerhalb der Kaserne am Rande des Truppenübungsplatzes gelegenen Spritlagers eingeteilt.
Mit einem Kameraden (so hieß das beim Bund) mußte ich abwechselnd mit zwei anderen „Pärchen", alle vier Stunden Doppel-

streife in den beiden eingezäunten Bereichen des Lagers laufen. Nicht nur ich allein empfand es als reinste Schikane, daß dieses Treibstofflager Tag und Nacht bewacht werden mußte. Mit scharfer Munition und gesichertem Gewehr trampelten wir beide den Pfad am Zaun entlang, um dieses Areal abzusichern.
Dabei war es noch nie, zu einem Zwischenfall gekommen. Streng entgegen der Wachvorschrift (beim Bund gab es für alles, aber auch alles eine Vorschrift) genehmigten wir uns am Rande des Trampelpfades mit einem Sit-in eine Zigarettenpause. Apropos Vorschriften. In einer dieser Dienstanweisungen stand wortwörtlich geschrieben: „Nach Einsetzen der Dämmerung ist zunehmend mit Dunkelheit zu rechnen".
Im Wachgebäude gegenüber dem Areal machten Siegfried und ich uns den Spaß, im Mondschein Hasen zu jagen. Der Wachhabende an diesem Freitagabend war ein länger dienender Mannschaftsdienstgrad. Er, Arnold Hepp, hatte sich einen kleinen Schwarz/Weiß Fernseher für die 24 Stunden Wache mitgebracht. Als ich mit Sigi nach einem Streifengang am späten Abend ins Wachgebäude kam, sagte Arnold: „Ein Spieler vom VfL Gummersbach ist bei einem Europapokalspiel schwer gestürzt".
„Wer denn und wie ist das passiert? Hast du es gesehen?", fragte ich aufgeregt. „Nein, ich hab nur kurz im Heute Journal etwas davon gehört", sagte er und meinte, es würde bestimmt im Aktuellen Sportstudio davon berichtet. Kurz danach sah ich in seinem Mini-Fernseher die Bilder, die damals wohl jeder Handballer gesehen hat. Er war der Spieler des VfL. Und der weltbeste zu dieser Zeit: Joachim Deckarm. Ich bin froh und stolz darüber, gegen ihn gespielt zu haben, wenn auch leider nur dieses eine Mal beim Pokalendspiel 1978.

*

In diesen Frühlingstagen verpflichtete ich mich für zwei Jahre bei der Bundeswehr. Zum einen wegen des finanziellen Anreizes und zum anderen weil mir die Arbeit in meinem Beruf beim Bund mit einem geregelten Feierabend um Fünf Spaß machte. Nur von dem gesamten militärischen Kram wollte ich nichts, aber auch gar nichts wissen. Bevor ich im Wonnemonat Mai mit meiner Kompanie das erste Mal ins Manöver fuhr, wollte ich mit Jutta einen schönen 1. Mai feiern.

Neunzehn und Siebzehn

Als eine sehr schöne und spannende Zeit empfand ich die ersten Monate unserer Liebe. Wir gingen zusammen aus, trafen uns auf Partys oder auf der Kirmes. Meinen 19. Geburtstag feierten wir mit Sekt und einem intensiven Kuß hinter dem Zelt.

Zu Beginn unserer Liebe war ich oft noch sehr aufgeregt, wenn ich Jutta anrief. Doch fiel es mir mit jedem Mal zunehmend leichter, anders als vor diesem Autototalschaden, als ich Petra anrufen wollte. Wahrscheinlich war meine Angst, Jutta wieder zu verlieren, größer als die Überwindung, die es mich anfangs jedesmal kostete, sie anzurufen.

An einem Samstagnachmittag wurde ich von Juttas Eltern zum Kaffee eingeladen. Vorher betrat ich nur dann das Haus, wenn sturmfreie Bude herrschte. Als ich mit ihr durch den Flur dieses kleinen, aber feinen Häuschens ging und die Tür zum Eßzimmer öffnete, saßen Ulrike und Karin, ihre beiden Schwestern, mit ihren Freunden am Tisch.

Die Luft roch nach frisch gebackenem Hefekuchen. Juttas Mutter kam aus der kleinen praktisch ausgestatteten Kochküche, die mit einer Schiebetür zum Eßzimmer verbunden war, und kredenzte den köstlich riechenden Kaffee. Den Tisch hatte sie einheitlich mit einem Porzellanservice gedeckt. Ich spürte sofort eine wohltuende offene Atmosphäre über der Kaffeerunde. Irgendwie fühlte ich mich sofort angenommen von dieser Familie, alleine schon deshalb, weil ich merkte, daß mir zugehört wurde und keine Sprachlosigkeit wie zu Hause in der Luft lag. Von diesem Zeitpunkt an kam ich auch oft während der Woche, um Jutta zu besuchen oder abzuholen. Wenn Juttas Eltern nicht zu Hause waren und wir es uns auf der Couch im Wohnzimmer gemütlich machten, begann ich Jutta zu knutschen und zu streicheln. Petting bedeutete dann die lustvolle Steigerung von beidem. Das damit verbundene Erforschen des anderen Geschlechts sollte für die ersten Monate der Verliebtheit unsere Lieblingsbeschäftigung werden. Ich hatte Geduld, was ja ansonsten nicht meine Stärke ist, um auf den Zeitpunkt zu warten, bis auch Jutta das erste Mal die Liebe erleben wollte.

Nach einer der immer wieder schönen Siegesfeiern mit der zweiten Mannschaft fuhren wir eines Samstagabends im November, so gegen halb eins, zu mir nach Haus. Ich schloß die Haustür auf und wir betraten den dunklen, noch nach Zigarettenqualm riechenden Flur. Jutta und ich schlichen uns die enge und knackende Holztreppe hoch und sie folgte mir geradeaus wieder zwei Stufen hinunter bis in den „Vorraum" von meinem Jugendzimmer. Ich betätigte den Lichtschalter und drückte die Klinke der alten Zimmertür mit einem Schnick auf. Gründlich, ja perfektionistisch wie ich nun einmal war, wollte ich alles vorbereiten für eine unvergeßliche Liebespremiere: Das richtige Licht, die passende Musik und eine angenehme Wärme in dem ansonsten nicht beheizten Zimmer. Doch da das erste Mal, an diesem Abend doch überraschend kam, hatte ich etwas absolut Wichtiges vergessen. Welch großer Schreck, ja Panik kam über mich. Das einfachste, aber sehr sichere Verhütungsmittel fehlte uns. Das Kondom im herkömmlichen Sprachgebrauch „Pariser" genannt, war jetzt sehr gefragt, ja ausgesprochen wichtig. Zum Glück entdeckte ich ein Markstück in meinem Portemonnaie. Ich war noch nicht einmal gezwungen irgendwohin zu fahren, denn wenn meine Eltern auch nur eine Dorfkneipe hatten, so befand sich doch auf der Herrentoilette ein Kondomautomat. So schnell wie irgend möglich rannte ich die Treppe hinunter und zog aus dem schmalen rechteckigen Kasten zwei dieser Latexdinger.

Jutta hatte sich bereits ausgezogen und lauschte den Songs von den Bee Gees und den Hollies. Glücklicherweise tobte und peitschte nicht der Wind draußen, denn sonst wäre es mir nicht gelungen, den Ölofen anzuzünden. Ansonsten wurden in meinem Elternhaus nur die Küche und die Gaststätte mittels dieser Stinkkisten beheizt. Feuer anzuzünden wurde jeden Morgen zu einem Glücksspiel. Nun empfanden wir beide es mollig warm in meinem Zimmer. Bis auf eine Kerze brannte noch die Nachttischleuchte, die ich mit einem alten Hemd verdunkelte. Etwas mehr Licht als der Kerzenschein war nötig, damit auch ja nichts mit dem Kondomanlegen schief gehen konnte. Wir knutschten und streichelten uns. Nach dem Vorspiel schob ich die Decke nach vorn und streifte das Gummiteil nahezu problemlos über, während Jutta mir dabei zusah. Ich gestehe, daß ich es schon mal vorher getestet hatte. Jutta und ich waren von der Richtigkeit des angelegten Sicherheitssystems überzeugt. Jetzt nur keine Experimente machen, dachte ich. Etwas Pfadpfindergeist war schon von Nöten, bis ich vorsichtig und zärtlich versuchte mit Jutta „Eins“ zu werden. Nach der körperlichen Liebe hatte ich das Gefühl, dieses Gummiding hätte sich verselbstständigt. Wieder geriet ich in Panik. Doch beide stellten wir erleichtert fest, daß das Kondom seine Aufgabe als Spermaauffangsack erfüllt hatte. Ich glaube, es war für uns beide schön und ich empfand es als großes Erlebnis, unter gleichen Voraussetzungen Liebespremiere zu haben.

*

Am 1. Maifeiertag unternahm ich mit den Mitgliedern der Burschenschaft einen Maiausflug. Ich war mächtig stolz auf meine Freundin und freute mich, an diesem Maifeiertag Jutta zu sehen. Die Blaskapelle spielte schwungvoll Egerländer Weisen. In der ehemaligen Mühle herrschte bierselige Gemütlichkeit. Jutta hatte mit ihrer Montagsturngruppe einen Maiausflug unternommen, bevor sie in dem äußerst beliebten Lokal, in dem es keine Sperrstunde gab, den Abschluß feierten. Ich ging zum Frauentisch und begrüßte Jutta mit einem Kuß. „Ich geh mal an die Theke“, sagte ich, um wie fast immer über Handball zu reden.

Auf einem der zahlreichen Barhocker saß eine Freundin von Jutta. Als ich neben ihr stand, sprach mich Claudia ohne Umschweife an. „Das mit Jutta wird auf Dauer nichts werden“, sagte sie zu mir in selbstbewußtem Tonfall. „Sie sucht keinen festen Freund und will sich auch nicht binden“, sagte sie und lieferte mir die Erklärung gleich hinterher. „Jutta möchte frei sein. Sie ist nicht die Richtige für dich“, fügte Claudia mit ihren kindlichen Pausbacken zu guter Letzt hinzu. Ich hörte mir ihr „Wort zum 1. Mai“ in aller Gelassenheit an. Da ich mit Claudia, die schlank und attraktiv aussah, vor zwei Jahren im Gras neben dem Kirmeszelt ein kleines Techtelmechtel gehabt hatte, dachte ich mir, daß sie neidisch auf Jutta sei, da sie bestimmt gerne mit mir befreundet gewesen wäre. Aber mich reizte keine einfache, unkomplizierte und pflegeleichte junge Frau, sondern ich brauchte und suchte jemand, mit dem ich diskutieren und mich streiten konnte, und bei dem ich mich weiter entwickelte. Außer Jutta gefiel mir mit einer ihrer besten Freundinnen noch ein anderes Mädchen ihres Jahrgangs. Vor einem halben Jahr, als es mir wegen Lehre und dem Handball so schlecht ging, hatte ich es bei ihr versucht und mir einen Korb eingehandelt.
Ganz bestimmt unterhielt ich mich mit Jutta an diesem Abend über das Gespräch mit Claudia. Sie war jedoch in solch einer Partylaune, daß sie ihrer Aussage keinerlei Bedeutung schenkte.
Gegen 20 Uhr spazierten wir über Feld und Flur zu ihrem Elternhaus. Als wir eine halbe Stunde später den Hausflur betraten, klopfte Jutta an die Wohnzimmertür. „Wir gehen hoch auf mein Zimmer“, sagte sie kurz ihrer Mutter Bescheid. Gleich rechts neben der Haustür führte die Treppe ins Obergeschoß. Über einen schmalen Flur führte sie mich geradeaus ins „Doppelzimmer“, das sie mit einer ihrer Schwestern teilte. Der vordere Teil des durch eine Zwischenwand mit Durchgang abgeteilten Raumes gehörte Jutta. Ihr Bett stand unter der Dachschräge, genau unter dem Dachflächenfenster. Wir legten uns unter die Bettdecke, schmusten und schauten in den Sternenhimmel. Jutta und ich unterhielten uns über die nähere Zukunft.

Plötzlich klopfte es an der Zimmertür und eine männliche Stimme rief deutlich und in bestimmendem Ton: „Jutta, jetzt wird's aber Zeit“. Ich schaute auf meine Armbanduhr, die Viertel vor zehn anzeigte. Nach fünf Minuten wiederholte sich die Aufforderung ihres Vaters, daß Jutta diesen Abend jetzt beenden sollte, eindringlich auf´s Neue. Dabei kam es mir in dieser Situation, wo auch ihre Schwester Karin bald heimkommen konnte überhaupt nicht in den Sinn, miteinander intim zu werden. Ich dachte mir, daß ihr Vater, der sehr vertrauensvoll mit seinen Töchtern umging, wissen mußte, daß Jutta die Reife besaß, um sich vor einer ungewollten Schwangerschaft zu schützen. Da Jutta kurz vor dem Abitur stand und ihre Eltern bereits in jungen Jahren Nachwuchs bekommen hatten, vermutete ich im nachhinein beides, als Grund für ihre Reaktion.
Ich war einfach völlig verärgert und frustriert, daß ich jetzt, nachdem wir uns schon einige Monate kannten, quasi vor die Tür gesetzt wurde. Mit einem leidenschaftlichen Kuß verabschiedete ich mich von ihr. Wütend lief ich auf leisen Sohlen die Treppe hinunter aus dem Haus. Ich konnte jetzt nicht allein sein und hatte solch einen Frust, daß ich mir einen hinter die „Binde“ gießen wollte.
Von Juttas Elternhaus lief ich nur wenige Minuten zum Ortszentrum. Von Arznei bis Schuhe konnte man hier, auch ohne in die Stadt fahren zu müssen, vieles bekommen.
Gegenüber der Handballerkneipe „Altes Steinhaus“ gab es mit dem „Glaserwirt“ noch ein bürgerliches Lokal. Fünfzig Meter davon entfernt befand sich ein Jugendlokal mit Namen „Barkazzo“. An diesem späten Abend des 1. Mai war nicht mehr viel los in dieser Kneipe, in der sich außer Spielautomaten und Flipper auch ein Billard befand. Ich nahm am Tresen neben meinem Cousin Arthur und Stammgast Chaco Platz. Nachdem ich eine Runde Asbach-Cola geordert hatte, mußte ich meinem Ärger Luft machen.
„Juttas „Alter“ hat mich rausgeschmissen“, fluchte ich und akzeptierte seine Beschützerrolle nicht, da sie in einem Vierteljahr eh volljährig werden würde. Immer noch mit einer gehörigen Portion Wut im Bauch ging ich gegen Mitternacht die zehn Minuten Fußweg nach Hause.

Mitte Mai '79 mußte ich ins Manöver auf den Truppenübungsplatz Hohenfels bei Regensburg ziehen. Bevor unsere Kompanie mit dem gesamten Bataillon um 4 Uhr in der Frühe sich in Marsch setzte, waren wir bereits dreimal in der Nacht „angetreten", um irgendwelche Befehle zu empfangen. Ich fuhr den Batterieladewagen, ein damals schon uralter Fahrzeugtyp, auf dem ich auch meinen LKW-Führerschein ablegte. Die betagte „Kiste" mit ihrem unsynchronisierten Getriebe war nur mühsam mittels Zwischengas zu schalten. Dabei mußte man den Schalthebel hoch und runter bewegen, was diesem Langschnauzer-LKW den Zusatz, mit „Wichserschaltung" einbrachte. Die besondere Schaltung war auch der Grund, daß ich bei der ersten Fahrprüfung durchfiel. In einer Ortsdurchfahrt hatte ich es einfach nicht geschafft, vom 6. in den 5. Gang runter zu schalten und hatte, laut Prüfer, den Gegenverkehr behindert.
Der geschlossene Truppenverband setzte sich Richtung Süden in Marschbewegung. Warum auch immer, es gab den Befehl, die Seitenfenster aller Fahrzeuge auszuhängen. Außer mir befanden sich noch zwei Beifahrer im LKW. Die Kolonne bewegte sich mit einer Geschwindigkeit von 60 Km/h vorwärts. Durch dieses eintönige Fahren und den kalten Fahrtwind und warmer Heizungsluft von innen, schlief ich ein. Ich war schon zirka eineinhalb Meter über den weißen Seitenstreifen nach rechts gefahren, als einer der beiden Beifahrer mir gegen die Schulter klopfte. Ich riß das Steuer herum und konnte somit gerade noch verhindern, daß wir die Böschung hinunter ins Feld fuhren. Hätten beide Beifahrer geschlafen, wäre ein Unglück geschehen.
Irgendwann gegen Mittag erreichten wir unser Ziel, das riesige Truppenübungsgelände Hohenfels. Auf dem Gelände, das hauptsächlich von den Amerikanern benutzt wurde, standen überall feste Unterkünfte und Hallen. Auch wenn vieles, wie z. B. Schlafen auf den Feldbetten, noch gewöhnungsbedürftig war, so gab es für mich außer dem Dienst fürs Vaterland aber auch viele besondere Erlebnisse.

Da wir zwei von der KFZ-Elektrik, der Zivilmitarbeiter und ich die ersten Tage überhaupt nichts zu tun hatten, saß ich mit meinem blauen Overall über dem Kampfanzug mit in meinem LKW und schrieb auf einem der seitlichen Werkbänke Liebesbriefe an Jutta. Urplötzlich bekamen wir Arbeit. Kurz hintereinander wurden uns zwei Spürpanzer namens „Hotschkies" (im Sprachjargon „Unterlegkeile" wegen ihrer Form), mit Kabelbrand zur Reparatur übergeben. Beide sollten bis zur nächsten Übung in drei Tagen fertig sein. Trotz einer starken Erkältung schaffte ich es mit Überstunden nach Dienstschluß, die Panzer zu reparieren. Noch am gleichen Abend wurde ich fürstlich „belohnt"! Als ich nach der Mittagspause den zweiten Aufklärungspanzer fertigstellen wollte, sagte ich meinem Gruppenführer, er solle mich wegen meines grippalen Infekts vom Wachdienst befreien.
Als ich nach Dienstschluß auf den Wachplan schaute, war immer noch mein Name dort eingetragen. So nicht, dachte ich und kochte innerlich vor Wut. Obwohl ich erkältet war und mich mit meinem lädierten Knie kaum bewegen konnte, hatte ich mich dermaßen abgearbeitet diese zwei kleinen Panzer instandzusetzen. Ich fühlte mich wie ein Pferd im Stall, das am Abend noch ausgeritten werden sollte, nachdem es den ganzen Tag Baumstämme gezogen hatte. Und das war nun der Dank des Vaterlands. Ich zog mir sofort den blauen Trainingsanzug mit dem Bundesadler an und ging zur Sanitätsbaracke. Ohne viel zu fragen, schrieb mich der Feldarzt für drei Tage, genau bis ans Ende des Manövers, krank. Danach legte ich mich auf mein Feldbett und las die ersten Exemplare des „Stern", die mir Jutta mitgegeben hatte.
Wieder in Wetzlar zurück, nahm bis auf wenige Ausnahmen der ganz normale Dienstalltag seinen Lauf. Eine der Besonderheiten war es, daß ich einen „Bereitschaftsdienst" ableisten sollte, bei dem ich eine Woche jeden Tag nach Dienstschluß in der Kaserne hätte sein müssen. Da ich erstens dazu keine Lust hatte und zweitens nicht das Training in dieser wichtigen Meisterschaftsphase versäumen wollte, bat ich einen Kameraden, der sowieso die Woche über in der Kaserne war, den Dienst für mich zu übernehmen. Nach Diensten-

de übergab ich ihm mein Gewehr, damit er mit meiner „Braut“, dem „G3“ fremdgehen d. h. zum Apell antreten konnte. Normalerweise wäre auch alles gutgegangen, wenn, ja wenn da nicht ein UvD gewesen wäre der akribisch die Stuben auf Vollzähligkeit kontrollierte. Als sogenannter „Heimschläfer“ der jeden Abend nach Hause fahren konnte, stand mir ein Spind, aber kein Bett mehr zu. Aber da sonst kein Spind frei war, wurde mir einer auf der alten Stube überlassen. Ein Umstand, der fatale Folgen nach sich zog.
„Der UvD hat rausbekommen das du Bereitschaftsdienst hattest und nachdem er die Stuben überprüfte, las er deinen Namen auf dem Schild“, hatte ich von einem altgedienten Mannschaftsdienstgrad erfahren. Mir drohte eine 14tägige Ausgangssperre, die sofort in Kraft treten sollte. Ich war am Boden zerstört und saß wie ein Häufchen Elend vor dem Kompaniefeldwebel. Wegen der wichtigen Spiele, die anstanden, war ich völlig aufgelöst und ließ den Tränen der Enttäuschung freien Lauf. Ich nahm mir aber vor im Laufe des Vormittags mein Glück beim Kompaniechef zu versuchen. Diesmal klappte es, ich konnte den ansonsten nicht gerade sportfreundlichen Hauptmann von dieser disziplinarischen Maßnahme abhalten. Ich war sehr erleichtert und froh. Er wies mich darauf hin, daß von mir – da ich seit einigen Monaten Zeitsoldat für zwei Jahre war, mehr verlangt und gefordert würde, als von einem üblichen Grundwehrdienstleistenden.
Einige Tage später, bekam ich aufgrund der neuen Dienstpläne den Ersatz für die disziplinarische Maßnahme zu spüren. Ich wurde zur Kasernen- und Spritlagerwache, zur nächsten Bereitschaft und als Krönung zum Silvester GvD eingeteilt. Gerade den Jahrzehntwechsel hätte ich gerne mit Jutta gefeiert.
Alle Spieler des Mannschaftskaders der ersten Mannschaft für die Bundesliga-Saison 79/80, wurden vom neuen Trainer Peter Mathei zu einem Wochenende mit Partner nach Rotenburg eingeladen. Natürlich wollte ich sehr gerne mit Jutta zu diesem Kurzurlaub fahren. Auch Jutta freute sich mit mir in dieses neue, mit Schwimmbad und Sauna, ausgestattete Hotel zu reisen. Was fehlte war die Einwilligung ihrer Eltern, da Jutta noch 17 war. Ich bat sie mit

ihren Eltern zu reden. Trotz mehrmaligem Nachfragen bekam ich immer noch keine klare Antwort, über deren Entscheidung. Auf einer Familienfeier Ende Mai sprach ich mit ihrer Schwester Karin darüber. „Du mußt mal mit unserem Daddy reden", gab sie mir mit mutmachendem Blick einen Tip.
Da ich viel anerzogenen Respekt vor wesentlich älteren Personen hatte, kostete es mich eine gewisse Überwindung Juttas, 43jährigen Vater anzusprechen. Doch mit meiner offenen und direkten Art, die Jutta sehr schätzte, faßte ich mir ein Herz und sprach ihn an. Er wollte schon alles ganz genau wissen. Als ich ihm dann erklärte, daß Jutta mit ihren 17 Jahren viel reifer sei als manche 22jährige, und ich ebenfalls verantwortungsbewußt ihr gegenüber sei, stimmte er dieser Wochenendtour zu. Für uns beide war es das erste Mal, daß wir in einem Doppelbett lagen. Wir genossen die beiden Tage in diesem Hotel mit seiner idyllischen Lage im Wald, hoch über der Stadt.

Stürmische Welten

Nach der Trauung von Juttas Schwester Ulrike und einer traumhaft romantischen Feier in einem Landhotel wollten wir nach Berlin zum Zelten fahren! Doch nach dem Kauf meines ersten Fahrzeugs, eines giftgrünen Opel Ascona mit schwarzem Vinyldach, entwickelte ich einen regelrechten Kult für mein Auto, indem ich jeden Abend herumwerkelte, um dieses oder jenes unnötige Zubehör einzubauen. Mit meinem Perfektionismus und meiner Unsicherheit setzte ich mich dermaßen unter Druck, daß ich dabei öfters ausrastete.
Zu dieser Zeit, Ende der 70er, als das Energiesparen langsam Bedeutung erlangte, hatte mir Hugo bei einer Testfahrt auf der Autobahn mit meinem Gebrauchtwagen erklärt, ich müßte in den Gängen höher beschleunigen. So geschah es, daß ich Hugos Worte nur allzu wörtlich nahm und mir bei einer Fahrt mit Jutta zu einer Ausstellung zur Messe Frankfurt vorkam, wie Rainer Günzler beim Autotest. Irgendwo zwischen Butzbach und Bad Homburg passierte folgendes:

Mit dem 60 PS starken Motor beschleunigte ich im dritten Gang auf weit über 100 km/h, um über den Anstieg bei Friedberg zu kommen. Da das Auto ohne Drehzahlmesser ausgestattet war, fehlte mir diese Kontrollfunktion. Plötzlich gab die Maschine laute Geräusche von sich und verlor an Geschwindigkeit, so als wenn wirklich was kaputt gegangen wäre. Ich fuhr an den Seitenstreifen und sah, daß es aus der Motorhaube dampfte. Wir stiegen aus und ich öffnete vorsichtig die Haube. Vor lauter Hektik und Angst machte ich den Fehler und schraubte sofort den Kühlerdeckel los. Mit unheimlichem Druck spritzte das kochende Wasser aus dem Kühlsystem. Jutta rief von einer Notrufsäule den Pannendienst an, der weiter nichts tun konnte, als Wasser nachzufüllen.
Da der Motor nur noch auf drei Zylindern lief, vermutete ich durch meine Kraftfahrzeugkenntnisse, daß eine Pleuelstange defekt war. Mit. 80 km/h im Schnitt fuhren wir zurück.
Mit meinem Bruder Lothar, der von Berufs wegen Gartengeräte reparierte, fuhr ich am Spätnachmittag in eine Werkstatt ins Nachbardorf, um den Motor reparieren zu lassen. Der zirka 50jährige Firmeninhaber, den ich als passionierten Jäger von früheren Treibjagden in der Umgebung meiner Heimatgemeinde kannte, war ein anerkannter Autofachmann, der sich jedoch mit seiner Alkoholsucht auf Dauer sein Leben zerstörte. Er bestätigte meine Vorahnung und vertrat die Meinung, daß nur ein Austauschmotor die beste Lösung sein könnte. Da wir übernächste Woche nach Berlin wollten und den Campingplatz gebucht hatten, war nun eine gewisse Eile angesagt. Am nächsten Morgen wollte der Meister sofort wegen eines Austauschmotors anrufen. „Es steht nur ein 90PS Motor zur Verfügung. Ist aber vom Einbau kein Problem“, sagte der Meister als er mich in der Kaserne anrief. Was er nicht beachtete: Daß das stärkere Antriebsaggregat nicht ohne weiteres in mein schwächeres Fahrzeug paßte. Erst nach langem Hin und Her mit dem TÜV, wurde es möglich, die Zulassung für diesen stärkeren Motor zu bekommen. Hoffentlich würde auf der langen Autobahnfahrt diesmal alles gutgehen. Doch irgendwie besaß ich kein Vertrauen mehr in dieses Auto. Waren meine Gedanken und Gefühle unbegründet?

Am frühen Montagmorgen starteten wir mit dem gerade eben fertiggestellten Ascona. Wir wollten über den nächstgelegenen Transitübergang Herleshausen nach Berlin fahren.
Bereits nach einer halben Stunde Fahrt bemerkte ich, daß die Nadel der Kühlwasseranzeige wieder verdächtig hoch kletterte. Irgendwo im Zonenrandgebiet hielt ich auf einem Parkplatz an der Bundesautobahn an und füllte mittels Plastikbeutel zwei Liter Wasser aus dem nahegelegenen Bach nach. Als wir nach weiteren dreißig Minuten kurz vor Herleshausen waren, mußte ich nochmals Kühlwasser auffüllen. Jetzt im Morgengrauen kurz vor der Grenze wußte ich, daß es mit dem Wasserverlust, den ich nicht lokalisieren konnte, sehr teuer werden würde, wenn wir in der DDR liegen bleiben sollten. Wir suchten nach einer Opel-Werkstatt in diesem Zonengrenzort. Glück im Unglück dachte ich mir, wie Jutta und ich am Stadtrand „Opel Schuster" enteckten. Wir warteten etwa eine Stunde, bis um 7. 30 Uhr die Werkstatt ihren Betrieb aufnahm. Jutta und ich waren guter Hoffnung, daß es sich nur um eine Kleinigkeit handelte, und wir bald weiterfahren könnten.
Nachdem ich dem Meister die Sachlage erklärt hatte, überprüfte er das Kühlsystem und stellte fest, daß Wasser aus dem Zylinderkopf austrat. Ein Mechaniker schraubte das Teil ab. „Bitte schauen Sie sich den Motor an", sagte Herr Schuster, nachdem er sich den „Kopf" genaustens angeschaut hatte. Die Ursache war auch für mich als Autoelektriker leicht zu erkennen: Eine Schraube des Zylinderkopfs war schief ins Gewinde eingeschraubt worden. Da es sich um einen neuen Austauschmotor handelte, wollte die Vertragswerkstatt aus Garantiegründen diese aufwendige Reparatur nicht durchführen.
Bedeutete dies das Aus für unseren Berlin-Camping-Urlaub?
Ich rief Lothar an und berichtete ihm über unser Pech. „Die Werkstatt will den Motor wegen der Garantie nicht reparieren. das Fahrzeug muß abgeschleppt werden", sagte ich merklich enttäuscht. Lothar redete mit dem Meister, bevor er sich eine halbe Stunde später wieder meldete. „ Ich kann mir vom Opeldienst einen Autoanhänger ausleihen und komme mit meinem Auto auf dem Hän-

ger zu euch“, sagte er mir wie selbstverständlich. Dies bedeutete für uns, daß Lothar uns seinen beigen Mercedes 230 für unseren Berlinurlaub zur Verfügung stellte und die Pechkiste Ascona nach Hause transportierte. Vielleicht hatte mein Bruder ein schlechtes Gewissen, weil er mir die Reparaturwerkstatt empfohlen hatte, dachte ich mir später. Trotzdem werde ich diese spontane Hilfe, niemals in meinem Leben vergessen.

Ohne nennenswerte Probleme beim Transit landeten wir nachmittags im Westteil dieser geteilten Stadt. Jetzt hieß es, die Berlinkarte hervorzuholen um den günstigsten Weg zum Campingplatz in Gladow zu finden. Die Karte stammte noch aus den Sechzigern, als meine Eltern bei einer Berlinreise auf der Autobahn einen mächtigen Auffahrunfall hatten.

Da sich West-Berlin durch seine Insellage nicht ausbreiten und somit nur wenig verändern konnte, führte uns der Stadtplan gut ans Ziel.

Als wir mit dem „Chefschlitten“ in den ländlichen Teil der alten Reichshauptstadt kamen, sahen wir auf dem Weg zum Campingplatz viele weitere Plätze, von denen die meisten von Dauercampern aus Berlin benutzt wurden. Diese Tatsache wunderte mich nicht, denn mußten doch die Insulaner gleich mehrere hundert Kilometer fahren oder einen Flugurlaub buchen, um die seit 1961 durch die Mauer geteilte Großstadt verlassen zu können. Wir erreichten unseren gebuchten Platz „Glieneker Brücke“. Als ich den Benz auf der Stellfläche abstellte und ausstieg, sah ich die sanitären Anlagen vor mir. „Dreh dich doch mal um Hans-Georg“, sagte Jutta die neben auf dem Kiesweg stand. „Was ist das?, Ist das wirklich die Berliner Mauer?“, fragte ich mich. „Ja, das ist sie“, antwortete Jutta während ich auf die einen Steinwurf entfernte Mauer zuging.

Sofort machten wir uns an den Aufbau, des von Lothars Schwager ausgeliehenen Steilwandzeltes. Doch so sehr ich mich auch bemühte, es klappte nicht. Ich begann lautstark zu fluchen, weil ich nicht wußte, welche Stange wohin gehörte. Jutta befürchtete schon wir müßten im Waschhaus schlafen. „Hör doch auf, bevor du

ganz durchdrehst", sagte sie und fühlte sich ziemlich genervt von meinem Geschrei. „Frag doch nebenan den Mann, ob er uns helfen kann", machte sie mir einen Vorschlag. Ich fühlte mich nicht in meiner Ehre gekränkt und fragte den Nachbarn, ob er mir behilflich sein könnte. Der zirka Vierzigjährige war ein erfahrener Camper und schnell hatten wir das Zelt aufgebaut. Abends saß ich mit „Zelthelfer" Otto in seinem Wohnwagen bei einem Bier zusammen. Der freundliche Nachbar gab mir wertvolle Tips, damit unser Stadturlaub unvergeßlich werden sollte.
Jeden Morgen gegen zehn machten wir uns mit einem Tagesplan auf Entdeckungstour durch die Metropole. Auch wenn Berlin schon damals die unfallträchtigste Stadt der BRD war, machte es mir Riesenfreude, als 20-jähriger mit einem Mercedes durch eine Großstadt zu fahren. Wir haben viel gesehen, viel und gut gegessen und uns viel geliebt.

Ziele und Lobby

Ich freute mich auf das olympische Jahr 1980, von dem ich als 17-jähriger geträumt hatte, beim Treffen der Jugend der Welt dabei sein zu können. Damals, als ich als Jugendspieler bereits am Training der Bundesligamannschaft teilnahm, kam ich abends nach Hause und setzte mich oft noch kurz zu den Gästen des „Montagsstammtisches". An jenem Abend saß auch der spätere Mannschaftsmasseur, der in der Domstadt Wetzlar einen Sauna- und Massagebetrieb hatte am Tisch. Wie so oft wurde über Handball geredet.
„Als Einheimischer hast du bei denen keine Chance und bei diesem Trainer sowieso nicht", sagte mir des Volkes Stimme bei diesen Biertischgesprächen. Da Olympia ´76 mit dem 4. Platz der Handballer gerade beendet war, träumte ich davon, 1980 in Moskau dabei zu sein. Wie es zu der Wette mit dem Masseur kam, weiß ich nicht mehr. Jedoch war ich jung und naiv genug, um mich darauf einzulassen. Ich wettete ein Fünfzig-Liter-Faßbier, daß er es nicht schaffen würde, innerhalb von vierzehn Tagen 1000 Aufkleber mit der Aufschrift „Hans-Georg Weber – Mein Ziel: Moskau 1980", zu

drucken. Am übernächsten Montag betrat er mit einem riesigen Packen grüner Aufkleber unsere Gaststätte. Er knallte den Pack auf den Kneipentisch und verteilte die 10x20 Zentimeter großen Aufkleber. Rechts neben dem Text war eine Handballerfigur abgebildet. Voller Stolz hielt ich die Klebeschilder in meinen Händen und begann, die Dinger an alle möglichen Objekte zu kleben. Ob auf LKW, Autos, Traktoren, Anhängern, ja selbst vor Kinderfahrzeugen machte ich nicht halt. Nach einiger Zeit bemerkte ich, daß sich hinter meinem Rücken viele Leute darüber lustig machten. Ich nahm die restlichen bestimmt 750 Stück und warf sie in die Mülltonne. Auch Jahre später verstanden es in Handballkreisen nur wenige, daß diese Wette alleine aus jugendlicher Naivität zustande gekommen war. Und keiner warnte mich davor, dem Masseur diesen Spaß zu verderben. „An so ein Ziel darf man denken, aber nicht öffentlich bekannt machen“, sagte mir einmal ein Mitspieler ohne daß er genau wußte, wie ich zu den Aufklebern gekommen war. Doch eines hatte ich damit garantiert erreicht: Öffentliche Aufmerksamkeit. Dabei wäre mir familiäres Interesse viel lieber gewesen.

Nun stand Olympia ‘80 vor der Tür und ich freute mich sehr auf die Spiele in Moskau. Doch selbst wenn ich es bis dahin geschafft hätte, in die Nationalmannschaft zu kommen, wäre mir mein großes Ziel versagt geblieben. Denn durch den Einmarsch russischer Soldaten in Afghanistan boykottierten die westlichen Länder der Nato die Olympiade in der Hauptstadt der Sowjetunion. Dieser kalte Krieg wirkte sich auch auf mich als Bundeswehrsoldat aus. Doch der Reihe nach. Ich freute mich bereits auf die Fahrt mit Jutta und der 2. Mannschaft nach Prag. Es sollte der kulturelle Höhepunkt zum Abschluß des Meisterjahrs werden. Denn da Jutta mit ihrer besten Freundin Martina für vier Wochen nach Kanada fahren wollte, konnten wir keinen gemeinsamen Sommerurlaub machen. Und doch mußten wir wieder alle Pläne über den Haufen werfen.

*

Nach einer erfolgreich verlaufenen Bundesligasaison in der wir nicht abstiegen, bekam die Mannschaft mit ihrem neuen Trainer Mathei, eine Reise nach Israel spendiert. Einzig allein die Hotelkosten mußten die Spieler selbst übernehmen. Die einmalige Gelegenheit das heilige Land, das mir nur von der Bibel bekannt war, zu besuchen, hatte nur einen entscheidenden Haken für mich.
Die Mannschaftsfahrt fand in der Osterwoche statt. Just für diese Zeit wurde ich zum Bereitschaftsdienst eingeteilt. Was konnte ich tun um von diesem Einsatzplan zu kommen?, fragte ich mich. Ich sprach im Schreibzimmer vor und fragte, ob ich den Kompaniechef sprechen könnte. „Der Dienstplan wird nicht geändert", sagte mir der Hauptmann ganz lapidar. "Nur wenn Sie einen Ersatzmann finden, können Sie vom Dienstplan kommen", sagte er im überzeugenden Brustton.
Ein Kamerad aus dem Inst-Zug gab mir den Tip, daß der Fahrer unseres selten nüchternen Kompaniefeldwebels Schulden hätte und immer Geld gebrauchen könnte. Er zeigte sich wirklich sehr interessiert und nahm mein Angebot, für 250 DM den Dienst zu übernehmen, nach kurzer Bedenkzeit an. Da der Cheffahrer erst vor einer Woche durch einen Unfall mit dem Dienst VW-Bus zum Bruchpiloten geworden war, kam ihm diese Offerte gerade recht. So war der Weg bzw. der Flug frei ins Land wo Milch und Honig fließen.

Totes Meer und Ölberg

Nach dreieinhalb Stunden Flugzeit wurden wir am Flughafen Ben Gurion von einem Spieler aus Netanja, der Partnerstadt Gießens, abgeholt. Schon den Blick aus dem Hotelfenster direkt auf Mittelmeer und Strand empfand ich als sehr imposant und beeindruckend. Eytan, ein Sportlehrer der schon oft in Deutschland weilte, hieß unser Reisebegleiter für unsere Israelaktivitäten. An zwei Tagen dieser Karwoche unternahmen wir Touren durch das kleine, von der Fläche und Einwohnerzahl in etwa so große Land wie Hessen. Mich beeindruckten die Gegensätze der Landschaften und die verschiedenen Kulturen.

Nach durchzechter Nacht mit dem ins Hotel geschmuggelten Bier (wegen der Karwoche) verschlief einer von uns die Reise nach Jerusalem und ging stattdessen an den Strand.
Fido, der 26-jährige, der mit seiner ureigenen virtuosen Art Handball zu spielen, schon manch einen Torhüter, zur Verzweiflung brachte, wollte sich an diesem Morgen ein Sonnenbad genehmigen. Schon frühmorgens um acht brannten die Sonnenstrahlen so heiß wie an einem Hochsommermittag in der Heimat. Fido, von Beruf Metzgermeister – der neben dem Bundesligahandball noch Landesliga Fußball spielte!, ging um halbelf an den Strand unterhalb der Klippen. Dabei schlief er bis über die Mittagszeit ein und verbrannte sich seinen Körper. Als wir von unserer Tour vom Toten Meer und Jerusalem zurückkamen, lag Fido wie ein Zitteraal auf dem Bett. Er hatte Fieber und über den ganzen Brustbereich Brandblasen, die unser Masseur mit Joghurt und Zitronenscheiben kühlte. Ein von Eytan gerufener Arzt wollte ihn ins Krankenhaus einweisen und schrieb ihn für drei Tage krank. Da wir aber übernächsten Tag abreisen wollten, nahm er nicht den Rat des Arztes an, sondern flog mit uns zurück.

Croissant und Milchkaffe

Eines Morgens, wenige Wochen vor der geplanten Pragfahrt, arbeitete ich an der Tankuhr eines Panzers, als der Chef der Prüfgruppe, Oberleutnant Lex, mich wegen dieser Reise ansprach. Er, der ehemalige Oberliga-Fußballtorwart, verlas mir eine dienstliche Nachricht, aus der hervorging, daß Soldaten der Nato nicht in ein Land des Warschauer Pakts einreisen dürften. Damit war klar, daß ich und unser Torhüter, der in einer Nachbarkompanie diente, diese Abschlußfahrt nicht mitmachen konnten.
Aus dem Zugführerbüro rief ich Jutta an und verabredete mich am Abend mit ihr, um über die neue Situation zu reden. Ich war sehr enttäuscht, denn ich hatte bereits Urlaub für dieses verlängerte Wochenende beantragt. Auf jeden Fall wollte ich eine Ersatztour mit Jutta machen. Warum nicht wieder in eine Weltstadt reisen? Warum nicht nach Paris?

Stephan, ein gemeinsamer Freund von uns, arbeitete bei einem Reiseveranstalter für Busreisen. Er wohnte mit seiner Freundin in einem alten Fachwerkhaus unweit von Juttas Eltern. Ich ging zu Stephan und erzählte ihm von unseren Plänen. „Ich will versuchen euch ein Hotel über eine Busgruppe zu besorgen. Ihr könnt aber mit eurem Auto anreisen“, sagte er mit zuversichtlichem Blick. „Ich kümmere mich gleich morgen drum“, fügte er hinzu. Am nächsten Abend besuchte ich ihn wieder. „Hast du was für uns erreicht?“ fragte ich Stephan. „Am Freitag kannst du bereits die Hotelbuchung bei mir abholen“, sagte er und zeigte mir das Telex aus Paris. Damit konnte unser Großstadtabenteuer in der Metropole an der Seine beginnen.

Nach problemloser Fahrt über mehrere Mautstellen erreichten wir, die Periferigne, die vierspurige Stadtautobahn von Paris. Doch wo mußte ich abfahren? Und wie sollten wir den Weg zum Hotel finden?

Auf dem Stadtplan fanden wir nur den Namen des Stadtteils: „Clichy“. Irgendwann, ich dachte bereits wir wären einmal um Paris herum gefahren, sah Jutta ein Hinweisschild mit der Aufschrift „Sortie Clichy“. Ich fuhr von diesem Ring um Paris ab. Und nun begann erst richtig die Suche nach dem Hotel „La maidre“. Nach mehrmaligem Nachfragen landeten wir auf einem Platz, der zur Straße des Hotels führte.

Als ich in die äußerst schmale Straße, der „Rue de Avignon“ einbog, kam mir ein Kleintransporter entgegen. Da der rechte Fahrbahnrand völlig mit PKW zugeparkt war und auch auf der anderen Straßenseite ein Auto hielt, konnte das Pritschenfahrzeug nicht weiterfahren. Ich blieb stehen und wartete. Neben dem Fahrer stiegen noch zwei Männer aus dem Führerhaus. Sie gingen zu dem Fahrzeug am rechten Straßenrand, das etwa einen halben Meter von der Hauswand entfernt stand. Einer von ihnen kam zu mir ans Auto und fragte mich, ob ich mithelfen könnte „la voiture“ zur Seite zu heben. Ohne zu zögern stieg ich aus und packte mit an. Wir vier Männer hoben auf Kommando die Karre an und knallten das Auto an die Wand! Danach erfolgte das gleiche Spiel am

Heck. Nun hatte ich genug vom französischen Autoalltag, denn mir fiel auf, daß jedes zweite Auto was sich hier bewegte oder parkte, mindestens eine Beule hatte. Als der Laster die „Rue de Avignon“ verlassen hatte, fuhr ich bis zum Ende der Straße, wo diese mit der Parallelstraße zusammentraf. Hier an der Ecke war das Trottoir breit genug um zu parken. Von dort liefen wir die wenigen Schritte zurück zum Hotel, und ich schwor mir, in diesen fünf Kurzurlaubstagen, mein Auto nicht mehr anzurühren.

Unser Zimmer war klein, aber sehr geschmackvoll eingerichtet. Morgens ließen wir uns das original französische „petit dejeuner“ (Milchkaffe mit Croissant) auf dem Zimmer schmecken. Mittels der Pariser „Metro“ haben wir viel von der Weltstadt gesehen. Am meisten beeindruckte mich das Künstlerviertel „Mont-Matre“, mit seinen vielen tollen Restaurants.

Der Tag der Rückreise wurde für uns zu einem „französischen Albtraum“. Endlich, nach zigmaligem Fragen, wobei uns sogar ein Franzose die Wegbeschreibung auf eine Zigarettenschachtel schrieb, erreichten wir die „Periferique“. Nur kurze Zeit später nahm das Drama in Form eines riesigen Staus auf der großen Stadtautobahn seinen Lauf. Doch es war kein normaler Stau in den wir hineingeraten waren. Über alle vier Fahrspuren brachten LKW mit extrem langsamer Fahrweise den Verkehr nahezu total zum Erliegen. Nur in der Mitte ließen sie eine Spur für den Notfallverkehr frei. Da ich von Natur aus ein ungeduldiger Mensch bin, der Schlangen und Staus als unnütze Zeitverschwendung ansieht, wurde ich mit jeder Minute zunehmend nervöser und aggressiver. Da Jutta und ich nicht wußten wo es auf die Autobahn nach Deutschland ging, fuhr ich einfach einem deutschen Reisebus hinterher. Hinter dieser LKW-Barriere floß der Verkehr kilometerlang reibungslos, bis die nächste Barriere folgte. Ich blieb an der Stoßstange des Busses kleben, bis dieser die Ausfahrt zur Autobahn nach Deutschland nahm. Als ich abends zu Hause die Nachrichten sah, wurde ich über den Streik der französischen Fernfahrer informiert.

*

Während Jutta mit Martina im Juli zu ihrem Kanadatrip startete, überkam mich plötzlich eine tolle Idee. Ich wollte sie nach ihrer Rückkehr mit einem grandiosen Werk aus Holz überraschen. Ich baute ein Doppelbett. Nicht irgendeines – nein, ein französisches Bett aus Massivholz. In irgendeiner dieser Heimwerker-Zeitschriften hatte ich die Bauanleitung für diese Bettkonstruktion mit integrierter Nachttischablage gesehen. Ich bestellte die Kiefernholzbretter und begann im Saal, der im Sommer nicht genutzt wurde, zu feilen, schleifen, schrauben und zu streichen. Immer abends nach Dienstschluß, arbeitete ich an dieser, wie ich fand, individuellen und einzigartigen Schlafstätte. „Was soll das denn werden?“, fragte mich meine Mutter in ihrem für mich ganz natürlich klingenden negativen Unterton. „Ein französisches Bett“, antwortete ich, da mein fünf Jahre altes Preßspanbett mit Plastikbeschlägen schon längst den Geist aufgegeben hatte. Sie schüttelte nur den Kopf und hielt es für verrückt, sich selbst ein Bett zu bauen. „Das wird doch sowieso nichts und ist am Ende teurer, als wenn du dir eins kaufst“, sagte sie und lief ins Haus.
Wieder einmal traute mir Mutter nichts zu. Meinem Vater war es im Grunde egal, was ich jeden Abend im Saal zimmerte. Doch ich spürte, daß er sich innerlich darüber lustig machte. Aber ich schaffte es. Und nach zwei Wochen konnte ich das einzigartige Modell in meinem Zimmer aufstellen. Ein paar Tage später wurde die maßgeschneiderte Schaumstoffmatratze angeliefert, die mich mehr Geld kostete als das gesamte sonstige Material.
Jutta, der es in Kanada sehr gut gefiel, vergaß mich nicht und schrieb mir einige schöne Briefe, auf die ich mich immer sehr freute. Ich las sie vor dem Einschlafen und träumte dabei von ihr. Irgendwie muß ich dann bei meinen schriftlichen Antworten etwas verraten haben, so daß sie bei ihrer Ankunft die Überraschung bereits ahnte.
Immer wieder hatte ich auch noch später Probleme damit, Geschenkideen für mich zu behalten. Trotzdem freute sich Jutta, als sie dieses markante Einmetervierzig breite Kiefernholzbett mit seitlicher Ablage sah. Jetzt konnten wir es uns freitags und samstags so

richtig gemütlich machen. Oft schliefen wir gerade Sonntagsmorgens sehr lange und überlegten uns dann, zu welcher unserer Mütter wir zum Essen gehen wollten.

Lust und Frust

Als Jutta in Kanada war, standen wir Bundesligahandballer bereits mitten in der Vorbereitung für die Runde 80/81. Kurz nach meinem 21. Geburtstag sollte es am Kirmesmontag ins Trainingslager gehen. Genau wie mein Vater konnte auch ich in gewissen Dingen, noch dazu wenn es sich um eine Ungerechtigkeit handelte, sehr stur sein. Mit meiner neu gewonnenen Lockerheit und dem Gefühl, daß Bundesligahandball nicht alles ist, war mir der traditionelle Frühschoppen wichtiger. Allein schon aus dem Grund, weil einige Tage vor dem Saisonauftakt beim gleichen Fest im anderen Ortsteil, trainingsfrei war, hatte ich mich nachmittags zum Thekendienst an diesem mittelhessischen Feiertag einteilen lassen.
Halb fünf lautete die offizielle Abfahrtszeit zum Trainingslager nach Rotenburg. „Nein, ich fahr' nicht mit", sagte ich bereits am Vormittag einem erfahrenen Mitspieler. „Du kannst dann um halb sieben mit Hubert Eder nachkommen", meinte er und verließ das Bierzelt. Auch dazu hatte ich, wie die heutige Jugend es ausdrückt, keinen Bock. Mir war bewußt geworden, daß wir als Jugendspieler quasi nur zur Auffüllung des Kaders dienten. Und wie ein roter Faden zog es sich durch meine Handballerlaufbahn, daß ich in diesem Verein nie eine Lobby hatte. Kurz vor 19 Uhr kam unser Masseur ins Zelt gestürmt. „Schoorsch, jetzt mach kein Scheiß und komm mit", sagte er und redete auf mich ein, daß ich mitfahren sollte. Irgendwie mußte Hubi die passenden Worte gefunden haben, so daß er mich überzeugte, mit ihm nach Hause zu fahren, um meine Sporttasche zu packen. „Ich fahr mit dem Masseur von der ersten Mannschaft nach Rotenburg", rief ich meiner Mutter aus dem Hof zu, und stieg in lockerer Stimmung, aber doch traurig, um den tollen Kirmesausklang gekommen zu sein, in Hubis grünen Passat Kombi ein.

Als wir gegen 20.30 Uhr im Hotel eintrafen, wartete wegen meines verspäteten Erscheinens, noch eine überraschende Reaktion des Trainers auf mich. Die Mannschaft hatte bereits eine Trainingseinheit absolviert und saß im Restaurant beim Abendessen zusammen. Coach Mathei nahm mich beiseite und machte mir wegen der ausgelassenen Einheit einen außergewöhnlichen Vorschlag. Ich sollte mit ihm einen Lauf hinunter in die Stadt machen. Auch wenn ich ihm genau begründete, warum ich mich so verhalten hatte, war ich jedoch als gerade mal 21jähriger Nachwuchsspieler nur ein ganz kleines „Lichtchen" in der mit Nationalspielern besetzten Mannschaft. Daher mußte er mich in irgendeiner Weise abstrafen. So starteten wir vom Hotel, das auf einem Berg in der Nähe des Herzkreislaufzentrums zirka drei Kilometer von der Altstadt entfernt lag, zu diesem abendlichen „Stadt-Waldlauf".
Als wir im Zentrum des Fachwerkstädtchens ankamen, bemerkte ich, daß dieser Lauf eine reine Alibifunktion für die Mannschaft bedeutete. Denn der 35-jährige Studienrat lud mich in eine Kneipe ein. Er bestellte ein „Gedeck" (Bier + Schnaps), und wir redeten über Gott und die Welt. Als es ans Bezahlen der Zeche ging, kam der eigentliche Clou des Ausflugs.
Klaus hatte kein Geld einstecken, mich aber trotzdem mit aller Seelenruhe in die Bierkneipe geführt. Nun begann er ein fünfminütiges „Verkaufsgespräch" zu führen, in dem er den Wirt so beredete, daß dieser überzeugt war und darauf einging, daß er sein Geld morgen bekommen würde. Das gleiche Spielchen wiederholte sich in einem anderen Lokal, wobei ich bereits zu diesem Zeitpunkt das Gefühl hatte, daß die Wirtsleute den Gegenwert für Bier und Schnaps nicht mehr erhalten sollten. Ich kam mir vor wie ein Zechpreller und Ganove.

*

Auch in diesem Jahr nahm unsere Einheit an einem Manöver in Hohenfels, sowie an einer Besichtigung durch den Kommandeur teil. Bei dieser Kompaniebesichtigung wurde der Einsatzzustand der Truppe überprüft. Rot war der Feind und bedeutete der Warschauer Pakt, die Russen. Blau, die Farbe der NATO, das war un-

sere Kompanie. Ziel des, „Indianerspiels" war es, daß unsere Einheit nach mehreren Befehlen bis ins Nordhessische Bergland vorrückte. In einer Lichtung eines Höhenrückens fuhren wir die Fahrzeuge auf, die wir nach dem Aufmarsch sofort tarnen mußten. Danach kam der Befehl, mit unseren G3 Gewehren, gegen die angreifenden „Roten" in Stellung zu gehen. Nicht weit von meinem mit einem natooliven Netz getarnten Batterielaster lag ich mit einem Kameraden auf der Anhöhe im Dickicht. Nach einer Weile kam der Kommandeur, schritt dieses aufgebaute Gebilde ab, und inspizierte die Truppe. „Warum gehen Sie nicht näher nach vorne ins Tal Richtung „Feind" in Stellung?" fragte mich der Brigadegeneral. „Ich laß mich doch nicht abknallen", antwortete ich im barschen Tonfall. „Mit Verlusten muß man rechnen!", lautete seine trockene, aber durchaus ernst gemeinte Antwort. Regte ich mich bereits über die Frage auf, schockierte mich die Antwort dieses hochrangigen Offiziers um so mehr.
Ich war froh, daß der Dienst für das Vaterland zu Ende ging, obwohl mir die Arbeit in der Spezialwerkstatt viel Spaß machte und ich gerne als Zivilarbeiter zurückgekommen wäre. Mit einer Holzplakette für besondere Leistungen und einer Erinnerungsurkunde des Instandsetzungszugs, verabschiedete ich mich als Zeitsoldat nach zwei Jahren am letzten Septembertag 1980. Das bedeutete für mich, daß ich mir einen Arbeitsplatz suchen mußte.

*

Im Januar '80 hatte ich über den Berufsförderungsdienst des Bundes eine Ausbildung in der Abendschule als KFZ-Mechaniker begonnen. Im Hinblick darauf, daß ich in Kürze über zwei Gesellenbriefe verfügte, stellte ich mich bei einem neu eröffneten Autohaus vor, dessen Inhaber der KFZ-Meister aus dem Polytechnikunterricht war. Schnell handelte ich mit ihm einen Arbeitsvertrag mit 14 DM Stundenlohn aus. Sofort nach dem Ende der Dienstzeit konnte ich am 1. Oktober '80 die Stelle antreten. Würde ich in dieser Autowerkstatt ein besseres Arbeitsklima vorfinden als bei Kurthans, fragte ich mich mit gemischten Gefühlen.

Nachdem ich eine blaue Latzhose mit Jacke und dem Emblem des größten deutschen Autoherstellers bekommen hatte, wurde mir mit einer Arbeitskarte meine erste Aufgabe zugeteilt. Eine Anhängerkupplungmontage an einem VW-Passat. Außer einen Anhänger an- und abzukuppeln, hatte ich noch nie im Leben mit solch einem Teil zu tun gehabt. Wie ein Ochse vor dem Berg stand ich da und wußte überhaupt nicht, wie ich die Arbeit beginnen sollte. So verrannen die Minuten. Auch Tips von den neuen Kollegen konnten mir nicht sehr viel weiterhelfen. Ich wurde immer nervöser und angespannter. In meiner Verzweiflung fluchte ich vor mich hin.
Als ich während der Frühstücks- und Mittagspause im „Stern" über den Anschlag auf dem Oktoberfest las, bemerkte ich, daß auch hier, ähnlich wie bei meiner Lehrfirma, eine eigenartige bedrückende Atmosphäre herrschte. Am Nachmittag wurde ich von dieser, für mich nicht zu bewältigenden Einbauarbeit abgelöst. Danach mußte ich sofort mit der nächsten Arbeitskarte eine andere Fahrzeugreparatur übernehmen. In den nächsten Tagen bekam ich mit Zündung einstellen und Inspektion zwar leichtere Arbeiten, die ich auch beherrschte, zugeteilt. Doch immer wieder kamen für mich solche schwierigen Arbeiten, wie etwa Kotflügel ausbeulen oder erneuern.
Gegen Ende der zweiten Arbeitswoche bat mich der Firmeninhaber, der nicht in der Werkstatt mitarbeitete, zu sich ins Büro. Da mir der Druck der mir übertragenen Aufgaben nach Arbeitskarte und Arbeitswerten zuwider war, lösten wir, wie es oft in der Presse so schön heißt, im gegenseitigen Einvernehmen den Arbeitsvertrag. Wenn ich nach einigen Minuten die nächste Karte nicht angestempelt hatte, wurde mir Zeit abgezogen. Diesen ständigen Kampf gegen die Stechuhr konnte ich nicht gewinnen. Trotz allem wollte ich die Abendschule beenden. Ich schwor mir, nie wieder einen Fuß in eine Autowerkstatt zu setzen und keinen Bosch, VW oder sonstigen Firmenanzug zu tragen. Doch was sollte ich tun? Welche Möglichkeiten hatte ich? Bekam ich eine Chance bei einem anderen Bundesligaverein?

Nach dem Motto „man trifft sich immer zweimal im Leben – oder was beim ersten Mal nicht klappt, gelingt vielleicht im zweiten Anlauf", nahm ich Kontakt mit dem Betrieb auf, in dem ich mich für den Lehrberuf Büromaschinenmechaniker vorgestellt hatte. Die Versuche über den Handball an eine passende Stelle zu kommen, schlugen bis auf ein Probetraining bei einem norddeutschen Zweitligisten, alle fehl. Anfang der 80er, als die einteilige 1. Handballbundesliga gerade mal in ihre vierte Saison startete waren Spielerwechsel innerhalb der Liga – gerade von deutschen Akteuren – noch eher die Ausnahme.
Dieses rein sportliche Angebot aus Hannover war für mich nicht lukrativ und reizvoll. Es bescherte mir einzig und allein einen schönen Abend mit Nachtbarbesuch. Auch besaß ich noch keinen „Mumm", ohne Jutta, alleine zu meiner persönlichen Entwicklung, der Heimat den Rücken zu kehren. So kam es, daß ich von meiner „Fastlehrfirma" zu einem persönlichen Gespräch eingeladen wurde. Relativ schnell einigten wir uns auf einen Umschulungsvertrag als Kopiergerätetechniker. Zum 1. November '80 begann ich meine neue Arbeit in der Abteilung Werkstatt der Firma, die der ehemalige hessische Ministerpräsident Albert Osswald aufgebaut hatte. Anfangs war ich hauptsächlich für die Wartung der verschiedenen Kopierer zuständig. Bevor ich einen Lehrgang bei der Niederlassung eines japanischen Kopiergeräteherstellers in Frankfurt machte, war ich meist mit einem Kollegen im Außendienst tätig. Später startete ich oft alleine zu Kundenbesuchen.
Sollte diese neue Arbeit meine berufliche Heimat werden? Würde ich auch in einem halben Jahr noch Spaß daran haben Kopierer auseinander zunehmen? Diese Fragen, dachte ich, würden sich mit der Zeit selbst beantworten. Immerhin überlegte ich mir bereits, wenn auch noch nicht konkret, ob ich mich an einer Technikerschule weiterbilden sollte. Als Grundvoraussetzung mußte ich aber drei Jahre Berufspraxis nachweisen. Aber leider fehlte mir noch ein Jahr.

Bonjour, France

Unterseeboot und Wellen

Jutta hatte im Februar '81 ihre Krankengymnastikausbildung begonnen. Sie bekam an dieser, wie sich schnell herausstellte, immens stressigen Schule nur zwei Wochen Sommerferien im August. Notgedrungen mußten wir mitten in der Saisonvorbereitung in Urlaub fahren.

Ich glaube es war Juttas Idee, mit einem Camping-Bus eine Tour durch Frankreich zu unternehmen. Da uns gewerblich gemietete Wohnmobile zu teuer waren, liehen wir uns nach privater Empfehlung, einen älteren mausgrauen VW-Bus mit Kastenaufbau aus.

Ausgerechnet in der Nacht nach dem Kirmesmontag wollten wir die Tour de France starten. Am Sonntagnachmittag hatten wir noch ein Vorbereitungsspiel zu bestreiten, zu dem ich mit dem „U-Boot“, wie wir diesen Kleinbus wegen seiner Form nannten, an der Sporthalle vorfuhr. Nach dem Spiel erlebte ich eine Überraschung, die mich regelrecht ausrasten ließ. Der Zündschlüssel des Kleinbusses ließ sich weder vor noch rückwärts bewegen. Dann drehte sich der Schlüssel, aber keine der Kontrolleuchten leuchtete auf. Ich war mir ziemlich sicher, daß die Kontaktplatte des Zündschlosses defekt war. Da ich in der Lehre bei einer solchen Reparatur einmal dabei war, wußte ich daß der Austausch der Platte eine äußerst diffizile Angelegenheit war. Notgedrungen mußte ich den Bus stehen lassen.

Ich rief den Automechaniker an, der uns zu jedem Auswärtsspiel fuhr, und fragte ihn um Rat. „Bau die Lenksäule ab und ruf morgen wegen der Kontaktplatte an. Wenn du die „Brocken“ hast, komm bei mir vorbei“, sagte er in seiner unnachahmlichen Art. Bereits während dieses Sonntags hatte es ohne Unterbrechung in Strömen geregnet. Jutta und ich gingen auf die Kirmes, ehe wir, wie so oft, bei ihr übernachteten. Um 8 Uhr telefonierte ich wegen des Ersatzteils und konnte danach sofort zur Abholung nach Wetzlar starten. Als ich die kurvenreiche Landstraße befuhr, erlebte ich im wahrsten Sinne des Wortes mein blaues Wunder. Eine Straßen-

hälfte war total überschwemmt. Und es regnete und regnete weiter. Auf der Rückfahrt kam ich geradeso noch durch die Wassermassen. Unter größter Anspannung schaffte ich es die Säule wieder einzubauen. Abends nach dem Packen lief ich nochmals auf den Kirmesplatz. Ich bekam aber nicht mehr mit, welches Jahrhundertereignis dort seinen Lauf nahm. In der Nacht fuhren wir los. Daß der Kleebach sich schon in einen reißenden Fluß verwandelt hatte, sah ich bereits zum Kirmesausklang gegen 20 Uhr. Ich ging nach Hause, um dort mit Jutta noch einige Vorbereitungen für die Fahrt zu treffen. Da wir am frühen Morgen gen Frankreich aufbrechen wollten, gingen wir entsprechend zeitig in unsere einmalige Schlafstatt. Von den weiteren Geschehnissen rund um die Kirmes, bekamen wir nichts mehr mit. Sollte sich das Hochwasser zur Katastrophe ausweiten?
Für die Betroffenen in ihren Häusern in der Nähe des jetzt schon stromartigen Baches, war es ein Alptraum, für die anderen ein Erlebnis der besonderen Art. Das Zelt auf dem Sportplatz stand nur zirka fünfzig Meter weit vom Bachlauf entfernt. Schon bis um 21 Uhr stand das Wasser im Inneren des etwa 800 Personen fassenden Bierzeltes kniehoch. Zu diesem Zeitpunkt war die Theke bereits gut besetzt, und die Leute strömten, teils auch aus Neugier, schon mit Gummistiefeln hinein. Gummistiefel waren übrigens an diesem Montag im hiesigen Schuhgeschäft im Nu ausverkauft. Die Kapelle beendete den Tanzabend um halbzehn. Sie hatten wohl Angst davor, ihre Instrumente nicht mehr ins Trockene zu bringen. Währenddessen stieg das Wasser, gut erkennbar am Tresen, bis an den Schriftzug der größten hessischen Privatbrauerei an.
Die vom Frühschoppen angetrunkenen Leute hatten ihre liebe Mühe, überhaupt den Nachhauseweg zu finden. Einer davon, Landwirt Wilhelm, hatte sehr viel Glück, daß er auf dem Weg nach Hause noch Halt am Geländer des Bachsteges fand. Sonst wäre der Junggeselle womöglich abgetrieben und ertrunken. Da es zum Glück keine Verunglückten gab, hing als Zeichen für diese Wasserkirmes ´81, bei der Kirmes im folgenden Jahr ein Schlauchboot über dem Tanzboden.

Auch als wir in der Nacht losfuhren – man konnte es auch auslaufen nennen– regnete und regnete es ununterbrochen weiter. Erst als wir tief im Süden des Landes von Asterix und Obelix angekommen waren, schien die Sonne. Ich spürte etwas von dem Sprichwort, mich „wie Gott in Frankreich" zu fühlen. Bereits eine halbe Stunde nach der Abfahrt verspürte ich deutlich, welch Jahrhunderthochwasser unsere Region zu überstehen hatte.
Zwanzig Kilometer von Frankfurt entfernt stand in einer Senke der Bundesautobahn das Wasser über alle drei Fahrspuren. Einzig allein die linke Überholspur, die zirka dreißig Zentimeter tief überschwemmt war, wurde für den Verkehr freigegeben. Und Regen, nichts als Regen. Auch im weiteren Verlauf unserer Tour prasselten die Tropfen weiter auf die Straße nieder. Wir fuhren über Straßburg und erreichten am Spätnachmittag Lyon.
Ich kaufte mir einen Stadtplan, mit dem wir uns auf die Suche nach einem Restaurant machten. Weder Jutta noch ich kamen mit der riesigen französischen Speisekarte klar. Dieses kleine Abenteuer endete damit, daß ich mit meinem Riesenhunger statt des erhofften Menüs eine Portion Herzoginkartoffeln und einen Teller Salat bekam.
Die Nacht in unserem „U-Boot" verbrachten wir außerhalb von Lyon auf einem Feldweg zwischen riesigen Maisfeldern. Über Avignon, Orange und Pont du Garde, steuerten Jutta und ich unser nächstes großes Ziel an: Das Mittelmeer.
Als wir die Stadt Orange durchfuhren, konnte von Regen keine Rede mehr sein. Im Gegenteil – mit jedem Kilometer Richtung Süden erstrahlte die Sonne mit immer höherer Intensität. Jutta, mit der ich mich am Steuer abwechselte, fuhr an einer riesigen Trabantenstadt vorbei, von der ich irgendwann einmal etwas im „Stern" gelesen hatte. Auf einem direkt am Strand gelegenen Campingplatz mieteten wir uns einen Stellplatz. Mitte August herrschte Hochsaison, und viele Franzosen verbrachten ihren Urlaub am Meer. Nirgendwo sonst hatte ich bisher so viele wilde Müllhaufen

entlang der Landstraßen gesehen. Erstens war uns hier die Heerschar der Erholungssuchenden viel zu groß und zweitens empfanden wir das Klima als sehr extrem. Bereits morgens um acht knallte die Sonne vom Himmel. Und ab Mittag konnten Jutta und ich es am Strand nicht mehr aushalten. Aus diesen Gründen setzen wir bereits am dritten Tag unsere „Tour de France“ fort. Unser Ziel auf dem Weg zur Atlantikküste hieß: Die Pyrenäen.
Diese Fahrt zwischen den Meeren durch die atemberaubenden Berge, Täler und Schluchten hat Jutta und mich gleichermaßen stark beeindruckt. Unser betagtes Wohnmobil hatte erhebliche Mühe über die serpentinenähnlichen Schmalspurstraßen hoch zu kommen. Irgendwo in einem Tal nahe der „Pyrenäenhauptstadt“ Foix schlugen wir unser Nachtlager auf. Wegen des romantischen Anblicks stellten wir den Campingbus direkt an einem kleinen Fluß ab. Es lag eine unbeschreibliche Ruhe über dieser Landschaft, die uns jede Sekunde des zu Ende gehenden Tages, im Abendrot genießen ließ.
Auch wenn es längst nicht – oder gerade weil es nicht so heiß war wie in Nizza oder Cannes, ließen wir fast alle Hüllen fallen, um uns in dem herrlich klaren Gewässer zu waschen. Danach genossen wir bei einem „Cote du Rhone“ diese Kleinoase einer Bilderbuchlandschaft. Wir waren beide angesäuselt und in bester Laune, nachdem wir uns am Vortag noch über irgendeinen Kram gestritten hatten. Als ein warmer wolkenbruchartiger Regen einsetzte, tanzten wir durch die Tropfen und alberten zwischen den Bäumen am Bachufer herum. Jutta zog ihre Schuhe aus und nahm auf einem Stein sitzend ein Fußbad. Sie hüpfte vergnügt im Wasser, als ich sie an Armen und Beinen faßte und zum „U-Boot“ trug. Ich setzte mich neben sie auf den Fahrzeugboden der geöffneten Schiebetür und küßte sie. Wir ließen uns auf den Boden sinken, so daß nur noch unsere Füße aus dem Wohnmobil ragten. Der nassen Kleidung halb entledigt, bauten wir in aller Ruhe unser Nest zusammen. Draußen hatte sich ein heller Sternenhimmel gebildet, und der Mondschatten senkte sich durchs Seitenfenster dezent ins innere des Wohnmobils. Jutta hatte sich bereits ausgezogen und in die

Koje gelegt. Ich kroch unter ihre Decke. Wir liebten uns zärtlich und vollkommen entspannt. Doch hoffentlich hatte unserem „U-Boot“ diese Aktion nicht zu sehr zugesetzt, dachte ich als wir eng umschlungen einschliefen.

Biarritz und Kap Feret

Aber unser graues Wohnmobil Marke Eigenbau ließ uns nicht im Stich. So näherten wir uns auf der nächsten Etappe dem Atlantik, der Stadt Biarritz. Dieser Küstenort direkt an der spanischen Grenze hatte sich europaweit einen Namen als Badeort gemacht. Wiederum zwei bis drei Tage verweilten wir hier und machten dabei auch einen Abstecher nach Spanien, in die Hauptstadt des Baskenlandes, San Sebastian. In der Innenstadt fielen meine Blicke auf schwarze Fassaden und vielerorts sah ich Frauen, die mit Kleinkindern auf der Straße saßen und bettelten. Wir gingen in eine dieser „Bodegas“, die um die Mittagszeit, der „Siesta“, brechend voll waren. Wir als Deutsche hatten hier insbesondere mit dem uns eigenen Selbstverständnis für Sauberkeit zu kämpfen. Überall unter den Holztischen, Bänken sowie vor dem Tresen, stapelte sich der Müll.
Auch die Verkehrssituation war aufgrund kaum eingeschalteter Ampeln chaotisch. Vielleicht schulte ich hier meinen autofahrerischen Instinkt, um bei unklaren Vorfahrtssituationen durch zügiges Reagieren und Anfahren dieses Problem bestens zu lösen. Von Biarritz aus fuhren wir weiter entlang der Küstenstraße bis zu einem Campingplatz von dem wir einen herrlichen Blick auf das „Kap Feret“ hatten und der in der Nähe der höchsten Düne der Welt lag. Hier, an dieser 110m hohen Düne, von der es Spaß machte sich runterzurollen, verbrachten wir herrliche Tage. Und überhaupt genossen wir jede Minute, die wir am Atlantik verbrachten. Der Atlantik, das bedeutete meterhohe Wellen und zu jeder Tageszeit eine frische Brise. Und das Schönste daran war, daß ich mit dem „U-Boot“ sehr nahe an den Strand, der nur durch einen Wald-

streifen von der Küstenstraße getrennt war, fahren konnte. Jeden Tag lief immer ein Student als Bauchladenverkäufer am Strand herum und bot leckere, luftige, wie Ringe aussehende, Kleinkuchen mit den Worten: „Demande de Benie, Benie, demande de Benie“, an.
Da wir noch mit Bordeaux. ein letztes großes Ziel vor uns hatten, wollten wir nicht länger diesen Streifen des Atlantischen Ozeans genießen. Doch diese, nach dem gleichnamigen Wein benannte Stadt war weder kulturell noch kulinarisch noch in irgendeiner anderen Weise ein Höhepunkt. Was wir auch von Bordeaux und Umgebung sahen, nichts deutete auf eine Stadt hin, in deren Innerem romantische Gäßchen und Winkel verborgen lagen und in der wir gerne gelebt hätten. Da ich laut Reiseführer unbedingt ein spezielles Restaurant suchen mußte, wurde die Stimmung zwischen uns immer aggressiver. Wir irrten planlos umher und konnten uns für nichts entscheiden.
Liebend gerne hätten wir im nachhinein noch ein paar Tage direkt am Atlantik verbracht, bevor wir die Heimreise quer durchs Land nach Straßburg, zum Ausgangspunkt unserer Frankreichtour antraten. Nach insgesamt über 4000 Kilometern landeten wir um viele Eindrücke reicher in heimatlichen Gefilden.

Freiheit und Fachschule

Bereits im September '81 ging das Gerücht im Betrieb um, die Firma Lewalder würde die Druckerei schließen und im größeren Umfang Personalabbau betreiben. Die Gründe sah ich nicht allein in der allgemeinen rezessiven Phase mit zirka einer Million Arbeitslosen, sondern vielmehr handelte es sich um interne Mißstände, die aus einer gescheiterten Geschäftspolitik resultierten. Eines Morgens wurde ich zum Personalchef bestellt. Mir wurde lapidar mitgeteilt, daß die Firma mir leider kündigen müßte. Ich war sichtlich betroffen. Aber irgendwie fühlte ich mich auch erleichtert, da ich keine Lust hatte, noch jahrelang Kopierer zu reinigen. In der

Werkstatt wurde meist nur hinter vorgehaltener Hand über diese betriebsinternen Dinge gesprochen. Auch der Werkstattmeister wechselte nachdem mir die Kündigung ausgesprochen war, höchstens einmal zwei Sätze mit mir, um danach wieder in seiner Alltagstretmühle zu verschwinden. Ich hatte noch 14 Tage Kündigungsfrist. Ein ums andere Mal wurden mir immer wieder diese Säuberungsarbeiten zugewiesen. Nach einer beendeten Arbeit vermied ich es den Meister zu fragen, was ich als Nächstes tun sollte. Ich meldete mich beim erfahrensten Gesellen. Er gab mir oft eine interessantere Arbeit. Doch immer klappte das nicht. So mußte ich dann gezwungenermaßen doch wieder den Werkstattleiter fragen, was ich als nächstes tun sollte. Er teilte mich wieder für eine Reinigungsarbeit ein. Ich sollte die übelste und schmutzigste Tätigkeit überhaupt machen: Eine Druckmaschine reinigen.
„Nee, das mach ich nicht", antwortete ich knapp. „Dann pack deine Sachen und hau ab", schrie er mich wie aus der Kanone geschossen an. Das immense Echo klang mir noch sehr lange in den Ohren. Ohne auch nur einen Augenblick zu zögern, räumte ich den Spind aus und fuhr nach Hause. Damit war für mich wieder ein kleines Kapitel meines Lebens abrupt zu Ende gegangen.
Wie sag ich´s am besten meinen Eltern, überlegte ich auf der Heimfahrt am Steuer meines Asconas. Aus Frust begann ich nach dem Mittagessen, das Gartentor zu streichen.

*

Ich ließ mir Informationen von der Technikerschule Weilburg schicken und meldete mich für das Wintersemester '82 an. Mir fehlte jetzt nur noch ein Vierteljahr praktische Arbeit.
Deswegen versuchte ich über den Verein an eine Arbeitsstelle zu kommen. Vom zweiten Vorsitzenden bekam ich den Tip mich einmal bei Herrn von Wermer zu melden. Dieser 60-jährige Mann war Geschäftsführer eines Drahtwerks und lud mich zu einem Gespräch zu sich nach Hause ein. Theoretisch erläuterte er mir die beruflichen Chancen in seinem Betrieb. Nach einer Betriebsbesichtigung entschied ich mich für eine Tätigkeit im Versand bis

zum Studienbeginn. Im Oktober `81 nahm ich die – wie sich schnell herausstellte – schwere körperliche Arbeit auf, die mich mit meinen 22 Jahren neben dem Training stark belastete. Von morgens sechs bis mittags halb drei war das Verpacken von Schweißdrahtspulen mein Tagwerk bis Mitte Januar. Außer einer halbstündigen Frühstückspause war ich den ganzen Tag auf den Beinen. D. h. ich stand auf einem Quadratmeter an einem Packtisch und schweißte die zirka 10kg schwere Rolle mittels Folie zusammen. Danach rollte ich die Spule mit Trockenmittel in einen Karton, versah sie mit einem Aufkleber, auf dem ich das zuvor gewogene Gewicht notierte und stapelte sie nach einem bestimmten Schema auf eine Palette. Bedingt durch das ständige Bücken und Heben der Spulen vom Produktionsbock auf die Waage und vom Tisch auf die Palette, spürte ich zunehmend mein Rückgrat. Den weiblichen Vorgesetzten im Drahtwerk tat es leid, einen guten Mann wie mich nach drei Monaten wieder zu verlieren.

*

Nachdem ich Anfang Dezember '81 zu einer Informationsveranstaltung an die Technikerschule fuhr und mich für den Bereich Meß- und Regeltechnik angemeldet hatte, erfuhr ich, daß die Klasse bereits voll war. „In der Informationselektronik sind noch freie Plätze und die Stundentafeln für alle Fachrichtungen sind in den ersten beiden Semestern nahezu gleich“, sagte der Lehrer als ich einen ehemaligen Azubi von der Firma Kurthans getroffen hatte. „Meldet Euch für „IE“ an“, sagte er weil die Schule nach der Reform des Arbeitsförderungsgesetztes natürlich alle Klassen voll bekommen wollte. Obwohl ich überzeugt war, daß Mess- und Regeltechnik besser zu meiner Ausbildung gepaßt hätte, meldeten wir uns für „IE“ an. Als Peter und ich uns zwecks Fahrgemeinschaft für den ersten Semestertag verabredeten, meinte er: „Das werden zwei schöne Jahre“. Doch ich hatte mich informiert und wußte, daß es sehr schwer werden würde an dieser großen, und was sich schnell zeigen sollte, dem Eigenverständnis nach auch besten Technikerschule Deutschlands.

Der neue Trainer Auer schaffte es uns in der Saison 80/81 in sichere Gefilde zu führen, und bewahrte damit Mannschaft und Verein vor dem Abstieg. Jetzt endlich war ich die Nr. 1 auf Linksaußen. Es war beruhigend und gab mir zusätzlich Sicherheit und Selbstvertrauen.
Ich hatte mich im Frankreich-Urlaub durch regelmäßige Strandläufe fit gehalten. Nach meiner Rückkehr hatte ich die interne Kritik an meinem Urlaubszeitpunkt schnell durch gute Leistungen im Keim erstickt. Die Saison 81/82 verlief gut. Doch für die nächsten zwei Jahre, in denen ich vier Semester studierte, nahm ich mir noch mehr vor. Sollten sogar Träume wahr werden?

Peter und Birgit

Durch das neue Arbeitsförderungsgesetz, das noch von der alten Sozial-Liberalen Koalition verabschiedet wurde, zogen viele Interessenten ihre Anmeldung zurück, weil die Weiterbildung nicht mehr von der bereits leeren Staatskasse unterstützt wurde.
Deswegen fanden keine Aufnahmeprüfungen statt, die ich nach meinen Vorkenntnissen wahrscheinlich auch nicht bestanden hätte. Obwohl ich trotz der nur 30 Kilometer Entfernung ein Zimmer im Studentenwohnheim Windhof bekommen hatte, fuhren Peter und ich wochenweise abwechselnd mit dem Auto von Wetzlar nach Weilburg. Bei der Vorstellung der Klasse am ersten Tag zeigte sich, daß hier ein großes Potential gut elektrotechnisch ausgebildeter Leute vorhanden war, mit denen wir aufgrund unserer KFZ-Elektriker-Lehre nicht mithalten konnten. Ich war der zweitjüngste der Klasse. Die meiste Angst hatte ich vor Mathematik, denn dieses Fach hatte mir bekanntlich bereits auf der Gesamtschule sehr große Schwierigkeiten bereitet. Doch nicht Algebra und Differentialrechnung wurden für mich zum Hauptproblem, sondern die Elektrotechnik. Einmal wurden hier nicht einfache Gleichungen mit einer Unbekannten behandelt, und zudem wurde der Lehrstoff wahnsinnig schnell durchgezogen. Peter bekam in „Mathe“ große Probleme, da er als Volksschüler noch nie

etwas von höherem Rechnen gehört oder gesehen hatte. Nachdem er die beiden ersten Klausuren verhauen hatte, wollte Peter sechs Wochen nach Studienbeginn aufgeben. Es brauchte sehr viel Überzeugungsarbeit von mir, ihn dahingehend zu überreden, wenigstens noch mal zwei Klausuren abzuwarten. Ich überlegte mir eine spezielle Taktik, wie ich ihm helfen konnte. Zusätzlich schlug ich Peter vor, anstatt mit den Lerngruppen zu üben, gemeinsam mit mir nach der Schule zu Hause den Lernstoff zu vertiefen. Meist trafen wir uns in der Mietwohnung von Peter und seiner Frau Birgit. Birgit wirkte auf mich sehr intelligent und schön zugleich. Peter, der etwas kleiner war als sie, war der Mann für alles Praktische. Egal ob es irgend etwas zu reparieren oder zu werkeln gab, in dieser Beziehung bewies er viel Talent und Geduld. Außerdem verrichtete er gut und gerne Hausarbeit, wie er mir in den vielen Gesprächen im Auto sagte. Da Birgit als Finanzbeamtin tätig war, teilten sie sich Kochen, Waschen und Bügeln. Peter hatte seinen guten Job als Kundendiensttechniker für Haushaltsgeräte bei einem großen deutschen Hersteller in Frankfurt aufgegeben, um sich als Techniker weiterzubilden. Auf mich machten diese beiden den Eindruck eines Traumpaares aus einem Kinofilm.
In der großen eichenen Wohnküche, in der wir uns auf die Klausuren vorbereiteten, spürte ich eine warme angenehme Atmosphäre. Manchmal half uns Birgit bei der Lösung einer Matheaufgabe. Da es galt von Klausur zu Klausur zu üben, konnten Peter und ich sonst oft für kein anderes Fach lernen. Mit dem Griff in die Schultrickkiste, das Geschriebene vorne links auf meinen Tisch zu legen, wenn ich eine Klausuraufgabe fertig hatte und Peter daran vorbeiging um dieses Blatt mit nach vorne zum Lehrer zu nehmen, um irgend etwas von seinen Lösungen zu besprechen, schafften wir es gemeinsam, daß sich Peters Noten in „Mathe" Zug um Zug verbesserten. So beendeten wir das erste Semester, in dem nur 26 Wochenstunden auf dem Unterrichtsplan standen. Nach den Sommerferien begann das zweite Teilstück des Studiums. Mein Motto lautete von Anfang an: Schaffe ich die ersten beiden Semester, dann ziehe ich es bis zum Schluß durch.

Ich war keiner von denen, die entgegen ihrer biologischen Uhr noch spätabends lernen konnten. Mein Zeitplan sah nach dem Mittagessen vor, an dem in Juttas „Vorzimmer“ aufgestellten Schreibtisch bis halb sechs zu lernen. Danach aß ich eine Kleinigkeit und ging ins Training. Da Jutta ein halbes Jahr vor ihrer Prüfung sehr viel büffeln mußte, hing ich nach dem Training abends in der Luft. Oft besuchte ich gemeinsame Freunde, Juttas Schwestern oder meine Brüder. In den Sommerferien empfand ich, daß unsere Paarbeziehung, sehr unter ihrer Ausbildung litt. Mit der Zeit verspürte ich Haß auf diese KG-Schule. „Zweimal Sex im Monat, nein Danke“, dachte ich.
Eines Abends meldete ich mich bei Peter und Birgit an, um auch mit ihnen dieses Problem zu erörtern. Völlig unbeabsichtigt kam es zu einem Zwischenfall. In ihrem gemütlichen L-förmigen Wohnzimmer wurde ich aufs herzlichste empfangen. Im Gegensatz zu vielen anderen Bekannten und Verwandten schaltete Peter sofort den Fernseher aus, als ich die gute Stube betrat. Solch ein Verhalten empfinde ich als ein Zeichen der persönlichen Wertschätzung und der Gastfreundschaft. Im Gegensatz dazu besuchte ich einmal meinen Freund Stephan mit seiner neuen „Flamme“ in deren neuer Wohnung. Außer einem kurzen Gespräch auf dem Balkon mit ihm, war ich den ganzen lauen Sommerabend zum Video glotzen verurteilt. In der Hoffnung, daß wir nach dem Spielfilm noch Zeit zum Reden hätten, blieb ich. Doch ich irrte mich. Stephans Neue, seine „bezaubernde Jennie“, legte sofort die nächste Kassette ein. Ich verabschiedete mich und fuhr enttäuscht nach Hause.
In Zukunft werde ich mich nie mehr lange bei Gastgebern aufhalten, wo die Flimmerkiste läuft, wenn Besuch kommt, überlegte ich mir auf der Heimfahrt.
Hier bei Peter und Birgit herrschte eine entspannte Atmosphäre um ein niveauvolles und für mich wichtiges Gespräch zu führen. Ich kam schnell zum Thema Nr. 1. „Das würde ich nicht mitmachen“, gab Peter zum Besten. „So sind die Frauen, sie sind alle gleich, sie halten einen ziemlich kurz,“ fügte er beschwörend an. „Du brauchst dich wohl überhaupt nicht zu beschweren, daß du zu

kurz kommst“, sagte Birgit, die sich ab und zu mit ihrer wohlklingenden Stimme in dieses Gespräch einbrachte und ansonsten sich mit Lesen beschäftigte. Abrupt stand sie auf und ging weinend zur Tür hinaus und ließ uns den restlichen Abend allein.
Zum einen, dachte ich mir, hatte Birgit keinen solchen Lernstreß wie Jutta und zum anderen konnte sie die intelligente schlanke Frau, wohl nicht auf Sex verzichten. Und trotz dieses offenen Konflikts führten die beiden für mich eine zumindest nach außen vorbildliche Beziehung. Aber wer kann wissen, was bei anderen hinter den Kulissen vor sich geht?
Da ich Jutta zu sehr liebte, konnte ich nur die Zeit für mich spielen lassen und hoffen, daß sich unser Intimleben nach der bestandenen Prüfung wieder bessern würde. Doch statt dessen geschah das, worüber ich mit Jutta schon öfters diskutiert hatte Für mich bedeutete es das schwerste anzunehmende private Unglück.

Spitzenspiele und Super Gau

Mittlerweile hatte Jutta ihre Prüfung mit Bravour bestanden. Als Anerkennung für ihre Leistung spendierten Juttas Eltern ihr einen Skiurlaub. Auch ihr hat dieser Urlaub – für mich Massentourismus auf zwei Brettern in Verbindung mit Naturzerstörung – sehr gut gefallen. Als Jutta nach Hause kam, trafen wir uns bei ihrer Schwester Ulrike zum üblichen Begrüßungskaffee. Sie wirkte auf mich sehr verändert, ja nach zwei Wochen fast fremd. Meine Gefühle sagten mir: Da war irgendwas.
Nachdem sich ihre Veränderung gelegt hatte und ich nicht mehr an den Skiurlaub dachte, wäre einige Wochen später alles „normal“ weiter gelaufen, wenn, ja wenn sich eines Samstagnachts nicht folgendes ereignet hätte: Nach einem Bundesligaheimspiel fuhren wir nach der Mannschaftsfeier zu mir nach Hause. Im Gegensatz zu den üblichen Samstagnächten, in denen Jutta und ich in meinem Elternhaus übernachteten, herrschte diesmal zwischen ein und zwei Uhr früh im Saal noch Hochbetrieb. Die Gaststätte war

wie fast immer um diese Zeit geschlossen. An diesem Wochenende besuchte ein jugoslawischer Chor aus Maribor unseren Männergesangverein. Jutta folgte mir in den maximal 120 Personen fassenden Saal, der höchstens noch halb besetzt war. Während ich mich an einer der drei langen Tischreihen mit einem ortsbekannten, eingefleischten und sichtbar angetrunkenen Junggesellen unterhielt, verließ Jutta bereits nach wenigen Minuten den Saalbau mit dem dunklen Dielenholzboden, um das Bett anzuwärmen. Mit der Vorfreude auf guten Sex folgte ich ihr eine Viertelstunde später. Als wir dann in unserem französischen Bett Marke Eigenbau lagen, dachte ich, wir würden zärtlich die Liebe genießen. Doch nach einigen belanglosen Sätzen, sprach mich Jutta plötzlich an. „Hans-Georg ich muß dir was sagen. Ich war mit einem anderen Mann zusammen!“, sagte sie mit klarer deutlicher Stimme und schien dabei erleichtert zu sein. Ich fühlte mich so, als wäre in diesem Moment eine Bombe neben mir eingeschlagen. „Nein, Nein, Nein, warum ich, warum, warum, warum nur?“, schrie ich heraus und sah sie dabei fragend an. „Was habe ich verbrochen, daß du mir das angetan hast?“, fragte ich sie immer wieder. Für mich war es wie ein persönlicher Super-GAU, natürlich gänzlich unbedeutend gegenüber dem drei Jahre späteren Atomunfall in Tschernobyl.
Ich lief runter in die Kneipe und trank mehrere Gläschen Cognac, bevor ich mich auf die Kücheneckbank legte. Ich hörte Jutta die knarrende Holztreppe runter gehen. Sie öffnete die Küchentür und im halbdunklem Schein des Flurlichts erkannte ich an ihrem Gesicht, daß sie nicht mit solch einer heftigen Reaktion von mir gerechnet hatte. „Vielleicht ist es besser wenn du mich nach Hause fährst“, sagte sie während ich auf der Bank kauerte. „Nein, bleib' hier“, antwortete ich. Denn so unverständlich es vielleicht klingt, ich wollte jetzt auch nicht allein sein. Und vor allem wollte ich es genauer wissen, was in diesem alpinen Skisportparadies geschehen war, obwohl ich spürte, daß sie es bereut hatte, mir die Wahrheit gesagt zu haben. „Ich habe mich nicht verliebt, aber ich bereue es nicht, es tut mir nur leid, das ich dir so weh getan habe“, sagte Jutta zu ihrem Schneeseitensprung. Bestimmt war nach der Prüfung bei

ihr aller Ballast abgefallen, um nach dem Motto „Ich lebe nur einmal" einfach zu genießen, was das Leben bietet, dachte ich später. Gerade weil sie immer die Meinung vertrat, daß für sie ein Seitensprung nicht das Ende der Beziehung bedeuten würde.
Immer wieder hatte ich es vor Augen, daß sie mit einem anderen Mann Sex hatte. Ich konnte den Rest der Nacht nicht schlafen. Auch am Sonntagmorgen war alles anders als sonst. Mir wäre es viel lieber gewesen, ich hätte nie etwas davon erfahren, spukten mir am Morgen die Gedanken durch den Kopf. Sollte ich wegen dieses Fremdgehens unsere Beziehung beenden, wozu ich mich vorher für den Fall der Fälle bekannt hatte? Oder wäre es womöglich besser sich erst einmal eine Weile nicht zu sehen?
Wie sich später herauskristallisierte, wäre das letztgenannte das Richtige gewesen, um in Ruhe nachzudenken und mit guten Freunden darüber zu reden. So nahm bereits beim mütterlichen Mittagessen das Unheil seinen Lauf.
Ich fühlte mich nach dieser Nacht unheimlich schlecht, so daß selbst meine Mutter mich fragte: „Was ist denn los mit dir?". „Was soll denn sein, nichts", antwortete ich ihr und verleugnete den wahren Grund. Ich hätte auch nicht mit meinen Eltern drüber reden können, wenn Jutta nicht mit am Tisch gesessen hätte.
Als ich mich am Sonntagnachmittag meiner Schwiegermutter in spe anvertraute – die natürlich meine Veränderung schnell bemerkt hatte, wollte ich näheres wissen, wie es zu Juttas Fremdgehen gekommen war. „Zuhause wartet dein Freund auf dich", hatte sie ihr eindringlich gesagt, aber ihr Vater schaute eher locker darüber hinweg, erzählte sie weiter.
„Aber Jutta hat es dir doch erzählt und es kommt doch überall mal etwas vor", versuchte sie mich zu trösten. Sie wurde konkreter und nannte einen Bekannten, der eineinhalb Jahre seine Frau betrogen hatte. Dieses Verhältnis ließ mich später über meine Geschichte nachdenken.
Neben der Lehrzeit und dem Autounfall waren die nächsten Wochen die bisher schlimmste Zeit in meinem Leben. Ich konnte meine Gedanken nicht abschalten. Ständig mußte ich an Jutta den-

ken und hatte die Situation vor Augen, wie sie es in meinen Vorstellungen mit dem Skilehrer wohl getrieben hatte. Anstatt jetzt mit einem guten Freund zu reden, machte ich den Fehler, daß ich diesen bedrückenden Teil meines Privatlebens am liebsten in die Welt hinaus posaunt hätte. Denn ich vertraute mich zu vielen Leuten an, um letztlich doch keine Hilfe zu bekommen. Letztendlich wurde ich nur ausgehorcht, damit sie im Dorf etwas zu erzählen hatten. Irgendwie aber fühlte ich mich, wenn es wieder jemand wußte, besser, wahrscheinlich nur um Jutta damit weh zu tun. Meist erzählte ich ihr, mit wem ich wieder einmal darüber gesprochen hatte. Jutta steckte dies alles weg. Wochenlang weder bei Klausuren in der Technikerschule, noch beim Training oder Spiel konnte ich mich konzentrieren. Immer wieder kreisten meine Gedanken, wie ein Adler um die Beute, um dasselbe, nämlich um diesen Typ von Skilehrer.

Taunus und Lust

Durch Juttas Umzug in den Taunus kam zu dem langsam voranschreitenden inneren Abstand auch eine räumliche Distanz zwischen uns, die uns fast nur noch an den Wochenenden zusammenführte. Weil ihre beste Freundin Martina eine neue Stelle am Flughafen antrat, wollten sie sich gemeinsam zwischen Frankfurt und Wiesbaden eine Zwei-Zimmerwohnung anmieten. Da bereits 1983 die Mieten im Ballungsraum Rhein-Main beträchtlich hohes Niveau hatten, entschieden sie sich für ein kleines, etwas heruntergekommenes Altbauhäuschen, das direkt an der Hauptverkehrsstraße eines kleinen Taunusortes lag.
Links neben dem Häuschen ging man durch das Hoftor zur hinter dem Haus gelegenen Eingangstür, die direkt in die dunkle Küche führte. Von dort ging es direkt ohne auch nur einen Quadratmeter Flur in Martinas Zimmer und weiter in Juttas Reich. Je nach Stunden- oder Spielplan besuchte ich Jutta manchmal in der Woche, jedoch öfters am Wochenende. Da dieses Praktikumjahr

noch zu der Ausbildung zählte, mußte sie noch immer viel lernen. Deshalb konnte Jutta nicht jedes Wochenende nach Hause fahren. Aber auch aus dem Grund, weil sie sich mit 22 Jahren vom Elternhaus lösen wollte, blieb sie in Hainfelden. Wenn ich sie besuchte, standen wir oft vor dem Problem:
Was essen bzw. kochen wir heute? Immer nur diese qualitativ schlechten Fertiggerichte, darauf hatte ich ehrlich gesagt keine Lust! Da Juttas Kochkünste mangels Interesse und Spaß am Kochen sehr bescheiden waren und ich mich langsam aber sicher zu einem Genußmenschen entwickelte, fragte ich mich: Wie kann ich kochen lernen? Und würde ich es überhaupt lernen? Bei meinen Besuchen kam es, wie schon in der Vergangenheit, zu Differenzen hinsichtlich der Liebeshäufigkeit. Immer wieder bat Jutta mich, auf sie zu warten, bis sie die Initiative übernehmen würde. So sehr ich mich auch bemühte, es klappte nicht, ich hielt es nicht so lange aus. Es klappte nie.
Nach einer für mich guten Bundesligasaison 82/83 standen die Sommerferien vor der Tür in denen ich für eine Woche allein nach Jugoslawien reiste. Für den Solo-Urlaub nahm ich mir vor, Jutta das Gleiche anzutun wie sie mir.

Drauf und Dran

Jutta und ich sehnten beide die großen Ferien herbei. Nachdem ich über die Osterferien bereits zwei Wochen im Drahtwerk gearbeitet hatte, freute ich mich jetzt darauf, nicht am Schreibtisch sitzen zu müssen, sondern wieder körperliche Arbeit zu verrichten.
Danach startete ich durch. Mit dem Charterflieger ging´s nach Herzeg-Novi, einer Kleinstadt der Teilrepuplik Montenegro an der jugoslawischen Adriaküste.
Bei einem Begrüßungscocktail lernte ich all die neuen Sonnenhungrigen kennen. Schnell hatte ich Anschluß gefunden. Ich wartete nur noch darauf, daß sich die passende Gelegenheit für ein sexuelles Abenteuer bot. Doch aufgrund der immer noch festen

Bindung zu Jutta fehlte mir die Zielstrebigkeit eine Frau zu verführen. Sollten meine nicht vorhandene Draufgängermentalität, sowie mein fast noch jugendliches Alter von 24 Jahren meinen großen Plan negativ beeinflussen?
Ich genoß die Tage in diesem westlichsten Staat aller Ostblockländer und freundete mich mit einem Tiermedizinstudenten aus Stuttgart an, der in Berlin studierte. An der steinigen Felsenküste erholte ich mich tagsüber vom Schul- und Sportstreß. Abends gingen wir meist mit einer Clique junger deutscher Touristen an der schönen Strandpromenade spazieren. Oder wir suchten ein Restaurant auf, da die gebuchte Dreisterne Hotelküche von miserabler Qualität war. In den Lokalen und Cafes merkte ich sofort, daß wir in einem wie in allen osteuropäischen Ländern unterversorgten Staat weilten. Von der riesigen Speisekarte waren meist nur drei bis vier Gerichte zu bekommen. Salat gab es nur nach Saison und Tomaten, Zitronen und Tee konnte man überhaupt nicht bekommen. Da fast alle Betriebe fest in staatlicher Hand waren, hatten die Bedienungen noch weniger Interesse, die Kunden zufrieden zu stellen, als im Kapitalismus.
Mit einer dieser jungen Frauen aus dem Schwabenland hatte ich einen heißen Flirt, bei dem es irgendwo am Strand, beim Petting blieb. Im nachhinein dachte ich, die zierliche Schwäbin suchte nicht einfach nur ein Urlaubssexerlebnis. Ich lernte noch eine Frau kennen, mit der ich mehr diskutierte als flirtete. Eines Abends traf ich sie auf der Hotelterrasse. Ich war 24 und nicht mehr 16, aber die schwarzhaarige Polizistin war 32 und besaß eine atemberaubende Ausstrahlung. Nur allzu gerne hätte ich mit dieser Frau ein sexuelles Abenteuer erlebt. Doch sie spürte sehr schnell, daß ich sie nur benutzen wollte um Jutta damit weh zu tun. Lange saßen wir am Beckenrand des Pools, flirteten und quatschten. „Sieh's doch positiv, daß deine Freundin dir die Affäre erzählt hat und daß ihr beide auch weiter zusammen bleiben wollt", sagte sie mit all ihrer zwischenmenschlichen Erfahrung. Letztendlich half sie mir dabei, meine Beziehungskrise zu überwinden.

*

Nach dem Urlaub auf dem Balkan lud ich Peter zum Grillen in Juttas Elternhaus ein, da sich Vater und Mutter auf einer Wohnmobiltour durch Skandinavien befanden.
Außer den Steaks hatte ich auch Salat gekauft. Ich wußte, daß Peter etwas vom Kochen verstand und sich durchaus ein Leben als Hausmann hätte vorstellen können. Um von ihm zu lernen, wartete ich mit der Salatsoße, bis er neben mir in der Küche stand. „Ein Becher Joghurt und Salz und Pfeffer", gab mir Peter Anweisungen. „Nur nicht so zaghaft mit dem Pfeffer", sagte er als ich den Streuer vorsichtig über die Soße klopfte. „So, noch etwas Petersilie und danach abschmecken", fügte er an. „Denn wer lesen kann, kann auch kochen". Diesen Spruch habe ich mir sehr gut gemerkt.
Nach dieser ersten Einführung, in der mein Gefühl für Würzen und Mengen noch sehr unsicher war, hatte ich jedoch die Angst und die Hemmungen verloren, um mich auch an andere, meist gesammelte Rezepte heranzutrauen.
Meine ersten Kochversuche fanden in der elterlichen Küche statt, wobei sich meine Mutter als gute Köchin, aber als eine penetrante Besserwisserin herausstellte. Sie fand es überhaupt komisch, daß ich mit Kochen anfangen wollte.
Mein erstes von heute rund 50 Kochbüchern kaufte ich mir ein Jahr später. Doch Spaß und Zeit für mein kulinarisches Hobby fand ich erst gegen Ende der 80er Jahre.

Träume und Schäume

Mittlerweile befanden wir uns wieder voll im Training. Gerade wir ehemaligen Youngster waren jetzt eine feste Größe im Team. Ich nahm mir für diese Runde sehr viel vor, hegte ich doch mit einer guten Leistung in der Bundesliga große Wünsche, meinen Lebenstraum wahr werden zu lassen.
Teil Eins dieser Geschichte begann im Herbst '83 und nahm im Winter ihre Fortsetzung, ehe sie im Frühjahr '84 ihren Höhepunkt erreichte. Ich suchte außerhalb der Bundesrepublik ein Fleckchen

Erde wo sich für mich am ehesten die Synthese aus Arbeit, Sport und Kultur bilden ließ. Dieses Land konnte für mich nur einen Namen haben: Die Schweiz.

Im Handball zwar international zweitklassig, befanden sich die Eidgenossen jedoch im Hinblick auf die A-WM´86 auf dem Vormarsch. Gegenüber Frankreich und Italien hatten die Schweizer Ballwerfer einen höheren Stellenwert in und außerhalb des Landes. Weitere Vorteile sah ich darin, daß ich hier von der Sprache und Mentalität einen guten Berufseinstieg finden würde. Da die Nationalliga A längst noch nicht so professionell wie die Bundesliga war (dreimal Training, kürzere Reisen), würde ich auch über mehr Freizeit verfügen, dachte ich.

Über den Schweizer Handballverband nahm ich Kontakt mit einem Spitzenverein in Zürich auf. Vor der schriftlichen Technikerprüfung im Dezember fuhr ich mit Jutta an einem spielfreien Wochenende in den Herbstferien in die Stadt an der Limmat. Schon alleine die Fahrt durch die Alpenrepublik mit ihrem traumhaften Bergpanorama war atemberaubend. Die Täler und Höhen dieses Landes, das für seinen Käse und seine Uhren bekannt ist, leuchteten in der Spätherbstsonne. Ich absolvierte ein Probetraining bei diesem Schweizer Vorzeigeverein. Nach dem Duschen traf ich mich mit dem Präsidenten zu einem Gespräch.

Als Verhandlung konnte man dieses Gespräch nicht bezeichnen. Er wollte sich zuerst einmal ein Bild von meinen Vorstellungen machen, da es ihm fast unverständlich erschien, daß ich mich für die Schweiz und diesen Verein interessierte. Finanzielle Forderungen standen für mich nicht im Vordergrund. Sie bewegten sich auf einem Niveau, das selbst zu dieser Zeit bereits in unteren Spielklassen in Deutschland gezahlt wurde. Waren gerade diese Forderungen mit entscheidend dafür, daß sich mein Lebenstraum nicht erfüllen sollte?

Jutta und ich verlebten ein tolles Wochenende in dieser blitzsauberen Stadt am Zürichsee. Außer in Zürich hatte ich in St. Gallen und bei einem viertklassigen Verein in der Oberpfalz, nahe der deutsch-deutschen Grenze, einen „Vorstellungstermin".

Eine Wintermärchenlandschaft überraschte mich im November '83

in St. Gallen. Mein Solo-Trip in die traumhaft verschneite Stadt der Ostschweiz verlief in ähnlicher Weise wie die Reise in die Weltstadt Zürich.
Nach einem Probetraining in einer Halle, die eher einer riesengroßen Feldscheune ähnelte und in der Minustemperaturen herrschten!, saßen wir, der Trainer, der Spielführer und ich bei einem Abendessen locker beisammen. Bereits während und nach der Trainingseinheit spürte ich bei der Mannschaft positive Resonanz auf mein Auftreten. In dem Gespräch in der Umkleidekabine hörte ich heraus, daß sie lieber mich als einen jugoslawischen Spieler im Team haben würden. Wieder „verkaufte" ich mich nicht gut, sondern ich präsentierte mich im Gegensatz zu heutigen jungen Spielern mit zuwenig Selbstbewußtsein. Aber trotzdem hegte ich die Hoffnung, daß hier in der Nähe des Bodensees meine Zukunftsträume wahr werden könnten. Mit dem Trainer verabredete ich, in telefonischem Kontakt zu bleiben. Ich gab ihm zu verstehen, daß ich spätestens zum Jahresende eine Entscheidung erwartete.

*

Die Kontakte in die Schweiz waren geknüpft, so daß für meine Zukunftsträume jetzt nur noch die Technikerprüfung im Wege stand. Peter und ich bereiteten uns aufs Gründlichste vor. Denn eines konnte und wollte ich diesmal nicht: Peter während der Prüfungsklausur helfen. Die schriftliche Prüfung bestand aus den vier technischen Hauptfächern. Vier Tage hintereinander wurde in einem Fach geprüft. Für jede Klausur hatten wir drei Schulstunden Zeitvorgabe. Bestätigte man mit der Prüfungsnote die Vorschlagsnote des letzten Semesters, so ersparte man sich auf jeden Fall die mündliche Prüfung. War man besser oder schlechter, ging´s ab ins „Kreuzverhör". Bis auf das Fach Datenverarbeitung erzielte ich die Vornote. In DV schrieb ich eine fünf. Bei Peter stand unter der Klausur die Note „Ungenügend". Ich war sehr enttäuscht, doch hatte ich die Hoffnung, dies bei der mündlichen Prüfung korrigieren zu können. Peter war total am Boden zerstört. Er war felsenfest davon überzeugt, wenigstens eine Aufgabe – die wir so schon mal im Unterricht behandelt hatten, und die er während der Klausur aus seiner Tasche holte, richtig zu haben. Egal wie, es zählte nur, daß wir es beide geschafft hatten. Von nun an sahen zwei 24 und 27 Jahre alte Männer die Zukunft vor Augen.

*

Nach mehreren Anrufen im Abstand von drei bis vier Wochen beim Trainer von St. Gallen wurde ich immer wieder vertröstet. Und gerade Jutta forderte, aufgrund ihrer beruflichen Planung, eine Entscheidung in den ersten Wochen des neuen Jahres '84. Statt definitiver Zu- oder Absage reiste der Schweizer Coach zu unserem Bundesligaspiel gegen Berlin an, um die Mannschaft aus der geteilten Stadt im Hinblick auf den Europapokal zu beobachten.
Die Zeit raste davon, ohne daß ich auf die Entscheidung Einfluß hätte nehmen können. Und ohne konkretes Angebot zu pokern schien mir zu riskant. Jutta hatte im Februar '84 bereits keinerlei Interesse mehr mit mir wegzuziehen, wobei ich sagen muß, daß sie nicht in ähnlicher Weise wie ich von diesem Auslandstraum begeistert gewesen war. Während ich mir in der Faschingszeit die Winterolympiade im Fernsehen live anschaute, träumte ich von einer glücklichen Zukunft.

Beeinflussen und Entscheiden

Da Jutta nach Beendigung ihres Praktikumsjahres im März '84 keinesfalls ihre Selbständigkeit aufgeben wollte, planten bzw. suchten wir eine Wohnung im Dorf.
Trainer Auer war sehr daran interessiert, daß ich auch in der nächsten Saison meinem Stammverein treu blieb. Normalerweise wäre es die Angelegenheit des Vereins oder des allgewaltigen und oft starrköpfigen Abteilungsleiters gewesen, rechtzeitig, d. h. zu Jahresbeginn mit den Spielern Gespräche zu führen. Grundsätzlich gingen Vorstand und auch der viele Jahre bestehende Förderkreis

davon aus, daß die Spieler weitermachten oder der Vereinsführung mitteilten, wenn sie wechseln wollten. So war in erster Linie Trainer Auer mit Vorgesprächen bemüht, alle Stammspieler der Mannschaft zu halten.
Der Manager war eher ein Organisationswart, der sich als selbständiger Schreinermeister und glühender Franz-Josef-Strauß Anhänger um Kartenvorverkauf und viele andere Dinge kümmerte. Da der Verein über meine Zukunftspläne durch Presse und auch Fernsehen bestens informiert war, sagte mir „Kurt", wie wir unseren Trainer zu nennen pflegten, man hätte sich schon um Ersatz in Form eines jugoslawischen Spielers, der in der Regionalliga aktiv war, bemüht. „Dieser Spieler würde seinen Lebensunterhalt ausschließlich mit Handball bestreiten wollen und so stellte er eine monatliche Vergütung von 1500 DM in den Raum", sagte „Kurt" und gab mir weitere Infos. Deshalb war er der Meinung, daß ich nach den fünf „Blauen" in der Vorsaison, zumindest einen „Riesen" fordern könnte. Man versuchte mich zeitlich unter Druck zu setzten und mir ein schlechtes Gewissen zu machen, daß man ansonsten zu Saisonbeginn keinen Linksaußen hätte.
Mit führenden ortsansässigen Geschäftsleuten traf ich mich im Vereinslokal. In dem Fall war es eher ein Hinterstübchen, noch dazu ungeheizt. Die beiden gut gekleideten Herrn mittleren Alters boten mir 750 DM an. Dazu rechneten sie noch den in Aussicht gestellten Arbeitsplatz bei einem ihrer Förderkreismitglieder. Möglicherweise habe ich noch am gleichen Abend die Zusage gegeben. Jedenfalls nahm ich dieses miserable Angebot an und trat zum 1. April '84 die Arbeit als Techniker in der Arbeitsvorbereitung eines amerikanischen Unternehmens an. Doch in dieser Zeit meiner traumhaften Zukunftsvorstellungen, holte mich einige Tage später auf härteste Weise die Realität zurück. Was war geschehen?
Ohnmächtig und unmündig diese schmerzvolle Entscheidung beeinflussen zu können, verlor ich mein erstes Kind durch Schwangerschaftsabruch. Obwohl ich das was über mich hereingebrochen war sehr schnell zu verdrängen versuchte, belastete mich das Geschehene sehr. Deshalb versuchte ich jetzt meine Gedanken auf

die Einrichtung unserer Zwei-Zimmer Wohnung zu lenken, die sich direkt gegenüber der Sporthalle im ersten Stock eines Zweifamilienhauses befand. Zu Hause begann ich alte Möbel aufzuarbeiten, während Jutta noch über den 1. April hinaus im Taunus weilte.

⁂

Zwei Wochen später waren wir beide auf eine Konfirmation bei uns im Saal eingeladen. „Ein Anruf aus der Schweiz“, rief mein Vater laut im Eingangsbereich des zur Kaffeezeit vollbesetzten Saals. „Warum jetzt? Warum so spät?“, dachte ich fast wütend. Am anderen Ende war Rato Ekkehard. „Ottmar St. Gallen will dich gerne in die Schweiz holen“, sagte der Trainer in aller Entschlossenheit. “Ich weiß, daß wir dich lange hingehalten haben, aber ich hoffe das du noch interessiert bist“, sagte er weiter. “Es ehrt mich sehr, daß ihr euch wenn auch erst jetzt, für mich entschieden habt: Nach dem wochenlangen Warten, habe ich es abgehakt und jetzt auch kein Vertrauen mehr, und außerdem stehe ich in Hüttenberg im Wort“, antwortete ich und bedauerte, daß das Angebot spät, zu spät kam. Im Nachhinein wurde mir bewußt, warum ich dieses Angebot bekam. In den letzten Spielen der Saison 83/84 hatte ich auf der Rückraumposition unseren Star des Teams grandios vertreten und in drei Spielen 18 Tore erzielt. Dies hatte mich dann auch als Rechtshänder für die Eidgenossen interessant gemacht.

Gehemmt und Blockiert

Ich arbeitete in einem kleinen Großraumbüro, in dem außer mir noch fünf weitere Kollegen beschäftigt waren. In dieser Abteilung Arbeitsvorbereitung war es mein Job, fehlenden Teilen für die zu produzierenden Kuvertiermaschinen nachzuforschen. Weiterhin zählte es zu meinen Aufgaben, „Sonderteile“ nach Zeichnungen an den Werkzeugmaschinen fertigen zu lassen.
Da ich ja ohnehin ein Industrieunternehmen nur von außen kannte, was mir die Entscheidung nach der Technikerschule sehr

schwer machte, fand ich die Tätigkeit soweit in Ordnung. Die Kollegen waren freundlich und der Abteilungsleiter hörte immer interessiert zu, wenn ich ihn ansprach. Und den Chef kannte ich. Doch mißfiel mir sofort, daß ich nun oft mit Wellen, Gußteilen und Zeichnungen zu tun hatte und rein gar nichts mit Elektronik. Ich saß als junger Mitarbeiter inmitten dieses Büros und traute mich nur zögernd und gehemmt, den Telefonhörer in die Hand zu nehmen. Immer wieder dachte ich daran, irgend jemand in der Abteilung würde mithören und darüber nachdenken, was ich da am Telefon von mir gab. Ich fühlte mich nicht wohl in meiner Haut. Genauso unwohl wie in der Wohnung, die ich abends für uns renovierte.
Nachdem wir uns noch einige Möbelstücke wie Wohn- und Schlafzimmerschrank sowie Küche, gekauft hatten, zogen wir zum 15. April '84 ein. Jutta hatte schnell eine Stelle in einer KG-Praxis in Bad Nauheim gefunden. Sie fühlte sich dort aber nicht am richtigen Platz, weil sie sehr oft nur reine Massagen machen mußte. Abends kam Jutta dann so verspannt nach Hause, daß ich sie oft massierte, nachdem sie mir die Griffe gezeigt hatte. Obwohl mir Jahre später im Freundeskreis oft gesagt wurde, daß ich ein goldenes „Händchen“ dafür hätte, würde ich nur dann Freude daran haben, wenn alle Patienten so schlank und gut proportioniert wie Jutta wären. „Wenn es dir keinen Spaß macht, dann kündige. Mit deinen Fähigkeiten wirst du bestimmt das Richtige finden“, sagte ich um ihr Mut zu machen.

Shalom Israel

Süßer Honig und Heiße Milch

Doch erst einmal freuten wir uns auf den Israelurlaub, in dem wir drei Wochen mit Rucksack durch das Land touren wollten. Speziell dafür hatte ich bei einem Veranstalter in Marburg Gutscheine für die 17 Campingplätze des Landes besorgt. Wir hatten vor in einem kleinen Zelt zu übernachten. Jedoch nach der Ankunft in Tel Aviv entschlossen wir uns dazu während der Tour gegen Aufpreis die Nächte in Bambushütten zu verbringen.

Den jungen Israeli, der mit seinen Skiern! im Flugzeug war, trafen wir am nächsten Morgen am Busbahnhof in Tel Aviv wieder, als wir auf den Bus nach Netanja warteten. Als ich ihn mit meinem Schulenglisch darauf ansprach, was er mit den Brettern in diesem Land, wo es statt Heizungen nur Klimageräte gibt, anfangen wollte, antwortete er: „Hoch oben im Norden, auf den Höhen des Berg Hermon, liegt oft über drei Monate im Winter Schnee".

Nach dieser kleinen Lehrstunde kamen wir im Zentrum des Badeorts Netanja an. Ich versuchte meine befreundete Familie, die Salzers anzurufen, da ich auf meine Briefe keine Antwort bekommen hatte. Da ich keine Telefonmünzen hatte, ging ich in eine Autovermietung um Asher und Rivka Salzer anzurufen. Nach einem kurzen Gespräch, holte er uns mit seinem Wagen ab. Da der jüdische Staat 1948 gegründet wurde und von der Fläche und Einwohnerzahl etwa so groß wie Hessen ist – jedoch fast die Hälfte des Landes Wüste ist, wohnten auch sie, die fünfköpfige Familie Salzer, in einem der zahlreichen mehrstöckigen Wohnblöcke.

Von Rivka und den Kindern wurden Jutta und ich aufs freundlichste empfangen. Am Abend besprachen wir unsere geplante Rundreise. Beide gaben uns wertvolle Tips, und überließen uns ihre Landeskarte. Als ich sie darauf ansprach warum auf meiner ADAC-Karte zwei Flächen eingegrenzt und schraffiert waren – so als ob das ein anderes Land wäre – antworteten beide: „Nein, das ist alles Israel". Für Salzers existierten die besetzten Palestinensergebiete Gaza und Westbank nicht.

Sie quartierten für uns die Kinder ins Wohnzimmer um. Jutta und ich verbrachten die Nacht zwischen Bilderbüchern und Stofftieren. Nach einem ausgiebigen landesüblichen Frühstück mit viel Quark und Obst begleitete uns Ria mit der vierjährigen Noah an den zentralen Busbahnhof, von wo wir über Haifa bis an die nördlichste Spitze des Landes nach Rosh Haniqra fuhren. Von dort bereisten wir das Landesinnere um die Jordanquelle und einen Nationalpark zu besuchen. Weiter ging es von Nordisrael über den Künstlerort Safet an den See Genezareth bis ans Tote Meer. Von dort fuhren wir nach Jerusalem und danach an den südlichsten Zipfel des so abwechslungsreichen Landes, nach Eilat ans Rote Meer. Über den französischsprachigen Badeort Ashequelon erreichten wir dann wieder den Ausgangspunkt unserer erlebnisreichen Tour. Aber der Reihe nach. In Haifa hatten wir ein Problem. Denn hier gab es keinen Campingplatz. Haifa – diese historische Stadt, die durch einen Bergrücken in „up-Town" und „down-Town" unterteilt war – liegt etwa Hundert Kilometer nördlich von Tel Aviv in einer Mittelmeerbucht. In einem ruhigen Wohnviertel fanden wir die Jugendherberge. An das was ich von meiner Schulzeit her kannte, dachte ich jetzt nicht. Um so mehr war ich geschockt, als es hieß Bettruhe um 22 Uhr und Männlein hier und Weiblein dort. Für mich bedeutete diese Situation ein seit dem Bund nicht mehr erlebtes Gefühl, mit Männern und Jungen in einem großen Raum zu schlafen.
Nach einem Stadtbummel am Abend zogen wir am nächsten Tag mit unserem Rundum-Busticket gen Norden, bis an die Grenze zum Libanon. Von einem riesigen Kreidefels führte eine Seilbahn tief nach unten in eine Lagune. Ich sah vom Eingang der Felsstation, daß die Grenze streng bewacht war und viele Militärfahrzeuge der Vereinten Nationen zu erkennen waren. Einige Kilometer von dort befand sich der Campingplatz, den Jutta und ich nach einem Fußmarsch ansteuerten. Dieser Platz war einer der schönsten überhaupt, auf dem wir übernachteten. Denn wie eine Oase lag er in der bewaldeten Landschaft. Inmitten des auch vom Militär genutzten Platzes befand sich ein Schwimmbad, das aus der Jordanquelle gespeist wurde. Es kostete mich sehr viel Überwindung in dieses zirka

18 - 19 Grad kalte Becken zu gehen. Jedoch hatte ich noch nie zuvor in meinem Leben, in solch klarem und frischem Wasser gebadet. Von dort besuchten wir die Jordanquelle, den beeindruckenden Naturpark „Tel Tan“ und die Wasserfälle von „Banyas“.
Als wir in Banyas ankamen, entdeckte ich oben an den treppenförmigen Wasserfällen das Fell eines gerade frisch geschlachteten Schafs. Ich sah auch den Stein, auf dem das Tier zur Feier dieses jüdischen Feiertags geschächtet worden war. Überhaupt mußten wir auf den Vorabend des Sabath, Sabath selber und die jüdischen Feiertage achten, denn an diesen Tagen fuhren keine Busse. Mal fuhren wir dann per Anhalter oder auch mal mit dem Traktor mit. Grundsätzlich hatten wir uns schnell an dieses Leben in ständiger Bedrohung durch die angrenzenden Erzfeinde dieser schon seit Urzeiten verfolgten Juden gewöhnt. Nun visierten wir einen weiteren Höhepunkt unserer Tour an: Den See Genezareth und die heißen Quellen von Hammat Gadar.

Bus und Bomben

Als wir in Tiberias, dem Hauptort des Sees, auf dem Jesus zu Fuß wandelte, mit dem Bus zu unserem Komfortcampingplatz fahren wollten, bemerkte ich, in welch andersartigem Land wir Urlaub machten. Jutta und ich warteten unter dem Vordach des Busbahnhofs mit all seinen kleinen Geschäften und Läden, auf den Linienbus der großen israelischen Busgesellschaft „Egged“. Urplötzlich rückte Polizei und Militär an. Ein Teil von ihnen durchsuchte die Papierkörbe, während die anderen die Wartenden anwiesen, in eine tiefer gelegene Passage zu gehen. „What has happend“, fragte ich einen Reisenden. „They are searching for a bomb“, antwortete mir ein junger Mann mit Kippa auf dem Kopf. Nun wußten wir, daß es sich um eine Bombendrohung handelte. Zwanzig Minuten später war der ganze Spuk vorbei und wir konnten die Fahrt antreten. Irgendwie verspürten wir beide in dieser lebensbedrohenden Situation kaum Angstgefühle, da das Vertrauen in die israelischen Sicherheitskräfte weitaus größer war.

In Hammet Gader beeindruckte mich außer den mir bereits bekannten heißen Quellen das Freigehege für die Krokodile, die wir von Stegen aus beobachten konnten. Die Rundreise führte uns weiter nach der Stadt für die wir uns mit all ihrer Geschichte und Sehenswürdigkeiten alleine eine Woche hätten Zeit nehmen müssen: Jerusalem.
Der Platz zum Campen lag weit abseits hoch oben auf einem Berg, weit abseits der Stadt. Auf jeden Fall war es nicht der Oelberg. Denn den sahen wir von einem der Altstadttore, dem Damaskustor. Als wir durch die engen malerischen Gassen der geschichtsträchtigen Altstadt schlenderten, hatte Jutta urplötzlich ein dringendes menschliches Bedürfnis. In diesem arabischen Teil der Stadt, konnten wir die hygienischen Verhältnisse bereits aufgrund des üblen Gestanks in den Gassen erahnen. Jutta versuchte es zweimal, ihre Notdurft in etwas zu verrichten, das dem Namen Wasserklosett auch nur annähernd gerecht wurde. Irgendwie muß es ihr dann doch gelungen sein. Aber wie, das konnte ich nur erahnen.
Es war zwar Mitte Mai, aber lausig kalt während der Nacht in der Bambushütte. Am nächsten Tag brachen wir Richtung Totes Meer auf. Nach dem obligatorischen Bad in tragendem Salzwasser setzten Jutta und ich mit einer nächtlichen Tour nach Eilat ans Rote Meer die Reise fort. Eilat, eine reine Tourismusstadt, die aber ein Traum für jeden Wasser- und Badesportfan ist. Als wir morgens aus dem klimatisierten Bus ausstiegen, dachte ich mich trifft der „Schlag". Heiße, brütend heiße Luft, wie aus dem Backofen schlug uns entgegen. Zum Glück hatten die Bungalows auf dem südlichsten Campingplatz ebenfalls Klimageräte. Denn sonst wäre es für uns Mitteleuropäer unerträglich geworden.
An einem Tag am „Korallenstrand", wo man herrlich Schnorcheln konnte, wollte ich gerade den Film in der von Juttas Vater geliehenen Kamera wechseln, als alles langsam begann. Der soeben gekaufte Film ging mir kaputt, was mich wütend, wütend auf mich selbst machte. Ich wurde, je näher der Abreisetag rückte, zunehmend hektischer und ungeduldiger.

*

Vorbei an dem Milchkibbutz Jodvata über die Wüste Sinai, fuhren wir zur Wüstenhauptstadt Beer Sheva. Am Straßenrand sahen wir viele Beduinenlager.

Nach einem Abstecher in die hauptsächlich von französisch sprechenden Juden bewohnte Küstenstadt Aschequelom, kehrten Jutta und ich an den Ausgangspunkt unserer Israel-Tour nach Netanja zurück. Zwei Tage verbrachten wir noch bei unseren Freunden. Wir berichteten von unseren Eindrücken und lernten die Küstenstadt und ihre Umgebung kennen. Mit einem gemeinsamen nicht „kosheren" Abendessen in einem Restaurant, ging wie alles im Leben, auch diese Reise zu Ende.

Nach der üblichen mit großem Sicherheitsaufwand betriebenen Überprüfung am Flughafen Ben Gurion erlebte ich noch eine fernsehreife Inszenierung, bei der es Jutta Angst und Bange wurde. Die Koffer waren eingecheckt, was sollte jetzt noch schiefgehen?

Locker, mit T-Shirt und weiter Baumwollhose bekleidet, schlenderte ich durch die Flughafenhalle. Außer daß ich in diesen drei Wochen merklich an Bräune gewonnen hatte, war mein Aussehen dadurch verändert, daß ich einen Vollbart trug. Wahrscheinlich dieses markante Äußere bewog einen leitenden Sicherheitsbeamten, mich daraufhin anzusprechen. „I will check our personal", sagte mir der Security-Man und erklärte mir, daß er den Sicherheitsdienst überprüfen wollte. „Do you want to help me?", fragte er mich ob ich ihm dabei behilflich sein würde. „And how?" antwortete ich mit einer Gegenfrage im feinsten Schulenglisch und er erklärte mir in Beisein von Jutta was ich zu tun hatte. Jutta – die wesentlich besser Englisch sprach als ich, bat ich, mir seine Erklärungen zu übersetzen. „Du sollst mit einer am Knie befestigten Pistole durch die Schleuse gehen und nachher bei der Personenkontrolle auch noch weglaufen", rief sie aufgeregt, nachdem sie mir das Ansinnen des Sicherheitsbeamten punktgenau übersetzte hatte. „Das machst du nicht, wer weiß was da pas-

sieren kann“, redete sie wild gestikulierend auf mich ein. Jutta war außer sich. Ich versuchte sie damit zu beruhigen, daß dieser Mann sich ausgewiesen hatte und einen vertrauensvollen Eindruck auf mich machte. Jutta hatte wahnsinnige Angst und wollte nicht, daß ich bei diesem Räuber- und Gendarmspiel mitmachte. „Ich werde ihm gerne behilflich sein“, sagte ich fest entschlossen. „Yes, okay“, sagte ich in Abenteuerlaune dem Securityboss. Bei meiner Zusage vergaß ich allerdings eine Gegenleistung, etwa in Form eines kleinen Imbisses auszuhandeln. Denn wir hatten keinen „Schekel“ Geld mehr in der Tasche.
Ich ging mit dem in Khakihemd und Hose bekleideten Mann in einen kleinen Raum, in dem er mir mittels Klebeband eine Pistole seitlich am Knie befestigte. Nun hatte ich als erstes durch die Lichtschranke zu gehen. Hierbei konnte ich meine schauspielerischen Fähigkeiten voll entfalten.
Nach dem dreimaligen Piepsen sollte eine Körperkontrolle durchgeführt werden. Ein Sicherheitsbeamter führte mich in eine Art Schwimmbadumkleidekabine. Von der Schulter beginnend, begann er mich abzutasten. Als der einen Kopf kleinere Mann in Höhe des Kniegelenks die Waffe ertastete und sich aufrichtete um mich festzunehmen, stieß ich ihn beiseite und riß die Türe auf „um zu fliehen“. Zwei weitere Leute vom Sicherheitspersonal „schlossen“ mich wenige Meter vor der Kabine in die Arme.
Durchtrainiert wie ich nun mal war, hätte ich die beiden locker über den Haufen rennen können. Der „Securitychief“ hielt sich wie versprochen die ganze Zeit in der Nähe auf und applaudierte mir nach diesem Auftritt. „Nice, very nice“, rief er und freute sich diebisch. Danach erlöste er mich von meinem „Ballast“. Er bedankte sich und wünschte mir und meiner sichtlich erleichterten Freundin alles Gute.

Unser neues Zuhause wurde für mich nicht „my home and my castle“. Das Zusammenleben mit Jutta gestaltete sich doch weitaus schwieriger als ich vermutete und barg mehr Konflikte in sich als eine Wochenendbeziehung. In der kleinen engen Küche machte mir meine „Kochlehre“ überhaupt keinen Spaß, wobei mir Juttas ständige Kritik noch mehr die Laune vermieste.
Langsam, Tag für Tag, Woche für Woche, verlor ich immer mehr an Lebensfreude. Ich konnte mich nicht mal mehr aufs Wochenende freuen. Und ich verlor zunehmend den Spaß an der Sache, die mir immer sehr wichtig gewesen ist: Meinem Handballsport.
Alles, auch die einfachsten alltäglichen Dinge, wurden mir zuviel. Es machte mir zunehmend Schwierigkeiten Termine einzuhalten. Planung und Organisation – was mir sonst leicht fiel und ich gerne machte, wurden immer schwerer, bis irgendwann nur noch Angst und Gereitzheit im Vordergrund standen. Diese panische Angst wurde durch meine von mir selbst gewünschte Umsetzung von der Arbeitsvorbereitung in die Elektronik-Entwicklung noch verstärkt. Sehr schnell merkte ich, daß ich hier absolut am falschen Platz war.
Bis in den Spätherbst '84 hielt ich diesen Zustand aus, um dann nach einem quälenden langen Arbeitstag kaum fähig, den im Frühjahr gekauften neuen Ascona zu steuern, vollkommen mit mir und der Welt am Ende, nach Hause zu kommen.

Qualvolle Symptome

Tränenvoll und Funktionslos

Aber fühlte ich mich dort wirklich zu Hause? Ich fiel meiner Freundin Jutta im Korridor in die Arme und weinte hemmungslos. Ich weinte als Mann! Darf so etwas sein? Ein Mann hat doch immer stark zu sein, hatte ich schon als Junge gelernt. „Ich hab Angst, solche Angst“, sagte ich, ließ mich auf den Sessel im Wohnzimmer fallen und schämte mich der Tränen. „Vor was hast du denn Angst?“ fragte sie mich und drehte am Hifi-Turm die Lautstärke ihres Lieblingssenders zurück. „Vor allem“, antwortete ich und stützte meinen Kopf in eine Hand. „Wenn es die Arbeit ist, dann hör doch auf. Mir ist es egal, was du machst“, sagte sie und setzte sich auf die Sessellehne. „Nichts kann ich, nichts, selbst die einfachsten Dinge nicht,“ stieß ich voller Verzweiflung heraus. „Ich kann mir einfach nichts mehr behalten“, versuchte ich ihr zu erklären, was in mir vorging.
„Ihr habt doch heute Abend kein Training. Fahr doch mit in die Therme, dann kannst du dich ablenken und auf andere Gedanken kommen“, empfahl mir Jutta, nachdem wir ausführlich über die berufliche Problematik gesprochen hatten. Ich fuhr also mit. Doch abschalten konnte ich keineswegs. Genau wie früher in der Lehre lebte ich in ständiger Angst vor dem nächsten Tag. Von diesem grauen verregneten Novembertag an spürte ich diese Angst vor jedem neuen Morgen und sah Bilder und Gedanken vor meinen Augen, die aus der Vergangenheit kamen.
Im Laufe der nächsten Wochen entwickelte ich eine Art Gleichgültigkeit dem Leben gegenüber. Diese Traurigkeit und die Unfähigkeit sich auf etwas freuen zu können führte dazu, daß mir alles zuwider wurde. Nein, dieses Leben auf Sparflamme gehörte einfach nicht zu mir. Immer wieder mußte ich weinen. „Laß es nur zu, es befreit“, meinte Jutta. Außer daß nun jede meiner Bewegungen wie in Zeitlupe ablief, litt ich später ständig an Erbrechen, Appetitlosigkeit, Schlafstörungen und Müdigkeit, ohne daß ich verstand, was in mir vorging.

Bis Weihnachten schaffte ich es, jeden Tag die 30 Kilometer an meine Arbeitsstätte zu fahren. Immer wieder und immer mehr verzweifelte ich daran, daß mir nicht mal mehr die einfachsten Dinge gelangen, obwohl ich ständig versuchte, mich zu motivieren. Manchmal gab es einen Tag, an dem ich dachte, es ist vorbei, du hast es geschafft. Aber die Symptome, die ich nicht als Krankheit akzeptieren wollte und konnte, kamen postwendend wieder zurück. Häufig begann ich eine Tätigkeit und fand weder einen Anfang, noch das Ende.

Ich rettete mich in den Weihnachtsurlaub und hoffte, nach einigen Tagen Erholung würde ich wieder funktionieren. Doch die Symptome kannten keinen Urlaub, keine Pause und auch keinen Schlaf. Silvester, als der Schnee die Natur wie mit Puderzucker in eine weiße Winterlandschaft verwandelte, verbrachten Jutta und ich gemütlich, aber für mich nicht entspannend, mit Freunden in unserer Wohnung. Aber zu Beginn des neuen Jahres wurde mein Zustand immer qualvoller und damit immer bedrohlicher.

Eines Morgens konnte ich im technischen Büro nicht mehr auf den Kabelverlegungsplan der Maschine schauen, um die Leitungen dem passenden Stecker zuzuordnen. Ich stand auf und ging zu der Arbeitskollegin, die am Zeichenbrett tätig war. Wie bei einer Mutter weinte ich mich bei ihr aus. „Jetzt weiß die ganze Firma, was mit dir los ist“, sagte mir der ältere Kollege und warnte mich vor der Geschwätzigkeit dieser Frau, was mir zusätzliche Angst machte. Einer der vier Büromitarbeiter, ein hagerer Mann, reagierte so unnatürlich verständnisvoll, daß es bereits wieder bedrückend auf mich wirkte.

Einige Tage später schaffte ich es nicht mehr, morgens aufzustehen und an die Arbeit zu fahren. Nicht ich, sondern Jutta rief in der Firma an und meldete mich krank. Ich hatte das starke Bedürfnis, mit jemandem zu reden und fuhr in meiner Verzweiflung zu meiner Schwiegermutter in spe. „Ist denn was mit Jutta? Und warum bist du nicht an der Arbeit?“ fragte sie mit finsterer Miene. „Nein“, sagte ich nach einer Pause und erzählte ihr unter Tränen alles, was mich bewegte. „Das bläst dir keiner weg. Du „kotzt“ dich auch nicht richtig aus, du willst etwas sagen und sagst es nicht", sagte sie und gab mir den mütterlichen Rat, Juttas Vater in seiner Firma zu besuchen. Als ich ihn an seinem Arbeitsplatz in der Buchhaltung eines großen Industriekonzerns überraschte und mit ihm redete, gelangte er zu der Überzeugung, daß es an meinem Bürojob liegen müßte. „Ich hab' selbst schon einmal so eine schwere Phase gehabt. Da hab' ich immer versucht, mich mit praktischen Sachen zu beschäftigen", gab Juttas Vater mir einen Rat und versprach mir, sich wegen einer Stelle im Außendienst bei seinem Brötchengeber zu erkundigen.

Eines Abends fuhr ich die wenigen hundert Meter zu meinen Eltern. „Ich bin am Unfall schuld, alles mache ich verkehrt", sagte ich unter Tränen und meinte den Mantatotalschaden von damals. „Ei, Bub, das ist doch längst vorbei", antwortete mir Mutter inmitten des Gastzimmers. „Ich hab solche Angst vor der Zukunft, ich schaffe es ja jetzt schon nicht", erzählte ich ihr von meinen Ängsten. „Da wächst man doch rein", meinte sie und zerrte mich förmlich in die Küche, weil ein Gast das Lokal betrat.

„Ich kann nicht verstehen, was du dir für Gedanken machst, du hast doch dein ganzes Leben noch vor dir!", sagte mein Vater, der sich nach dem Abendessen auf der Eckbank ausruhte. „Ich muß in unserem Haushalt soviel mithelfen", klagte ich meinem Vater unbeabsichtigt mein Leid. „Dann hättest du mit deinem Hintern daheim bleiben müssen", erwiderte er, als wenn das die Lösung meiner Probleme bedeuten würde.

Seit ich Mitte Januar früh morgens zu Juttas Mutter gefahren war, war ich jetzt oft krank gemeldet. Ich ging zum Hausarzt Dr. Vogel. Anstatt daß mich der Mitdreißiger erst einmal körperlich untersuchte, redete er mit mir wie mit einem unerzogenen Kind. „Hast du denn keine Wünsche mehr? So macht das Leben doch keinen Spaß. Ja, bummst ihr denn noch zusammen?", waren nur einige seiner deftigen Sprüche. Wie später Dr. Tegel konnte mich mein Hausarzt zwar krank schreiben, aber weder überwies er mich an die ortsansässige Neurologenpraxis, noch konnte er mir in irgendeiner Weise helfen.

Jedesmal wenn ich die „gelben Scheine“ vom Hausarzt mit in die Wohnung nahm, überfiel mich ein schlechtes Gewissen. Ich hockte an dem kleinen rechteckigen Küchentisch und las auf dem Zettel, der an die Krankenkasse ging: Diagnose: „Depressive Erschöpfungszustände“. Während ich mir aus dem Schlafzimmer den Ordner mit der Adresse holte, stellte ich mir den Sachbearbeiter vor, bei dem die Krankmeldung auf den Tisch flattern würde. Ich schämte mich! Je mehr ich im Laufe der nächsten Wochen davon abschickte, um so mehr plagte mich neben meinen ständigen Schuldgefühlen auch mein schlechtes Gewissen. Würde die Ersatzkrankenkasse mich verfluchen, daß sie mich mit dem Arbeitsbeginn als Techniker im letzten Jahr aufgenommen hatte? Würden sie mich irgendwann rauswerfen? fragte ich mich. Hatte ich endlich mit viel Mühe die beiden Briefe an Arbeitgeber und Krankenkasse einkuvertiert und in den Briefkasten geworfen, fühlte ich mich für einen Moment etwas erleichtert. Da ich glaubte die Menschen würde meine Befindlichkeit sofort erkennen, vermied ich, wann immer es möglich war, ihnen zu begegnen.
Nach dem Bundesligaabstieg ging ich fast nirgends mehr hin, schon gar nicht zu Menschenansammlungen. Und wenn mich Jutta oder mein Bruder Lothar in eine Kneipe oder in eine Pizzeria schleppten, saß ich den ganzen Abend teilnahms- und regungslos am Tisch. Ich fühlte mich wie ein Fahrzeug, daß ständig mit angezogener Handbremse fuhr. An den Tagen, an denen ich krank geschrieben war, beauftragte mich Jutta immer, einige alltägliche, einfache Dinge wie Bankgeschäfte oder Einkäufe zu erledigen.
„Ihre Kontonummer ist die ...?“, fragte mich der Zigarillos rauchende Filialleiter. Ich geriet in Panik. Nicht mal mehr meine Kontonummer hatte ich im Kopf.
Krampfhaft, geradezu verzweifelt, suchte ich nach dem Kärtchen im Portemonnaie. Endlich gelang es mir neben den Überweisungsaufträgen die Karte ausfindig zu machen. Irgendwie spürte und fühlte ich, daß dieser Mann meinen Zustand erkannte. Zumindest glaubte ich das, zumal ich vorher immer meine Kontonummer auswendig gewußt hatte.

Am 4. Februar '85, feierte mein Vater seinen 62. Geburtstag. „Babbes" Schulfreundin Leni sprach mich an, weil ihr auffiel, daß ich so blaß und schmal im Gesicht aussah. Ich erzählte ihr von meinen Beschwerden. „Du hast Depressionen, du brauchst Hilfe", rief sie aufgeregt in ihrer unnachahmlichen Art. Bis zu diesem Tag kannte ich das Wort und die Bedeutung des Begriffes „Depression" nicht. Genau so wenig konnte ich mir vorstellen, daß dieser lateinische Name für eine Krankheit stehen sollte. Da Leni Albrecht nach dem Rentenbeginn selbst davon betroffen war, empfahl sie mir ihren Neurologen Dr. Tegel.

Tags darauf rief ich an und erhielt zwei Wochen später einen Termin. Als ich das erste Mal in die Praxis kam, überkam mich ein Gefühl von Fremdheit gegenüber Arzt, Personal und Patienten. Ich fühlte mich schon so, wie es der Volksmund ausdrückt: „Wie in der Klapsmühle". Nachdem ich untersucht wurde und die Lunge! geröntgt bekam, klagte ich dem Facharzt gebetsmühlenartig mein Leiden. Der kleine untersetzte Mann mit dunklen Haaren versuchte mich in dem zehnminütigen Gespräch zu beruhigen, verordnete mir Medikamente, schrieb mich krank und gab mir in zwei Wochen einen neuen Termin.

Meine Beschwerden aber wurden Tag für Tag immer belastender, immer unerträglicher für mich. Morgens aufzustehen, ins Bad zu gehen und anzuziehen, bedeutete jedesmal aufs Neue eine sehr große Überwindung, ja eine Qual für mich. „Ich kann nicht mehr, ich kann nicht mehr, ich halt das nicht mehr aus", sagte ich fast jeden Morgen nach einer wie immer zwischen Schlaf und Wachphasen zerhackten Nacht. Es war völlig anders, als wenn man einfach mal keine Lust hatte, aus dem Bett zu kommen. Jutta rief wieder für mich in der Firma an und meldete mich krank. Wenn ich krankgeschrieben war, wollte ich am liebsten gar nicht aufstehen. Ich blieb noch in den Federn, wenn Jutta bereits längst die Wohnung verlassen hatte.

Aber die Gedanken und Bilder hörten nicht auf zu kreisen. Meine Angst steigerte sich immer mehr und die Konzentration und Merkfähigkeit verschlechterte sich von Tag zu Tag. Zum Frühstück war mir oft schon ein Brötchen zu viel und mein Magen rebellierte. Ich versuchte mich mit Putzen, Spülen und Kochen abzulenken.

„Das ist doch nicht sauber, du hast überhaupt nicht die Ecken geputzt. Und außerdem ist es viel zu naß", rief Jutta mir entgegen, nachdem ich ihr voller Stolz das Treppenhaus gezeigt hatte. Aber egal ob ich die Treppenstufen und das Schlafzimmer putzte oder mich beim Kochen versuchte und nachher beim Abwasch half, alles konnte ich ihr nicht recht machen. Diese Pedanterie nahm mir noch den Rest an Energie und Motivation. Daß wir uns bis auf das Kochen die sonstige Hausarbeit teilten, fand ich, aus Gründen der Gleichberechtigung von Mann und Frau, in Ordnung. Doch als Leistungssportler war ich nahezu jeden Abend zusätzlich drei Stunden unterwegs, mehr noch wenn wir zu Auswärtsspielen fuhren. Die Aufwandsentschädigung war zwar nicht hoch, aber ein gutes Taschengeld war es schon. Da Jutta nicht wollte und ich es (noch) nicht konnte, fielen unsere Essenszubereitungen meist sehr bescheiden aus. Gerade samstags am großen Reinigungs- und Einkaufstag gaben wir uns der superschnellen Küche in Form von Fertigsuppen a la „Maggi Kochstudio" hin.
Zu allem aber mußte ich mich überwinden. Wenigstens auf den Abend bemühte ich mich zu freuen, denn dann hellte sich meine Stimmung leicht auf. Mit der Zeit hatte ich immer mehr Angst vor dem täglichen Training und davor, unter Menschen zu sein. Das Zeitgefühl geriet mir absolut außer Kontrolle, so daß ich die wenigen Termine, die ich hatte oft nicht pünktlich einhielt.

*

Außer der Beschäftigung im Haushalt versuchte ich es mit Heimwerken, Rasen mähen oder an Juttas altem Kadett zu basteln. Als ich eines Samstagsmorgens zu meinen Eltern fuhr, um auf dem Hof den neuen „Ascona" zu waschen, traf ich meinen Bruder Hugo an, als ich gerade im Begriff war, den Wasserschlauch aus dem Stall zu holen.
„Daß ausgerechnet du das bekommst. Ich hab' immer gedacht, der Hans-Georg der hat Selbstvertrauen!", sprach er mich an, während ich den Schlauch ausrollte. „Ich glaube ich hatte das früher schon; hab' immer viel gegrübelt. Und das Selbstbewußtsein hatte ich nur

im Handball", antwortete ich und erzählte ihm von meinen Symptomen. „So was hatte ich aber noch nie", sagte Hugo und konnte weder mit meinen Schuldvorwürfen, noch mit der Traurigkeit die mich überkam, etwas anfangen.
Ich nahm den Tip von Juttas Vater mich mit handwerklichen Dingen zu beschäftigen an und entdeckte in einer Heimwerker-Zeitschrift eine Anleitung zum Bau einer Blumenbank. Um die Bank zu bauen, wollte ich mir Holz kaufen. Ich schob die langen Bretter in meinen Ascona bis gegen die Windschutzscheibe. Während der Heimfahrt knackte es und die Scheibe zersprang. Tränen standen mir in den Augen, als ich die Holzbretter aus dem Wagen in die leere Garage trug. „Zu nichts bist du zu gebrauchen, alles machst du falsch, du kannst nichts", sagte ich in ständigen Selbstvorwürfen zu mir und die Schuldgefühle nagten wie ein Marder an einem Autozündkabel in meinem gequälten Hirn.
Nachdem ich das ganze Material am Garagenboden verteilt hatte, holte ich mir das Werkzeug aus dem Keller und versuchte, nach der Bauanleitung zu arbeiten. Doch jedes Maßnehmen, jedes Ablängen und jeder Arbeitsschritt bedeuteten für mich eine einzige Qual.
Während des ganzen Nachmittags, an dem ich mich bemühte diese, pyramiden- und treppenförmige Blumenbank zu bauen, fühlte ich mich in der offenen Garage so, als wenn mich ständig jemand bei meinen oft erfolglosen Bemühungen beobachtete. Wenn ich zum wiederholten Mal den Zollstock, die Säge oder ein anderes Bauteil auf dem braunen Fliesenboden ablegte und Sekundenbruchteile später nicht mehr wußte wo das Teil lag, überkamen mich Anfälle von panischer Verzweiflung.
Irgendwie schaffte ich es trotz meiner Unkonzentriertheit nach ein paar Tagen, die Blumenbank fertigzustellen. Doch auch dieses sichtbare Werk konnte meine Stimmung und mein Selbstwertgefühl keineswegs aufbauen. Im Gegenteil, Perfektionistisch wie ich nun mal seit meiner Kindheit war, war ich mit den vielen Abschlußkanten und Sägeschnitten sehr unzufrieden.

*

Es war mir nicht bewußt, daß es mir am meisten daran mangelte, daß ich einfach zuwenig über die Krankheit Depression wußte. Von den Tabletten, die ich eine Zeitlang einnahm, fühlte ich mich gedämpft, wie durch eine Federung in einem Auto. Die einzigen Informationsquellen, die ich hatte, waren Leni und die Beipackzettel der Medikamente. Bei Leni Albrecht suchte ich in vielen Gesprächen Verständnis und Hoffnung.
„Ich habe kein Vertrauen zu ihm", sagte ich zu ihr, nachdem ich ein paar Mal ihren Neurologen Dr. Tegel aufgesucht hatte. „Dann hat es keinen Sinn, daß du hingehst", antwortete sie mir und machte mir damit deutlich, wie wichtig das Patienten-Arzt-Verhältnis ist. Auch weil ich die Depression als Krankheit nicht akzeptierte, beschloß ich, es mußte auch ohne diese Medikamente gehen und warf die Restpackungen der Tabletten in den Mülleimer. Mein Leben wurde immer unerträglicher. Mir kamen Gedanken, es wäre besser gewesen, wenn es mich überhaupt nie gegeben hätte, ich überhaupt nie geboren worden wäre. Alles erschien mir so sinnlos und leer. Am schlimmsten war es mit der Konzentration und Merkfähigkeit. Oft kam es vor, daß ich etwas an einen Platz legte und kurze Zeit später panisch reagierte, weil ich nicht mehr wußte, wo sich dieses Teil befand. Die Zeit schien mir förmlich aus den Händen zu gleiten, ohne daß ich mein Tun registrierte, geschweige denn Bestätigung spürte. Lesen und Fernsehen funktionierten ebenfalls nicht mehr. Seit Wochen schon hatte ich kein Interesse mehr, das aktuelle Tagesgeschehen in Wort und Bild zu verfolgen. Trotzdem versuchte ich manchmal abends nach dem Training, wenigstens ein paar Sportberichte zu lesen. Doch so sehr ich mich auch bemühte, ja regelrecht dazu zwang, las ich nur Buchstaben und Wörter, aber nahm vom Inhalt rein gar nichts auf. „Ich kann nichts mehr lesen. Es hat doch alles keinen Sinn mehr. Es ist zum heulen", rief ich verzweifelt Jutta zu, die vor dem Fernseher saß. „Ist doch nicht schlimm, dann laß es eben. Ist doch nicht so wichtig", antwortete sie und meinte, daß ich es akzeptieren müßte, daß ich es im Augenblick nicht konnte. Mich aber brachte dieses Nichtaufnehmenkönnen immer mehr in verzweifelte Wut. So probierte

ich es damit, jeden Tag nur einen Artikel zu lesen. Doch auch dieser Versuch scheiterte wie viele andere auch und zog mich immer weiter abgrundtief nach unten. Ich lebte wie hinter einer dichten Schleierwand. Ich konnte von allem nur noch die Konturen erkennen. So wie wenn schwangere Frauen plötzlich auf der Straße nur noch „Kolleginnen" sahen, bemerkte ich irgendwann, daß ich praktisch nur noch Berichte lesen konnte, die von Depressionen und psychischen Krankheiten handelten. Nur noch bestimmte Impulse drangen in mein Bewußtsein und klammerten alles andere aus.

Sehr oft schlief ich abends vor dem Fernseher ein. Wenn Jutta und ich ins Bett gingen, redeten wir noch kurze Zeit. Ich spürte, wie mein Herz raste und ich plötzlich hellwach war. „Ich kann nicht einschlafen, mein Herz klopft wie eine überdrehte alte Standuhr", sagte ich und drehte mich verzweifelt Juttas Rücken zu. „Komm laßt uns leben, laßt uns leben, das Leben ist gar nicht so schwer", begann Jutta urplötzlich zu singen.

Zwischendurch versuchte ich immer wieder, die Arbeit in der Firma aufzunehmen. Aber alle Versetzungsversuche schlugen fehl, ohne daß ich auch nur annähernd die übertragenen Aufgaben erledigen konnte. Jede Minute, jede Stunde und jeder Tag wurden für mich zu einer einzigen Quälerei. Wenn ich nach einem dieser Arbeitstage abends nach Hause fuhr, saß ich starr wie ein Eisblock im Auto und wußte nachher nicht mehr, wie ich überhaupt heimgekommen war. Ich fühlte mich wie eine Winterlandschaft, in der Bäche und Seen zugefroren und das Laub von den Bäumen gefallen war. Alles schien wie erstarrt in mir. Ich glaubte oder bildete mir ein, daß nur noch eine primitive Arbeit mich retten könnte.

Abstieg und Ausstieg

Nach einem sehr guten Saisonstart standen wir in der entscheidenden Phase im Kampf um den Abstieg. Da ich eine gute Vorsaison gespielt hatte, wurde ich trotz meiner Beschwerden und meines Nichtfunktionierens vom Trainer immer wieder auf´s Feld geschickt, obwohl bereits jeder in der Mannschaft merkte, daß etwas mit mir nicht stimmte. Der Spaß an meiner großen Leidenschaft Handball, an der Bundesliga, verwandelte sich in Traurigkeit und Angst.

Lange bevor ich abends um Sechs meine Sachen zusammen kramte und die Sporttasche für das bis auf freitags stattfindende tägliche Training packte, hatte ich jedesmal aufs neue Angst. Während des Trainings schaute ich wiederholt auf die große Hallenuhr und sehnte das Ende der eineinhalbstündigen Übungseinheit herbei. Nur noch diese eine Woche, nur noch dieses eine Bundesligaspiel, dann endlich sollte diese Tretmühle zumindest vorerst ein Ende haben, dachte ich. Seit ich mich in diesem grauenhaften Zustand der Depression befand, verspürte ich absolut keine Freude mehr am Spiel mit der Lederkugel. Im Gegenteil, je näher das Abstiegsgespenst rückte, um so mehr bedeutete jede Begegnung für mich einen Gang durch die Hölle. Angespannt, verkrampft und total verängstigt bewegte ich mich wie eine ferngesteuerte Marionette auf dem Spielfeld. So sehr ich mich auch dazu zwingen wollte, konnte ich meine Gedanken nicht auf das Spiel lenken. Das Denken klebte wie Pattex in meiner Vergangenheit, während ich wie automatisiert, zögernd und zaghaft den Ball weiter spielte. Sehr oft bekam ich die Ansage der Spielzüge nicht mit, lief daraufhin zum falschen Zeitpunkt in den Raum oder stand bewegungslos, so als ob ich angenagelt wäre, auf meiner Position. Mit jeder Partie, die wir der zweiten Liga näher kamen, fühlte ich mich zunehmend an diesem bevorstehenden Abstieg schuldig. Selbst als ich in einem der letzten Heimspiele fünf Tore warf, schlich ich in gebückter und sichtlich geknickter Haltung in die Kabine. „Ich könnte jetzt zehn Tore werfen und mich trotzdem nicht darüber freuen“, sagte ich zu meinen Mitspielern, die im Gegensatz zu mir mit ihren verschwitzen Trikots auf der Kabinenbank saßen. „Ich weiß nicht, was du hast und es geht mich auch nichts an, aber so kann man sich nicht hängen lassen“, rief ein Exspieler, der sich nach dem Spiel zu uns gesellte.

Nach sechs Jahren, die ich nun für diesen Verein in der ersten Liga spielte fand im Mai '85 mein aller Wahrscheinlichkeit nach letztes Bundesligaspiel statt. Vor dem Spiel wurde jedem von uns ein gerahmtes Bildposter geschenkt, auf dem in kleinen Photos alle Spieler abgebildet waren. Regungslos nahm ich dieses Bild entgegen und trug es in die Kabine.
Nach dem Spielende fand in Halle und Foyer eine große Abschiedsparty statt. Ich kam vom Duschen und stellte meine Sporttasche und das Bild auf einer der seitlichen Tribünen ab. Krampfhaft begann ich, meine Freundin Jutta zu suchen. Inmitten des Menschengetümmels, erschien sie mir in meiner Angst wie eine Rettungsinsel, die ich in diesem Moment unbedingt finden mußte. Und ich spürte in diesem Augenblick sehr viel Angst, ich ängstigte mich bereits sogar davor, daß mich jemand ansprechen würde. Für mich erschien es schier unbegreiflich, daß die Zuschauer nach unserem Abstieg so fröhlich beim Bier zusammenstanden. Endlich fand ich Jutta, die sich mit Martina in der Nähe des Ausgangs unterhielt. „Ich geh nach Hause, mir ist das zuviel“, sagte ich zu ihr, wobei mich plötzlich panikartige Verzweiflung überkam. Ich wußte nicht mehr, wo ich die Tasche und das Bild hingestellt hatte. Krampfhaft versuchte ich mich zu erinnern, wo ich die Dinge zuletzt abgestellt hatte. Doch es war mir unmöglich, konzentriert danach zu suchen. Planlos irrte ich in der Sporthalle umher. „Suchst du was?“, fragte mich ein Spieler der gegnerischen Mannschaft. „Das Bild“, sagte ich und schämte mich dabei. „Da steht es doch“, sagte er, nachdem er sich zur Tribüne herumgedreht hatte. Ich nahm die Tasche und das gerahmte Bild und schlich mich durch Halle und Foyer nach draußen in die Nacht. Ich empfand die Dunkelheit als meinen einzigen Freund und wollte jetzt nur noch alleine sein.

*

„Na klar fährst du da mit“, sagte Juttas Mutter, nachdem ich ihr kund getan hatte, daß ich nicht mit auf die Mannschaftsfahrt wollte. So flog ich, obwohl ich mich absolut nicht darauf freuen konn-

te, in der Woche nach dem letzten Spiel mit auf die Urlauberinsel Gran Canaria. Alleine die organisatorischen Dinge wie Geldumtausch, Reisepaß und Euroschecks versetzten mich im Zustand geringer Auffassungsgabe und Konzentration in innere Unruhe. Ohne irgendwelche Vorfreude zu spüren, saß ich im Flieger. Vom Flughafen Las Palmas fuhren wir mit dem Bus in das kurz vor den Dünen von Maspalomas gelegene Hotel. Da ich noch die von Dr. Tegel verschriebenen Medikamente einnahm, hatte ich Angst davor, daß sich mein Zustand mit Alkohol noch weiter verschlimmern würde. Die negativen Gedanken die wie Geier in meinem Gehirn kreisten, konnte ich nur beim Wasserballspiel im Hotelpool für Minuten vergessen.
Da es mir abends immer etwas besser ging, suchte ich die nahegelegene Diskothek auf. Ich tanzte und fühlte mich wie aufgedreht, so daß mich auch zu später Stunde keine Müdigkeit überkam. Im Morgengrauen verließ ich mit einem jungen Mitspieler die Disco. Wir liefen eine Weile über die Strandpromenade, bevor wir den Sonnenaufgang beobachteten und uns auf eine der meterhohen Dünen setzten. Sein, wie ich später feststellte, vorgetäuschtes Interesse an meiner beruflichen und sportlichen Zukunft bewog mich dazu, sehr offen mit ihm zu reden, was mir aber auch wieder ein schlechtes Gewissen machte. Als wir am nächsten Tag nach Hause flogen, dachte ich nur noch mit Angst an meine Arbeitsstelle. Was sollte ich nur tun?

*

Am Ende unserer Spielzeit in der 1. Bundesliga saßen wir nach dem allerletzten Training Ende Mai noch zum Grillen beisammen. „Auf, Schorsch, iß noch etwas, du siehst so schlecht aus“, sagte unser Betreuer, nachdem ich mit Mühe ein Steak gegessen hatte. Solche Sprüche wie diesen hörte ich des öfteren. Entweder bekam ich angeblich bei Jutta außer Müsli nichts Gescheites zu essen oder man sagte mir: „Reiß dich zusammen, man muß nur wollen oder stell dich nicht so an“. Kaum jemand nahm mich, bzw. die Symptome der Depression ernst. Ich selbst wußte nichts über das, was in meinem

Körper, Geist und meiner Seele vor sich ging. Ich kam mir vor wie der einzige Mensch, nicht nur im Dorf sondern auch auf der ganzen Welt, der in diesem Zustand leben mußte. Mit Jutta konnte ich zwar über meinen Gefühlszustand reden und sie zeigte auch Verständnis für meine Situation, doch letztlich fehlten ihr die Informationen, um es zu begreifen. War das, was in mir vorging, überhaupt zu verstehen? Nein, ich bin mir sicher, daß man Depressionen nicht verstehen kann, wenn man die Krankheit nicht selbst durchlebt hat.

⁂

Durch den ständigen Phasenwechsel zwischen Krankheit und Arbeit wurde nicht nur ich immer hoffnungsloser, sondern auch Jutta zunehmend zermürbter. „Ich kann mich nicht entscheiden, ob ich kündigen soll oder nicht. Ich kann einfach nicht", sagte ich des öfteren zu ihr. „Du mußt dich aber entscheiden, wenn es dir besser gehen soll", sagte Jutta aus voller Überzeugung. Würde mir eine andere noch einfachere Arbeit wirklich helfen?
In den darauffolgenden Wochen traf ich eine folgenschwere Entscheidung. Aber heute weiß ich, nichts ist für einen depressiven Menschen schlimmer, als eine wichtige berufliche oder private Entscheidung treffen zu müssen. Als ob dieses Entscheiden meine Beschwerden hätte verbessern können. Und wie sollte ich so etwas Wichtiges wie die Kündigung der Arbeitsstelle entscheiden können, wenn ich bereits im Supermarkt große Schwierigkeiten hatte, zwischen einem Joghurt oder einem Stück Käse zu wählen? Sollte ich wirklich diese gute Stellung kündigen, um wieder im Lager des Drahtwerks arbeiten zu können?

⁂

Eines Frühsommerabends im Juni '85 suchte ich meinen Chef zu Hause auf. „Da ich glaube, daß jede andere Tätigkeit zu belastend für mich ist, möchte ich kündigen", sagte ich wie auswendig gelernt dem ergrauten Geschäftsführer. „Gibt es denn keine Möglichkeit eine Kur oder etwas Ähnliches zu machen?" fragte er, um mir irgendwie zu helfen.

„Ein Arbeitskollege hat mir erzählt, daß er auch einen jungen Mann kennt, der jetzt nur noch ein bißchen einkaufen zu gehen imstande ist. Er hat mir damit soviel unbeabsichtigte Angst gemacht, daß mir ein stationärer Aufenthalt wie das Ende erscheint. Daher denke ich, daß ich mit einer ganz einfachen Arbeit am ehesten aus der „Misere“ rauskomme“, erklärte ich mit einem Gefühl der Unsicherheit. „Daneben werde ich dann eine ambulante Therapie beginnen“, sagte ich und kündigte ohne Einhaltung der Kündigungsfrist zum 21. Juni '85.
Während ich nun arbeitslos gemeldet war, hatte ich trotz der Depression die Idee, in unserer unbenutzten Scheune einen Getränkemarkt zu eröffnen. Auf meine Initiative trafen wir uns bei meinem Bruder Lothar, um das Erbe meines Vaters zu regeln. Relativ schnell und unproblematisch klärten wir die offenstehenden Fragen. Meine Brüder bekamen die Ländereien und ich das große Haus mit Hof. Das es der absolut richtige Zeitpunkt war, sich mit dem Erbe auseinanderzusetzen, sollte mir ein halbes Jahr später sehr deutlich bewußt werden.
Es bedeutete für mich eine gewisse Erleichterung, wenn ich das, was mich an Jutta störte, anderen Menschen erzählte. „Die Leute im Dorf sagen schon, ich bin an deinem Zustand schuld“, sagte sie eines Abends völlig verzweifelt zu mir.
Für Jutta spitzte sich meine Krankheit immer dramatischer zu. Den Sommerurlaub verbrachten wir im Juli '85 mit ihren Schwestern am Gardasee. Da ich arbeitslos gemeldet war, schämte ich mich erst recht mitzufahren. „Ich kann mich überhaupt nicht auf die Reise freuen“, sagte ich zu Juttas Mutter bei der samstäglichen Kaffeerunde. „Na klar fährst du mit“, riet sie mir eindringlich. So fuhr ich denn mit.
„Wie soll's denn mit uns weitergehen?“, fragte mich Jutta an einem der ersten Abende, als wir in unsere Schlafsäcke gekrochen waren. „Ich mache mir schwere Vorwürfe, weil ich dich so schlecht gemacht habe und so vielen von meinen Problemen erzählt habe“, antwortete ich ihr. „So bist du halt, damit muß ich leben,“ sagte sie und küßte mich, bevor wir im Vorzelt des Campingbusses einschliefen.

Bevor ich im Drahtwerk anfangen konnte, bekam ich vom Personalchef einen Termin zur Einstellungsuntersuchung mitgeteilt. Allein schon das Ausfüllen des Fragebogens bereitete mir so große Mühe, daß es mich in innerliche Unruhe versetzte. Meine Symptome hatte ich nicht erwähnt, da nur nach körperlichen Krankheiten gefragt wurde. Gründlichst wurde ich untersucht. Würden sie merken, daß ich an einer Depression litt? fragte ich mich. Nein, außer einem beschleunigten Puls, fanden sie meinen Gesundheitszustand grundlegend in Ordnung!
Nach den zwei Wochen am Gardasee begann ich die neue „alte" Arbeit, die ich bereits vor und während meines Technikerstudium gemacht hatte. Es war eine simple Arbeit im Lager/Versand. Die Mitarbeiter und Vorgesetzten merkten schnell, daß ich nicht mehr der war, den sie von früher kannten. Ich hatte das Gefühl, sie gingen mit mir um wie mit einem Kind. Oder empfand ich es nur so? Wie damals verpackte ich Schweißdrahtspulen. Da ich mir überhaupt nichts merken konnte, etikettierte ich eine große Anzahl von Spulen falsch. Daraufhin mußten zwei Arbeitskollegen nach Frankreich fahren, um die falsche Beschriftung in Ordnung zu bringen. Am nächsten Tag erhielt ich von der resoluten Abteilungsleiterin eine Abmahnung in die Hand gedrückt. Noch in der Firma weinte ich hemmungslos. Ist es nicht so, daß Tränen von überflüssigen Schadstoffen befreien? Wenn es so ist, dann mußte ich viel davon in meinem Körper haben.
Am Abend besuchte mich mein Bruder Lothar, nachdem ich bei Jutta weinend zusammengebrochen war. Er versuchte mir zu helfen. Für ihn wie für die meisten Menschen war es sehr schwer zu verstehen, warum ich nicht mehr funktionierte. „So wie es ihm jetzt wieder geht, muß er sich doch überlegen ob er nicht in eine Klinik geht. Ich halte das auch nicht mehr aus", sagte Jutta sichtlich mitgenommen zu meinem Bruder, der betroffen auf dem Sofa saß. „So schlimm ist es doch nicht, daß du in die Klinik mußt", sagte Lothar und meinte, meinen Gesundheitszustand einschätzen zu können. Oder hatte er

nur Angst davor, daß sein jüngerer Bruder in eine Therapieklinik mußte? „Er will dir zwar helfen, aber er versteht es nicht", sagte Jutta zu mir, als er unsere Wohnung verließ. Hat mich denn überhaupt jemand verstanden? Ja, die Leni, die wußte wovon ich sprach.
Jutta aber spürte in diesen für uns beide schweren Monaten, daß meine Krankheit auch mit ihr und unserer Beziehung zusammenhing. „Es gibt nur einen Grund etwas zu ändern, du hältst es einfach nicht mehr aus", sagte sie mehrmals abends vor dem Zubettgehen zu mir.

*

Ich rief in der psychosomatischen Kinik in Gießen an und erhielt von einer Psychologin einen Termin für ein Vorgespräch wegen einer möglichen stationären Aufnahme. Ein paar Tage später fuhr ich frühmorgens zur Klinik inmitten des Stadtzentrums. Nachdem ich von einem Mitarbeiter begrüßt wurde, bekam ich die Räumlichkeiten gezeigt und die verschiedenen Therapien erklärt. Irgendwie wirkte das jahrhundertealte Gebäude der Klinik sehr befremdlich auf mich. Im Treppenaufgang sah ich mehrere postergroße Patientenbilder. „Die sind in der Beschäftigungstherapie gemalt worden", sagte mir der Krankenpfleger, bevor er mir die Station zeigte.
Während ich in einem herrschaftlichen Zimmer mit großen hohen Fenstern an einem altertümlichem Couchtisch auf die Psychologin wartete, sah ich auf die erblühende Frühlingslandschaft. Frau Dipl. Psychologin Hartmann begrüßte mich und bat mich ihr zu schildern, warum ich an eine stationäre Behandlung dachte. Nachdem ich ihr meine Geschichte und Beschwerden offen erzählt hatte, reichte sie mir einen Zettel mit der Anschrift eines klinischen Psychologen.
„Bitte setzen Sie sich mit Herrn Küfer in Verbindung, wenn Sie sich für eine ambulante Therapie entscheiden", sagte die attraktive Frau und riet mir eindringlich, mich einer Psychotherapie zu unterziehen. „Wenn Sie sich entschieden haben, rufen Sie mich bitte an. Und noch eins: aus Ihnen werden wir nie einen Draufgänger machen", sagte sie mir zum Abschluß des Gesprächs. Eine Aussage die mir bis heute in meinem Gedächtnis haften blieb.

„Ich mache die Therapie“, sagte ich Frau Hartmann ein paar Tage später am Telefon. „Ich freue mich, daß Sie sich für Herrn Küfer entschieden haben“, antwortete Frau Hartmann und zeigte sich erleichtert.
Irgendwann im Sommer '85 nahm ich die Psychotherapie bei Dipl. Psychologe Dr. Küfer auf. Da ich ihm mein ganzes Leben erzählte, zeigte er sich zu Therapiebeginn sehr überrascht von meiner Offenheit. Einmal sollte ich ein Bild von mir und Jutta malen, in dem ich unsere Beziehung ausdrücken sollte.
Das, was Dr. Küfer aus diesem Zeichenblatt las, erstaunte mich sehr. Sollte er mich etwa in den wöchentlichen Sitzungen bis zum Frühjahr '86 an eine Entscheidung heranführen, die ich sonst nie getroffen hätte?
Als es mir so gut ging, daß ich glaubte ich könnte die ganze Welt erobern, sah ich die Therapie als nicht mehr notwendig an. Einzig allein Juttas Schwester, die ausgebildete Pädagogin, wies mich darauf hin, daß es noch zu früh sei, die Therapiegespräche abzubrechen. Sollte Ulrike recht behalten?

*

Ich bekam eine andere Arbeit, wo ich Schweißdrahtstäbe abwiegen mußte und quasi nichts mehr falsch machen konnte. Morgen für Morgen, Tag für Tag, Woche für Woche quälte ich mich durch diese tiefsten Täler und fuhr an die Arbeit und besuchte das Training.
Im Herbst '85 machte ich aus Unwissenheit wieder große Fehler. Ich bewarb mich auf alle möglichen Stellenanzeigen als Servicetechniker, obwohl die Symptome noch immer jeden Tag, jede Stunde und jede Minute mir zeigten, daß sie die Kontrolle über mich hatten. Einmal fuhr ich zu einem Vorstellungsgespräch zu einem großen Fotokonzern nach Stuttgart. Panik begleitete mich schon bei der Firmensuche auf der Fahrt durch die Stadt.
Das Vorstellungsgespräch erinnerte mich eher an einen Eignungstest, wie ich ihn bei einem großen heimischen Industriebetrieb zur Lehrlingsauswahl mitgemacht hatte. Ständig wurden mir von dem

Abteilungsleiter, der in seinem gedeckten Anzug mir gegenüber saß, technische Fragen aus den Bereichen Mechanik und Elektrik gestellt. Meist verstand ich wegen meiner Unkonzentriertheit und der miserablen Aufnahmefähigkeit noch nicht einmal die Fragestellung. Der Managertyp vor mir bemerkte meine Unsicherheit und Überforderung, die von der Depression herrührte. „Sie hören dann von uns", beendete er das Gespräch. Panik stieg in mir auf, weil ich nicht mehr wußte, wie ich den Weg aus dem großen Bürogebäude finden sollte. „Können Sie mir sagen wie ich zum Ausgang komme?", fragte ich notgedrungen den untersetzten Serviceleiter. „So, ich zeig Ihnen den Weg", sagte er mit einem geringschätzigen Blick, öffnete mir die Zimmertür und erklärte mir im Flur den Weg zum Ausgang des Gebäudes. Daß es mir gelang dort herauszukommen, sah ich bereits als eine große Leistung an. Jetzt nur schnell wieder den blauen Schildern nach die Autobahn finden und in heimatliche Gefilde zurückkehren, dachte ich und war erleichtert, diesen Termin hinter mich gebracht zu haben.

Nebel und Sonne

Irgendwann Ende '85 wurde es langsam heller um mich als würde sich der Nebel in einer verschleierten Bergwand langsam auflösen. Mit jedem Tag spürte ich, wie das Leben sich wieder in meinem Körper, Geist und Seele ausbreitete. Ich hatte das Gefühl, daß dieses kleine Teelicht das bisher zart in mir glimmte, nun täglich heller wurde, bis es sich in eine innere Freudenkerze verwandelt hatte.

Am Handball hatte ich wieder Freude und Spaß. Nach einem Tritt ins Gesicht durch einen gegnerischen Torwart hatte ich eine gute Presse, weil ich mir nicht die Nase operieren ließ, obwohl ich bereits zu einem Termin im Krankenhaus weilte. Alles aus Liebe zum Handball. Und alles Neue begann mit einem Schritt nach vorn. Nachdem der Pressewart des Vereins mir diesen Tip gegeben hatte, konnte ich mich im Dezember '85 bei einer Firma in Grünberg vorstellen. Am 6. Januar '86 nahm ich dort eine Tätigkeit in der Einkaufsabteilung auf. Ich fühlte mich dort sehr schnell wohl wurde gut eingearbeitet und hatte meinen Traumberuf endlich gefunden: Technischer Einkäufer.

Im Frühling spürte ich den Drang, mein ganzes Leben umzukrempeln. Ich fühlte mich voller Lebensfreude und Energie. Das Bild, das ich bei Dr. Küfer gemalt hatte, führte mich jetzt wo ich mich wieder als ganz der Alte fühlte, an eine Entscheidung heran, die ich ohne ihn womöglich nie getroffen hätte. Ich wollte mich von Jutta trennen. Doch keinesfalls hatte ich vor, wieder zu Hause einzuziehen und meinem Vater diese Genugtuung zu gönnen.

Nun endlich äußerte ich gegenüber Jutta direkt meine Wünsche und Vorstellungen, nachdem ich über die letzten Jahre sehr viel geschluckt hatte. Da ich jetzt wieder Lebensfreude verspürte, hatte ich den Wunsch nach Selbständigkeit, nach einer eigenen „Bude". Würde ich wirklich bei ihr ausziehen, ohne daß eine andere dahinter steckte?

Suche und Entdeckung

Eines Abends als Jutta gerade von einem ihrer vielen Fortbildungslehrgänge gekommen war, traf ich mich mit einer Frau, die ich in einer Studentenkneipe in Gießen kennengelernt hatte, in unserer Wohnung. Just in diesem Augenblick kam Jutta nach Hause. Sie grüßte auf dem Flur, schaute uns an und verschwand im Wohnzimmer.

Ich fuhr mit der jungen Handballerin in mein Lieblingsrestaurant, wo wir fürstlich aßen. Wie ich später nach mehreren vergeblichen Anrufen feststellte, war sie nicht an mir interessiert, denn Anja fühlte sich zum eigenen Geschlecht hingezogen. „Eine teure Fehlinvestition", dachte ich mir.

Als ich nach Hause kam, lag Jutta bereits im Bett doch sie war wach, hellwach. „Wie kannst du mir so etwas antun?", fragte Jutta vollkommen verzweifelt als ich das stockdunkle Schlafzimmer betrat. Mit einem Gefühl von Gleichgültigkeit ihr gegenüber freute ich mich sogar, Jutta einmal schwach zu erleben. Auch wenn ich noch sehr viel für sie fühlte, machte ich Ende März '86 meine Wünsche wahr. Ich zog bei ihr aus. Als ich mit dem Umzugslastwagen vorfuhr und in die Wohnung kam, räumte Jutta weinend die Klamotten aus dem Kleiderschrank aus. Niemals zuvor habe ich Jutta so schwach gesehen wie in diesem Augenblick.

*

Ich war jetzt dermaßen aktiv, daß man denken konnte, ich wollte die vergeudete Zeit der Depression nachholen. Ich fuhr nach Südtirol und verhandelte mit einem Verein in Brixen. Wie in der Schweiz, so scheiterten auch in Italien meine Handballträume aus den gleichen Gründen. (Was nichts kostet, ist auch nichts!)
Statt dessen kaufte ich mir komplett neue Möbel und eröffnete im Herbst '86 einen Weinhandel. Insgeheim aber hoffte ich, daß Jutta und ich nach einem halben Jahr der Trennung wieder zusammenkommen würden. Da wir uns im „Guten" getrennt hatten, blieben wir weiterhin freundschaftlich verbunden. Ich lud Jutta auch im August zu meinem Geburtstag in die neue Wohnung ein. Mein Bruder Lothar konnte diese Einladung weder akzeptieren noch verstehen. Für ihn war Trennung gleichbedeutend damit, nichts mehr miteinander zu tun zu haben. Und ob wir noch etwas miteinander zu tun hatten!
Eine Woche später traf ich Jutta auf einer Kirmes. Ich sah sie an der Weinbar stehen. Während wir uns unterhielten, unterbreitete sie mir zu meiner großen Überraschung einen Wunsch. „Ich möchte gerne noch mal mit dir schlafen", flüsterte sie mir von der Seite ins Ohr. „Wow, Super", dachte ich. Eigentlich hätte ich sie am liebsten zu mir eingeladen, sie kulinarisch verwöhnt und dann die Nacht mit ihr verbracht. Doch die Lust auf gleich, war bei mir wieder einmal größer. Wir fuhren in unsere alte Wohnung und liebten uns.

Wilde Wasser

Austoben und Mitnehmen

Ich genoß die Zeit in meiner Wohnung, eine stürmische und erlebnisreiche Zeit von Frühsommer ‘86 bis Fasching ‘88. Gerade in Bezug auf Frauen hatte ich das Gefühl, etwas nachholen zu müssen. Ich geriet in ein derart wildes Fahrwasser, als wäre ich monatelang mit wechselnder Besatzung auf einem kleinen Segelschiff über die Weltmeere geschippert.
Das Gefühl der Freiheit und Eigenverantwortlichkeit behagte mir sehr.
Die Mannschaftsabschlußfahrt '86 auf Ibiza endete mit einer „Eine-Nacht-Aktion“ mit einer Frau. In einer Disco lernte ich eine Belgierin kennen. „I slept with your friend last night“, erklärte sie mir in englischer Sprache, das sie abends zuvor bereits mit einem meiner Mitspieler intim war. Mir war das in diesem Moment ziemlich egal. Ich war vogelfrei und brauchte niemandem Rechenschaft abzulegen. Und ich verspürte Lust auf die weichen Rundungen eines weiblichen Körpers. Sie wohnte im gleichen Hotel, so daß ich mich, kurz nachdem wir die Disco verlassen hatten, auf ihr Zimmer schlich. Natalie war wie eine Lawine, die ich durch kurze Stöße nur auszulösen brauchte, bevor sie vulkanartig sprudelte. Ich hatte das Gefühl, ich würde ihren Ansprüchen nicht genügen. Doch sie war vollkommen locker und gelöst und rief ständig „Qui, Qui, Qui“, wie ein Stoßgebet gen Himmel.

*

Regelmäßig besuchte ich einen Szenetreff in Gießen. Schnell lernte ich wieder Frauen anzusprechen. Einmal sah ich eine in einer Ecke der Tanzkneipe an einem Balken angelehnt. „Hallo, bist du öfters hier?“ sprach ich sie an. Irgendwie bedeutete es für mich eine gewisse Selbstbestätigung, daß ich noch eine Frau anmachen konnte. „Ja, ein- bis zweimal die Woche“, antwortete sie mir im Halbdunkel der Kneipe. Nach einer belanglosen Unterhaltung ver-

abredeten wir uns hier für's nächste Wochenende. Nachdem Ellen und ich diesen Samstagabend viel getanzt hatten und ich ihr viel über mich erzählt hatte, fuhren wir zu vorgerückter Stunde in ihre Wohnung im Stadtzentrum. Sie bewohnte ein kleines Ein-Zimmer-Appartement schräg gegenüber der Justizbehörde. In diesem Haus aus den Fünfzigern wohnten außer ihr noch vier weitere Parteien. Bis spät in die Nacht saßen wir am Zimmertisch des Wohn/Schlafraumes und unterhielten uns im Schein einer Kerze. Ellen, die Frau mit schwarzem Kurzhaarschnitt, war rein äußerlich ein ganz anderer Typ als Jutta. Sie wirkte sehr südländisch. Ihre Augen strahlten erotisch warm. Bereits vor einigen Jahren habe sie ihre Heimat im Waldhessischen verlassen und sei in die Stadt gezogen, erzählte sie mir. Ellen redete mit ihrer flauschig weichen Stimme sehr leise, so daß ich mich bei jeder Unterhaltung sehr konzentrieren mußte. Sie arbeitete in einer Buchhandlung, in der ich sie Monate später einmal besuchte.
Ich hatte Lust auf ihren schlanken attraktiven Körper. Ich wollte mit ihr schlafen. „Welch ein Blödsinn Geschlechtsverkehr mit Schlafen zu bezeichnen“, dachte ich. Ja, Sex haben. Doch ich traute mich nicht, meinen Wunsch auszusprechen. „Möchtest du hier übernachten?“ sagte sie mit ihrer zarten Stimme. „Ja“, antwortete ich, erleichtert, daß sie mir diese Frage abgenommen hatte. Zärtlich begann ich, sie in ihrem Matratzenbett an ihrem weichen Busen zu streicheln. Für mich bedeutete es ein unheimlich spannendes Gefühl, mit der zweiten Frau in meinem Leben Sex zu haben. In der nächsten Zeit trafen wir uns öfters. Wir gingen aus, redeten und hatten unseren Spaß im Bett. Nach einem längeren Stadtspaziergang aber wurde mir klar, daß Ellen für mich in vielerlei Hinsicht zu sehr Jutta ähnelte. In den nächsten Wochen trafen wir uns nicht mehr. Damit schien diese Liäson beendet. Aber war damit unser Verhältnis beendet? Der viel gepriesene Zufall – obwohl ich glaube, daß alles aus Gottes Fügung so geschieht – wollte es, daß wir uns einige Wochen später auf ungewöhnliche Weise wiedersahen. Es war Freitagnachmittag. Die Terrasse des Einfamilienhauses lag in der schönsten Julisonne. Britta, die ich ebenfalls im „Red Eye“ kennengelernt hatte,

verwöhnte mich mit Kaffee und frischem Kuchen. Abends lud ich sie in eine Pizzeria am Stadtrand von Gießen ein. Am Samstag machten wir eine Sause auf einem Dorffest. Nach Mitternacht fuhren wir dann zu ihrem Elternhaus. Im mit rustikaler Eiche eingerichteten Wohnzimmer tranken wir noch ein Gläschen Wein. „Komm, wir gehen hoch“, sagte sie und ich folgte ihr auf ihr Zimmer. Vom Flur blickte ich durch die offene Zimmertür in eine Art Teenagerstudio, wo in der Mitte das Bett stand und dahinter eine Regalwand bis an die Zimmerdecke reichte Vor dem Bett stand eine kleine Sitzgruppe. Wir zogen uns aus. Während ich sie küßte, begann ich ihre großen Busen zu streicheln. Ein Gefühl, das mir vollkommen neu war. Wir liebten uns, während Britta mich küßte, so als wollte sie mich mit Haut und Haaren verschlingen. Sie hatte als Handballerin eine sportliche Figur. Dagegen war ihre Taille nur wenig ausgeprägt. Am darauffolgenden Samstag lud sie mich zu einem Schafskopfabend ein, zu dem sich ihre Schwester einmal im Monat mit Freunden traf. Vorher wollten wir noch gemeinsam Abend zu essen, sagte sie mir. Da ich dieses Spiel nicht kannte, würde es bestimmt ein langweiliger Abend, dachte ich. Alles war für den Spielabend vorbereitet, als es an der Sprechanlage klingelte. Brittas Schwester und ihr Mann kamen zur Küchentür herein. Britta machte uns miteinander bekannt. Wenige Minuten später erklang der beruhigende Dreiklanggong erneut. Währenddessen saß ich in der Küche auf der Eckbank. Ein weibliche Person trat ein. „Darf ich vorstellen, Ellen Thelen!“ sagte Britta mit strahlendem Gesicht.
„Nicht nötig, wir kennen uns bereits“, sagte ich und streckte Ellen mit peinlichem Blick die Hand zur Begrüßung hin. Am liebsten wäre ich in diesem Moment durch das Küchenbodenlinoleum im Erdboden versunken. Nun, ich hatte keine Chance, es gab kein Entrinnen, ich mußte bleiben. So wie beim Essen, redete ich auch den ganzen Abend nur wenig. Mit Ellen sprach ich nur über irgendwelche belanglosen Dinge. „Woher kennst du denn Ellen?“, sprach mich Britta darauf an, als wir ins Bett gingen. „Wir kennen uns vom „Red Eye“, antwortete ich kurz, aber ehrlich. Daß ich ein Verhältnis mit ihr gehabt hatte, sagte ich ihr nicht.

Britta jobbte in den Semesterferien für ihr Studium in der Montage eines großen Industriebetriebs. Ich wollte sie überraschen und rief sie dort an. Als ich sie endlich an die Strippe bekam, reagierte sie sehr unwirsch. „Was denkst du dir mich während der Arbeit anzurufen“, warf sie mir zu meiner Überraschung vor. Es war der Anfang vom Ende dieser Romanze.

*

Im Juni '86 fuhr ich wieder nach Berlin in den Urlaub. Ich besuchte Markus, den ich bereits seit 1983 kannte, nachdem ich mit Juttas Vater vor einem Bundesligaspiel bei seinen Eltern zu Gast gewesen war. Von seiner Bude aus machten wir West-Berlin unsicher. In seiner Wohnung sah ich das erstemal DDR-Fernsehen. Es war für mich äußerst interessant, daß die Produktionszahlen von Honeckers Planwirtschaft in ähnlicher Weise über den Bildschirm flimmerten wie die heutigen Börsenkurse. Zu dieser Zeit grassierte das Schimanski-Fieber. Da ich ein großer Fan von „Schimi“ war, trug ich die Schimanski-Jacke, die ich bereits vor drei Jahren in Frankfurt erstanden hatte. Ich wollte ihn unbedingt kennenlernen. Also nahm ich mir das Telefonbuch zur Hand und suchte nach ihm. Da ich nach Horst Schimanski und nicht nach Götz George suchte, wurde ich nicht fündig. Zu blöd!
Aber ich sollte noch andere besondere Erlebnisse in West-, wie auch in Ostberlin haben. Ich war ein großer Fan von den Freitagabend-Talkshows. Meine Lieblingssendung hieß „Cafe´ Kranzler“ aus Berlin, moderiert von der erfrischend frechen Elke Heidenreich, alias Else Stratmann, und Wolfgang Menge. Nun, ich war in Berlin, es war Freitag, und heute gab´s Talk aus dem Cafe´ Kranzler. Markus und ich fuhren in die City und schlenderten den Kuhdamm entlang. An diesem lauen Sommerabend sah ich viele Gaukler und Pantomimen. Einer dieser Pantomimen lief wahllos den Passanten hinterher und ahmte ihre Bewegungen nach. Kaum jemand bemerkte, daß er imitiert wurde. Wir und die anderen Leute hatten unseren Spaß daran. Als die Talkshow um 22 Uhr begann, standen wir vor dem Café Kranzler. Im Parterre war das normale

Café geöffnet. Weiter oben auf der ersten Ebene fand die Live-Sendung statt. Ich ging hinein und sah am Treppenaufgang ein Schild mit Kette befestigt. „Gesperrt wegen Live-Sendung" las ich. Im Zentrum des Cafés sah ich einen Aufzug an dem ebenfalls eine Tafel hing. „Zu den Toiletten 1. Etage". Selbst wenn ich eine Minute vorher austreten gewesen wäre, mußte ich jetzt dringend auf die Toilette. Ich fuhr nach oben. Zwischen vielen stehenden Zuschauern sah ich Elke Heidenreich und ihre Gäste. Für die musikalische Einlage kündigte sie den bereits verstorbenen Rio Reiser an, der seinen Superhit „Wenn ich König von Deutschland wäre" sang. Nach dem Ende der Sendung gingen Wolfgang Menge und Elke Heidenreich nach oben unters Kuppeldach des Cafés. Ich folgte ihnen unauffällig. Vor einer kleinen Bar lauschte ich ihrem Gespräch. Ich trank ein Gläschen Wein und genoß das Gefühl inmitten prominenter Menschen zu sein. Ach ja, jetzt mußte ich wirklich auf die Toilette gehen.

*

Ende Juli startete die Saisonvorbereitung unter unserem früheren Jugendtrainer Manni Kurz. Wie immer vor einer neuen Saison wurden neue Spieler verpflichtet. Da ich nun bereits einige Jahre aktiv war, war ich mit meiner Erstliga-Erfahrung eine feste Größe im Team. Nach meiner Depression hatte ich zu alter Leistungsfähigkeit und Selbstvertrauen zurückgefunden. Im Training wurde ich mit der Zeit immer unzufriedener, da mich der Coach ständig auf der Außenposition einsetzte. Würde ich mit dieser „Degradierung" fertig werden?
Wieder einmal sollte ich kurz vor dem Trainingslager im August an der Ostsee im Training die Linksaußenposition einnehmen. Doch diesmal ging ich nicht auf den ungeliebten Platz. „Mach ich net´", sagte ich im feinsten mittelhessisch. Manni brüllte mich an und schickte mich zum Duschen. „Bleib nur lang genug unterm Wasser, damit du wieder klar im Kopf wirst", rief er mir nach. Eine halbe Stunde vor Trainingsende verließ ich die Halle. Da der Coach mich rausgeschmissen hatte, nahm ich mir fest vor, nicht zu diesem in

meinen Augen sinnlosen Kurztrainingslager bis an die Ostsee zu fahren. Einen Tag später rief Manni Kurz bei mir an und teilte mir kurz mit, wann Abfahrt zum Trainingslager sei. „Ich bekomme zur Zeit keinen Urlaub", antwortete ich ihm. Daraufhin rief er mich am nächsten Morgen in der Firma an, wo ich ihm mit ungutem Gefühl die gleiche Antwort gab. Danach meldete er sich bei meinem Chef. Der Einkaufsleiter war ein großer stämmiger Mann, der oft sehr launisch und verklemmt auf mich wirkte. Bei all seiner Unsichherheit, spielte er sehr gerne seine Macht aus. Ich hatte ihn in die private Angelegenheit nicht einbezogen, da ich nicht damit gerechnet hatte, daß der Coach bei ihm anrufen würde. „Natürlich kann Herr Weber morgen frei haben, kein Problem", sagte er Manni Kurz am Telefon, während ich im Büro weilte.
So fuhr ich Freitag Mittag mit zwei Spielern nach Grömitz. Ich fand es schon sehr merkwürdig wegen zwei Trainingstagen bis an die Ostsee zu fahren. Zuhause erfolgte zwischen mir und Manni eine Aussprache, und es zeigte sich bereits in den Testspielen, daß ich strotzend vor Selbstbewußtsein der Spieler des Teams war.

Vorfreude und Verhältnis

Überall, Land auf, Land ab, waren in der Sommerzeit die Feste voll im Gange.
Nach meiner Depression hatte ich geradezu eine wiedergewonnene Sehnsucht nach Blasmusik und Rippchen mit Kraut. In einem Nachbarort war trotz des Fußball-WM Viertelfinalspiels BRD gegen Mexico Rock- und Beatmusik angesagt. Ich stand an der Theke und ging auf und ab und ließ meine Blicke durchs Publikum gleiten. Wie immer suchte ich danach, die Frau fürs Leben im Zelt zu entdecken. Ich sah keine, die mich sofort elektrisierte. Mach dir nen schönen Abend, dachte ich. Aber warum verspürte ich ein Gefühl von Vorfreude?
Ich lehnte locker und entspannt am Tresen, als sie mein Lächeln erwiderte. Bereits vor kurzem hatten wir uns auf einem Vereinsfest

gesehen, wo mich ein Mitspieler auf sie aufmerksam gemacht hatte. Ich wußte von ihr, daß sie, genau wie ich, nicht gebunden war. Deshalb sah ich Bärbel aber noch lange nicht als „Freiwild“ an. Im Verlauf des Abends hatten wir noch viel Spaß bei Rock und Blues. Zwischendurch schaute ich mir kurz das WM-„Gegurke“ an, in dem irgendwann – ich war bereits wieder in Bärbels Nähe – das einzige Tor fiel und ein lauter Jubelschrei durchs Zelt hallte. Als die Rockgruppe gegen drei Uhr den Abschiedssong spielte, lud ich Bärbel nach dem Tanzen in die Sektbar ein. „Was machen wir nun mit der angebrochenen Nacht?“ fragte ich sie spontan. „Wollen wir bei mir noch einen Kaffee trinken?“ schlug sie mir vor. „Ja, tolle Idee“, antwortete ich und hatte das Gefühl, ihre Augen würden mir sagen, sie freue sich darauf.
In einem zweieinhalbstöckigen Haus direkt an der Hauptverkehrsstraße befand sich im Erdgeschoß Bärbels Wohnung. Nachdem sie die Haustür aufgeschlossen hatte, folgte ich ihr rechts in die großzügige Wohnküche, die im ländlichen Stil eingerichtet war. Bärbel stellte die Kaffeemaschine an, während ich am Küchentisch Platz nahm und mich mit ihr unterhielt. Sie setzte sich zu mir. Der Schein des gedämpften Küchenlichts, gab dem Raum eine heimelige Note. Der Kaffeeautomat ratterte wie ein Geigerzähler, als Bärbel mir ihr gemütliches Wohnzimmer und das Schlafzimmer mit französischem Bett zeigte. Sie schaltete die Stehlampe an und legte eine Soft-Rock-Scheibe auf. Während wir beim Kaffee locker plauderten, erwähnte sie beiläufig, „Du kannst bei mir übernachten“.
Als wir im Bett lagen unterhielten wir uns sehr intensiv über unsere Privatsphäre. Ich erzählte ihr von meiner langjährigen Freundin. Durch meine Offenheit und ihr Verständnis entstand eine gewisse Nähe und Intimität. Im Hintergrund lief dezente Musik, als ich mich ihr zuwandte. Ich küßte sie leidenschaftlich. Voll und sanft spürte ich ihre Lippen. Bärbel spielte mit ihrer Zunge erotisch und voller Hingabe in meinem Mund. Ihre Lockerheit empfand ich als sehr angenehm. Zärtlich durchfuhr ich ihr dunkles strähniges Haar, das sie glatt und halblang trug. Mit ihren großen

Augen strahlte sie mich mit einem leichten Silberblick an. Ihre Stimme klang etwas rauchig und tief. Bis auf den Slip, lag sie nackt neben mir. Mit einer Hand begann ich sie zu streicheln. Wohlige Lust überkam mich wie ein Schauer, als ich ihren Busen küßte. Wirkte sie durch ihre geraden Hüften äußerlich etwas burschikos, so zeigte sie mir doch welch ein Vulkan in ihr loderte. Noch häufiger wechselten wir die Stellung, bis wir erschöpft und verschwitzt in die Kissen niedersanken.

Am Morgen danach hatte ich ein komisches Gefühl im Magen. Ich spürte, daß diese Nacht nur meiner sexuellen Befriedigung gediente hatte. Ich liebte Bärbel nicht. Ich spürte die Sehnsucht möglichst schnell in meine Wohnung zu kommen.

Nach einem gemeinsamen Frühstück verabschiedete ich mich von ihr und fuhr nach Haus. Auf dem Heimweg spürte ich diese feige Erleichterung. Da Bärbel aber sehr gut zuhören konnte und wir sexuell sehr gut harmonierten entwickelte sich aus der Not für die Dauer von einigen Monaten ein „Bratkartoffelverhältnis“.

Zweite Liga und Zweite Liebe

Unser Trainer bezweifelte unsere Tauglichkeit für die II. Bundesliga und warnte uns ständig vor dem Abstieg. Nach dem zweiten Trainingslager im Vogelsberg und nach den laufenden Testspielen im August war mir aber vor der Saison nicht bange. Im Gegenteil, ich fühlte mich gut austrainiert, voller Kraft und mit der richtigen Mischung aus Erfahrung und Lockerheit.

Von Rundenbeginn an lief es gut für mich und auch für die Mannschaft. Im Gegensatz zu der Abstiegssaison und auch der ersten 2. Liga-Saison, in der ich mich zu jedem Training und Spiel überwinden und zwingen mußte, hatte ich durch den Spaß am Leben und an der Arbeit die richtige Einstellung zu meinem Sport wiedergefunden. Mit jedem Spiel der Vorrunde bot ich eine stärkere Leistung und avancierte gegen Ende der Vorrunde zu einem der besten Torschützen der Liga. Ich konnte mit mir zufrieden sein.

Doch das Alleinsein und der schon wieder zur Routine werdende Wochenablauf nervten mich immer mehr.
Gerade wenn ich öfters nach dem Training bei unserem Dorfimbiss reinschneite und mir eine Currywurst einpackte, kamen mir die Gedanken an Partnerschaft und Liebe. Doch da die Kirmessaison auch im Spätsommer noch voll im Gange war, machte ich mir Hoffnung, die Frau meines Lebens noch zu treffen.

*

Da standen sie locker am Tresen, die zwei jungen Frauen aus einem Dorf, von wo aus man gut die Ausläufer des Taunus sehen konnte. Ich gesellte mich zu ihnen und irgendwie kamen wir ins Gespräch, als sie sich so unterhielten und amüsierten. Eigentlich waren beide nicht der Typ Frau, in den ich mich sofort hätte verlieben können. Ich weiß bis heute nicht, warum es so schnell funkte. Doch halt, es fällt mir wieder ein. Sie war das genaue Gegenteil von Jutta. Wir tanzten, lachten und hatten Spaß an diesem Kirmesabend. Irgendwann im Laufe dieses Samstagabends kamen wir uns in der Sektbar näher. „Ich heiße Sabine“, stellte sie sich mir am Bartresen vor. Ich strich ihr durch das schulterlange Haar und küßte sie. Ihre Küsse waren von zärtlicher Eleganz, angenehm sanft und weich. Ihre Augen strahlten hell, freundlich und klar. Sie war etwas größer und schlanker als Jutta. Unter ihrem lässigweiten Sweatshirt konnte ich mir ihren kleinen, feinen Busen vorstellen.
Spät in der Nacht, als Sabine mit ihrer Freundin nach Hause fuhr, verabredeten wir uns für das nächste Wochenende. Ich war hoffnungslos verliebt. In meinen Vorstellungen und Träumen malte ich mir schon aus, Sabine in der Kirche ihres Heimatortes zu heiraten. Juttas Freundin, die ich wie früher ab und zu besuchte, erzählte ich zuerst von meiner Verliebtheit, meiner neuen „Flamme“. „Da ist sie aber ein ganz anderer Typ als Jutta“, sagte sie nachdem ich ihr von Sabine erzählt hatte. Doch welche Rolle spielte das, wo ich bis über beide Ohren verliebt war? Ich war mir sehr sicher, meine Träume in die Realität umsetzen zu können und Sabine bald vor den Traualtar zu führen.

Drei Wochen später besuchte mich Sabine in meiner Wohnung. Ich führte sie in mein Lieblingsrestaurant „Zur Roßtränke“, wo der Chef Antonio schon amüsiert grinste, wenn ich wieder mit einer anderen Frau reingeschneit kam. Mit „Steak à la Cuisine“ ließen wir uns kulinarisch aufs Höchste verwöhnen. Nach dem üblichen Abschlußlikör – einem heißen Amaretto mit Sahne – fuhren wir in mein Singleappartement.
Nachdem ich Sabine meine Wohnung gezeigt hatte, zündete ich eine Kerze an. Während das Licht romantisch flackerte, küßten wir uns leidenschaftlich auf der Couch. „Komm, laß uns ins Bett gehen“, sagte ich hoffnungsvoll zu ihr und drehte den kleinen Fernseher Richtung Bett, da ich nicht die Freitagabend-Talkshow versäumen wollte. Während Sabine sich vor dem Bett entkleidete, streichelte ich sie zärtlich. Ich fühlte ihre kleinen Wölbungen. Sie ließ sich vornüber auf die Bettdecke fallen und wir liebten uns.
An ihren leidenschaftlichen Küssen spürte ich, daß Sabine die Liebe genoß. „Hans-Georg ich liebe dich so sehr“, sagte sie mir nach dem Sex und fügte hinzu, daß sie nur deshalb so schnell mit mir intim wurde.

Gegenpol und Whirlpool

Die nächsten Wochen genossen wir in Gemeinsamkeit. Vor allem mit Liebe. Da ich überzeugt war, daß Sabine meine große Liebe sei, machte ich sie bereits nach kurzer Zeit mit meinen Eltern bekannt. Eine gute Entscheidung?
In dieser Phase der Verliebtheit, deren Höhepunkt noch bevor stand, führte ich Sabine in mein familiäres und privates Umfeld ein. Von ihrem Typ und ihrem Wesen entsprach sie haargenau den konservativen Vorstellungen meiner Familie. Eines Sonntagabends stellte ich Sabine zu Hause vor. Nachdem wir gemeinsam zu Abend gegessen hatten, half sie meiner Mutter den Tisch abzuräumen und das Geschirr zu spülen. „Sie macht einen guten Eindruck“, sagte meine Mutter, als wir das Haus verließen. Einzig Elmar

Frohn, mein früherer Jugendfreund aus Nordhessen, den ich mit Sabine bei einer Vereinsfeier traf, äußerte sich in Bezug auf meine neue Freundin kritisch. Daß Sabine Mathematik studierte, sollte für unsere Beziehung anfangs von untergeordneter Bedeutung sein. Jetzt zählte nur die Liebe allein.
Ich lud sie für ein Wochenende in ein Hotel nach Rotenburg ein. Die Tage dort wurden zum spektakulären Liebesabenteuer.
Aufgrund eines Wochenendpauschalangebots bekamen wir kein Zimmer mit einem Doppelbett, sondern eines wo die Betten einzeln im rechten Winkel an der Wand standen. „Mist!, schon wieder auf einen „Lockvogel" reingefallen", dachte ich. Das mit den Einzelbetten gefiel mir nicht. Doch wir hatten auch unter diesen Umständen unseren Spaß. Nach einem Drei-Gang Abendmenü zogen wir uns auf´s Zimmer zurück. Wir liebten uns auf eine wundervolle Art, wie ich es bis heute nicht mehr erlebt habe.
Nach einem Stadtbummel am Samstag wurde der Sonntagmorgen zum erotisch-frechen Höhepunkt des Liebeswochenendes. Sabine und ich gingen nach dem Frühstücksbuffet in das Hotelschwimmbad. Nach einigen Bahnen stiegen wir in den Whirlpool um. Als wir uns im sprudelnden Naß erholten, und niemand im Schwimmbecken zu sehen war, passierte es.
Der Whirlpool befand sich hinter einer Glaswand neben der Längsseite des Beckens. Von hier aus hatte ich einen guten Überblick auf die Eingangstür der Schwimmhalle. Ich küßte sie auf ihren feuchtweichen Mund. Ich liebkoste ihre Wangen und den Hals und seufzte und atmete den Reiz des Begehrens. Ist es nicht so, daß der Kuß oft der größere Genuß beim Sex ist? Es bedeutete einen Nervenkitzel für uns beide, als ich sie an diesem neblig kalten Sonntagmorgen im blubbernden warmen Wasser liebte.

Stofftiere und Teddybären

Am ersten Oktoberwochenende wurde in Sabines Heimatort die Kirmes gefeiert. Da das Dorffest nicht in einem Zelt stattfand, wurde in dieser Herbstzeit von Freitag bis Sonntag in der Mehrzweckhalle

gefeiert. Die Kirmes startete am Freitag mit einem Tanz- und Beatabend. Ich holte Sabine am Abend zu Hause ab und wir schlenderten Hand in Hand zur Kirmes. Sie machte mich an der Theke mit ihrem Freundeskreis bekannt. Ich fühlte mich wohl. Wir tanzten viel und ich genoß den Abend. Da wir am Samstag ein Zweitligaspiel hatten, fuhr ich gegen 2 Uhr früh alleine in meine Wohnung.
Am Samstagabend gab der dortige Musikzug, in dem Sabine und ihre Schwester mitspielten, ein Konzert mit anschließendem Tanz. Bestens gelaunt erschien ich auf der Dorfparty, denn mit acht Toren von mir hatten wir unser Heimspiel klar gewonnen. Wir feierten, tanzten und lachten bis früh in den Morgen hinein. Am Sonntag, im Verlauf des Frühschoppens, sollte mir jemand eine überraschende Frage stellen.
Die Laternen waren bereits längst erloschen, als wir uns im Morgengrauen durch die klare, frische Herbstluft auf den Nachhauseweg machten. Sabines Elternhaus befand sich in einem Neubaugebiet. Das einstöckige Haus war zirka 10 Jahre alt. Durch die seitliche schwere Haustür betraten wir einen zu großen Flur. Im hinteren Teil des Hauses betraten wir am Ende des Korridors durch eine dunkle Eichentür Sabines Zimmer. Der Raum war nicht besonders groß und wirkte auf mich wie ein Kinder- und Jugendzimmer. Vom Bett über den Schrank bis zum Schreibtisch sah ich überall auf Plüschtiere. Alles war sehr geordnet und sauber. Schnell waren wir unter der Decke verschwunden und liebten uns in ihrem Jugendbett zwischen all den Teddys und sonstigen Stofftieren.
Nach einem ausgiebigen Frühstück in der großen Wohnküche mit Eßtheke machten wir uns um elf auf zum Frühschoppen. Ich fühlte mich zwar immer noch gut an diesem Morgen, doch im Laufe des Tages wurde ich zunehmend nachdenklicher. Ich sehnte mich nach meiner Wohnung unterhalb des Gießener Hausbergs.
Als wir so locker an der Weinlaube standen, gesellte sich Sabines Vater zu uns. Freundlich strahlend bestellte er eine Flasche Wein und prostete uns zu. Er, der Endvierziger und Abteilungsleiter eines optischen Betriebs, war der Stabführer des Musikzugs. Er plauderte mit mir. Ich fand das Gespräch sehr angenehm und in-

teressant. Bis er diese eine Frage stellte: „Gelle, du enttäuschst mich nicht?". Und drückte damit aus, wie sehr er um seine Tochter besorgt war. Ich war vollkommen sprachlos und ließ mir bei der Beantwortung Zeit. „Ich versuche es", antwortete ich kurz und knapp. Hätte Sabine mir diese Frage gestellt, hätte ich es noch verstehen können. Aber was hatte ihr Vater damit bewirken wollen, daß ich ihm ein Versprechen gab? Würde er sich darauf berufen, wenn ich Nein geantwortet hätte? Aber so löste diese Frage bei mir einen Alarm aus!

In den nächsten Tagen und Wochen wurde mir zunehmend deutlich und bewußt, wie unselbständig Sabine war. Es war so eine „Rund-um-Versorgungs-Betreuung", mit der ihre Mutter sie verwöhnte. Aber Sabine war nicht 15 sondern 23, als der Winter langsam Einzug hielt und ihre Mutter sie fragte, ob sie eine Wärmflasche wollte. Wenn Sabine sich zum Ausgehen schick machte, stellte Mama Reichner öfters fest, welch ein schönes „Ding" sie sei.

„Sind sie nicht ein attraktives Paar?", fragte sie als wir uns an der Garderobe bei der Kirmes von ihr verabschiedeten. Ich war nicht vor Verliebtheit blind, sondern fragte mich, ob ich eine Frau haben wollte, die wenn ich sie aufforderte: „Zieh dir rote Wäsche an", „Ja, mache ich Schatz", antwortete.

Sehnsucht und Beichte

Sabine erzählte mir davon, daß ihr Ex-Freund sie mit seiner ehemaligen Geliebten betrogen hatte. Von mir wußte sie, daß ich vor einem halben Jahr mit meiner langjährigen Freundin Jutta Schluß gemacht hatte. Sie sagte mir immer wieder, wie gern sie mich hätte und wie sehr sie mich liebe. Gleichzeitig kamen jedoch immerzu ihre Ängste zum Vorschein, sie könnte mich an meine alte Liebe Jutta verlieren. Ich hatte das Gefühl, Sabine würde mich durch diese Angst geradewegs in ihre Arme stoßen.

Das letzte Mal mit ihr lag gerade mal drei Monate zurück und erschien mir so, als wäre es gestern gewesen. Und nun, wo ich Jutta al-

leine zurückgelassen hatte, und noch dazu mit Sabine eine andere Frau im meinem Leben eine Rolle spielte, übte diese neue Beziehung auf Jutta besondere Reize aus. Das tat weh. Verdammt weh.
Irgendwie verspürte ich eine gewisse Sehnsucht nach Jutta. Eines Abends nach dem Training besuchte ich sie in der von mir ungeliebten Wohnung. Jutta empfing mich an der Wohnungstür mit freundlichem Gesicht. Sie freute sich mich zu sehen. Ich nahm auf der verschlissenen Ledercouch im Wohnzimmer Platz, wo sie es sich immer gemütlich machte und ihren Lieblingsradiosender hörte. Da sich ihr Schlafplatz in einer Ecke des Wohnzimmers befand, merkte ich schnell, daß sie unser ehemaliges Schlafzimmer untervermietet hatte. Jutta erzählte von einer jungen Handballerin, die seit mehreren Wochen mit ihr in einer Art Mini-WG leben würde. Im Laufe des Abends lernte ich ihre WG-Kollegin kennen, eine dunkelhaarige Frau mit Kurzhaarschnitt, und einer typischen Frauenhandballerinnenfigur. Sie wirkte – wahrscheinlich durch ihr Studium – etwas gestreßt auf mich. Irgendwie spürte ich, daß Jutta nicht allein sein wollte. Daß ich jetzt mit meiner neuen Freundin sehr viel interessanter für Jutta war, sollte mir erst sehr viel später durch eine besondere Frau bewußt werden.
Als ich neben ihr auf dem Ledersofa saß, verspürte ich den Drang nach Zärtlichkeit. Ich legte meinen Arm auf ihre Schulter und schaute ihr in ihre blauen Augen. Wir küßten uns. Sollte ich in diesem Moment nicht an Sabine denken?
Nein und nochmals nein, ich wollte mit Jutta Sex. Ich fühlte mich wenigstens dieses eine Mal wie ein Draufgänger. Als ich gegen Morgen in meine Wohnung fuhr, ging es mir gut.
Ich hatte weder ein schlechtes Gewissen noch die Absicht diese Nacht Sabine zu beichten.
Ich wollte es abhaken, als Erlebnis der besonderen Art. Doch durch Sabines Hartnäckigkeit, und weil ich nun wirklich ein schlechter Lügner bin, ging die Bombe sehr schnell hoch.
Mittlerweile sahen wir uns nicht nur am Wochenende, sondern Sabine besuchte mich auch immer öfter zwischendurch. Als sie wieder einmal an solch einem Tag zu mir kam, sich auf den Sessel flötzte

und aus einer TV-Zeitung die Witze vorlas, überlegte ich mir, ob sie, die ein Mathematikstudium absolvierte, mir eine Kommunikations- und Lebenspartnerin auf gleichem Niveau sein könnte.
Einmal fuhr ich sonntags zu ihr um sie abzuholen. Sabine, ihr Vater und ihre Schwester Sonja waren mit dem dortigen Musikzug unterwegs. Während ich auf sie wartete, lud mich ihre Mutter zu Kaffee und Kuchen ein. Wir redeten über meinen Sport, wovon sie sich sehr angetan zeigte. Eine Weile später erzählte ich ihr von meinen beruflichen und privaten Wünschen und Plänen. Mein Traum wäre es, für eine bestimmte Zeit ins Ausland zu gehen oder aber in einer Großstadt wie Berlin zu leben. „Aha, mh, mh" sagte sie ohne weiteren Kommentar und hörte interessiert zu. Viel später, im Januar '87, sollte ich auf ungewöhnliche Weise ihre Meinung zu meinen Plänen erfahren.
Es war der Samstag vorm Nikolaustag. Nach unserem Heimspiel fand im neben der Sporthalle gelegenen Bürgerhaus ein Tanz statt, den wir, die Mannschaft, veranstalteten. Die Stimmung war nach dem gewonnenen Spiel prächtig. Und so verlief die gut besuchte Veranstaltung ganz nach meinen Vorstellungen. Durch ihre unbekümmerte pflegeleichte Art knüpfte Sabine schnell Kontakt zu Freundinnen meiner Mitspieler. Mit einer dieser sogenannten Spielerfrauen schloß sie Freundschaft. Ich ließ Sabine den Abend zwar nicht links liegen, aber ich kümmerte mich auch nicht besonders um sie. Mit ihrem Auto wollten wir zu mir fahren. Kurz nachdem wir in ihren Golf eingestiegen waren und die wenigen hundert Meter die Hauptstraße entlang fuhren, begann Sabine zu bohren. „Ich hab' solche Angst, weil mein Ex mich auch mit seiner Exfreundin betrogen hat", sagte sie fast beschwörend.
Ich wollte an meinem Elternhaus aussteigen, denn ich war genervt und die Stimmung war mir gewaltig verdorben. Doch Sabine gab nicht auf, bis ich es ihr gestand.
Es waren ihre panischen Ängste gewesen, die mich in die Arme von Jutta zurückgetrieben hatten. Und jetzt diese nicht mehr endenden Fragen. „Ja, ich war mit Jutta zusammen", gab ich endlich zu. „Nein, Nein, Nein", schrie Sabine und eine Mischung aus Schrei-, Wein- und Krampfanfällen, wie ich es noch nicht erlebt hatte, brach über mich herein.

Dadurch, daß ich mein Gewissen erleichtert hatte, fühlte ich mich irgendwie besser. Ich hegte die vage Hoffnung, daß wir – wenn nicht jetzt im Auto auf der Straße – ein paar Tage später darüber reden konnten. Ich merkte, daß es in dieser Situation weder Sinn machte, mit ihr darüber zu diskutieren, noch gelang es mir sie zu beruhigen. Sie zitterte und ließ ihrer Wut und Enttäuschung freien Lauf. „Kannst du nach Hause fahren?", fragte ich sie da ich nicht mehr auf sie einwirken konnte. „Ich kann fahren", sagte sie einige Minuten später mit verweintem Gesicht. Ich konnte ihr jetzt keine gute Nacht wünschen. „Ich ruf dich an", sagte ich zu ihr, als sie mit gefaßtem Gesichtsausdruck in die Nacht heim fuhr. Als ich zwei Tage später ihre Telefonnummer wählte, hatte ich jemand am Hörer, der sich wieder aus großer Fürsorge in unsere Beziehungsprobleme einmischte.

Am anderen Ende meldete sich eine Männerstimme. „Weber, ich möchte gern ...," meldete ich mich und ihr Vater fiel mir sofort ins Wort. „Du bist verantwortlich, daß Sabine schon zwei Tage nicht zur Uni gehen kann", machte er mir schwere Vorwürfe. „Es geht ihr sehr schlecht, sie muß Tabletten nehmen", sagte er, nachdem er all seine Enttäuschung über mich kund getan hatte. Endlich übergab er Sabine das Gespräch. Auch jetzt, vier Tage nachdem ich ihr diesen „Fehltritt" gebeichtet hatte, wirkte sie äußerst aufgelöst und instabil. Doch im Laufe des Telefonats wurde ihre Stimme immer klarer und sicherer. „Bitte komm am Freitag zu mir und wir reden in aller Ruhe noch mal darüber", sagte ich und bat Sabine um ein klärendes Gespräch. „Gut, ich komme", antwortete sie und legte auf.

An einem milden Vorweihnachtsabend betrat Sabine meine Wohnung. Wir saßen uns im Wohnteil meines Zimmers gegenüber und redeten darüber, ob und wie es mit uns weiter gehen könnte. Irgendwie hatte ich ihr gegenüber ein schlechtes Gewissen. Doch ich spürte, daß meine Gefühle zu ihr längst nicht mehr so intensiv wie zu Beginn unserer Beziehung waren. Ich ersehnte und wünschte mir mehr geistige Nähe. Ich glaube, ich wollte sie nach dieser Nacht mit meiner Ex, nicht alleine lassen. Deshalb wollten wir es noch mal miteinander versuchen. Wir einigten uns auf eine „Probezeit“ von drei Monaten. Der Abend endete mit einer Versöhnung, die durch schönen und intensiven Sex, so glaubten wir, gefestigt werden sollte.

Tschüs und Mach's gut

Weihnachten stand vor der Tür. Gefühlsmäßig zog ich mich aus der Beziehung mit Sabine langsam zurück. Am zweiten Weihnachtstag hatte ihre Tante Geburtstag. Ein dörflicher Geburtstag im üblichen Rahmen. Obwohl ich mich angeregt unterhielt, zog ich mich zurück um Sport zu sehen. Auch wenn es draußen in dicken Flocken schneite, verspürte ich jedoch nach dem Abendessen den Drang, nach Hause zu fahren. An der Haustür verabschiedete ich mich von Sabine. „Kannst du nicht mal normal sein!?“, fragte sie mich mit vorwurfsvollem Blick im Hinblick auf die Wetterlage.
„Nee, „Normal sein ist doof!“, antwortete ich und lief ins Schneetreiben. Auf der Heimfahrt durch den tiefen Neuschnee spürte ich immer mehr, daß einfach nichts mehr da war. Keine Liebe und keine Gefühle mehr.

*

In ihrem Freundeskreis stieg Silvester 86/87 eine große Party. Ich traf dort auf eine Frau, die ich vor längerer Zeit bei einem Beatabend gesehen hatte. Sie, Beate, war für mich rein äußerlich, die Traumfrau meines Lebens. Ihre Körpergröße und schlanke Figur kamen der von Jutta gleich. Alles an Beate war wohlproportioniert. Von den Füßen, die für mich eine sehr wichtige Bedeutung haben, bis zu ihren halblangen, etwas gelockten blonden Haaren. Sie sah der Sängerin Gitte, die ich sehr verehrte, sehr ähnlich.
Ich forderte sie zum Tanzen auf. Bei verschiedenen Spielen kamen wir uns auf lustige Weise etwas näher. Als ich mit ihr eng tanzte, meinte sie, ich sollte mich mehr um Sabine kümmern. „Ich em-

pfinde nichts mehr für Sabine", sagte ich ihr. „Verdammt, man kann doch die Liebe nicht erzwingen, wenn nichts mehr da ist", fügte ich an und fühlte mich wie befreit. Deutete ich damit meine Entscheidung an?
Ehrlich, es hatte nichts mit Beate zu tun. Mir wurde einfach klar, daß ich nicht mit jemandem zusammen sein konnte, den ich nicht mehr liebte. In der späten Neujahrsnacht gingen wir durch den tiefen Schnee die wenigen Schritte zu ihrem Elternhaus. Hätte sie nicht spüren müssen, daß ich ihr nichts mehr geben konnte? Trotz genügendem Alkoholgenuß, legte ich mich hellwach und unruhig zu ihr ins Jugendbett. Sabine bemerkte nichts und genoß auf ihre stimmungsvolle Art den Sex mit mir.
Zu zweit in diesem 90cm breiten Bett konnte ich erst recht nicht einschlafen. Als der 1. Tag des neuen Jahres erwachte stand ich auf und zog mich an. „Tschüs, Mach´s gut, es ist vorbei, ich gehe!", sagte ich gerade heraus zu ihr. Sabine lag schlaftrunken im Bett und konnte meine Abschiedsworte nur schwer einordnen. Ich schlich mich durchs Haus und fuhr in mein kleines Reich. Nein, ich war nicht feige, ich fühlte mich sehr erleichtert und befreit.
Doch kurz danach stellte ich fest, daß ich einen großen Fehler in dieser Liaison begangen hatte, der noch riesige Auswirkungen auf mein Seelenleben haben sollte.

*

Wochen später landete eine rot umrandete Postkarte in meinem Briefkasten. Ich fragte mich, von wem ich aus dem zwölften Bundesland Deutschlands, aus Mallorca, Urlaubsgrüße bekommen würde. Diesen Absender hätte ich nie erraten. Doch als ich die Karte las, deutete nichts darauf hin, daß es liebe Grüße von der deutsch-spanischen Ferieninsel waren. „Bitte um Rückgabe folgender Gegenstände: „Bild natürlich ohne Rahmen, Zahnbürste und Becher, Sabine", las ich. Mehrmals noch las ich laut diesen Text. Obwohl ich mir überlegte, daß Sabine nach der Enttäuschung mit mir aus dem Alltag fliehen wollte, war ich doch über diese Art der Kontaktaufnahme sehr verwundert. Ja, ich fand es naiv und lächerlich zugleich.

Ich zeigte die Mallorcakarte teilweise im Mannschaftskreis. Sie empfanden Sabines Reaktion ähnlich wie ich. Manche nannten dieses kindliche Verhalten schlichtweg bescheuert. Unterdessen überlegte ich mir, womit ich ihr eine Retourkutsche verpassen könnte. Es kam mir die glorreiche Idee, alles in ein, wie man landläufig sagt, „Utzpaket" zu packen. Ich wählte einen Karton von einem halben Kubikmeter Volumen aus, in dem ich jedes Teil einzeln aufwendig verpackte. Jede Menge Füllmaterial vollendete das Paket. Gut verklebt gab ich die Warensendung bei einer Dienstfahrt in Gießen auf einer kleinen Poststelle ab. Eine Reaktion darauf blieb mir erspart.

Scherben und Erben

Am anderen Ende des Telefons meldete sich mein Bruder Lothar. „Kannst du heute zu mir kommen, ich hab etwas Wichtiges mit dir zu besprechen?" sagte er im bestimmten Ton. Ich ahnte, um was es sich handelte. „Um was geht es denn?", erwiderte ich mit einer Gegenfrage, auf die Lothar nicht einging. Und wieder fehlte mir der Mut, mit Selbstvertrauen und Entschlossenheit zu sagen: „In meinem Leben treffe ich meine Entscheidungen selbst".
Hätte ich mich daran erinnert, daß ich mich bei meiner Berufswahl so beeinflussen ließ, daß ich die falsche Entscheidung traf und die „Leere" fortsetzte, wer weiß wie ich jetzt reagiert hätte. So fuhr ich vor Trainingsbeginn zu ihm. Als ich gerade Platz genommen hatte, prasselte schon ein Redeschwall auf mich ein. Kurz danach gesellte sich auch mein Bruder Hugo hinzu.
Klar, es drehte sich alles um Sabine, das arme verstoßene Mädchen. Wie, und warum ich so etwas nur machen konnte, fragten sie mich und warteten erst gar nicht auf meine Antwort. Ich blieb ruhig und versuchte Hugos und Lothars Reaktion realistisch zu sehen.
Sabine paßte einfach nur zu gut in ihr konservatives Bild von einer Frau. Sie stand den beiden nach nur drei Monaten näher als Jutta, der nach knapp acht Jahren keiner eine Träne nachgeweint hatte.

An die genauen Einzelheiten der „Gardinenpredigt" erinnere ich mich nicht mehr. Doch etwas davon ist hängen geblieben. Wie z. B.: Ich wäre jetzt 28 Jahre (was nicht stimmte, ich war gerade seit fünf Monaten 27) und müsse jetzt doch endlich einmal 10 Jahre bei einem Betrieb arbeiten. Lothar und Hugo hielten mir vor, daß ich nach Berlin übersiedeln wollte. Und daß ich jetzt bereits so alt sei, daß es mit dem Handball doch fast schon vorbei wäre! Ich konnte es nicht glauben! Hatte ich mich gerechtfertigt, warum eigentlich?, wurde ich sofort mit einem anderen Thema konfrontiert. Lothar wußte noch von weiteren Einzelheiten, die ich Sabine oder ihren Eltern erzählt hatte. Zuerst fragte ich mich, ob er ein „Mäuschen" in Sabines Elternhaus versteckt hatte. „Ich hab mit Sabines Mutter telefoniert und fahr auch einmal hin!", sagte er wie selbstverständlich. Als ich es nicht mehr ertrug, bin ich aufgestanden, um ins Training zu fahren. Beim Hinausgehen redeten die beiden immer noch auf mich ein.

Einige Minuten hockte ich wie in Trance vollkommen aufgelöst in meinem Kadett. Das erste Mal nach meiner Depression mußte ich wieder weinen. Aber dieser Tag war noch nicht zu Ende. Sollte es noch schlimmer für mich kommen?

Auf der Heimfahrt vom Training fuhr ich bei meinen Eltern vorbei, um meine Wäsche abzuholen. Um absolut selbständig zu sein, wäre es besser gewesen, daß ich waschen und bügeln auch noch gelernt hätte. Von der Flurtüre die hinter die Theke führte, trat ich in die Gastwirtschaft ein. Meine Eltern saßen vorm Fernseher. „Guten Abend, ich hol meine Wäsche ab", sagte ich und ging direkt in die Küche. Ich schaute nach dem Wäschekorb, der sonst immer auf dem Stuhl zwischen der linken Speiseraumtür und der rechten Kammertür stand. Nur heute sah ich auf einen leeren Stuhl. Nachdem ich in der Kammer nachschaute, fand ich den Korb auf der Waschmaschine.

In diesem Moment kamen meine Eltern in die Küche. Meine Mutter kam wie immer, wenn etwas Unerfreuliches, Familiäres anstand, gleich zur Sache. „Das kannst du doch mit dem armen Mädchen nicht machen", sagte sie mit einem Blick der Bände sprach. „Erst machst du ihr Hoffnung und jeder sagt, was für ein gutes „Mensch“(Mädchen) sie sei. Mir tut sie jetzt richtig leid“, sagte sie mit einem Gesichtsausdruck der bei mir Schuldgefühle erzeugen sollte. Derartiges Interesse an meinen persönlichen Belangen war mir völlig neu. „Ihr habt euch doch früher nicht für mein Leben interessiert, warum gerade jetzt?“, antwortete ich in meiner Verzweiflung.

„Ich verfluche es, daß ich dir den ganzen Kram hier gegeben habe!,“ schrie Vater mit lauter Stimme und meinte die gesamte Hofreite damit, die ich letztes Jahr im Zuge der Erbschaft bekommen hatte. Doch diese Bemerkung brachte jetzt das Faß zum Überlaufen.

Voller Wut und Zorn nahm ich meine Wäsche und knallte Küchen- und Haustür zu. Mit tief verwundeter Seele saß ich nachher in meiner Wohnung und nahm mir vor, längere Zeit nicht mehr nach Hause zu fahren. Doch kurz danach sollte sich die Situation dramatisch verändern.

Frei und Unabhängig

Ich kippte mir einen hinter die Binde nach all dem, was ich heute zu hören bekommen hatte.

Am nächsten Tag rief ich Leni, die Schulfreundin meines Vaters an. Sie war mir in den letzten Jahren zu einer mütterlichen Freundin geworden. Ich erzählte ihr alles. „Die nächste Zeit werde ich meine Eltern nicht mehr besuchen“, sagte ich und hoffte auf ihr Verständnis. Diese Frau mit all ihrer Erfahrung aus 63 Lebensjahren versuchte mich zu beruhigen. Leni zeigte Verständnis, daß ohne Gefühle und Liebe keine Beziehung aufrecht erhalten werden kann. „Mach' das nicht“, warnte sie mich jedoch davor, mit meinen Eltern zu brechen.

Wenige Tage, nachdem mein Vater zum Jahreswechsel in Rente gegangen war, sollte für ihn ein langer Leidensweg beginnen. Wäre diese schwere Nieren-OP mit dreimonatigem Krankenhausaufent-

halt nicht gewesen, hätte er sich nun ganz auf Garten, einige Schweine und Gastwirtschaft konzentrieren können.
„Vater ist mit einer Thrombose ins Krankenhaus gekommen", sagte Mutter, als sie mich anrief. Schon am nächsten Tag fuhr ich in die Hessenklinik nach Wetzlar. Die Sache mit Sabine war vergessen. Wir sprachen über sein Befinden oder, wie meistens, über irgendwelche aktuellen Neuigkeiten. Nach einer dreistündigen Operation, in der er nochmal eine Thrombose bekam, wurde ihm eine Niere entfernt. „Ich hab doch erst in zwei Wochen Geburtstag", sagte er als ihm das Ärzteteam nach der OP gratulierte.
Mein Gott, „Babbes" Leben hing an einem seidenen Faden. Die ganze Geschichte mit der Trennung von Sabine spielte nun keine Rolle mehr für mich. Ich konnte mich ganz auf meine berufliche und sportliche Zukunft konzentrieren. Doch etwa ein Jahr später sollte diese Episode meines Lebens noch einmal aufflackern.

*

Das was ich Sabines Mutter erzählt hatte – nämlich für zwei Jahre nach Berlin zu gehen – das wollte ich nun verwirklichen. Ich bewarb mich bei einem Berliner Büro eines Herstellers für Steckverbindungen. „Wir möchten Sie gerne zu einem Vorstellungsgespräch nach Berlin einladen", sagte der Anrufer und fragte mich, wann es mir terminlich passen würde. „Selbstverständlich bekommen Sie Ihre Reisekosten erstattet", fügte er an und wies mich darauf hin, daß das Unternehmen das Flugticket bezahlen würde. „Super", dachte ich, mit dem Flieger in die Weltstadt zu düsen, noch dazu, wo zur Zeit die „GRÜNE WOCHE" stattfand. Nach der Landung in Tegel suchte ich per U- und S-Bahn den Firmensitz in einem unscheinbaren Haus in einer typischen Seitenstraße auf.
Herr Trautwein, der Leiter des Verkaufsbüros, der mich eingeladen hatte, begrüßte mich und bot mir im kleinen Besprechungszimmer einen Platz an. „Wie lange haben Sie denn vor in Berlin zu bleiben?", fragte er mich nach einigen Fragen allgemeiner Art. „So zwei- bis drei Jahre", antwortete ich und sah ihm an, wie sich förm-

lich seine Gesichtszüge verfinsterten. Nein, damit hatte er nicht gerechnet. „Ich bin davon ausgegangen das Sie langfristig in Berlin bleiben wollten. Da haben wir wohl aneinander vorbei geredet“, sagte er und wußte in diesem Augenblick, daß er mich am Telefon nicht danach gefragt hatte. „Bitte lassen Sie sich in der Buchhaltung Ihre Reisekosten auszahlen“, sagte Herr Trautwein und beendete das zehnminütige Gespräch.

*

Ehrlicherweise nein, ich hatte kein sportliches Angebot aus dem ostwestfälischen Lemgo. Ich hatte schriftlich mit dem Manager des Bundesligavereins Kontakt aufgenommen. Der TBV bekundete sein Interesse und so trafen wir uns im März ‘87 auf einer Autobahnraststätte zu Verhandlungen. Vertragsverhandlungen waren es nicht. Denn damals gab es noch keine Spieler mit schriftlichen Verträgen.
In meinem Schreiben hatte ich dem Verein mitgeteilt, daß mir das berufliche Fortkommen sehr wichtig wäre. Die beiden Herren boten mir an, daß ich mich bei drei! Industriebetrieben in der Region bewerben könnte. Sollte ich ihnen meine Zusage geben, könnte ich bei einem weiteren Gespräch in Lemgo bei den einzelnen Betrieben vorstellig werden.
Ich fand das Angebot interessant und lukrativ. Wir vereinbarten eine telefonische Entscheidung zu einem festgelegten Zeitpunkt. Da ich die Chance bekam, in einer expandierenden Firma zu arbeiten und noch mal in der Bundesliga aktiv sein konnte, war meine Entscheidung nach reiflicher Überlegung klar. Doch ich hatte die Rechnung ohne meinen Stammverein gemacht. Würden sie mir wirklich Steine in den Weg legen?
Da saßen sie nun, die zwölfköpfige Herrengruppe der Hüttenberger Vereinsführung im Privathaus eines ihrer fördernden Mitglieder. Mir wurde die Verdopplung meines monatlichen Salärs angeboten. Und zusätzlich noch die Übernahme meiner Restschuld für die Ausbildung zum Elektrotechniker. Auch durch das anschließende Wurstessen ließ ich mich nicht umstimmen. Ich stand

zu meiner Entscheidung. Im Prinzip war dieses Gespräch genauso überflüssig, wie das mit meinen Brüdern wegen Sabine. Doch ich verfügte nicht über die innerliche Stärke und eine gesunde Portion Egoismus, um diesen Termin abzusagen. Ich wollte etwas Neues ausprobieren. Doch warum hatte ich mit zweien dieser Männer mit angesehenen Berufen, in Zukunft noch zu tun?

*

Mit einem von Juttas Schwager geliehenen LKW zog ich Mitte Juni in ein Dorf unweit von Lemgo ein. Das zweistöckige Haus lag in einer Siedlung aus den 60er Jahren. Meine 2 ½ Zimmerwohnung im Erdgeschoß wurde mir schnell zur neuen Heimat. Zum Wohnzimmer, das nach vorne zur ringförmigen Straße lag, zählte noch ein kleiner Freisitz. Außer Schlafzimmer, kleiner Küche und Bad, besaß ich noch ein kleines Arbeitszimmer.
Die Vermieter gaben sich nett und hilfsbereit. Und ich spürte unter den Nachbarn, daß eine gute Gemeinschaft herrschte. Ich mußte noch einiges organisieren und mich an die neue Umgebung gewöhnen, bevor ich am 1. Juli '87 meine neue Arbeitsstelle im Einkauf eines größeren Industriebetriebs antreten sollte. Am Abend zuvor zog ich mir im Training eine Zerrung zu. Konnte ich am nächsten Tag die neue Stelle antreten?

Neu und Scheu

Die Lemgoer verpflichteten neben mir noch zwei weitere Spieler und einen neuen Trainer. Auf diesen in Fachkreisen unbekannten deutschen Coach setzte ich meine sportlichen Zukunftshoffnungen. Nach meinen ersten Eindrücken war der Verein sehr gut und sehr professionell geführt. Ebenso wie an die veränderte Lebenssituation mußte ich mich auch an eine neue Mannschaft und deren Umfeld gewöhnen.
Völliges Neuland bedeutete es für mich, daß innerhalb von 20 Minuten nach dem Training die Kabine wie leergefegt war, teilweise

deswegen, weil einige Spieler aus über 100 Kilometer Entfernung anreisten. Andererseits war der Handball für viele meiner neuen Mitspieler schon kein Hobby mehr, sondern ein sehr gut bezahlter Nebenjob.
In der Vorbereitung hatte ich mir ein härteres Training vorgestellt. Mitte August, im wichtigsten Abschnitt, konnte ich sogar übers Wochenende nach Hause fahren. Mit meinen Leistungen im Trainingslager bei Hannover und in den Testspielen war ich sehr zufrieden. Jedoch bemerkte ich, daß ich nur für die Linksaußenposition vorgesehen war. Und auf dieser Position war ich nur eine Alternative für den dienstältesten Spieler. Trotzdem rechnete ich mir gute Chancen aus. Relativ schnell erkannte ich, daß der neue Trainer sich als absoluter Theoretiker entpuppte. Würde er sich im harten Bundesligageschäft behaupten können?
Da zwei Spieler mehr als erforderlich zum Kader zählten, mußte der Coach vor dem ersten Bundesligaspiel die 12 benennen, die die erste Auswärtspartie bestritten. Weder vor noch nach meiner Verpflichtung hatte ich ein Gespräch mit dem Trainer geführt. Daran sollte sich auch vor dem ersten Spiel nichts ändern. Sollte ich mich so täuschen?
Würde Werner Hund sich dazu entschließen, einen gestandenen Bundesligaspieler wie mich nicht aufzustellen, nur weil ich für ihn ein unbeschriebenes Blatt war? – Denn als ich verpflichtet wurde stand der neue Coach noch nicht fest.

*

Auch am Morgen des ersten Arbeitstages hatte ich noch Schmerzen in der Wade. Mit dieser Verletzung konnte ich meine neue Arbeit nicht antreten. Was sollte ich tun?
Eigentlich brauchte ich nur zum Hörer zu greifen und dem Personalchef der Firma mitzuteilen, daß ich heute – da ich noch nicht einmal fahren konnte – die Arbeit nicht aufnehmen könnte.
Doch ich tat es nicht! Warum rief ich nicht an? Hatte ich draußen, außerhalb des Handballs im harten Lebensalltag so wenig Selbstvertrauen?

Ja, so mußte es gewesen sein. Denn wie ein Huhn ohne Kopf lief ich umher und wußte nicht, was ich machen sollte. „In der Nachbarschaft wohnt jemand, der dort arbeitet", sagte mir meine Vermieterin. In aller Herrgottsfrühe klingelte ich beim Haus gegenüber. „Bitte entschuldigen Sie mich für heute", sagte ich dem jungen Mann an der Tür. Ich ging in meine Wohnung und fühlte mich etwas erleichtert.

Als ich am nächsten Tag zur Arbeit erschien, sollte ich vom jüngsten Personalchef dem ich jemals gegenüber saß, eine Moralpredigt zu hören bekommen. Er, so sagte der schlanke etwa gleichaltrige Yuppytyp, wäre auf jeden Fall gekommen. Selbst auf einem Bein. Aber daß ich mich von irgendeinem Mitarbeiter hatte entschuldigen lassen, war einfach dumm und machte den schlechtesten Eindruck. Frei nach dem Kinofilm „Angst essen Seele auf".

Der Personalleiter schob mich erst einmal in die Entwicklungsabteilung ab, wo die Geschäftsführung jedoch schnell feststellte, daß ich dort wahrlich fehl am Platze war.

Danach wurde ich in der Fertigung und im Lager für die zukünftige Tätigkeit eingearbeitet. Ich hatte mich sehr darauf gefreut. Doch dann ...

Sessel und Tatort

Durch Jan, den ich in der Sommerpause bei einem Kick in der örtlichen Sporthalle kennenlernte, bekam ich den Tip der Topadressen in Lemgos Nachtleben. Eine Kneipe am Stadtrand mit herrlichstem Biergarten wurde mir zum Stammlokal. Hier lernte ich das im Westen so berühmte Alt-Schuss-Bier kennen.

Das Pub-ähnliche Lokal wurde von einem ehemaligen 2. Liga-Fußballspieler geführt, ein Individualist, ein bunter Hund mit der Haarpracht der 70er, der immer einen guten Spruch auf Lager hatte. Die weibliche Bedienung fiel mir alleine wegen ihrer Freundlichkeit sofort auf. Rein äußerlich nicht der Typ Frau, nach dem ich mich sofort umdrehen würde. Jedoch strahlte Klaudia eine Herzlichkeit und Wärme aus, die mir, so allein in der Fremde, gerade fehlte. Mit Jan und seinen Freunden fuhr ich eines Freitagabends zu meiner Stammkneipe. Irgendwann an diesem feuchtfröhlichen Abend wollte unser Chauffeur nach Hause. Wir ließen ihn fahren, denn Klaudia, die heute den Laden alleine schmiß, wollte uns nach dem Zapfenstreich heim fahren.

Als Klaudia bis auf mich alle anderen abgeliefert hatte, fuhr sie mich in den Lemgoer Stadtteil. „Willst du mit reinkommen?", fragte ich sie, ob sie nicht Lust auf einen „Absacker" hatte. Ich zeigte ihr die Wohnung, bevor sie auf dem Wohnzimmersessel Platz nahm. Wir küßten uns voller Leidenschaft, wie schon zuvor im Auto. Ich begann sie zu streicheln. Ich spürte, daß auch Klaudia Sex haben wollte. Halb ausgezogen gingen wir ins Schlafzimmer. Bei der Liebe wirkte sie kühler und zurückhaltender, als ich sie von der Kneipe her kannte. Als wir uns später in der Kneipe wiedersahen, überkam mich wieder dieses komische beklemmende Gefühl, daß es nur Sex und keine Liebe war. Im Nachhinein kamen bei mir Ängste auf, daß ich eine Frau, die ich mochte, aber die ich nicht liebte, geschwängert hätte. Seit dem Ende der Beziehung mit Sabine hatte ich sehr unregelmäßig Sex, und die Lust auf ein sexuelles Abenteuer empfand ich wesentlich stärker, als die Angst vor ernsten Folgen.

Eines Sonntagabends, während ich mir einen „Tatort" ansah, bekam ich überraschend Besuch.

Eine der beiden Geschwister aus der Nachbarschaft, mit denen ich schnell in Kontakt kam, stand vor der Tür. Katja machte es sich neben mir auf der Couch bequem. Wir naschten an einer Packung Chips und sahen in die Röhre. Irgendwie bemerkte ich, daß sie nicht wegen des Krimis gekommen war. Wie die Teenager suchten wir Kontakt zueinander. Katja wollte es, hier und jetzt und sofort. Sie senkte ihren Kopf über die Couchlehne, unweit des laufenden Fernsehers. Wie ein routiniertes Liebespaar entledigten wir uns der Kleidung. Als ich Katjas feinen zarten Busen berührte, spürte ich die jugendliche Festigkeit, dieses äußeren Zeichens ihrer Weiblichkeit. Ihre vollen Lippen und ausdrucksvollen Augen prägten Katjas weiches Gesicht. Das dunkelbraune Haar trug sie bis auf den Nackenbereich kurz.

Da ich mit einer neuen Partnerin nicht sofort die komplizierteste Stellung auswählte, liebten wir uns in der Missionarsstellung. Ich spürte, daß sie über eine ausgesprochen gute Körperspannung und Beckenmuskulatur verfügte, durch die der Sex mit ihr sehr viel Spaß machte. Nachdem ich Katja mit einem innigen Kuß verabschiedet hatte, blieb wieder dieses unbeschreibliche Gefühl zurück. Da ich wiederum nach neuen Reizen Ausschau hielt, blieb es bei diesem einmaligen Erlebnis.

Ersatz und Retour

„Für den Bundesligaauftakt am kommenden Samstag gebe ich die Mannschaftsaufstellung bekannt", drang des Trainers weiche Männerstimme durch den Nebenraum der heutigen Lipperlandhalle. Mein Gefühl von den letzten Trainingseinheiten hatte mich wieder einmal nicht getäuscht. Ohne ein persönliches Gespräch vor oder nach seiner Entscheidung, verkündete er meinen Namen als Ersatzspieler. Ich stand also noch nicht einmal im Kader. Als Ersatzmann sollte ich aber mit der Sporttasche mitfahren. Ich war enttäuscht und wütend zugleich. Wie so oft in meinem Leben, hatte mich diese feige Unart, negative Empfindungen und Entscheidungen der betreffenden Person nicht direkt kundzutun, in Rage gebracht.
Lieber eine kurze persönliche Erklärung nach der Besprechung, verbunden mit einem Signal, daß ich wichtig und nicht abgeschrieben für das Team war, als einen einfach links liegen zu lassen. Obwohl der Betreuer vehement versuchte mich umzustimmen, stand für mich die Entscheidung fest, nicht als Tourist nach Unterfranken zu fahren. In panischer Erregung sah ich die Gefahr, ein Jahr lang in Ostwestfalen zu versauern.
Damals galt die Regelung, daß ein Bundesligaspieler in einer Saison nur in einer Bundesligamannschaft spielen durfte. Hätte ich zum Kader gehört, wäre meine Zukunft zumindest für die nächsten 12 Monate geklärt gewesen. Und somit wäre mein weiteres Leben neu geschrieben worden. Vielleicht hätte ich meine Zelte für immer im Ostwestfälischen aufgebaut. Wer weiß, wer weiß.

Aus dem Gefühl und dieser Situation heraus – bei diesem Trainer, dessen Ablösung ich im Januar'88 voraussagte – nichts bewegen zu können, nahm ich wieder Kontakt zu meinem Heimatverein auf. Just zu dieser Zeit hatte der zweite Vereinsvorsitzende ein sehr lukratives und interessantes Angebot für mich. Auch wenn ich mich nicht umstimmen ließ und nicht mit zum ersten Bundesligaspiel mitfuhr, rechnete ich fest damit, daß ich mit dem Lemgoer Manager ein positives Gespräch haben würde. Nach dem Dienstagstraining traf ich mich in einer Umkleidekabine mit dem Manager. Er war von meinem Heimatverein bereits informiert worden, daß sie mich wieder zurückholen wollten.
Ich hatte immer noch nicht verstanden, daß auch in den 80er Jahren die Bundesliga ein knallhartes Geschäft war. Ich war sehr enttäuscht. Weder redete er mir Mut zu, noch unternahm er den geringsten Versuch mich umzustimmen. Dieses unpersönliche Gespräch, in dem ich die schon damals sehr professionelle Führung des heutigen Spitzenteams bemerkte, endete mit Büdenbenders Schlußbemerkung: „Wem es hier nicht gefällt, der kann gehen“. Damit war alles gesagt und das Kapitel Lemgo und Bundesliga für mich geschlossen. Auch wenn ich zum wiederholten Mal eine Offerte von einem anderen einheimischen Verein bekam, war es jedoch aufgrund des beruflichen Angebots von Hüttenberg uninteressant.
Den Meister der Produktion weihte ich zuerst in meine Absichten ein. Er, der morgens immer durch die Halle lief um jeden Mitarbeiter per Handschlag zu begrüßen, zeigte Verständnis für meine Pläne. Die angebotene sichere Anstellung im öffentlichen Dienst bei einem Geldinstitut gab den Ausschlag, daß ich zum 30. September '87 kündigte. Ich packte meine Siebensachen und zog in mein geerbtes Elternhaus ein. Die beiden Nachbarmädels halfen mir beim „Retourumzug“. Abends, vor der letzten Nacht – ich hatte nur noch eine Matratze in meinem Schlafzimmer, kam Katjas Schwester Kerstin, die einen besonderen Reiz auf mich ausübte. Sie kam rüber, um sich von mir zu verabschieden. Wir saßen auf dem Schlafzimmerboden und tranken aus einem Glas, einen „Pic-

colo". Ich legte meinen Arm um Kerstin und küßte sie. Nur allzu gerne hätte ich in diesem Moment mit der molligen, aber im Gesicht sehr schönen Frau Sex gehabt. Doch ich hatte ja erst ihre Schwester verführt – Pech gehabt!

Reden und Schweigen

Interessiert schaute ich mir beim Rundgang die Bank an. Es handelte sich um eine Service-Techniker-Stelle, in der ich jede der 54 Geschäftsstellen zu betreuen hatte, und kleinere Reparaturen ausführen sollte. Da die Stelle ohne Hinzuziehung des Personalrats zwischen dem Direktor und dem zweiten Vorsitzenden an mich vergeben werden sollte, wurde absolutes Stillschweigen vereinbart. Mittlerweile war ich bei meinen Eltern wieder eingezogen. Die beiden Zimmer über der Küche, die meinen Großeltern als Schlaf- und Ankleidezimmer dienten, renovierte ich mit einem Bekannten, den ich bereits seit frühster Kindheit kannte. Nachdem ich ihn nur noch sporadisch sah, sollten wir uns Jahre später auf schicksalhafte Weise wieder begegnen.

*

Da saß ich nun mit den zwei Herren in einem Lokal eines Sportcenters zusammen. Neben dem Stellenangebot hatte ich nicht mehr an die Vereinstantiemen gedacht. Das von ihnen vorgebrachte finanzielle Angebot empfand ich als eine absolute Frechheit. Meine Aufwandsentschädigung lag fast 70 Prozent! unter der vor dem Lemgowechsel.

Doch ich saß in der Klemme. Wollte ich diese Stelle, dann mußte ich zusagen. Und so stieg ich beim Verein in der Käsemetropole notgedrungen wieder ein.

Da ich anfangs noch nicht spielberechtigt war, wurde ich nach einer Partie von einem Lokalsportreporter nach meiner sportlichen und beruflichen Zukunft befragt. Wahrscheinlich hatte er bereits davon Wind bekommen, daß ich die schnelle Rückkehr ins

Mittelhessische nur wegen einer guten beruflichen Perspektive gewagt hatte, dachte ich mir. Obwohl ich genauestens darüber informiert war, daß ich den Mund zu halten hatte, registrierte ich nicht, was ich dem Mann mit dem Notizblock erzählte.
Dafür konnte ich es am Montagmorgen in der Zeitung lesen. Zwischen dem Spielbericht stand ein Artikel mit der Überschrift: „H-G. Weber kehrt nach Hüttenberg zurück". Im weiteren Text las ich, daß ich eine Arbeitsstelle bei dem Kreditinstitut mit dem roten Emblem in Aussicht hätte. Noch am Vormittag rief mich der zweite Vorsitzende an.
„Als der Bankchef zum Frühstück den besagten Artikel gelesen hat, ist er aus allen Wolken gefallen", sagte mir Richard Gerth mit vorwurfsvoller Stimme. „Nunmehr muß alles seinen normalen, korrekten Gang gehen, d. h. der Personalrat, der ja jetzt bestens informiert ist, muß mit eingeschaltet werden", sagte er weiter. „Die Stelle wird nun offiziell ausgeschrieben, das wird jetzt verdammt schwer für dich", machte er mir unmißverständlich klar. Aufgrund der Vielzahl der Bewerbungen hatte ich keine Chance mehr. Ich war weg vom Fenster. Ich verschlechterte mich nicht nur sportlich von der Bundesliga in die 2. Liga, sondern ich hatte jetzt auch keine eigene Wohnung und keine Anstellung.
Mittels eigener Stellenanfragen bemühte ich mich sofort um einen neuen Arbeitsplatz. Mir wurde klar, daß ich mich etwa vier Wochen bis November '87 zu Hause beschäftigen konnte. Würde ich bis dahin keinen Job gefunden haben, hatte ich Angst davor, immer tiefer in ein seelisches Loch zu fallen. Durch die Vermittlung von Herrn Gerth bestand die Möglichkeit, im Dezember bei einem Gießener Kaufhaus als Auslieferungsfahrer zu arbeiten. Ich nahm die Gelegenheit wahr und trat die Weihnachtsaushilfstätigkeit an. Die Fahrten vom Lager in die Warenhäuser nach Gießen und Siegen sollten meine Hauptaufgabe sein. Zwischendurch fuhr ich als Beifahrer zur Auslieferung mit. Von Geschenkkörben bis zu Katzentürmen und Fitnessgeräten wurde alles, was das Herz begehrt, im Umkreis von zirka 50 Kilometern ausgeliefert.

Kurz vor Weihnachten rief ein Herr Kohler bei meiner Mutter an. Da meine Stellenanfrage schon eine Weile her war, konnte ich mir nicht erklären um welche Firma es sich handelte. Nach Feierabend telefonierte ich mit Herrn Kohler. Ich freute mich, daß ich am 4. Januar '88 in diesem renommierten Konzern zum Vorstellungsgespräch kommen durfte. Sollte ich, wo ich den Fuß schon in der Tür hatte, es schaffen, die Einkäuferstelle in dieser Weltfirma zu bekommen?

Traumfrau und Annoncen

Zu Hause fühlte ich mich oft alleine. Ich fing wieder an meiner Traumfrau nachzujagen. Da ich wieder nicht den Mut hatte Beate anzurufen, versuchte ich schriftlich mit ihr Kontakt aufzunehmen. Sie antwortete und beim nächsten Brief nannte ich ihr einen Treffpunkt. Doch die Verabredung der von mir so angehimmelten Frau verwelkte wie ein Rose in meiner Hand. Öfters saß ich abends in meinem zur Wohnstube eingerichteten „Vorzimmer".

In meiner größten Not des Alleinseins kam mir – wie schon in Lemgo, als ich mich bei einem Heiratsinstitut bewarb – der Gedanke, mich auf eine Partnerannonce zu melden. Die Unbekannte rief mich an und wir trafen uns in einem Café mitten in der Gießener City.

Bei einer Tasse Kaffee lernten wir uns kennen. Mir fiel auf, daß ihre Hände und Fingernägel sehr ungepflegt wirkten. In unserer weiteren Unterhaltung hatte ich den Eindruck, daß die alleinerziehende schlanke Frau mit glatten halblangen Haaren sehr frustriert war. Auch sie bemerkte schnell meine Enttäuschung. „Bei mir hat sich kein Feuer entfacht", sagte ich ihr offen und ehrlich und beendete das Treffen. In der Nähe der Johanneskirche verabschiedete ich mich von ihr und wünschte ihr alles Gute.

Tags darauf saß ich am Mittagstisch bei meinen Eltern, als das Telefon klingelte. Mein Bruder Hugo der zu Besuch war, ging ans Telefon. „Für dich" sagte er. „Wer ist denn dran?" fragte ich. "Eine junge Frau", sagte Hugo. „Sag ihr, daß ich nicht zu sprechen bin", antwortete ich ihm zu seiner Überraschung. „Nun geh schon endlich dran", forderte mich Hugo ständig auf mit der mir fast fremden Frau zu sprechen und mischte sich in mein Leben ein. Nach dem dritten Anruf ging ich wohl oder übel ans Telefon. „Ich hab` dir bereits gestern alles gesagt", erklärte ich ihr. Sie warf mir noch einige abfällige Bemerkungen, die ihre Enttäuschung zum Ausdruck brachten, an den Kopf, bevor ich auflegte.

*

Jetzt freute ich mich auf Weihnachten und Silvester. Ich wünschte mir, daß dieses turbulente Jahr endlich zu Ende ging. Heiligabend hatte ich mich bei meinem Bruder Hugo angemeldet. Genau so gut wie an diesem Geburtstag Christi hätte ich auch an einem ganz normalen Samstagabend die Familie meines Bruders besuchen können. Da der Fernseher während des Weihnachtsabends ständig lief, empfand ich den ganzen Rahmen dieser Heiligen Nacht als wenig feierlich. Selbst auf meinen schon obligatorischen Krabbencocktail mußte ich notgedrungen verzichten. Zudem war es für mich das erste Weihnachten seit 1978, das ich ohne Jutta, also ohne Freundin verbrachte.

Silvester fiel mir nichts besseres ein als in die Dorfkneipe zu gehen. Mit mehreren befreundeten älteren Paaren langweilte ich mich genauso wie an Weihnachten. Wir warteten, daß die Kirchturmuhr das Neue Jahr einläutete. Ich wünschte mir für 1988, daß es mit der Stelle bei Schenk klappen würde, und daß ich nicht mehr mit aller Macht auf der Suche nach einer Frau fürs Leben sein würde. Und es sollte sich im neuen Jahr sehr viel verändern. Mehr als ich mir jemals überhaupt vorstellen konnte.

Rasende Liebe

Das Meine und Die Eine

Nach einer Betriebsführung mit dem Einkaufsleiter fand das eigentliche Vorstellungsgespräch mit Betriebs- und Geschäftsleitung statt. Für die beiden Herren des Montageunternehmens zeigte sich erklärungsbedürftig, warum ich in Lemgo die Stelle so schnell aufgegeben hatte. Ich mogelte zu meinem Vorteil und sagte ihnen, daß mein Vater schwer erkrankt sei und ich deshalb nach Hüttenberg zurückkehrte.
Ohne weitere Nachfragen kam ich nicht in Verlegenheit, die wahren Gründe für diese schnelle Rückkehr zu nennen. Auf die Frage nach meinem Sport gab ich an, daß ich mit Verletzungen nie Probleme hatte und ich nun so langsam kürzer treten wolle. Ohne daß ich es zu diesem Zeitpunkt wirklich geglaubt hätte – aber irgendwie wünschte, sollte dies in nicht allzu ferner Zukunft Wirklichkeit werden.

*

Es klappte, ich bekam einige Tage später die Stellenzusage. Ich war stolz und froh zugleich, in solch einem traditionsreichen Unternehmen als Einkaufssachbearbeiter am 18. Januar '88 beginnen zu können.
Das Tochterunternehmen mit zirka 80 Beschäftigten befand sich im mittleren Bereich eines Industrieparks, in dem noch weitere fünf Konzernbetriebe ihren Firmensitz hatten. Die Verwaltungsbüros befanden sich im Paterre in einem vorgelagerten Anbau der Produktionshalle. Da das 1979 gegründete Unternehmen von Beginn an stark expandierte, sollte noch in diesem Jahr ein Neubau direkt hinter der alten Fertigungsstätte bezogen werden. Herr Kohler, mein neuer Chef und ich teilten uns das Büro. Vom ersten Tag an setzte er sein Vertrauen in mich. Er ließ mich sehr viel Verantwortung übernehmen und gestand mir viele Freiheiten zu. Daß zu 90 Prozent für einen heimischen Großkunden spezifisch gefertigt wurde, erleichterte mir die Einarbeitung. Bevor ich eingestellt

wurde, hatte Herr Kohler, der untersetzte Mann mit schwarzem Lockenschopf, keinen längeren Urlaub nehmen können. Jetzt, wo ich sein Stellvertreter war, plante er im März/April für drei Wochen mit dem Wohnmobil zu verreisen.
Schnell sprach es sich im Betrieb herum, daß ich als Junggeselle lebte. Ohne daß es mir anfangs auffiel, kam jeden Morgen eine von den vielen jungen Frauen aus der Fertigung ins Büro geschneit und kochte Kaffee. Doch sie, die kleine Mitarbeiterin mit der kräftigen Figur, fiel mir nicht sonderlich auf. Um so mehr erinnerte ich mich an Jürgens Spruch am Silvesterabend. „Jetzt wo du Arbeit hast, kommt das mit der Freundin ganz alleine".

*

Bei den beiden großen Elferratssitzungen – in denen ich mit dem Lied „Ich will wieder hoam" aufs Korn genommen wurde – saß ich alleine im Publikum. Nun stand das Faschingswochenende vor der Tür. Es war wieder einer von diesen Sonntagen wo ich nichts so recht mit mir anzufangen wußte. Mir fiel ein, daß Jürgen und die anderen befreundeten Paare zu einem Faschingszug in ein kleines Dorf in der Wetterau fahren wollten. Ich rief bei Jürgen an und fragte, ob sie noch einen Platz für mich frei hätten. Um kurz nach 13 Uhr wurde ich im Kleinbus des Hüttenberger Originals Wilhelm abgeholt. Nachdem der große farbenprächtige Umzug in dieser Faschingshochburg zu Ende war, ging ich mit den drei Ehepaaren in ein Lokal mit dem schönen Namen „Friedenseiche". Vor dem Eingang stand am Straßenrand die Reitereskorte, die den Umzug angeführt hatte. Eine schlanke, groß gewachsene junge Amazone mit langen blonden Haaren, sprach mich beim Hineingehen an. „Würdest du so nett sein, jemand etwas auszurichten?" fragte mich die Reitersfrau. „Ich kenne hier niemand", antwortete ich und gab ihr zu verstehen, daß ich dieser Bitte nur schwer nachkommen konnte. Ich bot ihr an, sie möge rein gehen, und ich würde derweil ihr Pferd am Zügel festhalten. Als sie zurückkam tranken wir auf der Straße einen Cognac. In der großen Bürgerhaus-Narhalla ging die Party richtig los, gab sie mir zu verstehen. Auch wir Sieben Närrischen zogen eine Zeitlang später

in den großen geschmückten Fastnachtssaal ein. Die Stimmung war fröhlich und ausgelassen. Hier traf ich die Pferdeliebhaberin wieder und wagte den einen oder anderen Tanz mit ihr. „Schwer was los hier, echt gut“, sagte ich und lächelte sie an. „Bist du morgen oder am Faschingsdienstag auch wieder da?“, fragte ich die Blondine. „Rosenmontag bin ich da, ist besser, da sind nämlich mehr Jüngere hier“, antwortete sie und verschwand in der närrischen Menge. Abends in der Sektbar hatte ich einen heißen Flirt mit einer wesentlich älteren Frau. Wir küßten uns leidenschaftlich. Auch ohne daß ich mich traute, sie darauf anzusprechen, hatte ich das Gefühl, sie hätte noch mehr gewollt. Spätabends wurden wir von Wilhelm abgeholt.
Wegen dieser attraktiven Reiterin fuhr ich Montags nach dem Training mit meinem Mannschaftskameraden Volker zum Rosenmontagsball. Mit einem peppigen T-Shirt ließ ich mir am Eingang der Narrenhalle einen Stempel verpassen, bevor Volker und ich den farbenfrohen Saal betraten. Ich suchte unter all den Verkleideten nach ihr, der Pferdenärrin und Tochter des hiesigen Sportvereinsvorsitzenden, wie ich von Jürgen erfuhr.
Doch plötzlich, als ich mich auf der Tanzfläche umschaute, stand eine „Maske“ vor mir und bat mich mittels Zeichensprache um zwei Tänze. Schon nach den ersten Schritten hatte ich das Gefühl, mit ihr über den Tanzboden hinwegzuschweben. In den Hüften bewegte sie sich mit atemberaubender Lockerheit. Ihre Wahnsinnstaille machte mich auf ihr ganzes Äußeres neugierig. Da sie von Kopf bis Fuß, von Gesichtsmaske bis zu ihren roten Stiefeln wie eine Märchenfigur gekleidet war, konnte ich mir nur vage vorstellen, wie sie aussah.
Obwohl mir durch den Kopf schoß, sie wäre etwas zu klein und zierlich für mich, hatte sie solch eine Ausstrahlung auf mich, daß ich sie nach mehreren Tanzrunden ansprach.
„Wann kommt denn diese Maskerade runter?“, fragte ich die schöne „Verkleidete“. Da sie, um möglichst unerkannt zu bleiben, nicht mit mir redete, zeigte sie mir auf ihrer Uhr, daß um Mitternacht Demaskierung wäre. „Gut, dann komme ich um Zwölf wieder hierher“, sagte ich und zog an einen Tisch, wo frühere Mannschaftskameraden von Volker saßen.

Die Reiterin, wegen der ich überhaupt gekommen war, hatte ich in diesem Augenblick bereits vergessen. Ich war in Superlaune. Wir hatten Spaß und tolle Stimmung.
So geschah es, daß der Zeiger der Saaluhr schon nach 0 Uhr zeigte, als ich vor der Bühne nach ihr suchte. Meine Augen, die voller Vorfreude strahlten, hielten nach dieser „Maske" Ausschau. „Sollte mich etwa heute Nacht das Glück verlassen?", fragte ich mich.
Sekunden später stand sie wie eine Fee vor mir. „ Suchst du mich?" rief eine schöne Frauenstimme und zwickte mich. „Ja;" antwortete ich kurz, um gleich, nachdem sie sich demaskiert hatte, das Tanzbein zu schwingen. Ihre Augen funkelten. Ihr Gesicht strahlte eine Wärme aus, die mich auf den ersten Blick beeindruckte.
Ich lud sie in die Sektbar ein. In der brechendvollen Bar fanden wir in der hintersten Ecke noch ein Fleckchen. Schon nach den ersten Minuten unserer Unterhaltung hatte ich das Gefühl, daß sie die richtige Frau für mich sei.
„Ich heiße Hans-Georg", sagte ich und erzählte ihr davon, daß ich in der 2. Bundesliga Handball spielte. Ina konnte sich aber nichts darunter vorstellen. Wie sie mir später gestand, verglich sie es mit jemand der in der Kreisklasse ihres Heimatortes Fußball spielen würde. Ich berichtete ihr von der Geschichte auf dem Weg zu meinem neuen Arbeitsplatz. „Ich komme aus Lich", antwortete sie auf meine Frage woher sie käme. „Ich arbeite im Landhandel meines Vaters", sagte sie weiter. „Ich bin die Ina", nannte sie mir ihren Namen. Ina!, Ihr Vorname war mir so ungeläufig, daß ich zuerst Tina verstand.
Ich spürte, daß auch bei ihr die Funken sprühten, als ich ihr von meiner geplanten Reise nach Israel erzählte. Da sie ebenfalls dort bereits einen Urlaub verbracht hatte, tauschten wir uns über die gemachten Erlebnisse aus. Somit hatten wir sofort eine Gemeinsamkeit zwischen uns hergestellt. Als wir uns zuprosteten lächelte uns die Bedienung, die mich gestern beim Flirt beobachtet hatte, freundlich an. Spürte sie, wie sich zwischen uns etwas anbahnen sollte?
Innig und leidenschaftlich küßten wir uns. Zärtlich tauschten Ina und ich Zungenküsse aus. Zwischendurch tanzten wir und ließen

uns die ganze Nacht nicht mehr aus den Augen. Obwohl ich arbeiten mußte, war es mir egal, wann ich nach Hause kam. Als ich mich mit Volker um halb vier bei ihr verabschiedete, hatten wir uns für den Faschingsdienstag um 16 Uhr in der „Fastnachtsmeile“ in Gießen verabredet. Ich konnte es kaum erwarten, sie wiederzusehn.
„Das ist sie jetzt, das ist die Richtige“, sagte ich zu Volker kaum nachdem wir im Auto saßen. Während der Heimfahrt stellte ich mir im Gefühl des überschwenglichen Glücks vor, daß Ina und ich ein Jahr später bereits ein Kind haben sollten. Würde meine Prophezeiung zutreffen?

*

Unterhalb des „Balbergs“ fand wie jedes Jahr der traditionelle Faschingsumzug statt. Dieser Ortsteil der Großgemeinde meines neuen Arbeitgebers war ebenfalls eine Hochburg des Karnevals. Mit einigen Vorgesetzten meiner Firma schaute ich mir den Zug mit der Vorfreude an, nachher Ina zu treffen. Für einen Moment lang stockte mein Blut in den Adern. Sabine, meine Kurzzeitgeliebte, marschierte mit ihrem Musikzug an mir vorbei. Glücklicherweise sah sie mich unter all den Zuschauern nicht.
Um kurz vor vier stand ich vor der Kneipe, in der ich mich mit Ina verabredet hatte. Als Krankenschwester verkleidet kam sie mit ihrer Freundin Renate „blutverschmiert“ aus dem Lokal. Ina stellte mich Renate vor. „Hier ist zuviel Trubel“, sagte sie mit einem verschmitzten Lächeln.
Ich ging mit Ina stadtauswärts der Straße in eine kleine Pinte. Während in der Kneipe gegenüber ausgelassene Faschingsstimmung herrschte, war hier im „Palmengarten“ geradezu gähnende Leere. Uns beiden war dieser Umstand nur recht. Konnten wir uns doch ungestört an der Theke unterhalten. Nachdem ich uns ein Getränk bestellt hatte, plauderten wir locker.
„Ich muß dir mal eine Frage stellen. Was sagst du dazu, daß ich im Kirchenvorstand arbeite?“ fragte sie mich und schaute mir tief in die Augen. „Na und, warum denn nicht!“, antwortete ich locker.

„Hättest du zu lachen angefangen“, so sagte sie mir später, „wären deine Karten schlecht gewesen“. Auf einem Notizzettel notierte ich mir ihre Telefonnummer und bewahrte ihn auf sorgfältigste Weise auf. „Ich ruf dich morgen von Jürgens 42. Geburtstag an“, sagte ich zu ihr, nachdem wir den „Palmengarten“ verlassen hatten.
Dieser 17. Februar '88 war auch der Geburtstag meiner Mutter. So kam es, daß ich Jürgen auf's herzlichste gratulierte, als seine Gäste am Abend im kleinen Wohnzimmer seiner schönen Hofreite gemütlich beisammen saßen. Ich erzählte Jürgen und seiner Frau, wie ich Ina kennengelernt hatte. Ich hatte ihr versprochen mich heute Abend zu melden. „Kann ich sie von eurem Telefon aus anrufen?“ fragte ich Jürgens Frau Marion. Ich nahm das Telefon mit in die Küche, von wo ich auf dem Boden sitzend mit ihr telefonierte. Wir hatten uns sehr viel zu erzählen. Es war das längste Telefongespräch, das ich jemals geführt hatte.

Silos und Tee

Ein paar Tage später besuchte ich Ina abends in dem kleinen Licher Stadtteil. Das Wohnhaus befand sich gegenüber dem Landhandelsbetrieb mit seinen Silos. An der Türklingel konnte ich erkennen, daß Ina im Dachgeschoß, im Parterre ihre Eltern, und im 1. Stock eine Familie namens Langsdorf wohnte. Mit großen Schritten ging ich die Marmorstufen hoch. Ina erwartete mich an der Eingangstür ihrer Wohnung. Freundlich lächelnd empfing sie mich und gab mir einen Kuß. Sie führte mich ins Wohnzimmer. Durch wenige Blicke erkannte ich, daß sich Inas Charakter in der gesamten Einrichtung des Zimmers widerspiegelte. „Die Rauhfasertapete an den Wänden habe ich eigenhändig pastellfarben gestrichen“, sagte sie als ich das Zimmer bestaunte. „Setz dich“, sagte sie und bot mir einen Platz auf der kleinen schnuckeligen Polstercouch an. Außer der Wohnzimmerschrankwand aus Fichte befand sich noch ein älterer Schrank und ein schöner Schreibtisch in dem 25 m^2 großen Dachwohnraum. Neben dem kleinen Schwarz-Weiß-

Fernseher, zwischen Couch und Sessel versteckt, ragten viele Grünpflanzen in den Raum. Vom ersten Moment an fühlte ich mich wohl. Ohne viel zu reden ließen wir unsere Gefühle sprechen. Wir verabredeten uns für die kommende Woche. Obwohl es sich zeigte, daß wir vom Typus her sehr unterschiedlich waren, lagen wir doch auf einer gemeinsamen Wellenlänge. In jeder Beziehung fanden meine Antennen die geistige Nahrung, nach der ich mich sehnte.

*

Mit einer handfesten Angina war ich Anfang März ans Bett gefesselt. Da ich mich in meiner neuen Firma sehr wohl und sicher fühlte, machte es mir keine Probleme, mich nach diesen ersten sechs Arbeitswochen krank zu melden. Ich war sehr traurig darüber, daß ich nicht wie versprochen zu Ina fahren konnte. Als ich sie anrief und von meiner Krankheit erzählte, spürte ich sofort, daß sie bitter enttäuscht war. Ina dachte ich wäre auch einer von den Kerlen, die sie auf diese Art abservierten. „Glaub mir, ich bin wirklich krank“, erwiderte ich auf ihre Reaktion. „Wenn du willst, kannst du mich ja besuchen“, sagte ich und bot ihr an nach Hüttenberg zu kommen. „Außerdem habe ich schon Prospekte für einen Urlaub geholt, falls es zu zweit mit Israel nicht klappen sollte“, deutete ich an, daß ich es ernst mit ihr meinte. Am Spätnachmittag tags darauf stand Ina wie bei „Rotkäppchen“ mit einem vollen Korb vor meinem Bett. Ich erinnere mich noch an Jagertee und selbstgebackenen Kuchen. Kurz danach stand meine Mutter ebenfalls in meinem Zimmer. „Weber!“, stellte sie sich bei Ina vor. Sie wollte doch mal sehen, welche junge Frau ich zu mir bestellt hatte. Ina und ich unterhielten uns über den Urlaub. „Ich schreibe den Salzers aus Israel und frage sie, ob wir beide unseren Urlaub bei ihnen verbringen können“, sagte ich mit heiserer Stimme zu Ina.
Als ich wieder gesund war, sahen wir uns regelmäßig zwei bis dreimal die Woche bei ihr. Eines Samstagnachmittags hatte Ina eine wunderbare Kaffeetafel im Wohnzimmer vorbereitet. Es war die erste Nacht, die ich bei ihr blieb, und es war wunderschön.
Bei einem Jugendendspiel wollte ich Ina das Handballregelwerk

erklären. Kurz vor dem Anpfiff ging eine blonde Frau an unserer Sitzreihe vorbei. Sie begrüßte mich und redete kurz mit mir. „Das ist deine Ex“, flüsterte mir Ina ins Ohr, als Jutta weiterging. „Wie hast du denn das bemerkt?“ fragte ich sie mit erstauntem Blick. „In dem wie sie mit dir sprach und dich anlächelte“, antwortete sie. Auch wenn ich Jutta noch Monate später sah, verspürte ich Gefühle für sie.

*

Auch ohne eine Freundin hatte ich in diesem Jahr noch vor gehabt, den Gaststättensaal auszubauen. Ich sprach mit Ina darüber, ob wir das Vorhaben für uns als gemeinsame Wohnung gestalten wollten. „Aber mit meiner Mutter wird es nicht einfach“, warnte ich sie. Doch Ina schenkte meinen Worten keinen Glauben. So ließ ich noch im Mai Pläne zeichnen, damit wir uns noch vor unserem Israelurlaub planerische Gedanken machen konnten.

Container und Papierstreifen

In meiner Gastfamilie, den Salzers, fühlte Ina sich sehr schnell wohl. Auch wenn sie irgendwann den Ausdruck „Jutta-Remember-Tour“, kreierte, weil ich immer wieder erwähnte, daß ich hier und dort schon mit Jutta gewesen war, verlebten wir doch einen Liebestraumurlaub, der durch ihren Geburtstag und die Fahrt ans Rote Meer gekrönt wurde. Eilat – an der Bucht von Akaba – an der südlichsten Spitze des Landes, zwischen Jordanien und Ägypten gelegen, wirkte zu dieser Jahreszeit besonders auf Liebespärchen und Sonnenhungrige reizvoll und lohnend zugleich.
Gegenüber meinem ersten Eilaturlaub wohnten wir geradezu fürstlich. Das Hotel mit dem klangvollen Namen „Queen of Sheba“ lag direkt am Strand, von wo man in wenigen Fußminuten die östliche Grenze nach Jordanien erreichen konnte. Das Zimmer war sauber und sehr gut ausgestattet. Unsere Liebesaktivitäten dehnten wir auf Bad und Dusche aus, nur daß die Duschstange unserer Liebestätigkeit leider nicht stand

hielt. Weitere Höhepunkte der Tage am Roten Meer waren ein Segelschifftörn durch die Bucht von Akaba, das Schnorcheln in den Korallenriffen und der Besuch des Unterwasser-Observartoriums.

*

Zu Hause begann ich sofort, den Saal und die angrenzenden Nebengebäude abzureißen. Eine harte und arbeitsreiche Zeit begann, die nur durch einige Feierlichkeiten unterbrochen wurde. Nach der Arbeit war ich jetzt jeden Tag am Saalumbau tätig. Diese groben Arbeiten des Abrisses machten mir Spaß, auch wenn es manchmal gefährlich und schwierig war. Nach Schuppen und Stall mußten im Saal noch der Boden sowie die Bühne entfernt werden. Nun war noch das Fundament zu graben, bevor ich mit fleißigen Freunden und Mitspielern den schlackenartigen Boden, der sich unter den Dielen befand, schotterte und am Kirmessamstag, dem 9. August '88, betonierte.

*

Wie bei einem Torwurf mit Ansage hatte es mit Ina und mir funktioniert. Ina war schwanger. Wir hatten es so gewollt. Wir freuten uns und fühlten uns auch reif genug. Sofort gaben wir in der Verwandtschaft diese Neuigkeit bekannt. „Das muß doch heut nicht mehr sein"!, reagierte meine Mutter verständnislos, so als wäre es ein „Unfall" gewesen.

Ina ging es den Umständen entsprechend. Oft war es ihr schlecht, ohne daß sie sich jedoch übergeben konnte. Ende Juni fuhren wir zu einem Festzeltkonzert von den Rodgau Monotons. Bevor die Hessenbarden die Bühne betraten, hatten wir noch etwas Zeit. Wir setzten uns auf eine der Kirmesgarnituren und unterhielten uns darüber, wann wir heiraten wollten. Als ich dann kurz vor Mitternacht zu einer Sonderschicht in die Firma mußte, stand der Hochzeitstermin fest: 3. September '88. Wegen des am 10. September stattfindenden 75jährigen Konzernjubiläums!, wählten wir dieses Wochenende.

Nach der standesamtlichen Trauung am 1. September '88 im Rathaus zu Lich warteten ein paar Freunde von Ina mit Sekt und Reis am Brunnen vor dem Eingang. Anstatt wie üblich die Geschwister der Brautleute, baten wir unsere Freunde Volker und Renate, unsere Trauzeugen zu sein. Nach der Trauzeremonie gingen wir in mein italienisches Lieblingslokal schmausen.

Für den Polterabend in der jetzt betonierten zukünftigen Wohnung war alles bestens vorbereitet. Auf dem Parkplatz neben dem Saal hatte ich einen sieben Kubikmeter großen Container aufstellen lassen. Meine Arbeitskollegen und allen voran meinen Chef, der uns einen Geldstrauß überreichte, begrüßten wir als die ersten Gäste. Danach ging es Schlag auf Schlag weiter. Trotzdem dauerte es bis nach 21 Uhr, bis die letzten Gratulanten und Poltergeister den Weg zu uns gefunden hatten. Das Handballteam warf zuerst nur ein paar Flaschen, ehe sie mit einem vollbeladenen LKW mit kistenweise Flaschen und Säcken mit Papierstreifen richtig loslegten. Während es schon regnete und wir immer noch draußen standen, war das kalte Buffet bereits von irgend jemandem eröffnet worden. Wer es war, wurde mir erst nach der Hochzeit klar.

*

Bau, Heirat und werdende Vaterschaft waren ein Grund, daß ich keinen Anreiz mehr sah 2. Liga zu spielen. Zum anderen war mir die tagtägliche Belastung zu hoch und die finanzielle Entschädigung zu gering. So nahm ich mir vor, mich durch zweimal wöchentliches Training fit zu halten. Im Notfall wollte ich dem 2. Liga-Team zur Verfügung stehen. Doch bis auf einige Kurzeinsätze sollte ich nie mehr reaktiviert werden. Mit großem Erfolg war ich für die 2. Mannschaft aktiv. Anfang Januar '92 rief mich mein Ex-Trainer von der Zweiten an, der jetzt einen benachbarten Oberligisten trainierte. Bedingt durch eine längerfristige Spielersperre suchte er dringend einen Rückraumspieler. Nach kurzer Bedenkzeit entschloß ich mich, ihm zu helfen. Ich feierte einen Supereinstand und avancierte mit meiner Erfahrung schnell zum Chef auf dem Spielfeld, obwohl ich aus familiären Gründen nur

einmal trainierte. Wir schlossen die Runde 91/92 mit einem guten Mittelfeldplatz ab.
Da ich mich in diesem gut geführten Verein – auch wenn ich nur eine Fahrtgeldpauschale bekam – sehr wohl fühlte und in der Mannschaft eine sehr gute Atmosphäre herrschte, war es für mich keine Frage, auch in der Saison 92/93 weiter zu spielen. Da der Druck in den unteren Spielklassen nicht so groß wie früher in der Bundesliga war, wurde es für mich eine der schönsten Zeiten in meiner aktiven Laufbahn. Dazu gesellte sich ein äußerst faires Publikum, das sachlich, kritisch, aber im Gegensatz zu meinem Stammverein nie persönlich anmaßend mit uns Spielern umging. Nach meinem Rückzug in die unteren Spielklassen sollte ich von dem Verein in dem ich zum Bundesligaspieler reifte, nie mehr etwas hören. Der Spaß am Handball sollte auch für die Runde 93/94 für mich im Vordergrund stehen.
Da zwei von den größtenteils nur einheimischen Spielern für viel Geld zu einem Kreisklassenverein wechselten, fand ein gewisser Umbruch im Team statt. Warum, wo ich doch der eindeutig bessere Spieler war, bekam ich nicht solch ein Angebot? fragte ich mich. Trotz allem freute ich mich nicht auf die Vorbereitungszeit, jedoch aber auf die neue Runde. Aber meine sportliche Laufbahn sollte jäh unterbrochen werden. Was war geschehen ?

Weiblich und Finnisch

Der Ausbau und Inas Schwangerschaft machten gute Fortschritte. So freuten wir uns für´s kommende Jahr ´89 auf zwei Dinge: Die Geburt unseres ersten Kindes und der Einzug in unser neues Heim.
Unser Wunschkind war schon überfällig, als am Samstag kurz vor Mittag Ina bei meinen Eltern anrief. Seit den frühen Morgenstunden war ich mit dem Dachausbau beschäftigt. Plötzlich gaben nacheinander Tischkreissäge und Bohrmaschine ihren elektrischen Geist auf. Da in diesem Moment die Kirchenglocken zu Mit-

tag läuteten, ließ ich alles stehen und liegen und lief quer über den Hof in die Küche. „Du sollst Inas Sachen ins Krankenhaus bringen“, sagte meine Mutter als ich die Küche betrat. „Warum muß sie denn da bleiben?“ fragte ich nach dem Grund und setzte mich an den Tisch. „Die Herztöne sind schwach“, antwortete mein Vater. Da ich gerade die Samstagssuppe auslöffelte, verging mir schnell der Appetit. Ratz, Fatz zog ich mich um und fuhr ins Kreiskrankenhaus in die Kleinstadt im Herzen der Natur.

In aller Eile landete ich im Kreißsaal bei Ina. Mir wurde mitgeteilt, daß jetzt die Geburt mittels Medikamenten eingeleitet würde. Dies bedeute, daß es im extremsten Falle, noch 48 Stunden dauern könnte. „Sie können in aller Ruhe nochmal nach Hause fahren. Es genügt, wenn Sie gegen 17.30 Uhr wieder hier sind“, sagte die Hebamme.

Anstatt mich bei den Schwiegereltern auszuruhen, fuhr ich nach Hause zurück, um meine defekten Maschinen zu reparieren. Wieder in der Klinik, verspürte ich mächtigen Kohldampf. „Ich fahr mal und hol mir ne Pizza“, sagte ich ganz selbstverständlich zu Ina. Verständlicherweise war Ina sehr aufgeregt und wollte auf keinen Fall, daß ich noch mal wegfuhr. Laut Anweisung der Hebamme sollte ich Ina zur Entspannung über den Flur führen. Danach durfte ich sie beim Baden massieren. Dabei erzählte ich ihr wieder von meinem Hunger. „Das dauert hier sowieso noch ewig“, sagte ich im Hinblick auf die prophezeiten 48 Stunden. „Ich fahr noch zum Spiel nach Hüttenberg“, sagte ich und dachte an das, was ich heute Abend gern hätte erleben wollen. „Laß mich bitte nicht allein“, flehte sie mich an im Gefühl, daß an diesem 25. Februar '89 noch die Niederkunft sein würde.

Als ich ihr bei dezenter Raumbeleuchtung und schöner Musik im Wehenzimmer weiter den Rücken massieren sollte, bekam ich langsam Spaß an der Sache. Ja, wenn da nicht die Sache mit dem Hunger gewesen wäre.

Und dann geschah das schier Unglaubliche! Ina, die gerade irgendeinen Einlauf bekommen hatte, brachte man etwas zu Essen. Auf mein Bitten hin bekam ich nur eine Tasse Tee. Doch mir

wurde noch eine Steigerung zugemutet. Wenige Minuten, nachdem sie etwas zu sich genommen hatte, mußte ich ihr die Schale zum Erbrechen halten. Furchtbar!
Daß Ina unter Schmerzen litt, sah ich ihr an. Das war auch der Grund dafür, daß sie zu mir sagte: „Gelle, Hans-Georg, wir kriegen kein Kind mehr!“ „Darüber sprechen wir in vier Wochen noch mal“, lautete meine Antwort.
Danach ging alles sehr sehr schnell. Gegen 22 Uhr wurde Ina in den Kreißsaal geschoben. Punkt 23 Uhr wurde unsere Tochter Marja-Lisa geboren. Nur durch einen Film über die Geburt informiert, gab ich wie mir bestätigt wurde, auch ohne Geburtsvorbereitungskurs eine gute Figur ab. Allein die Geburt aus der „Hebammensicht“ zu betrachten, abzunabeln, und der Blick auf eine Nachgeburt im offenstehenden OP-Raum bereiteten mir Schwierigkeiten. Mit den „handelsüblichen Baudaten“, sprich normaler Körpergröße und Gewicht, wurde mein Wunschkind Marja-Lisa geboren.
Ich hatte diesen Mädchennamen bereits seit der Winterolympiade 1984 aufgrund dieser tollen finnischen Langläuferin Marja-Liisa Kiervessiemi. im Kopf. Doch als ich Ina diesen Namen vorschlug, meinte sie, daß der Rufname zu schwer auszusprechen sei. Wir suchten also nach weiteren Vornamen. „Wie soll denn das Mädchen jetzt heißen?“, fragte ich meine Frau kurz nach der Geburt. „Marja-Lisa. Weil du bei der Geburt so toll mitgeholfen hast“.
Daß wir jetzt zu dritt waren, bedeutete eine große Umstellung, an die es sich zu gewöhnen galt. Bis zum 16. Juni '89 wohnten wir noch in Inas Wohnung, ehe wir in unseren Saal zogen. Wir lebten zuerst im Erdgeschoß, weil das Dachgeschoß noch nicht bezugsfertig war.
Im Juli fuhren wir gemeinsam in den Schwarzwald. Wie wir drei Jahre später feststellten, war diese Landschaft nicht der richtige Ort für einen Kleinkindurlaub. Daß Ina nun doch schnell Lust auf ein zweites Kind hatte, war deutlich spürbar. Sie legte solch ein atemberaubendes Tempo vor, das ich als zu zügig empfand. Im Herbst '89, als die Menschen im Osten Deutschlands zu den Mon-

tagsdemos auf die Straße gingen, wurde Ina wieder schwanger. Der Geburtstermin fiel in die Zeit der Fußball-WM 1990. Diesmal nahm ich mir fest vor, mir etwas zu Essen einzupacken.

Klettern und Klimmen

Beruflich kletterte ich peu à peu auf der Karriereleiter nach oben. Seit Sommer `88 hatte ich im großzügigen Neubau, in dem im Erdgeschoß die Produktion und im 1. Stock die Verwaltung war, mein eigenes Büro. Offiziell wurde ich zum stellvertretenden Einkaufsleiter ernannt.

In meiner Arbeit blühte ich voll auf. Besonders der Umgang mit den Mitarbeitern aus nahezu allen Abteilungen machte mir viel Spaß. Öfters betonte ich zu Hause, daß der Beruf für mich an erster Stelle stand. Da ich von Herrn Kohler sehr viel persönlichen Freiraum eingeräumt bekam, konnte ich gerade in der Zeit des Saalumbaus viele Dinge organisieren und erledigen. Nachdem meine gute Arbeit als Einkäufer auch gehaltsmäßig honoriert wurde, dachte ich, daß ich es nun geschafft hätte und in diesem Unternehmen „alt" werden könnte.

Durch verschiedene Seminare bildete ich mich kontinuierlich weiter. Neben meinem Einkäuferjob war ich zusätzlich noch für den Versand zuständig. Mit der Zeit hielt ich meinem Chef immer mehr den Rücken frei. Auch als der alte Geschäftsführer im Herbst '88 früher als geplant in den Ruhestand ging und der Neue, ein exzellenter Verwaltungsmann, seine Arbeit aufnahm, war die Stimmung im Betrieb bestens. Würde die Schenk-Technik GmbH, das Vorzeigeunternehmen des Konzerns, weiter auf hoher Welle segeln und den Kurs halten?

Trotzdem spürte ich eine gewisse Unruhe, da der Betriebsleiter, der das Unternehmen mit aufgebaut hatte, sehr gerne erster Mann am Ruder der Firma geworden wäre.

Im Laufe der nächsten Monate zog sich der Hauptkunde, ein asiatischer Foto- und Kopiergerätehersteller, aufgrund des immensen

Preisverfalls in einer immer globaleren und damit kleiner werdenden Welt langsam zurück. Durch mehrere renommierte Neukunden versuchte die Geschäftsführung dem entgegenzusteuern. Aber durch den sichtlich aufgeblähten Verwaltungsapparat wurde die Situation des Betriebs immer bedrohlicher. Auch traten immer mehr Managementfehler ans Tageslicht, die auch durch einen wiederholten Geschäftsführerwechsel nicht ausgebügelt werden konnten. Das Schiff der Schenk-Technik leckte immer mehr. Irgendwie geht's schon weiter, dachte ich. Das ist doch meine Firma!

*

Es war der letzte Tag im Juni ´90. Ich saß entspannt vorm Fernseher und schaute mir ein Spiel der Fußball-WM an. „Steh auf, wir müssen fahren, das Fruchtwasser ist abgegangen“, rief Ina aus der Küche. „Pack schon mal das Auto und mach mir ein Brot“, antwortete ich ihr leichtfertig, da ich vollkommen auf das Fußballspiel konzentriert war. Ich malte mir schon aus, wie ich wieder hungernd im Wehenzimmer saß.
Bevor wir das bekannte Krankenhaus in Lich um 19 Uhr erreichten, diskutierten wir über den kürzesten Anfahrtsweg, da Ina schon Angst hatte, wir könnten es nicht rechtzeitig schaffen. Diesmal hatte sie es noch eiliger. Nach der ärztlichen Untersuchung kam Ina sofort in den Kreißsaal, wo an diesem Sommerabend rege Betriebsamkeit herrschte.
Um 21. 03 Uhr kam unsere zweite Tochter Janna zur Welt. Bei dieser Niederkunft kam mir meine Erfahrung von Marja-Lisas Geburt zu Gute. Der Vorname Janna entstand aus der Verbindung der Namen Hannah und Jana. Hannah gefiel mir sehr gut. Jedoch war dieser Name schon zu sehr verbreitet, dachte ich. Mit dem Titel Jana lief im Kinderprogramm eine Fernsehserie, so daß Ina und ich aus der Kombination der beiden auf Janna kamen.
Zu Hause, wo wir gerade das Obergeschoß bezogen hatten, begann mit den beiden kleinen Töchtern jetzt eine sehr anstrengende aber auch schöne Zeit. Öfters mal krachte und knallte es zwischen uns, wobei unsere unterschiedlichen Persönlichkeiten deutlich zu

Tage kamen. Mal ging es um die Kinder, mal um den Haushalt, und mal ums Ausgehen. Immer und immer wieder apellierte Ina während des Alltags an mein Verständnis und an meine Hilfe. Oft rief Ina mich mehrmals täglich im Büro an, um mir ihre Sorgen und Nöte zu erzählen oder mich darum zu bitten, pünktlich nach Hause zu kommen. Ich hatte das Gefühl, ich mußte sie mit ihren sehr großen Erwartungen für die Entbehrungen ihrer Kindheit entschädigen.

Meine jetzt sehr begrenzten sportlichen Aktivitäten mit dem einmal wöchentlichen Training und Spiel, empfand sie als das Gleiche, als wenn ich in die Kneipe gehen würde. Sehr oft geriet ich vor der Fahrt zum Training unter Druck, da ihr entweder in letzter Minute noch etwas einfiel was ich erledigen sollte oder weil ich einfach nur den Autoschlüssel suchte. Entweder ich saß mit einer gehörigen Portion Wut im Bauch im Auto oder ich hatte ein schlechtes Gewissen. Das mit dem Ausgehen war eine ganz besondere Angelegenheit die oft zu emotionsreichen Auseinandersetzungen führte.

Immer wieder spielte die Zeit dabei eine entscheidende Rolle. Ging ich dann mit einer solchen „Zeitvorgabe" aus dem Haus, war mir der eigentliche Spaß am Weggehen bereits vergangen. Wenn ich dann in der Kneipe ständig auf die Uhr schaute um ja nicht zu spät heim zu kommen, fühlte ich mich unter einem enormen Druck.

Trotz dieser immer wiederkehrenden Probleme genoß ich die Abende die ich mit Ina zu Hause verbrachte. Wenn wir die Kinder ins Bett gelegt hatten, machten wir es uns mit einem späten Abendessen gemütlich und redeten oft sehr lange, bevor wir den Fernseher einschalteten.

Da ich Ina absolutes Vertrauen entgegenbrachte, sprach ich von Beginn an sehr offen mit ihr. Auch daß ich ein Jahr lang in einem wie ich es ausdrückte „tiefen Loch" gesteckt hatte, hatte ich ihr sofort nach unserem Kennenlernen erzählt.

„Wenn wir jetzt intim sind, kann es sein, daß das Kind im August zur Welt kommt", sagte mir Ina eines abends im November '91. „August ist Klasse, da bin ich auch geboren", erwiderte ich ihr und genoß die Liebe mit ihr in vollen Zügen. Durch ihre Gefühlstiefe konnte Ina mit sehr großer Intensität Freude und Liebe genießen. Und es hatte wieder funktioniert. Quasi wieder mit Ansage. Als Entbindungstermin wurde der 9. August '92 errechnet. Wie bei den beiden Töchtern fanden Ina und ich das Warten bis zuletzt viel spannender, als zu wissen, welches Geschlecht es haben würde. Durch die Ultraschalluntersuchungen wußten wir, daß unser drittes Kind einen sehr großen Kopf haben würde. Da auch viele große Persönlichkeiten nicht mit gerade kleiner Birne durch´s Leben gehen, machte ich mir keine Gedanken. Doch Ina zeigte sich während der gesamten Schwangerschaft sehr beunruhigt.

Der Geburtstermin, der zweite Sonntag im August, wo alljährlich die Kirmes stattfand, war ausgesprochen heiß. Nachmittags, als die Sonne immer noch fast unerträglich vom Himmel brannte, gingen wir mit Marja-Lisa und Janna zum Festplatz. Aufgrund dieser drückenden Hitzewelle legten wir die Mädchen, entgegen Inas Gewohnheit, am Abend etwas später ins Bett. Mit Unterhose und T-Shirt bekleidet, saß ich auf einem Gartenstuhl im Hof und genoß ein kühles Pils. „Es ist soweit Hans-Georg, wir müssen fahren", sagte Ina und gab meinen Eltern Bescheid. Bevor wir starteten, zog ich mir noch schnell eine kurze Hose von der Wäscheleine an. Wieder reichte die Zeit nicht ein Brot mitzunehmen.

Gegen 22 Uhr erreichten wir das Licher Krankenhaus. Da die Parkplätze vor der Hauptpforte alle belegt waren, fuhr ich anders als bei den Geburten der Mädchen, zum Hintereingang. In diesem Moment hatte ich das Gefühl, daß heute alles anders sein würde. Ina war sich ziemlich sicher, daß es wieder ein Mädchen würde.

Da ich bei dieser dritten Geburt, keine grüne „Maskerade" mehr zu tragen brauchte, stolzierte ich mit meinen kurzen Hosen selbstsicher durch die Entbindungsstation. Ich hoffte, daß sich unser

Kind noch bis Mitternacht Zeit nahm. Dann könnten wir immer gemeinsam feiern, dachte ich. Die junge unerfahrene Hebamme war mit der Situation überfordert und wurde zunehmend hektischer. Meine Frau folgte ihrem natürlichen Instinkt. Um 2 Uhr kam mein Wunschkind Henrik zur Welt.
Der stramme Junge wog 4360 Gramm und war 56 cm groß. Vor Glück und Vaterstolz fiel mir nichts weiter an unserem Neugeborenen auf. „Irgendwie ist er anders als die beiden Mädchen", meinte Ina, nachdem sie Henrik gewickelt ans Bett bekam. Um halb fünf verabschiedete ich mich erschöpft, aber glücklich, von meiner Frau.
Die Entbindung hatte mir soviel Spaß gemacht, daß ich mir vorstellen konnte, als so eine Art „Kreißsaalbegleitservice" auch andere Frauen bei der Niederkunft zu begleiten und mit Sekt und Blumen zu verwöhnen. Ich war so aufgedreht, daß ich nicht mehr einschlafen konnte. Kurz vor Acht wollte ich an diesem meinem 33. Geburtstag gerade aufstehen, als auch schon das Telefon klingelte. Meine Nichte Julia gratulierte mir und wollte die genauen „Baudaten" unseres Buben erfragen. Danach holte ich Marja-Lisa und Janna zu mir ins Bett und erzählte ihnen, daß sie einen Bruder bekommen hätten. Die Mädchen verteilte ich bei Eltern und Schwiegereltern. Meine Schwiegereltern warnten mich sofort davor, daß ich heute am Kirmesmontag, durch Vaterschaft und Geburtstag bedingt, nicht zuviel Geld ausgeben sollte! Da ich gelernt hatte mit Geld umzugehen, war es meine Sache, was ich mir diesen doppelten Geburtstag kosten ließ.
Wie sehr ich mich mit meiner Firma identifizierte, zeigt sich daran, daß ich an diesem Vormittag noch zur Arbeit fuhr und nicht sofort die zwei freien Tage in Anspruch nahm.
Marja-Lisa nahm ich mittags für einige Stunden auf den Frühschoppen mit. Als wir am Spätnachmittag nach Hause kamen, besuchte mich mein Bruder Hugo.
Da die Mädchen jetzt einen Bruder hatten, kam Hugo auf etwas zu sprechen, wovon ich Zeit meines Lebens noch nie etwas erfahren

hatte. „Man sagt, wir sollen einen Halbbruder haben“, sagte Hugo, und ergänzte, daß auch er nie von unseren Eltern offiziell eingeweiht worden war.
„Horst Schneider soll er heißen und ganz in der Nähe wohnen“, sagte er zu meiner sichtlichen Überraschung. Wie angegurtet saß ich auf der Couch. „Prost, das muß ich erst einmal verdauen: Vater werden, Geburtstag haben und einen Halbbruder bekommen“, sagte ich und stieß mit Hugo auf diesen unglaublichen Tag und die Zukunft an. Ich war total aus dem Häuschen und konnte kaum begreifen, was in den letzten 24 Stunden alles geschehen war.
Mit dem ausgefüllten Leben der nächsten Monate vergaß ich die Geschichte mit dem Halbbruder wieder. Aber auf merkwürdigste Weise wurde ich sieben Jahre später ein zweites Mal damit konfrontiert.

*

Nach mehreren nervenaufreibenden Telefonaten hatten Ina und ich uns auf den Namen Paul Henrik geeinigt, wobei der Rufname Henrik lauten sollte. Ebenso wie bei Marja-Lisa stand wieder ein Sportler als Namensgeber Pate. Bis zur Fußball-EM im Juni ‘92 konnten wir uns nicht auf einen Vornamen einigen. Ich hatte die Dänen, die so lockeren und herzerfrischenden Fußball zeigten, schnell in mein Sportlerherz geschlossen. Wie die Truppe kurz nach Saisonende ohne jegliche Vorbereitung aus dem Urlaub als Ersatz für Jugoslawien zu dieser EURO '92 kam, beeindruckte mich sehr.
Im Laufe dieser Europameisterschaft wurde ich zu einem richtigen Fan von „Dänisch-Dynamite“. Selbst im Endspiel gegen den großen Nachbarn Deutschland hielt ich zu diesen tollen Dänen. Das Dänische Team ging durch einen Kopfball in Führung. „1:0 durch den Mann mit der Nr. 6 Henrik Larrson“, ertönte die Stimme des Reporters. Blitzartig fuhr ich aus dem Sessel hoch.
„So wie er, so soll er heißen „Henrik“, sagte ich zu meiner Frau. Ohne zu wissen, woher dieser Name stammte (nämlich die ostfriesische Variante für Heinrich), gefiel auch Ina Henrik sehr gut.

Zu Hause bemerkten wir, daß dieser Junge ganz anders als die beiden Mädchen war. Henrik konnte seinen Kopf nicht halten, wie es seinem Alter entsprochen hätte. Auch sonst verfügte er nur über eine geringe Körperspannung. Bei einer der ersten Untersuchungen, in denen meine Frau weder auf Frühförderung noch auf andere therapeutische Einrichtungen hingewiesen wurde, sagte der Kinderarzt in unserem Beisein: „Er hat irgendwas, aber ich weiß nicht was!"

Gipfel und Absturz

„Guten Tag Herr Weber, mein Name ist Laurenz von der Personalvermittlung Klein & Partner aus Oberursel", begrüßte mich eine angenehm klingende Frauenstimme am Telefon, als ich gerade eine Stückliste einer Baugruppe nach Lagerbeständen durchsah. "Was kann ich für Sie tun?" antwortete ich sichtlich von diesem Anruf überrascht, mit einer Frage. „Ich suche im Namen meines Auftraggebers eine Führungskraft im Einkauf. Es handelt sich um eine Gruppenleiterstelle. Zwecks weiteren Details zum Anforderungs- und Persönlichkeitsprofil würde ich Sie gerne zu einem persönlichen Gespräch einladen. Habe ich Ihr Interesse geweckt?" nannte mir Frau Laurenz den Grund Ihres Anrufs. „Grundsätzlich „ja", antwortete ich und fühlte mich wegen des Angebots sehr geehrt. „Wie sind Sie denn auf mich gekommen? Woher haben Sie meine Telefonnummer?" fragte ich zu meinem Erstaunen. „Das ist Berufsgeheimnis", antwortete die Frau und unterbreitete mir einen Terminvorschlag. „Sie bekommen noch eine schriftliche Bestätigung von mir und eine Anfahrtskizze lege ich bei. Ich freue mich Sie kennenzulernen und wünsche Ihnen noch einen schönen Tag".

Ein paar Tage später erhielt ich Post von der Firma Klein & Partner. Da es in meinem Unternehmen bereits seit längerem kriselte, wollte ich mir auf jeden Fall die sich bietende Chance nicht entgehen lassen und mich näher über die Stelle informieren.

Vertrauensvoll zeigte ich meinem Abteilungsleiter Herrn Kohler die Unterlagen der Personalvermittlung. „Eindeutig, ein „Headhunter“ (Kopfgeldjäger)“, sagte er nach wenigen Sekunden, indem er wie immer hektisch die Blätter sortierte und mir die Folienhülle in die Hand drückte.

Nach Frau Laurenz genauer Anfahrtskizze erreichte ich am 11. März '92 frühzeitig die Taunusstadt. Innerlich aufgeregt stieg ich aus dem Wagen aus, kramte nach meinen Unterlagen und zog meinen violettfarbenen Trenchcoat an. Vom Großparkplatz ging ich die wenigen Schritte zum Haus der Personalvermittlung. Ich klingelte unter dem Firmenschild der Eingangstür. „Bitte kommen Sie in den 1. Stock, Frau Laurenz ist sofort für Sie da“, sagte eine freundlich helle Stimme durch die Sprechanlage. „Herr Weber, darf ich Ihnen einen Kaffee anbieten?“, fragte mich die zierliche Sekretärin, nachdem sie mir einen Platz im Konferenzraum angeboten hatte. „Ja, bitte, sehr gerne“.

Nach wenigen Minuten in denen ich ständig auf das vor der ovalen Tischrunde stehende Flipchart blickte, betrat die Inhaberin der Personalagentur den Raum. „Guten Morgen, Herr Weber, schön daß Sie gekommen sind“, sagte die schlanke, mit einem beigen Kostüm bekleidete Geschäftsfrau. “Ja, Herr Weber, erzählen sie doch erst einmal über sich selbst, bevor ich Ihnen genaueres zum Stellenprofil sage“.

Nachdem ich ihr meine bisherige Einkäuferlaufbahn geschildert hatte, überreichte sie mir das Exposé zur Position und sagte mir Näheres zu dem Unternehmen, um das es sich handelte. “Gruppenleiter-Einkauf-Aufgabengebiet-Anforderungsprofil“, las ich neben dem Namen der Firma auf dem Deckblatt. „Der Auftraggeber ist ein Unternehmen der Automobilzulieferindustrie, bei dem nach Einführung des ABS großer „Man-Power-Bedarf“ besteht“, sagte die Mitfünfzigerin, nahm ihre Brille ab und teilte mir die Eingruppierung der Position mit. „Mein lieber Mann, dachte ich, das ist ja eine Hunderttausendmarkstelle. Und für so einen Job will man mich haben. Wahnsinn!“

„Wegen des Englischs können Sie einen „Crash-Kurs“ machen“, sagte sie und versuchte meine Bedenken auszuräumen. Irgendwie hatte ich das Gefühl, daß die Stelle eine Nummer zu groß für mich

sein würde. Trotz der ungewissen Zukunft bei meinem Arbeitgeber erschien mir das Risiko zu groß, dieses Angebot anzunehmen. Und da der amerikanische Konzern in Frankfurt angesiedelt war, konnte ich mich auch nur schwer an die Vorstellung gewöhnen, Tag für Tag 60 Kilometer über eine verstopfte Autobahn fahren zu müssen.
„Ja, Herr Weber, überlegen Sie es sich und geben Sie mir bis nächste Woche Bescheid“, sagte die adrette Personalvermittlerin und verabschiedete sich von mir.
„Wenn ich Junggeselle wäre, würde ich die Stelle sofort annehmen“, dachte ich auf der Heimfahrt. Eine Woche später rief ich bei Klein & Partner an und lehnte das verlockende Angebot ab. Daß ich aber die Stadt Oberursel in nicht allzu ferner Zukunft auf gänzlich andere Weise so intensiv kennenlernen würde, hätte ich mir niemals vorstellen können.

*

Unser Familienglück währte nur kurze Zeit. Vor einer Betriebsversammlung Mitte September '92, in der es offiziell bestätigt wurde, war das Gerücht schon einige Wochen durch das Haus gegangen, daß 34 von damals 130 Beschäftigten entlassen werden sollten.
Es sollte ein Sozialplan erstellt werden. Und der ehemalige Betriebsleiter, der mittlerweile vierte Geschäftsführer seit Januar '88, verfaßte ein SANIERUNGSKONZEPT.
Diesen Sanierungsplan hatte ich bereits vor der Betriebsversammlung in der allwöchentlichen Sitzung der Führungskräfte vorgestellt bekommen.
Dieser Maßnahmenkatalog zur Firmenrettung sollte für mich noch eine entscheidende Bedeutung haben. Seit ich im August ´92 zum kommissarischen Einkaufsleiter bestimmt worden war, nahm ich an diesen sogenannten Meetings teil. Nun wurde umstrukturiert. Mein ehemaliger Abteilungsleiter Herr Kohler wurde zur Vertriebsaquisition eingesetzt und sollte für neue Kunden und Aufträge sorgen. Damit wurde ich zum Vorgesetzten von insgesamt fünf Mitarbeitern der Einkaufsabteilung.
Kurz nach Henriks Taufe am 3. Oktober '92 wurde ich von der

Chefsekretärin angerufen. „Herr Beyer möchte Sie sprechen. Kommen Sie bitte in sein Büro", sagte die adrett und jugendlich wirkende Frau, daß der Geschäftsführer mit mir reden wollte. Nun war es amtlich. „Tut mir leid Ihnen es sagen zu müssen: aber aufgrund der Ihnen bekannten Unternehmenssituation, müssen wir Sie leider zum 1. 1. 1993 freistellen", sagte er gleich zu Beginn des Gesprächs und vermied es den Begriff Entlassung in den Mund zu nehmen. Weder wurde mir eine andere Stelle im Betrieb – der in seinen Augen nur eine 50prozentige Überlebenschance hatte – noch innerhalb des Konzerns angeboten. Nur aufgrund der Tatsache, daß ich als „Härtefall" galt, sollte meine Kündigungsfrist von drei Monaten auf ein halbes Jahr verlängert werden. Aber ich konnte einfach nicht so weiter arbeiten, als sei nichts geschehen.
An der Wand hinter meinem Schreibtisch hängte ich das sogenannte Sanierungskonzept auf. Ich unterstrich und markierte die Absätze aus denen hervorging, daß bei den „Freistellungen" (statt Entlassung), streng nach sozialen Gesichtspunkten vorgegangen würde. Diese plakative Provozierung, verbunden mit einer Auseinandersetzung mit der Entwicklungsabteilung, nahm der Entwicklungsleiter zum Anlaß, mich beim Firmenchef anzuschwärzen und damit Mobbing zu betreiben. Aus diesen genannten Gründen war ich für die Firma untragbar und wurde vorzeitig beurlaubt.
Wie eine heiße Kartoffel ließ mich nun Herr Kohler fallen. Ich spürte, daß ich nur noch Luft für ihn war. Obwohl ich meinem Ex-Chef sehr viel Arbeit abnahm und mich von Anfang an durch Geldzuwendungen und Geschenke hatte kaufen lassen, wurde ich bereits im November '92 von meinen Aufgaben entbunden. Die zusätzlichen drei Monate Kündigungsfrist wurden wieder zurückgenommen. Ich war immer besonders pflichtbewußt, besonders zuverlässig, besonders zuvorkommend und besonders nach Perfektion strebend. Hatte ich dadurch meine eigenen Bedürfnisse vergessen?
So einfach sollte mir die Firma nicht davonkommen, nahm ich mir fest vor. Ich hatte nichts zu verlieren, dachte ich. Den angebotenen Aufhebungsvertrag unterschrieb ich nicht. Statt dessen beauftrag-

te ich den ortsansässigen Rechtsanwalt. Im Januar '93 fand der Gütetermin der Kündigungsschutzklage vor dem Arbeitsgericht statt. Der junge Richter zeigte sehr viel Verständnis für die Belange der Firma, die vom Geschäftsführer und der Personalchefin vertreten wurden. In erster Linie fiel die vor einigen Wochen zur Personalchefin aufgestiegene kinderlose Frau durch ihre unqualifizierten Äußerungen und persönlichen Anmaßungen aus der Rolle. Aufgrund der zurückgenommenen sechsmonatigen Kündigungsfrist bis zum März '93 wurde mir als Ausgleich eine zusätzliche Zahlung von zirka 4000 DM in Aussicht gestellt. Mein Prozeßbevollmächtigter bat um eine Verhandlungspause. Auf dem Flur sprachen wir über Alternativen zu diesem angebotenen Vergleich. Die einzige Möglichkeit sah RA Sauter darin, auf Wiedereinstellung zu klagen. „Aber stellen Sie sich das nicht so einfach vor, wenn es uns wirklich gelänge", sagte mein Rechtsanwalt und machte mir bewußt, daß es nach den ganzen Querelen und Gemobbe für mich nur schwer durchzuziehen und zu verkraften sei. Nach kurzer Beratung entschied ich mich für das Geld. Nach Abzug der Rechtsanwaltskosten blieben mir noch knapp 2000 DM übrig. Rein äußerlich war damit alles erledigt. Innerlich fühlte ich mich jedoch immer noch eng mit der Firma verbunden. In vielen Gesprächen danach sprach ich immer von „bei uns", anstatt bei Schenk.
Ich wollte nicht sofort die erstbeste Arbeit annehmen, sondern auf jeden Fall wieder als Einkäufer tätig sein. Zwar hatte ich ein aussichtsreiches Vorstellungsgespräch bei einem öffentlichem Arbeitgeber in Frankfurt hinter mir, jedoch war ich zu Beginn des Jahres `93 arbeitslos. Seit meiner Beurlaubung arbeitete ich als Aushilfsfahrer im Landhandelsbetrieb meines Schwiegervaters. Mit jedem Tag, mit jeder Woche und mit jedem Monat der Arbeitslosigkeit empfand ich meine Situation als immer schwieriger und bedrückender.
Mein Selbstbewußtsein das sehr mit der „alten" Tätigkeit verbunden war, litt in zunehmendem Maße. Meine Bewerbungen zielten bereits nicht mehr nur auf die mittelhessische Region. Bei meinen kreativen Bemühungen hatte ich Anfang April die Idee, mir die

Samstagsausgabe des „Hanauer Kuriers“ zusenden zu lassen. Ich entdeckte eine Einkäuferstelle und bewarb mich mit Erfolg bei einem metallverarbeitenden Unternehmen. Mitte April '93 wurde ich zu einem Vorstellungsgespräch eingeladen.

Sich grämen und sich schämen

Ich schämte mich mit Henrik im Kinderwagen tagsüber durchs Dorf spazieren zu gehen. Ich war verärgert und enttäuscht darüber, daß niemand aus meinem Verwandten- und Bekanntenkreis nachfragte, ob ich eine neue Stelle hätte, oder Aussicht auf einen neuen Arbeitsplatz bestünde. Da ich mich absolut mit der Firma Schenk identifiziert hatte, nahm ich meine Entlassung sehr persönlich. Von heute auf morgen fehlte mir die Bestätigung von außen. Dadurch wurde ich sehr verletzlich und angreifbar. Letzteres deshalb, weil ich mich immer gut für andere einsetzen konnte, aber niemals ohne Schuldgefühle für mich selbst.
So auch am 40. Geburtstag meines Bruders Lothar, der in der neu erbauten Käserei gefeiert wurde. Marja-Lisa hatte sich in einer der drei Toilettenkabinen eingeschlossen. Daraufhin stürmte meine Schwägerin in den umfunktionierten Aufenthaltsraum. „Dem Schorsch seine Kinder – wo man sie hintut, taugen sie nichts“, rief sie lauthals im Dialekt vor allen Gästen. Ohne eine Reaktion von mir ließ ich diese unverschämten Worte im Raum stehen. Dieser Ausspruch, den ich als Beleidigung meiner jungen Familie empfand, sollte sich tief in meine Seele brennen und mich für lange, lange Zeit quälen.

*

Nach einem, wie ich selbst fand, sehr guten Vorstellungsgespräch bekam ich an Inas 32. Geburtstag am 12. Mai '93 die Zusage für den Einkaufsjob. Mein neuer Arbeitsort lag 60 Kilometer entfernt. Als ich den Kaffeegästen zuprostete, war meine Frau sehr froh zu wissen, daß nun alles in geregelten Bahnen laufen würde. Ina freute sich und ich ...

Vorher fuhren wir noch für ein paar Tage an die Nordsee. Normalerweise hätte ich mit dem Arbeitsplatz in der Tasche locker und gelöst sein können. Aber genau das Gegenteil traf zu. Auf die Kinder reagierte ich sehr unwirsch. Ina hoffte, daß es mit der Arbeit endlich losging und ich dann nicht mehr so gereizt sein würde. Kurz vor dem Arbeitsbeginn am 1. Juni '93 wurde ich immer unerträglicher für mein direktes Umfeld. Ich fühlte mich nicht mehr in der Lage, für Jannas Geburtstag einen Preisvergleich bei Kleinkinderfahrrädern durchzuführen. Stattdessen kaufte ich das erstbeste Angebot.

Schwarze Dame Depression

Gleiche Qualen und altes Leiden

Nach der Betriebsführung verlief der erste Tag in der üblichen Weise, die ich bereits mehrmals kennengelernt hatte. Im Gegensatz zu meiner letzten Arbeitsstelle fühlte ich mich von Anfang an irgendwie fremd. Der ganze Betrieb erinnerte mich sehr an meine allererste Technikerstelle. Aber alles verlief an diesem 1. Juni '93 noch ganz normal.

Doch in der folgenden warmen Nacht, als ich mich Stunde um Stunde von einer Seite auf die andere drehte und dabei angstvoll auf den Radiowecker blickte, wußte ich, was wieder über mich hereingebrochen war. Als die grelle Morgensonne zwischen den Gardinen ins Schlafzimmer schien, waren meine Kräfte erschöpft.

Die schwarze Dame Depression hatte sich wieder zu mir eingestellt und bat mich nach acht Jahren wieder zu sich an den Tisch. Wie damals, als ich ohnmächtig, mit all meiner Kraft versuchte gegen die Krankheit anzukämpfen, war ich wieder mittendrin in diesem tiefen Loch.

Erst in dem Moment in dem ich mich Jahre später immer mehr mit meiner Krankheit, der Depression beschäftigte, bemerkte ich, daß sich mein Verhalten und meine Einstellung zu meinen Mitmenschen während der acht „gesunden Jahre" nicht verändert hatte. Noch immer verfügte ich nicht über die Kraft meine Interessen nachhaltig zu vertreten. Stattdessen stauten sich meine aggressiven Gefühle bis sie sich oft explosionsartig entluden. Ich kam mir vor wie ein Dampfdruckkessel, dessen sämtliche Ventile verstopft waren.

Auch wenn es in dieser Zeit sehr viel Positives in meinem Leben gab, so summierten sich doch die beruflichen und zwischenmenschlichen Belastungen zu riesigen Schneemassen deren Lawine nur ausgelöst werden brauchte.

Eines wußte ich nach dieser Nacht ganz genau: daß ich ohne fremde Hilfe nicht noch einmal die Depression überstehen würde. In dieser und den nächsten Nächten, in denen mein Körper keine

Ruhe fand, spürte ich, daß sich die Krankheit wieder wie Fesseln um mich legte. Ich wollte, aber ich konnte nichts, aber auch gar nichts dagegen tun. So sehr ich auch wollte, ich konnte einfach nicht.
Morgens beim Frühstück erzählte ich Ina, welche negativen Gefühle und körperlichen Symptome mich quälten. Sie zeigte Verständnis, konnte aber mein Leiden nicht nachvollziehen. Unter ihrem massivem Druck fuhr ich von großer Angst gequält zur Arbeit. Als Ina um 8 Uhr anrief und mich fragte, wie es mir ging, war ich nicht in der Lage, mit ihr zu reden.
Da es mir unmöglich war, mich zu konzentrieren, konnte ich die simple Arbeit, die ich von der Einkaufsabteilungsleiterin delegiert bekam, nicht bewältigen. Ich rettete mich in die Mittagspause. Die Sonne lachte vom Himmel, doch ich fühlte mich so, als würde mir jeden Augenblick der Himmel auf den Kopf fallen. Mühevoll ging ich aus dem Firmengebäude und hielt nach einem Telefonhäuschen Ausschau. Da ich die Tränen und das Weinen nicht unterdrücken konnte, hätte ich mich geschämt vom Büro aus anzurufen. Als Mann mich so schwach vor fremden Menschen zu zeigen, nein, das wollte ich auf jeden Fall verhindern. „Ich kann nicht, ich kann nicht, es geht einfach nicht“, sagte ich ihr unter ständigen Tränen, so als ob sie meine leidgeprüfte Seele entkrampfen wollten.

⁂

Nachdem Ina mein Zustand bewußt geworden war, versuchte sie für mich nachmittags einen Termin bei ihrer früheren Hausärztin zu bekommen. Keinesfalls wollte ich zu meinem ortsansässigen Arzt, weil ich auch nach vielen Jahren kein Vertrauen zu ihm hatte. Und auch aus Angst, daß es im Dorf jeder gleich mitbekam, daß ich ehemaliger Bundesligaspieler es an den „Nerven“ hatte. „Ich hatte das schon mal, müssen Sie wissen“, sagte ich zu Inas Ärztin und begann von meiner Lebensgeschichte zu erzählen. Bereits nach dem zweiten Satz brach ich tränenüberströmt zusammen. Doch ich schämte mich nicht vor ihr und meiner Frau. Sie verabreichte mir zwei Spritzen, schrieb mich zwei Wochen krank und empfahl mir einen Psychiater in Gießen.

Jeder meiner Schritte, ja jede Bewegung schien verlangsamt. Ich fühlte mich wie ein Auto, das mit angezogener Handbremse fuhr. All meine Kraft, meine Aktivität schien wie weggeblasen. Nichts, rein gar nichts machte mir Freude. Nur noch Angst vor allem fesselte mich wie eine umschnürte Mumie. Jede noch so kleine alltägliche Arbeit – und sei es nur beim Abwasch zu helfen oder die Terrasse zu fegen – bereitete mir unendlich viel Schwierigkeiten. Einige Tage später erhielt ich einen Anruf von meinem neuen Arbeitgeber.

Kündigung und Beschäftigung

Die Praxis des Seelenarztes lag im Zentrum der Straße, in der Ina und ich uns das erste Mal verabredet hatten. Ich betrat den dreistöckigen Altbau aus der Gründerzeit. Auf den ersten Blick sah ich, daß die Praxisräume in der ersten Etage neu renoviert waren.
Obwohl an diesem Vormittag niemand im Wartezimmer saß, hatte Dr. Feldbaum in seinem topmodern ausgestatteten Sprechzimmer nur 15 Minuten für mich Zeit. „Ich werde Ihre endogene (von innen heraus kommende) Depression mit einem neuen Medikament behandeln. In etwa sechs Wochen sind Sie wieder fit und können dann zu meiner Frau in Gruppentherapie gehen!“, teilte mir der modisch und stilvoll gekleidete Endvierziger lapidar mit.
Allein schon aufgrund meiner Erfahrung durch die erste Depression, die mich über ein Jahr lang zu einem Gefangenen meiner Selbst gemacht hatte, hatte ich kein Vertrauen in diesen Psychiater.
Jeder Tag wurde zur Qual für mich. Ich fühlte mich wie ein ICE, der aus den Gleisen gesprungen war. Als sonst sehr aktiver Mensch, der gerne plante und organisierte, war ich jetzt gefangen in mir und verfügte über keinerlei Antrieb mehr. Immer wieder brach ich seelisch wie ein Kartenhaus in mir zusammen. Ich mußte ständig weinen und konnte die Symptome meiner Krankheit wieder nicht akzeptieren.
Mein Herz raste. Meine Antriebslosigkeit und das Gefühl, als ob mir die Kehle zugeschnürt würde, fesselten mich ans Bett. Das Auf-

stehen wurde für mich jeden Morgen aufs Neue zur Tortur. So schlecht es mir auch ging, schleppte ich mich auf den Weg ins Bad. Das sonst selbstverständliche Anziehen wurde für mich zu einem Kraftakt. In den nächsten Wochen versuchte ich mich mit irgendwelchen kleinen Arbeiten im Haus und Hof zu beschäftigen, die, wenn ich sie unter größten Mühen erledigt hatte, meine Stimmung aber keineswegs aufhellen konnten. Ich spürte, daß die seelischen Symptome noch stärker waren als damals. Daher war mir bewußt, daß die Depression sehr lange andauern würde. Aus der Erfahrung meiner ersten Depressionsphase, die ein Jahr andauerte, wußte ich, daß ich die neue Arbeitsstelle nicht würde halten können.
„Firma Glockmann, Trägner", meldete sich der Anrufer. „Herr Weber, Sie sind krankgeschrieben, was ist denn los mit Ihnen?", fragte mich der Personalchef unberechtigterweise. Ich spürte, daß er von mir wissen wollte, ob ich die Stelle noch haben wollte.
„Wir müssen schließlich planen können", sagte Trägner im harschen Ton. „Ich kann die Arbeit jetzt nicht machen. Ich kann es nicht", sagte ich und versuchte ihm – ohne etwas von Spritzen und Psychiater zu erwähnen – zu erklären, daß ich nicht arbeitsfähig war. "Hören Sie, ich werde kündigen!", sagte ich, weil ich meinte zu wissen, daß ich die Stelle sowieso nicht halten könnte. „Dann kommen Sie übermorgen in mein Büro, ich hab es ja gleich gewußt, daß das mit jemand von so weit her keinen Zweck hat", sagte Trägner und hörte sich dabei an, als wenn er sein Ziel erreicht hätte. Und hätte der Chef auf ihn gehört, und mich nicht eingestellt, wäre diese negative Situation für den Betrieb erst gar nicht entstanden.
Wie den Gang nach Canossa empfand ich es, bei diesem Trägner den Arbeitsvertrag zu kündigen. Gemeinsam mit Ina fuhr ich nach Büdingen. Als ich vor seinem Schreibtisch saß, fühlte ich mich innerlich wie ein kleines Kind und hoffte nur, so schnell wie möglich aus diesem überall nach Bohröl riechenden Betrieb raus zu kommen. Unter äußerstem seelischen Druck unterschrieb ich und kündigte in der Probezeit das Beschäftigungsverhältnis!
Die viertelstündigen Schnellgespräche bei Dr. Feldbaum halfen mir in keiner Weise. Weder klärte er mich über die Krankheit,

noch über die Therapie auf. Eher hatte ich das Gefühl, daß er erstens voll auf die medikamentöse Behandlung setzte, und zweitens die Schwere meiner Depression nicht erkannte.
Auf Anraten des Arztes versuchte ich, mittels körperlicher Arbeit beim neuen Pächter meines Schwiegervaters, aus dem Höllental der Depression zu kommen. Doch dieses leidvolle Leben und die schwarze Dame Depression hatten mich fest umschlungen. Selbst die einfachsten Arbeiten wie Zählen, Sortieren oder Aufschreiben beherrschte ich nicht mehr. Dramatische Situationen erlebte ich, wenn ich mit dem LKW Futtermittel ausfuhr und mich dann in den Ortschaften nicht mehr zurechtfand. Was mir sonst Spaß machte und kein Problem für mich war, wurde jetzt zu quälenden Angstzuständen, so daß ich weinend hinter dem Steuer durch die Gegend fuhr und irgendwo auf einem Feldweg stehen bleiben mußte. Hätte ich nach Einnahme dieser Antidepressiva überhaupt fahren dürfen?

*

Ich spürte zunehmend Angst, mich unter viele Menschen zu begeben. Über keine noch so lieb gemeinte Einladung konnte ich mich freuen. Die Hochzeit meines Großcousins wurde zum Albtraum für mich. Ich fühlte mich bereits am Morgen vor der Trauung körperlich wie seelisch völlig am Ende, daß ich mich in der Kirche beim Gebet nur äußerst mühsam aufrecht halten konnte. Mit letzter Restenergie gelang es mir, mich vor einem Zusammenbruch zu retten. Bildlich habe ich es vor mir gesehen, daß ich vor den 150 Gästen wie ein Schweizer Taschenmesser zusammenklappte.
Weder freute ich mich auf die Feier, noch hatte ich Spaß daran, die Hochzeitsgäste als „Kellner“ zu bedienen. Im Gegenteil, ich hatte immense Angst davor, daß die Gäste meinen Zustand bemerkten und mich pauschal in die Schublade „verrückt“ einstuften. Ich konnte mir beim Bedienen höchstens zwei Getränke merken. Und selbst dabei hatte ich noch eminente Schwierigkeiten, der betreffenden Person das richtige Glas zu geben. Deshalb hielt ich mich meist an der Zapfanlage auf, um diesen Situationen möglichst aus dem Wege zu gehen.

Als Ina und ich spät in der Nacht zusammen heimgingen, konnte ich zwar schlafen, doch spürte ich wieder die Angst vor dem neuen Tag. Die Dunkelheit wurde für mich zu einem Verbündeten. Oft wünschte ich mir, daß der Abend und die Nacht nicht enden würden. Dr. Feldbaum riet mir, mich mit irgend etwas zu beschäftigen, denn Arbeit wäre in jedem Falle gut für Depressive. Doch ich hatte kein Interesse, keinen Antrieb, keine Freude, keine Energie, keinen Mut mehr, und vor allem Angst, die mich an allen meinen früheren Aktivitäten hinderte.
Die These, den Depressiven möglichst lange im Arbeitsprozeß zu halten, ist durchaus zu vertreten. Doch wenn, wie in meinem Fall, es sich um eine schwerste, wie sich später herausstellte, endogene Depression handelt, ist es sinnvoller sich in eine psychiatrische Therapieklinik einweisen zu lassen. Auf gar keinen Fall ist eine psychosomatische Klinik bei solch einer schweren Depression die richtige Adresse.

Ambulant und Stationär

„Wie wird denn in einer Klinik behandelt? Und was ist der Unterschied zwischen Uni-Klinik, Schwarzbergklinik und Hohe Mark?“ fragte ich den Psychiater nach einer stationären Therapie. Von einer Klinik hatte ich die Vorstellung, daß ich in einem Krankenzimmer liegen würde und den ganzen Tag Infusionen bekäme. „Grundsätzlich gibt es bezüglich der Kliniken keine Unterschiede“, antwortete mir Dr. Feldbaum. Er differenzierte nur zwischen christlichen, ruhigen bzw. unruhigen gemischten Stationen und Häusern. An einem strahlenden Sonntagvormittag im Juni '93 fuhr ich mit meiner Frau in die christliche Klinik Hohe Mark in Oberursel im Taunus. Jedoch konnten Ina und ich aufgrund des Wochentages keinen Einblick in die Arbeit eines psychiatrischen Klinikums gewinnen.
Da ich die wesentlichen therapeutischen Elemente und Behandlungsmethoden einer solchen Klinik nicht kannte, entschied ich mich auch wegen des Kurstadtcharakters für die „Schwarzberg Klinik“ in Bad Nauheim.

Doch bereits vor der Einweisung im August '93 hielt ich diesen Irrgarten der Gefühle nicht mehr aus und wollte von meinem Psychiater kurzfristig auf eine psychiatrische Station eingewiesen werden. Erst nach ständigem Telefonbuchblättern und mehreren Telefonaten konnte ich die Überweisung für das Städtische Klinikum bekommen. Ina fuhr mit mir zum Hauptgebäude der psychiatrischen Abteilung der Klinik. Die Eingangstür des Gebäudes war verschlossen. Ich betätigte die Sprechanlage. Bis jemand sich meldete, vergingen einige Minuten. Plötzlich hörten wir irgendwelche nicht identifizierbaren komischen Geräusche. Ina überfiel Angst und Panik. Kamen die Laute etwa von Menschen? fragte sie sich. Die Töne, die ich nachher als Laute einer Taube deutete, hielten vor allem meine Frau davon ab, mich auf dieser Station anzumelden, zumal auch der Termin für die „Schwarzberg Klinik" in wenigen Tagen bevorstand.
Wenn ich vor der Einweisung in der Gemeinde meiner Frau spazieren ging, grüßten und sprachen mich öfters Leute auf der Straße an. Ich spürte ein Gefühl der Freundlichkeit und Offenheit, das ich als sehr angenehm empfand. Daß den Menschen in unserer Region eine gewisse Sturheit und Verschlossenheit nachgesagt wurde, war mir durchaus bewußt. Daß aber mancher Dorfbewohner Ina und mich nur deshalb so freundlich grüßte und ansprach, konnte zum Teil auch damit begründet sein, daß mein Schwiegervater als Firmenbesitzer ein angesehener Bürger war. Bevor mich Ina am Vormittag des 17. August '93 nach Bad Nauheim fuhr, feierten wir im kleinen Kreis auf der Terrasse der Schwiegereltern meinen 34. und Henriks ersten Geburtstag.
Das dreistöckige Klinikgebäude lag unweit des Kurparks nur wenige Minuten vom Zentrum entfernt. "Bitte warten Sie im Flur auf die Aufnahme", sagte der Pförtner aus seinem kleinen Schiebefenster heraus. Mit Sporttasche und den beiden im Karton verpackten Hanteln machte ich den Eindruck, als wolle ich ins Trainingslager anstatt in eine psychosomatische Klinik gehen. Endlich, nachdem meine Frau nach einer Stunde des Wartens die Klinik verlassen hatte, kam eine Verwaltungsangestellte und zeigte mir das Haus.

Im Erdgeschoß befand sich ein Therapie- und Aufenthaltsraum, ein Fernsehzimmer, Raucherraum, Speisesaal, Spülküche und mehrere Arztzimmer. Im hinteren Anbau des Hauses ergänzten zwei Gruppenräume – wobei der erste auch als Nichtraucher Fernsehraum genutzt wurde – daß Raumangebot. Auf zwei Stockwerken war jeweils eine Station mit maximal 28 Patienten eingerichtet, wobei diese in Zweibettzimmern untergebracht waren. Diese 28 Personen mußten sich jeweils eine Toilette und eine Dusche teilen! Für Privatpatienten gestaltete sich der Klinikaufenthalt mit großzügigem Einzelzimmer und eigenem Bad ungleich komfortabler. Nur Schwimmbad, Sauna und Solarium fehlten noch, dann hätte sich diese spezielle Gattung Patienten wie im „Hotel" vorkommen können, dachte ich.
Mir wurde ein Zimmer im hinteren Bereich des Stationsflurs zugewiesen. Mein Zimmerkollege war ein etwa gleichaltriger alleinstehender Mann, der geistig zurückgeblieben und ebenfalls sehr schwer erkrankt war. Sein Name war Norbert. Er hatte eine Ausgabe des Buches mit dem Titel: „Sorge Dich nicht, lebe!", auf dem Nachttisch liegen. In meinem Aktivitätsdrang, der mich von meiner Krankheit ablenken sollte, konnte ich Norbert zu Sport und Freizeitspielen motivieren.

Wassertreten und Gruppentheraie

Im Dachgeschoß fand die körperliche Untersuchung und das Erstgespräch statt. Der schlanke, fast dürre Arzt nannte mir den Tag und die Zeit für das wöchentliche Einzelgespräch. Er drückte mir die Therapiekarte für die weitere Gruppentherapie, sowie für die Gestaltungs- und Bewegungstherapie in die Hand. Ich sah den Klinikaufenthalt mehr als eine Kur an, um mich durch Therapie und Fitness wieder in Form zu bringen. „Ist es möglich, daß ich Donnerstagsabends zum Training abgeholt werden kann?" fragte ich den Arzt, ob er einer Ausnahmeregelung zustimmen würde. Da Dr. Burk aufgrund des Erstgesprächs bemerkte, welchen Stellen-

wert der Sport für mich hatte, stimmte er zu. Aber vom ersten Einzelgesprächstermin hatte ich das Gefühl, daß Dr. Burk zu keinem Zeitpunkt die Schwere meiner Depression erkannte.
Als Bezugspfleger wurde mir eine äußerst korpulente Krankenschwester mittleren Alters zugewiesen. Die kräftige Frau kümmerte sich in mütterlicher Weise um mich und schloß mich, so empfand ich es, schnell in ihr Herz. Obwohl es für jeden Depressiven eine Qual bedeutet morgens aufzustehen, versuchte ich mich regelrecht zu Aktivitäten zu zwingen. Die Bezugspflegerin, sprach dann immer von „Powern". Denn ich wollte selbst in meiner Krankheit noch Leistung bringen.
Im Speisesaal wurde mir vom Küchenpersonal ein Platz zugeteilt, und bereits am Tag meiner Aufnahme konnte ich sagen, daß zumindest das Essen dem eines gehobenen Mittelklassehotels alle Ehre gemacht hätte.
Am Morgen des ersten Kliniktages startete ich mit meinem Zimmerkollegen Norbert zum Joggen in den Kurpark. Ich wollte mich für die nächste Handballsaison in Form bringen!
Nach dem Laufen, noch vor dem opulenten Frühstück, lief ich mit Turnhose bekleidet und Handtuch im Arm in den Keller zum Wassertreten! Eine steile Treppe führte in die dunklen und schnuddeligen Kellerräume, wo sich ein etwa kniehohes Becken befand, welches die Patienten für unbestimmte Zeit, je nach Lust und Laune, durchlaufen mußten. An einem kleinen Tisch saß der Physiotherapeut, der die Therapiekarte abzeichnete. Daß dieses Wassergetrampel keinem therapeutischem Zweck diente, wurde mir im Laufe des stationären Aufenthalts immer mehr bewußt.
Der erste Therapietag startete um 10.30 Uhr! mit einer Großgruppe. Darunter konnte ich mir absolut nichts vorstellen. Die Großgruppe fand im Aufenthaltsraum statt! Alle Patienten der 1. Etage, sowie die Ärzte und Pflegekräfte der Station nahmen daran teil. Rundum saßen wir im großen Kreis zusammen. Neben mir mußten sich auch alle Neupatienten der Gruppe vorstellen und mitteilen, warum sie in der Klinik waren! „Warum sollten meine Mitpatienten wissen warum ich hier bin?" fragte ich mich. Damit war auch schon

der interessanteste Teil der Zusammenkunft beendet. Für mich war es sehr belastend, mit den Gründen für die Einweisung der Mitpatienten konfrontiert zu werden, da ich vieles von dem, was ich hörte, auf mich bezog. Ich fühlte mich, so unverständlich es auch klingt, mitschuldig. Ich konnte mich nicht von ihnen abgrenzen, sondern saugte alles Gehörte wie ein Schwamm auf.
Ansonsten wurde über irgendwelche Probleme des Zusammenlebens in der ungewohnten Gemeinschaft diskutiert oder über für mich oft unverständliche Dinge, wie z. B., daß es jeden Morgen Honig gab und warum es kein Nutella gäbe. Damit war der erste Tag bereits gelaufen.
Am nächsten Morgen stand die erste Gruppentherapie um 9.30 Uhr auf dem Therapieplan.
Nach einer kurzen Belehrung im abends genutzten Fernsehraum!, daß alles, was in der Gruppe besprochen würde, nicht nach außen dringen dürfe, begann Dr. Burk mit der Schuldoppelstunde. Die Gruppe von sechs bis zehn Patienten saß auf Sesseln vor den Wänden verteilt. Dr. Burk nahm wie ein Lehrer vor der Klasse vor Kopf Platz. Wer von den Mitpatienten kurz vor seiner Entlassung stand, hatte die Chance jetzt eine Art Abschlußrede zu halten. Ansonsten wartete der Arzt oft endlose Minuten, bis aus der Gruppentherapierunde jemand das Wort ergriff. Meist wurden die vorgetragenen Probleme vom Therapeuten bestenfalls nur kommentiert, anstatt eventuelle Lösungsmöglichkeiten aufzuzeigen. Oft ging es um irgendwelche Alltagsprobleme, die für mich im Zustand der schweren Depression genauso unerträglich waren, wie ein manchmal bis zu 30 Minuten langes Schweigen. Auch in dieser Gruppensitzung merkte ich, daß ich vieles von dem Negativen, was ich hier aufnahm, auf mich bezog. Ich fühlte mich für alles schuldig und mitverantwortlich.

Bewegung und Visite

Am Nachmittag stand aufgrund des schönen Wetters in der Bewegungstherapiestunde noch ein Spaziergang auf dem Programm.

„Ich werde mich von der Klinik aus auf eine Stellenanzeige bewerben“, sagte ich zu einem Mitpatienten, der vom Beruf Pfleger im Psychiatriezentrum in Gießen war. „Bei über drei Millionen Arbeitslosen, erachte ich deine Bemühungen als nahezu aussichtslos“, antwortete er und wirkte dabei sehr verbittert auf mich.
Am Vormittag des dritten Tages fand die Bewegungstherapie in dem maximal 20 Quadratmeter großen Raum, der auch als Tischtennisraum genutzt wurde, im Erdgeschoß statt. Bei sommerlichen Temperaturen ging die Sportlehrerin mit uns auf eine Wiese im angrenzenden Wald nahe dem Eisstadion. Unsere Bewegungstherapiegruppe bestand aus etwa 10 Patienten, die nach verschiedenen Übungen mittels Reifen, Bällen oder Seilen jeder danach auf einer Decke liegend seinen Gefühlszustand beschreiben sollte. Damit war das Therapieangebot bis auf das Einzelgespräch am Tag Nr. 3 bereits beendet.
Am vierten Tag war wiederum Gruppentherapie angesagt. Danach folgte der zweite Großgruppentermin. Freitags vor dem ersten Wochenende versammelte ich mich mit den Mitpatienten der Gesprächsgruppe vor dem Raum der Beschäftigungstherapie. Aufgrund dessen, daß in der „Schwarzbergklinik“ kein Ergotherapeut beschäftigt war, mußten wir oft Bilder malen.
Einmal zeichnete ich zu einem festgelegten Thema ein absolut wirres Bild, so daß mich das Therapeutenteam nicht in die sogenannte Wochenendbelastung entlassen wollte. Einige Wochen später bekamen wir folgende Aufgabenstellung: „Das Haus, in dem ich wohnen möchte“. Ich zeichnete in meiner nur noch aufflackernd blühenden Phantasie ein Einfamilienhaus am Hang mit Terrasse, das in meiner Vorstellung in unserem Garten stand. Die Kinder spielten auf dem Rasen und Ina und ich saßen ungestört drinnen und tranken Kaffee.
Nach dem Freitagsmittagessen erfolgte für alle Patienten eine Abschlußvisite auf dem Zimmer. Diejenigen, die ins Wochenende gingen, so nannte man es im Klinikjargon, sie würden sich auf „Belastung“ zu Hause erproben. Ich, der ich die ersten drei Wochen

noch nicht in „Belastung“ gehen konnte, war alleine mit meiner Krankheit und den bevorstehenden therapiefreien Tagen genug belastet.
Trotz vieler Gespräche mit meiner Bezugspflegerin und der Verabreichung eines bereits lange bewährten Antidepressivums, stellte sich auch nach einigen Wochen noch keine Besserung meines Gesundheitszustands ein. Im Gegenteil. Ich begann immer öfter, meiner Frau und meiner Familie bei ihren täglichen Anrufen mit Suizid zu drohen.

Der 23.8.1993, ein Tag in der Klinik

- 6.40 Wecken, danach Laufen und Gymnastik
- 8.15 – 8.30 Wassertreten
- 9.00 – 10.30 Gruppentherapie (Ehe- und Trennungsprobleme)
- 10.30 – 11.30 Gespräch mit Mitpatientin Brigitte aus Frankfurt über ihre Klinikzeit.
- Nach dem Mittagessen : Bewerbung an OBI geschrieben.
- 12.45 – 13.10 Training mit Hanteln auf dem Zimmer
- An der Buchidee „Arbeitslos – was nun ?“ gearbeitet
- 14.00 Kaffee, danach mit Norbert in die Stadt (Personenwaage und Buch für meinen Vater gekauft, bzw. Angelbuch bestellt – Karton Saft gekauft und Bewerbung abgeschickt).
- 15.30 zurück. Wollte Buch über Betriebswirtschaftslehre! lesen, war nicht möglich.
- Bis 17.30 auf dem Bett versucht zu ruhen.
- 18.30 Termin bei Frau Schild, Kommentar: Pflegeleichter Patient, starker Wille, soll Ina mal einladen.
- Bis 20.30 Tischtennis mit Norbert
- Zeitung gelesen, aber nichts vom Text aufgenommen

Für Patienten mit depressiven Verstimmungen, leichten Depressionen, Erschöpfungszuständen und allgemeiner seelischer Instabilität war dieses Haus, das im Ganzen eher einer schmuddeligen Pension als einer psychosomatischen Klinik ähnelte, eine geeignete Adresse, um sich für zirka sechs Wochen therapieren und aufpäppeln zu lassen.
Wie in jeder normalen Kurklinik auch hatte ich die Möglichkeit, bis abends um 22 Uhr auszugehen. Dieses Angebot wurde meist in kleineren Gruppen gut genutzt. Mit meiner Tischnachbarin, einer etwa gleichaltrigen korpulenten dunkelhaarigen Frau, ging ich an einem Nachmittag der ersten Woche in die Stadt. Ich erzählte Angela von unserem bevorstehenden fünften Hochzeitstag. Sie bot mir an, mit mir ein Geschenk zu kaufen. Nach zehn Minuten Fußweg erreichten wir das Zentrum. Als ich all die betriebsam hetzenden Menschen in der Fußgängerzone sah, bekam ich panische Angst davor, in einen der vielen Läden zu gehen und eine Kaufentscheidung zu treffen. Mein Herz raste, mein Magen drückte und mein Darm rebellierte, je länger ich diesem geschäftigen Treiben zu sah.
„Ich schaff' es nicht, all die Leute hier“, sagte ich zu Angela. „Kannst du allein zurückgehen?“, fragte sie fürsorglich. „Ja, es wird schon gehen“, antwortete ich und war froh um jeden Meter, den ich mich vom Stadtzentrum entfernte.

*

Ina und ich telefonierten oft mehrmals am Tag miteinander.
Mittels eines Kärtchens erhielt ich beim Mittagstisch die Nachricht, zu welcher Zeit meine Frau anrufen würde. „Ich kann nicht mehr, ich halt das nicht mehr aus“, sagte ich unter Tränen zu ihr. „Am liebsten würde ich im Kurparkteich ertrinken oder irgendwo runterspringen“, sagte ich weiter und war mir nicht bewußt, wie ich sie damit belastete. „Kopf hoch, der ist nämlich angewachsen“, sagte Ina und versuchte mir immer wieder Mut zu machen. Und immer

und immer wieder Weinen, Weinen und nochmals Weinen. Hätte ich die Tränen während meiner bisherigen Leidenszeit alle aufgefangen, so wäre bestimmt ein fünf Liter Eimer davon voll geworden.
Vor allem diese ständigen bildhaften Erinnerungen, die wie graue Ringe vor mir standen und aus der vergangenen Depression hochkamen, brachten mich schier zur Verzweiflung.
Mit den Augen konnte ich kaum mehr etwas erfassen. Wenn mich Ina meist freitags unter viel Streß besuchte, schaute sie nicht gerade erfreut drein, wenn ich ihr oft von meinen weiblichen Mitpatienten erzählte. Sie hatte Angst, ich könnte hier in der Klinik mit einer von den kurenden Damen ein Verhältnis haben. Im Grunde genommen bemerkte ich überhaupt nicht, daß meine Tischnachbarin Angela auf mich scharf war. Denn im Zustand meiner schweren Depression, spürte ich weder Gefühle von Erregbarkeit, noch sexuelles Interesse bei mir. „Man könnte mir Lady Di auf den Bauch schnallen und es würde sich trotzdem nichts bei mir rühren", prägte ich irgendwann einmal diesen Spruch.
Apropos, Affären. Da landete ein neuer Patient, an den sich Angela ebenfalls heran machte. Dieses Klinikverhältnis führte soweit, daß eine Pflegekraft an einem Wochenende, an dem ich auf „Belastung" übte, die beiden beim Liebesspiel in seinem Zimmer störte. Da ich mit mir selbst und meiner Erkrankung viel zu sehr beschäftigt war, bekam ich die Geschichte Tage später nur am Rande mit. Ich machte mir auch keinen Gedanken darüber, warum sie und nicht er, der verheiratete Mann, frühzeitig die Klinik verlassen mußte.
Er, der Handelsvertreter einer bekannten Joghurtmarke, wurde wegen seiner Ängste und Panikattacken, die ihn immer wieder zu Stops während seiner Dienstreisen zwangen, behandelt. Mit ihm spielte ich des öfteren Tischtennis. Bei einem Klinikturnier wurde ich erster Sieger und erhielt einen kleinen Pokal. Da ich dieses Spiel von klein auf gelernt hatte, konnte ich trotz meiner Konzentrationsunfähigkeit gewinnen. Doch freuen konnte ich mich über diesen Turniersieg nicht.

Um die Nachmittage auszufüllen, begann ich nach dem Kaffee zwei bis drei mal die Woche ins Wellenbad zu gehen oder einen ausgiebigen Spaziergang durch den Wald zu machen. Da ich mir neben einem Walkman auch schon eine Angel! für den nahegelegenen Kurteich gekauft hatte und noch dazu mehrere sonstige Sachen, bat mich Ina, ihr die Scheckkarte zu geben, nachdem ich bereits nach vier Wochen 500 DM ausgegeben hatte.
Ich sah und bemerkte keine Fortschritte in der Therapie. Der ganze wöchentliche Behandlungsturnus ödete mich mit der Zeit immer mehr an. Trotz allem versuchte ich mich inmitten meiner Krankheit aus der Klinik zu bewerben! Welch ein Wahnsinn! Oder wer bewirbt sich schon aus einer Kurklinik?
Die Bewerbungen schaffte ich nur, da mir das Schriftliche noch einigermaßen gelang.
Meine Fähigkeiten, mich zu konzentrieren, mir etwas zu merken, und sei es auch nur ein Fußballergebnis, waren gleich null. Egal mit welchem Medium ich es auch versuchte.
Trotz meines miserablen Zustands gab mir mein Arzt einen Tag „Urlaub“, damit ich mich bei einem Unternehmen vorstellen konnte!
Ich war mittlerweile schon acht Wochen in der Klinik, als mich im Oktober '93 mein Schwiegervater, der mich auch am Wochenende immer abholte, zu einem Vorstellungsgespräch zu einem renommierten Unternehmen nach Wetzlar fuhr.
Woher nahm ich nur die Kraft und Motivation in meiner Depression, wieder in solche für jeden seelisch gesunden Menschen anstrengenden Bewerbungsgespräche zu gehen?
Der Mangel an Konzentration ließ mich beim Reden zum Stocken kommen. Wie einen Schüttelrost mußte ich mein Gehirn bewegen, um auch nur die einfachsten Tätigkeiten meiner letzten Arbeitsstelle zu erklären. Erschöpft saß ich endlich wieder im Wagen meines Schwiegervaters, der mich zurück in die „Schwarzbergklinik“ brachte.

Woche für Woche verging, ohne daß sich meine Depression erkennbar besserte. Um die öden therapiefreien Nachmittage bis zum Abendbuffet zu überbrücken, lief ich dreimal pro Woche in das zwei Kilometer entfernte Wellenbad. Da meine Aufnahmefähigkeit weder für das Fernsehen noch die Zeitung ausreichte, hatte ich das Gefühl, daß jeder Tag nur noch aus Warten auf Frühstück, Mittag- und Abendessen und Schwimmen bestand. Fand ich anfangs die tröstlichen Gespräche mit der Bezugspflegerin noch hilfreich, so konnte ich nach acht Wochen nicht mehr ihren Worten Glauben schenken und auf einen Therapieerfolg hoffen. Alles erschien mir so gleichgültig, so sinnlos, so leer.
Die Klinik wollte mich Anfang November '93 entlassen, aber nur damit ich nach zwei Wochen wieder kommen konnte. "Wegen der Krankenkasse", wurde mir als Grund für die geplante Maßnahme genannt. Wie das Getrickse funktionierte, habe ich in meiner Depression nicht verstanden. Doch ich wollte und konnte nicht noch ein zweites Mal in diese Psychosomatische Klinik eingewiesen werden. Ina und ich suchten gemeinsam nach einem anderen Weg. Irgendwie glaubte meine Frau immer noch, durch einen geeigneten Arbeitsplatz würde sich meine Depression in den Griff bekommen lassen. Arbeit statt Information, Verständnis und Aufklärung über die schwere Krankheit Depression.

*

An einem tristen verregneten Novembertag, an dem morgens der Nebel wie ein schmutziges Tuch über den Feldern hing, wurde ich wieder zu einem Vorstellungsgespräch eingeladen. Über eine Stellenanzeige des Arbeitsamts hatte ich mich bei einem mittelständigen elektrotechnischen Unternehmen beworben. Diesmal fuhr mich Ina zu diesem Termin in die Kleinstadt am Rande des Taunus, zirka 30 Autominuten von zu Hause entfernt.
Wie ein Häufchen Elend saß ich in dem riesigen Besprechungszimmer dem Personalchef gegenüber. Der leitende Angestellte bemerkte, daß ich, verglichen mit dem eingesandten Bewerbungsphoto, viel schlanker aussah. Ich war nahe daran, diese belastende

Situation nicht mehr auszuhalten. Obwohl ich den Tränen sehr nahe war und sichtbar mitgenommen wirkte, schaffte ich es doch, dieses Gespräch zu Ende zu führen. Als ich aus dem Firmengebäude mit einer eigenartigen Fliesenfassade kam und danach in unseren Passat Variant einstieg, erschien ich wie erlöst und ließ den Druck der Verzweiflung sich tränenreich entladen. Ina versuchte mich auf der Rückfahrt irgendwie aufzurichten, was ihr aber zusehends immer schwerer fiel.

Da meine Eltern das Dorflokal zum 1. Januar '93 aufgegeben hatten, stand der Gastraum noch immer leer. Ina motivierte mich unter größten Anstrengungen dazu, den Kindern für Weihnachten ein Puppenhaus zu bauen. In der ehemaligen Kneipe gelang es mir, einen Kindertraum halbwegs passabel zu erfüllen. Mit dieser „Beschäftigungstherapie" hielt ich die Zeit bis zu den Feiertagen einigermaßen durch.

Odyssee

Hilfe und Ablehnung

Kurz vor Heiligabend, das erste Weihnachtsfest, auf das ich mich seit wir verheiratet waren nicht freuen konnte, erhielt ich einen Anruf der Firma F. G. Hoffmann. „Wollen Sie zum 1. Januar '94 anfangen?", fragte mich der Personalleiter am anderen Ende der Leitung. Ich wurde von diesem Telefonat sehr überrascht und fühlte mich wie jeder Depressive nicht fähig, eine Entscheidung zu treffen. Meine Frau Ina sah diese Arbeitsstelle als einen Fingerzeig Gottes an und redete mir zu, daß ich es trotz meiner ablehnenden Haltung versuchen sollte. Ich war mir sicher, daß ich zu schwer krank war, als daß ich diese Tätigkeit zur betrieblichen und meiner Zufriedenheit hätte ausfüllen können. Unter dem familiären Druck, entschied ich mich trotz meiner großen Bedenken, die Stelle anzutreten. Am Abend, bevor ich die neue Stelle in der Arbeitsvorbereitung des Industrieunternehmens antrat, erhielten wir Besuch von einem befreundetem Paar, das in unserer evangelischen Kirche und einer über 100 Jahre alten Glaubensgemeinschaft sehr aktiv war. Beide wünschten mir für den Arbeitsbeginn alles Gute und schenkten mir eine Karte mit strahlenden Kinderaugen und einem Bibelspruch, verbunden mit guten Wünschen, Spaß und Erfolg für die neue Arbeitsstelle. Aber wie ich mich fühlte und in welchem Zustand ich mich befand, konnten sie noch nicht einmal ahnen.

*

Nur nicht mehr zu diesem Dr. Feldbaum, dachte ich, nachdem ich aus der „Schwarzbergklinik". entlassen worden war, ohne daß ich in den zehn Wochen jemals einen Oberarzt geschweige denn den Chefarzt gesehen hätte. Der stand ausnahmslos nur Privatpatienten zur Verfügung. Ina und ich suchten verzweifelt nach einem Psychiater oder Psychotherapeuten.

Oft kam es nach telefonischer Kontaktaufnahme schon nach wenigen Tagen zu einem Termin für ein Erstgespräch. Jedes Mal leierte ich meine ganze Vorgeschichte herunter. Jedoch wurde mir nach der Gesprächsstunde unmißverständlich mitgeteilt, daß eine Therapie erst nach einem viertel bis halben Jahr beginnen könnte. Warum wurde mir nicht bereits am Telefon von den Ärzten und Psychologen mitgeteilt, daß eine Behandlung nur nach einer längeren Wartezeit erfolgen könnte?

Für mich, der dringend ambulante Hilfe wünschte und benötigte, waren diese Erfahrungen sehr enttäuschend und frustrierend zugleich. Und ich kam zu der Erkenntnis, daß es einfacher ist, sich in eine Klinik einweisen zu lassen, als einen guten Arzt zu finden, der in meiner großen seelischen Not ein- bis zweimal in der Woche für mich Zeit hatte.

Zwar konnte ich ein sehr gutes Gespräch bei dem bekanntesten Psychologen Wetzlars führen, der klar erkannte, daß der Handball eine eminent wichtige Stellung in meinem Leben einnahm und mein Selbstbewußtsein ganz eng mit dem Sport verbunden war. Aber auch er konnte ebenfalls aus Zeitgründen nicht die Therapie fortsetzen.

Mit dem Arbeitsbeginn am 2. Januar '94 versuchte ich mich an einen ganz normalen Lebensrhythmus zu gewöhnen. Wenn ich nach den ersten Arbeitstagen nach Hause kam, nahm ich mir für jeden dieser dunklen Winterabende eine kleine Tätigkeit vor. Aber egal, ob ich abends noch ins Training der zweiten Mannschaft wollte oder meine bis dato einzige Gesangstunde besuchte, merkte ich, daß es über meine Kräfte ging. Meine Ängste umzingelten mich und mein Rest an Lebensenergie reichte nicht mehr aus um wieder einen Tag zu überstehen. Denn die Depression kennt keinen Urlaub, keinen Feiertag, keine Mittagspause und auch keinen gesunden Schlaf.

Immer wieder bekam ich Zusammenbrüche in Form von starken Weinkrämpfen und Angstattacken sowohl zu Hause, als auch während des Arbeitstages. Ich war nicht in der Lage, auch nur eine simple Registraturtätigkeit in der Abteilung Arbeitsvorbereitung zu übernehmen. Die Verkaufsleiterin, zu der ich notgedrungen öfters in Kontakt treten mußte, nahm sich meiner an. Die selbstbewußte

Fachfrau in den besten Jahren lud mich in der Mittagspause in ihr Haus ein. Sie versuchte, mir mit irgendwelchen negativen Beispielen anhand der Lebensgeschichte ihres Mannes Mut zu machen und gab mir zu verstehen, wie gut ich es doch insgesamt hatte!
Mitte Januar waren meine letzten Kraftreserven, die sich noch in meinem großen Akku zwischen den sich auflösenden „Zellen" befunden hatten, aufgebraucht.
Es bedeutete für mich eine Qual und sehr viel Überwindung, an diesem klaren kalten Wintermorgen aufzustehen. Alleine die Vorstellung mich anziehen und waschen zu müssen, erschien mir als eine unvorstellbare schwere Tätigkeit, über die ich sonst nicht einmal nachdachte. Nein ich konnte nicht wieder acht Stunden in diesem Büro sitzen und irgend etwas Sinnloses von A nach B räumen, nur damit der Arbeitstag vorüberging. Denn ich schaffte es nicht einmal, alphabetische Vorgänge einzuordnen. Die Arbeit in diesem hellen, mit zwei gegenüberstehenden Schreibtischen ausgestatteten Büro hätte mir, davon war ich überzeugt, bei bester Gesundheit viel Spaß gemacht.
Vom Bad stampfte ich durch unser Schlafzimmer mit seinem herrlichen Kieferndielenboden die dreiundzwanzigstufige Kampala Treppe runter und durch den Flur ins Wohnzimmer. Ich setzte mich auf einen der beiden Sessel. „Ich kann nicht", sagte ich zu Ina, als sie den Tisch deckte. „Klar, du schaffst das", rief sie aus der Küche, die ins Wohnzimmer überging. „Ich kann nicht, ich kann nicht", wiederholte ich und weinte dabei.
Ina setzte sich auf die Dreiercouch und griff nach dem Telefonhörer. Als sie um diese frühe Tageszeit telefonierte, wußte ich sofort, wer Inas Gesprächspartner war: Unser evangelischer Pfarrer, Herr Theodor Paldner. Keine Viertelstunde später saß Pfarrer Paldner neben mir und redete auf mich ein. Er bat mich eindringlich, an die Arbeit zu fahren. „Du darfst nicht aufgeben, was hast du für Alternativen?", fragte der Theologe und sah mich dabei fragend an. „So schnell wirst du keinen ambulanten Therapieplatz finden", sagte der beliebte Ortspfarrer, der seit 1986 das Pfarramt leitete und meinte, daß nur die Psychiatrie als letzte Möglichkeit bleiben würde.

So gelang es unserem Seelsorger, der sich immer für ein Gespräch mit mir Zeit nahm, daß ich, so schwer es mir in meiner Krankheit auch fiel, die allerletzten Reserven mobilisierte und an diesem und den nächsten Tagen an die Arbeitsstätte fuhr.
An jedem dieser leidvollen Arbeitstage befuhr ich die Landstraße durch den Taunus. Meine Erkrankung ließ es nicht zu, daß ich konzentriert hätte Auto fahren können. Oftmals fuhr ich über Butzbach, um in der schmucken Kleinstadt Inas Cousine zu besuchen, einfach nur um meine Seele mit Reden über meine Ängste und Nöte etwas befreien zu können. Und um mit Rita und ihrem Mann Rolf jemand außer meiner Frau zu haben, die zuhörten und Verständnis für mein Leiden und meine Situation zeigten.

Nichts geht mehr und Mehr geht nicht

Auch ein letzter Versuch, bei einem pensionierten Krankenhausarzt eine ambulante Therapiemöglichkeit zu finden, schlug fehl. Dieser alte Herr aus der Psychiatrie konnte mir in keinster Weise helfen. Im Gegenteil, durch dieses Gespräch bekam ich noch zusätzliche Ängste. Geradezu wahnhafte Gedanken, meiner Familie etwas Schlimmes anzutun, spukten wie Blitze durch meinen Kopf. So kam es, wie es kommen mußte. Ich hielt es nicht mehr aus. Nichts ging mehr. „Am liebsten wäre ich nicht mehr auf dieser Welt“, sagte ich oft zu mir. “Ich kann nichts, bin nichts wert, bin an allem Schuld und kann diese seelischen Qualen im Kopf nicht mehr aushalten“, redete ich mir in negativen Selbstgesprächen ein.
Nach einem Termin, den Ina in der Ambulanz des Psychiatrischen-Zentrums-Gießen organisiert hatte, wurde ich am 5. Februar '94 ein zweitesmal stationär aufgenommen.
Doch diesmal hieß die Adresse:
PZG Gießen, Alsfelderstraße 12 - 14.
Die Aufnahme mit insgesamt vier Stationen befand sich in einem potthäßlich weißen Plattenbau aus den 70er Jahren, im Zentrum des riesigen Krankenhauskomplexes.

Die gesamte Anlage umfaßte außer der gerichtlichen Psychiatrie 12 Therapiehäuser (auch für Sucht-und Alkoholkranke) sowie Kirche, Sportplatz, Festsaal, Küche, Verwaltung und Cafeteria.
Durch die große Eingangstür betraten wir einen Flur mit einfachen Sitzgelegenheiten aus Plastik. Auf der linken Seite über einer großzügigen Glaswand sah ich das Hinweisschild mit dem Namen „Aufnahme". Nach einem kurzen Gespräch und einer körperlichen Untersuchung begleitete mich Ina durch das muffig riechende fensterlose Treppenhaus in die Station 5/2 im ersten Stock. Der große Flur zwischen den Stationen 2 links und 3 rechts wurde als Freizeitraum genutzt. Bis auf zwei Tischtennisplatten und die beiden Sitzgruppen mit kleinen Tischen standen an der Fensterfront noch einige welke Pflanzen. Durch die schwere Eingangstür betraten wir die Station. Ich sah auf einen Flur, der sich wie ein langer Schlauch durch die psychiatrische Abteilung zog. Bis zum Stationszimmer am Ende des vorderen zirka einmeterfünfzig breiten Ganges gingen Ina und ich an Speiseraum, Fernsehraum, Raucherzimmer und Besprechungszimmer vorbei. Ich mußte meine Tabletten abgeben, und nach den üblichen Formalitäten führte mich eine Pflegekraft zu meinem Zimmer, dessen Flur die beiden Längsflure, (vorderen und hinteren), zu einem Hufeisen verband. Das Dreibettzimmer sah aus wie in jedem üblichen Kreiskrankenhaus. Einzig allein die Tatsache, daß die kleinen Fenster links und rechts nur einen Spalt geöffnet werden konnten, wies darauf hin, daß es sich um kein normales Krankenzentrum handelte. Nachdem Ina meine Sachen in den sterilen weiß gestrichenen Holzschrank neben meinem Bett eingeräumt hatte, verließ ich mit ihr das zentrale Aufnahmegebäude, Haus Nr. 5, um sie zu unserem Wagen zu begleiten. An diesem winterlich kalten Februarmorgen gefror der Schneematsch auf der Klinikstraße. Jeder der Schritte bis zu unserem roten Passat Kombi knirschte, ehe ich mich auf dem Parkplatz neben der Aufnahme von meiner Frau verabschiedete.
Die Station 5/2 war die humanste dieser vier Stationen, da es eine sogenannte offene Abteilung war. Das bedeutete, daß die Eingangstür nur im Notfall – der äußerst selten vorkam – geschlossen

wurde. Meist dann, wenn bei einem der Patienten Suizidgefahr bestand. Ich bezeichnete dieses Vorgehen als „offenen Vollzug".
Mit meinem Bezugspfleger, einem älteren Mann mit dem Allerweltsnamen Müller, führte ich, als er merkte, daß ich mich nicht mit dieser Umgebung abfinden konnte und ich durch die neue völlig unbekannte Umgebung wieder von einem Weinkrampf übermannt wurde, ein längeres Gespräch. Er versuchte mit sehr viel Einfühlungsvermögen meine Geduld und meinen Willen zu stärken. Herr Müller vertröstete mich auf den Nachmittag, wo ein Termin bei der Stationsärztin anberaumt war.
Sie, Frau Dr. Bohnenmeier, saß im Rollstuhl am Schreibtisch, als ich ihr Zimmer betrat. Die blonde Frau mit den halblangen Haaren war nicht in der Lage, mir den rechten Arm zur Begrüßung entgegenzustrecken. Sie konnte ihren Unterarm nur leicht schräg nach oben anwinkeln wobei sie den Ellenbogen fest auf der Armauflage des Rollis auflegte. Sie bot mir einen Platz in einer kleinen Sitzgruppe an, die rechts neben ihrem Kiefernholzschreibtisch stand. Dieses relativ große Arztzimmer mit einer riesigen Palme neben dem Korbsessel, auf dem ich saß, und den hellen Bücherregalen an den Seitenwänden war der Raum mit dem hellsten und freundlichsten Ambiente, den ich bisher auf der Station gesehen hatte.
Die Nachmittagswintersonne strahlte an diesem wolkenlosen Tag zwischen Fenster und Vorhang hindurch, als ich unter Tränen begann, ihr von meinen Symptomen und seelischen Qualen zu erzählen. Von „meinen Bildern" – diese fotografischen Erinnerungen aus der Zeit meiner ersten Depression, unter denen ich sehr litt, und die mir wie Ringe vor meinen Augen standen. Als ich sie auf ein kleines Faltblatt ansprach, das ich im Fernsehraum entdeckt hatte, versuchte mir die Ärztin klar zu machen, daß eine rein Psychotherapeutische Behandlung, wie sie im Haus 2 durchgeführt würde, noch viel zu früh für mich wäre. Auf jeden Fall, so erklärte sie mir vollkommen überzeugt, würde meine Depression wieder ausheilen. Diese Bestätigung mußte ich in jedem Gespräch hören, denn sonst wäre mir dieses leidvolle Leben rein gar nichts

mehr wert gewesen. Aber ich spürte kein Vertrauen, daß ich von meiner schweren Krankheit auf dieser psychiatrischen Station 5/2, geheilt werden würde.
Unter Tränen lief ich, aufgezogen wie ein Blechspielzeug, den hufeisenförmigen Flur auf und ab. Ich fühlte mich abgeschoben und weggeschlossen und wollte nichts zu Abend essen, denn ich wehrte mich gegen diese bedrückte „Endzeitstimmung". „Hier gehörst du nicht hin, hier kommst du nie mehr raus, das ist das Ende", lauteten meine Gedankengänge. „Sie müssen doch etwas essen, bitte kommen Sie mit, auf unserem Tisch ist noch gedeckt", redete mich eine ältere Mitpatientin vor dem Fernsehzimmer an. Bis auf einige wenige hatten alle 27 Patienten den Speiseraum bereits verlassen, als mir beim Abendessen dieser mütterliche Frauentyp um die Fünfzig gut zusprach. Sie kümmerte sich sehr besorgt um mich, so daß ich am ersten Abend im Psychiatrischen Zentrum doch noch etwas zu mir nahm.

Zwischen Ängsten und Zwängen

Ich versuchte möglichst schnell jemanden kennenzulernen, der unter ähnlichen Symptomen litt und bemerkte, daß hier die verschiedensten Menschen mit den unterschiedlichsten Krankheiten behandelt wurden. Über Depressionen bis hin zu Multiple Sklerose, Magersucht, Zwangsneurosen und Psychosen waren viele verschiedene psychische und psychosomatische Krankheitsbilder vertreten.
Die außer mir akut erkrankten Mitpatienten waren drei Frauen, wobei mir zwei davon viel zu jung für dieses Krankenhaus erschienen. Die jüngste, ein etwa 18 - 20 Jahre alter Teenager, wußte nicht mehr was sie von einem auf den anderen Augenblick machte. Sie hieß Britta. Laufend nahm sie irgendwelche herumstehenden Privatsachen von Mitpatienten mit.
Den schlimmsten Anblick mußte ich ertragen, als diese attraktive natürlich wirkende Frau, mitten auf dem Flur über mehrere Tage im Bett fixiert wurde.

Die andere Frau, die Mitte zwanzigjährige Katharina, studierte im sechsten Semester Chemie. Ausgelöst durch einen tödlichen Unfall in einem Chemielabor, wo sie ein Praktikum absolvierte, hatte Katharina panische Angst mit ihrem Körper und ihren Händen Gegenstände zu berühren. Sie war sehr schwer psychisch erkrankt. Sie litt unter Zwangszuständen, so daß sie sich ständig wusch oder duschte. Einmal beobachtete ich Katharina dabei, wie sie vor der Abendmedikation um 21.45 Uhr splitternackt über den Flur in ihr Zimmer lief.

Am nächsten Morgen, als eine kleine Gruppe so wie jeden Tag in der hinteren Ecke des „Hufeisenflurs" vor dem einzigen Fenster saß, erfuhr ich, daß Katharina am gestrigen Abend nicht alleine eine von den drei Duschkabinen benutzt hatte. Christoph, ein junger MS Patient, hieß ihr Freund, mit dem sie sich sehr gut verstand, und der sich mit Katharina nicht nur das Vergnügen unter dem Wasserstrahl teilte. Tagsüber lief Kati, wie er sie nannte, durch die Station und das Haus Nr. 5 und stieß jede Tür mit den Füßen auf, oder sie stülpte sich über ihre Hände Plastiktüten, um nicht den Türgriff zu berühren.

Die Frau Ende dreißig, die immer mit dem Bademantel über den Gang lief, hatte ich, da ich viel zu viel mit meinem sinnlosen Dasein beschäftigt war, bisher nicht bemerkt. „Die Renate liegt doch bereits wochenlang nur im Bett", sagte Helga, eine von den beiden mütterlichen Frauen zu mir. Ich hatte mich noch nicht einmal darüber gewundert, daß ich sie selbst bei den Mahlzeiten immer nur im Schlafrock sah. Renate war eine von den chronisch psychisch Kranken, die, wenn sie es draußen in der schönen, aber auch brutalen Welt nicht mehr schafften, in das Krankenhaus eingewiesen wurden.

*

Im Hinblick auf die Therapien war im PZG vieles ähnlich wie in der Privatklinik in Bad Nauheim. Bis auf eine ganz wesentliche Sache. Die Station 5/2 wurde um 20 Uhr abgeschlossen. Jetzt war ich zumindest von acht Uhr abends bis sieben in der Früh meiner Freiheit beraubt. Aber ich war ja freiwillig hier.

Noch waren nicht alle Untersuchungen abgeschlossen. Doch ich war felsenfest davon überzeugt, keine organische Krankheit zu haben. Um ganz sicher zu gehen, wurde ich mit einem Taxi zur Computertomographie in die Stadt gefahren. Das Geschäftshaus der Praxis befand sich in bester Citylage. Da ich sehr lange auf den Röhrencheck warten mußte und ich mich außerstande sah, mir mittels Lektüre die Zeit zu vertreiben, ging ich die wenigen Schritte aus dem Haus, um mir zu überlegen, wie ich die viele freie Zeit zwischen den Therapien im Krankenhaus sinnvoll nutzen könnte.
Ich lief durch das Dunkel des Nachkriegstreppenhauses hinunter, bis ich die schwere Eingangstür des Ärztehauses öffnete und auf dem Bürgersteig der Bahnhofstraße stand. Im Nachbarhaus befand sich ein weit über die Stadtgrenzen bekanntes Spiel- und Bastelgeschäft. Als ich mir die Auslagen der großen Schaufenster ansah, kam ich auf die Idee, mir einen Modellbausatz des legendären Kabinenrollers der Firma Messerschmidt zu kaufen. Danach lief ich ziellos durch die Innenstadt, ehe ich von einer Telefonzelle meine Frau anrief. Ina beteuerte mir wie fast immer bei einem unserer Telefongespräche ihre Liebe.
Als ich mich an der Anmeldung der Praxis zurückmeldete, war ich bereits aufgerufen worden. “Sie wären schon längst an der Reihe gewesen, wo haben Sie bloß gesteckt?“ fragte mich die sichtlich erzürnte Arzthelferin. „Weil es so spät geworden ist, hat das Psychiatrische-Zentrum bereits angerufen und die Polizei alarmiert“, sagte die braungebrannte Röntgenassistentin, als sie aus dem Behandlungsraum der Computerthomographie kam.
„Da sie die Praxisräume verlassen haben, sind wir davon ausgegangen, daß sie getürmt sind“, sagte die zierliche Person, als sie neben mir an der Anmeldung stand. „Ich war nur in der Stadt und hab mir einen Modellbausatz gekauft und meine Frau angerufen“, rechtfertigte ich mein Verhalten. Da selbst kleine Probleme, auch Zeitprobleme, eine bedrückende Wirkung auf mich hatten und in der Depression wie jedes andere Gefühl noch intensiver wurden, verfügte ich über kein funktionierendes Zeitgefühl mehr. Ich war höchstwahrscheinlich zu lange an diesem naßkalten Abend unter-

wegs gewesen. „Ruf' auf der 5/2 an und klär bitte die brisante Situation", sagte die Assistentin zu ihrer Kollegin hinter dem Tresen und nahm mich mit in den Behandlungsraum.

Nach der Untersuchung in der Röhre – deren Befund sich später als eindeutig negativ herausstellte, fuhr ich, chauffiert von einer ehemaligen Schenk-Angestellten, die mich peinlicherweise sofort erkannte, in das PZ-Gießen zurück.

Nachdem mich Lothar bereits am ersten Abend besuchte, zeigte ich ihm bei jedem weiteren Kommen voller Stolz, was ich gebastelt hatte. Außer meinen Modellbauversuchen gelang mir nur das Schreiben annähernd problemlos. Und dabei konnte ich auch meine kranke Seele etwas befreien. Unter anderem schrieb ich einen Brief an meinen alten Jugendfreund Elmar Frohn. Den Frust darüber, daß er und seine damalige Freundin, wegen der zeitgleich stattfindenden Kirmes in ihrem Heimatort nicht unserer Hochzeitseinladung gefolgt waren, teilte ich ihm unmißverständlich mit. An den weiteren Inhalt kann ich mich nicht mehr erinnern. Jedoch glaube ich, daß sich Elmar, da wir bis heute keinen Kontakt mehr haben, noch nicht gefragt hat, in welchem gesundheitlichen Zustand und aus welchem Krankenhaus ich diesen Brief geschrieben habe. Hatte ich ihm überhaupt von meiner Depression berichtet? Oder betrieb ich ein Versteckspiel um meine Krankheit?

Beim Fernsehen konnte ich mich nur an den Bildern erfreuen. Zuhören, Radio hören und Nachrichten aufnehmen war mir nicht möglich, so sehr ich es auch manchmal erzwingen wollte. Aber am meisten haben mich meine Leseversuche frustriert. Ich las eine Seite. Und wenn ich versuchte den roten Faden aufzunehmen, fiel mir auf, daß ich nur Wörter und Buchstaben gelesen hatte, aber vom Inhalt nichts, aber auch rein gar nichts mehr wußte. Ich war am Boden zerstört. Diese Unfähigkeit, riß mich immer wieder förmlich in die Tiefe. Immer mehr, immer mehr – mit der Folge: Gespräch mit Bezugspfleger Müller, zusätzlich Arztgespräch in Verbindung mit neuen und immer mehr Medikamenten.

Spürte ich Vertrauen, hatte ich Hoffnung?
Doch für alles im Leben gibt es eine Steigerung. Meine Familie und ich waren noch nicht auf dem Tiefpunkt des Lebensstollens angelangt.

Aufbewahrt und Abgehaut

Zweimal Gruppentherapie, Arztgespräche, Chefvisite, „Wochenendvisite", Bewegungs- und Beschäftigungstherapie und Wassergymnastik, sowie eine Koch- und Spielgruppe, (selbst das mußte vom Stationsteam angeordnet werden) prägten tagein, tagaus meinen Wochenrhythmus.
Die Gruppentherapie wurde wie in Bad Nauheim im Fernsehraum durchgeführt.
Der Sinn einer solchen Maßnahme mit mehreren Patienten ist, daß die Betroffenen bei speziellen Lebensproblemen unter Leitung eines erfahrenen Psychotherapeuten gemeinsam Lösungen erarbeiten können. Doch als Schwerstkranker Depressionspatient bekam ich hier oft wahllos schwerwiegende persönliche Probleme mit, die mein verzweifeltes Zwangsdenken und meine Schuldgefühle immer mehr verstärkten. Öfters weigerte ich mich an der Gruppe teilzunehmen und wurde auf Anweisung von Dr. Bohnenmeier zum Gruppengespräch beordert.
Obwohl die Therapieräume besser ausgestattet waren als die in der „Schwarzbergklinik", gab es innerhalb der Station oft Patienten, die von den Gruppen befreit wurden. Einige zeigten außer Rauchen, Essen und Schlafen praktisch keinerlei Lebensaktivitäten mehr. Übrigens, das Rauchen ist eine weit verbreitete ungesunde Angewohnheit in der Psychiatrie, der ich mich mit Dauer des stationären Aufenthalts auch immer mehr anschloß. Aus dem Raucherraum in der Mitte des vorderen Flurs unweit von der Haupteingangstür, dampften jeden Tag dicke Rauchschwaden durch die offen stehende Tür.
Zu Beginn meines stationären Aufenthalts hielt ich es nicht lange in dem Raum aus, da die verqualmte Luft zum Schneiden war.

Keine Viertelstunde konnte ich mich darin aufhalten. Mit der Zeit gewöhnte ich mich jedoch an die stickige Atmosphäre und konnte es sehr lange auf einem Holzsessel oder einer Bank in dieser Räucherkammer aushalten.
Da ich begierig auf eine bestimmte Schokolade war, holte ich mir fast täglich in der Cafeteria die Sorte Nuß-Nougat aus dem Haus der Lila Kuh. Einmal brachte ich „Restbestände" von Ostern mit auf die Station. Ich legte die übrig gebliebenen Schokoladeneier in einen Pappteller und stellte ihn auf den einfachen hölzernen Couchtisch der Raucherstube. Innerhalb weniger Stunden wurde die Schale mit der Nervennahrung geplündert.
An den vergilbten Wänden hingen mehrere Collagebilder und Scherenschnitte, die in der zweimal wöchentlich stattfindenden Beschäftigungstherapie von verschiedenen Gruppen hergestellt worden waren. Wenn ich mich vor die breite Fensterfront des Raucherzimmers stellte, hatte ich einen guten Blick auf die Parkplätze und die Verwaltungs- und Versorgungsgebäude des Zentrums. Insbesondere der hohe Schornstein des Heizkraftwerks deutete manchmal als Zeigefinger und mal als Lösung all meiner Probleme auf mich. „Dieser Raum wirkt wie die ganze Station und der gesamte Plattenbau bestimmt wenig einladend, besonders nicht auf Besucher," dachte ich.

*

In dieser Zeit, so Mitte März '94, trug ich für Ina als Zeichen der Verbundenheit und Liebe meinen Ehering, den ich bisher überhaupt nur drei Tage am Ringfinger getragen hatte. Nachdem wir uns 1988 so schnell getraut hatten zu heiraten, wurde mir das ständige An – und Ausziehen dieses Teils während des Saalumbaus und beim Handball einfach zu unbequem und lästig. Ich packte das gute Stück bis zu diesem besagten Tag in die Schatulle. Wegen meiner totalen Unkonzentriertheit – da ich mir nicht merken konnte, wo ich etwas hinlegte – ist mir der Ehering später bei der Wassergymnastik abhanden gekommen.
Einmal pro Woche um 8.30 Uhr hieß es für eine Stationsgruppe „Was-

ser Marsch“, ab ins Bewegungstherapiebecken. Das Becken, das ich mir mit vier bis sechs Patienten teilen mußte, verfügte über die Größe eines nobleren Whirlpools. In der Regel leitete Pfleger Müller diese „Abreagierungsstunde“. Er verteilte nacheinander verschiedene therapeutische Gegenstände und gab in seinem geduldigen, bestimmten aber ruhigen Ton die Anweisungen. Nach großer Überwindung schleppte ich mich mit einem Handtuch in die Bäderabteilung. Wenn ich erst einmal im warmen Naß war, machte mir das Planschen bei Herrn Müller Spaß, da man sich bei ihm so richtiggehend austoben konnte.

*

Anfangs gestaltete sich die Beschäftigungstherapie bei der blonden gutaussehenden Frau durchaus kreativ. Aus Ton fertigte ich ein Türschild mit dem Namen „Die Webers“ und später zu einem bestimmten Thema eine Collage. Später suchte ich mir einen Seidenschlipsrohling aus, um daraus mit Farben eine persönliche Kravatte herzustellen. Obwohl ich vollkommen unkonzentriert und deprimiert über meinen Zustand ans Werk ging, wurde dieser Schlips ein wunderschönes, einzigartiges, farbenfrohes Kleidungsstück. Je länger ich aber an der Beschäftigungstherapie teilnahm, um so mehr spielten wir irgendwelche kleinen Gesellschaftsspiele, da es der Therapeutin nicht mehr gelang, die sich dauernd ändernde Gruppe zu motivieren. An Fasching fand eine kleine Party mit Patienten von anderen Stationen statt, zu der ich ein großes Wandplakat bemalte. Die gedrückte Stimmung dieser Feier erschien mir so gedämpft, als wäre eine Karnevalssendung in Zeitlupe und ohne Ton ausgestrahlt worden.
Grundsätzlich ist diese Kreativstandardtherapie sehr wichtig, da sich durch einfache Arbeiten mit natürlichen Werkstoffen wie Holz oder Ton bereits schnell Erfolgserlebnisse einstellen, die den Gesundungswillen des Patienten stärken. Deshalb war mein Hantieren mit Plastikklebstoff beim Zusammenbau der Modellautos eine gute Methode, mir kleine positive Erlebnisse zu bescheren und mich in Geduld zu üben.
In ähnlicher Weise verlief die Bewegungstherapie in der kleinen

Turnhalle. Wenn wir im Flur auf die Sporttherapeutin warteten, duftete es nach Tannengrün aus dem Saunabereich am Ende des Ganges. Außer einigen Ball- und Bewegungsspielen, machte mir das Seilspringen in der Gruppe mit der Zauberschnur etwas Spaß. Auch ohne ein sportliches Talent, über das ich verfüge, ist Bewegung in jeder Form eine gute Möglichkeit leichte bis mittlelschwere Depressionen günstig zu beeinflussen.
Von meiner Stationsärztin bekam ich später noch einen Waldlauf vor dem Frühstück verordnet. Nur unter diesem angeordneten Druck schaffte ich es überhaupt, mit zwei Mitpatienten durch das Klinikgelände zu laufen. Doch meine Seele war zu schwer krank, als daß mir diese Sporttherapie geholfen hätte.
Anfangs spielte ich ständig alleine, sogar in der Mittagspause, Tischtennis. Einmal sah mich der Pfleger Neubert dabei, wie ich den Zelluloidball gegen den Teil der Platte donnerte, die ich hochgestellt hatte. „Immer noch Leistung, Leistung, Leistung, selbst jetzt noch Herr Weber, Sie sind in einem Krankenhaus und nicht in einer Wettkampfhalle", rief der schlanke Krankenpfleger über den Flur, als er die Stationstür öffnete. Doch mit der Dauer meines Aufenthalts fiel es mir zunehmend immer schwerer, mich zu Sport und diesem Standardtherapieprogramm aufzuraffen.
Ab und zu holte mich Ina mittags auf der Station ab. Ich spürte, daß sie unter Dauerstreß stand und ihr gequältes Lachen nicht ihr wahres inneres Befinden ausdrückte. Wenn es mein Zustand zuließ, fuhren wir oft in die Stadt, um für sie wichtige Besorgungen zu erledigen. Da das PZG nur 10 Kilometer von zu Hause entfernt war, konnte sie mich öfters besuchen als in Bad Nauheim. Doch mit den drei Kleinen hatte sie mehr als alle Hände voll zu tun. Ina litt mit mir. Aber ohne entsprechende Aufklärung und Informationen konnte selbst sie, die intelligente und höchst einfühlsame Frau, mich nicht verstehen.

*

Es war eines dieser Wochenenden, wo ich, wie man hier zu sagen pflegte, auf „Urlaub“ war, als Ina am Samstagabend durch irgendein Geräusch beunruhigt wurde und ins Kinderzimmer ging, um nach Henrik zu sehen. Sie nahm den schweißgebadeten Eineinhalbjährigen aus dem Bett und rief : „Er krampft, er krampft. Ruf den Notarzt an“.
Der Arzt vom Wochenenddienst untersuchte unseren Sohn sehr gründlich. Er teilte uns unmißverständlich mit, daß wir sofort mit Henrik in die Kinderklinik fahren sollten. Kurz danach rief Ina meine Schwiegereltern an und berichtete ihnen aufgeregt, was geschehen war. Sie bat ihre Eltern, möglichst schnell zu uns zu kommen. Aufgelöst und verzweifelt, erreichten wir gegen 22 Uhr die Uni Kinderklinik. Zuerst wußte ich nicht, was diese schweren Krampfanfälle zu bedeuten hatten. Doch als ich dann Henrik auf der Station in einem Gitterbett auf der Intensivstation im Status liegen sah, spürte ich große Angst um unseren Sohn. Und meine Krankheit trat für mich das erste Mal seit Monaten in den Hintergrund.
Für Ina bedeutete diese neue dramatische Situation jetzt eine vierfache Belastung, da sie die beiden drei- und vierjährigen Mädchen zu versorgen hatte und Henrik und ich schwer erkrankt in stationärer Behandlung in der Kinderklinik und der Psychiatrie waren.
Ich versuchte, so gut wie möglich bei der Betreuung von Henrik mitzuhelfen, und fuhr jeden Mittag mit dem Bus vom Krankenhaus zur Uni Kinderklinik. Spätabends, ich durfte ausnahmsweise nach 20 Uhr zurückkehren, passierte es öfters, daß ich mir nicht merken konnte, mit welcher Linie ich fahren mußte. Ich stieg in den falschen Stadtbus ein. Wenigstens fragte ich noch beim Fahrer nach, ob er zum PZG in die Alsfelder Straße fahren würde. Der freundliche Mann mit der Stadtwerkeuniform nannte mir von der Umsteigehaltestelle am Berliner Platz, die richtige Verbindung und Abfahrtzeit. „Es wird wieder schön!“ sagte Ina immer, wenn sie abends auf der Station anrief und ich ihr unter Tränen von meiner Busodyssee erzählt hatte.

Nach viereinhalb Wochen konnte Henrik, gut medikamentös eingestellt, mit seiner Mutter die Kinderklinik verlassen. Ich erinnere mich noch sehr gut an die schwerstbehinderten Kinder, die auf dieser Neurologischen Station behandelt wurden. In diesen Momenten vergaß ich gänzlich meine Krankheit. Ich erkannte in solchen Augenblicken, wenn ich zu den Kindern Kontakt aufnahm, welche für diese Geschöpfe schier unmöglichen Dinge für mich immer noch gedanken- und mühelos zu bewältigen waren.

Dienste und Ferien

Im turnusmäßigen Wechsel wurden von der Stationsleitung drei Zimmer für den Küchendienst eingeteilt. Das bedeutete für die sieben- bis neunköpfige Patientengruppe, Tisch decken und abräumen, sowie Spüldienst in der großen ungemütlichen Spülküche gegenüber dem Speisesaal. Genau wie die anderen Aufenthaltsräume war die sterile Küche, von deren schmalen Oberlichtfenstern man in einen kleinen Innenhof sehen konnte, ein Raum mit quadratischen Ausmaßen, mit dem Unterschied, daß Boden und Wände in einer Farbzusammenstellung gefliesst waren, die mich mehr an eine Wurstküche erinnerte.

*

Besondere panische Angst hatte ich vor den Wochenenden, denn Depressionen kennen keinen Urlaub und machen keine Pause. Wenn ich Samstag und Sonntag zu Hause verbringen durfte, gelangte ich oft an den Punkt, daß ich es bei meiner Frau und den Kindern nicht mehr aushielt. Da mir eine gewisse Grundordnung sehr wichtig war, reichte die Unordnung in Küche, Wohnzimmer und Speisekammer, sowie der ständige normale Kindergeräuschpegel bereits aus, daß ich es oft nicht lange zu Hause ertragen konnte. Ina griff, nachdem ich sie bereits mehrmals am Sonntagmorgen gedrängt hatte, zum Telefonhörer rief meine Brüder an und bat sie, mich wieder ins Krankenhaus zu fahren. „Ich hab' das

Gefühl, du hast Angst vor der Verantwortung für deine Familie", sagte Lothar, ohne über meine Erkrankung, meine Gefühlswelt und meine körperlichen Symptome informiert zu sein. „Ihr seht doch in welchem Zustand er wieder ist", sagte Ina, als Lothar und Hugo weiter auf mich einwirken wollten. Hugo fuhr mich nach Gießen zurück. Alles um mich war so leer und voll unendlicher Traurigkeit. Wie hatte ich früher aktiv diese Freizeit am Wochenende genutzt? Mit Einkaufen, in Haus und Hof werkeln, Familienspaziergänge, Handballspielen, Kochen, Lesen und Ausflügen, dachte ich.

Schornstein und Asphalt

Je länger ich auf Station war, um so mehr hatte ich das Gefühl, daß die Zeit im PZG komischerweise schneller verging, als wenn ich jeden Tag acht Stunden arbeiten würde. Obwohl ich im Krankenhaus die meiste Zeit in der Flurfensterecke oder im Raucherraum saß und redete. Ich war nun fast ein Viertel Jahr auf der Station 5/2. Meine Erkrankung hatte sich keinesfalls zum Positiven verändert, als der Wonnemonat Mai seinen Einzug hielt. Die einzigen Abwechslungen in dieser tief schwarzen Welt, in der ich lebte, waren die Besuche von meinen Brüdern, Freunden und Bekannten. Ab und zu, wie auch am 1. Mai, unternahm ich mit einem Mitpatienten einen Ausflug zum nahe gelegenen Schiffenberg. Später machte ich mit Rüdiger, meinem Zimmerkollegen, der oft den ganzen Tag im Bett verbrachte, einen Spaziergang zu einem Café unweit des Krankenhausgeländes. Oder ich lief mit einer kleinen Gruppe in die Alsfelder Straße zu der Eisdiele der alteingesessenen Familie Fürst.
Als ich meine Frau an diesem strahlenden Maitag wegen ihres bevorstehenden Geburtstags anrief, verspürte ich panische Angst, „Du brauchst an meinem Geburtstag nicht zu kommen, wenn du Angst davor hast", sagte Ina und versuchte mich am Telefon zu beruhigen. „Mach es so, wie es für dich am besten ist", fügte sie an, ein paar Tage vor ihrem 33. Ich wußte, daß meine Frau nur ein wenig feiern und ein klein bißchen Freude haben wollte in ihrem schweren Alltag.

Es war am Morgen ihres Geburtstages, als mir durch meine nun 12 Monate dauernde Krankheit alles ausweglos erschien und mich wieder diese schubartigen Gefühle von Todessehnsucht überkamen. Vom Telefonhäuschen im Eingangsbereich der Aufnahme rief ich meine Frau an. Doch anstatt ihr zu gratulieren, machte ich Ina mächtig Druck und noch mehr Angst. „Ich springe jetzt vom Schornstein runter", drohte ich, und meinte den Turm des Heizkraftwerks. Nach diesen Androhungen sprach mir Frau Dr. Bohnenmeier eine Ausgangssperre auf gegenseitigem Vertrauen aus, da ich ja auf einer offenen Station untergebracht war. Irgendwie schaffte ich es, die starken negativen Gefühle unter Kontrolle zu halten und auch die nächsten Tage zu überstehen. Gegen Ende des Liebesmonates Mai wurde ich aus der Stationären Klinik entlassen und wurde zum „Tageskliniker".

Tagesklinik und Rehawerkstatt

Dies bedeutete, daß ich mich von nun an jeden Tag von 8–15. 30 Uhr auf der Station aufhielt und außer dem Mittagessen das normale Therapieprogramm absolvierte. Das Mittagsmenü nahm ich im Kasino des Verwaltungsgebäudes ein. Als ich zurück auf die 5/2 kam, spazierte oft eine junge Patientin der 5/1 um die Tischtennisplatten herum und sang wunderschöne Lieder. Ihre Betreuerin saß in der Sitzgruppe vor dem Flurfenster und blätterte in einer Zeitschrift, während sie die singende junge Frau beobachtete. Ihr Gesang beeindruckte mich derart, daß ich diese weichen hellen Liedtöne niemals vergessen werde.

*

Da Ina ständig unser Auto brauchte und ich wegen der Medikamente sowieso nicht fahren durfte, mußten wir uns gemeinsam überlegen, wie ich in die Alsfelder Straße zum PZG gelangte. Die Lösung: Mit dem Fahrrad von zu Hause die zwei Kilometer in den Nachbarort, einen Stadtteil von Gießen fahren, und von dort mit

dem Bus ins Zentrum zum Marktplatz. Von da weiter mit der Linie Sieben zum Krankenhaus. Nachmittags fuhr ich oft mit meinem Cousin Andre zurück. Er arbeitete schräg gegenüber bei einer Mercedes Niederlassung, zirka fünf Minuten Fußweg vom Klinikgelände entfernt. Bei seinen Eltern, Onkel Rudi und Tante Gertrud, stellte ich frühmorgens im Hof mein Rennrad ab.
Wenn sich auch der Sommer '94 mit aller Macht ankündigte, und viele Feste und Feiern – unter anderem mein Lieblingsfest, das Ochsenfest in Wetzlar – auf den Plakatprogrammen standen, wurde mir noch immer jeder Tag zur furchtbaren Seelenqual.
Einzig allein gegen Abend sollte sich meine Stimmung, wie bei fast allen Menschen, die an einer Depression leiden, etwas aufhellen. Doch mein Weg führte mich immer weiter nach unten, in die Hölle meines bisherigen Daseins hinein.

Ausflug und Aufregung

Während meines Tagesklinikerdaseins fand der alljährliche Stationsausflug statt. Warum denn in die Ferne schweifen, wo das Gute liegt so nah und das Geld besonders knapp ist. So dachte wohl die Stationsleitung und wir besuchten Marburg, die älteste Universitätsstadt Deutschlands. Mit einem riesengroßen Lunchpaket in der Hand stand ich am Reisebus, der direkt vor dem Stationsgebäude auf der Klinikstraße hielt. Als ich einstieg, sah ich zu meiner Überraschung Renate auf einem der vorderen Plätze sitzen. Sie kam zwar seit etwa zwei Wochen pünktlich und ohne Bademantel zu den Mahlzeiten, daß sie jedoch heute den Busausflug mitmachte, überraschte mich sehr. An diesem frühen Junimorgen strahlte die Sonne durch die Scheiben bis in den Busgang hinein, als wir mit der kompletten Station 5/2 zum Ausflug nach Marburg starteten.
Der Busfahrer parkte in einer von Marburgs Seitenstraßen unterhalb der Altstadt in der Nähe einer Parkanlage. Dort stiegen wir aus und ich folgte den mit allerhand Utensilien beladenen Pflege-

kräften über die Straße und einige Stufen in die Naherholungsanlage an der Lahn. Elke Pfeiffer, die erfahrene resolute Krankenschwester, begrüßte uns zum heutigen Ausflug und verkündete den groben Rahmen des Tagesprogramms. „Bitte suchen Sie sich ein schönes Plätzchen für das gemeinsame Frühstück", sagte sie mit freundlicher Stimme und bat jeden von uns, sich auf den Bänken oder der Wiese niederzulassen. Ich packte meine Marschverpflegung aus, obwohl ich genau wußte, daß ich morgens keinen Appetit hatte. Appetitlosigkeit ist ein sehr häufiges körperliches Symptom, das bei depressiven Krankheitsphasen vorkommt.
Ich würgte ein belegtes Brötchen hinunter und trank dabei den kleinen Tetra Pack Kakao aus. Auch zum Mittagessen schaffte ich seit meiner Erkrankung nur Mini-Portionen. Einzig gegen Abend, wenn sich die Stimmung leicht besserte, steigerte sich auch mein Hungergefühl. Seit der „Schwarzberg Klinik" hatte ich mehr als fünf Kilo abgenommen, was man mir hauptsächlich im Gesicht ansah.
Nach dieser Frühstückspause spannte das Stationspersonal ein riesiges farbenfrohes Tuch aus, das diesem Heißluftballon ähnelte, mit dem Ende der 70er eine Familie aus der DDR floh. „Bitte fassen Sie alle das Tuch an", sagte die großgewachsene kräftige Schwester Marion. Sie erklärte uns das Namen- und Ballspiel, bevor wir das große Stofftuch in die Höhe wirbelten. Trotz meines Leidens, meiner Antriebslosigkeit, konnte mich das Spielen an diesem Vormittag doch etwas von meiner Krankheit ablenken. Zwischendurch setzte ich mich auf eine der Parkbänke, weil meine Kraft und Konzentration nicht für längere Zeit reichten. Nein, genießen konnte ich den Ausflug nicht. Ich machte ihn mit, ja. Ich sah mir von Außen das Treiben an und überlegte mir, was die vorübergehenden Passanten wohl über dieses Erwachsenenspektakel dachten. Ob es wohl schon von weitem zu erkennen war, daß es sich bei dieser Spielgruppe um Patienten aus der „Klapsmühle", dem landläufigem Wort für Psychiatrie, handelte? fragte ich mich, als ich die Leute durch den Park laufen sah.
Gegen Mittag räumten wie gemeinsam mit Schwestern und Pflegern den Spiel- und Picknickplatz auf und marschierten Richtung Altstadt und Schloß. Mit mir lief ein kleiner Teil der Stationsgruppe den stei-

len Weg zum Schloß hinauf. Ich sah mir die sonnendurchfluteten Räumlichkeiten an, ohne daß ich heute noch eine bleibende Erinnerung daran hätte. Mit unserer Gruppe um den Arzt Dr. Watz ging auch ein Mitpatient in mittleren Jahren, den ich auf dem Weg zurück in die Marburger Oberstadt nicht mehr zwischen uns sah.
Zwischen all den typisch hessischen Fachwerkhäusern entdeckte ich auf der Außenterrasse eines Cafés den Rest der 5/2. „Hallo, Renate, wie schmeckt die Erdbeertorte?", fragte ich, nahm einen weißen Plastikstuhl, wie sie in den 90er Jahren modern waren, und setzte mich zu ihr an den kleinen runden Tisch. Ich bestellte mir einen Kaffee und einen Früchteeisbecher, bevor ich mit Renate im Schatten eines Sonnenschirms ins Gespräch kam. Sie erzählte mir von ihrem wegen der Krankheit abgebrochenen Studium, und daß sie nach dem Aufenthalt im PZG ins betreute Wohnen gehen wollte.
Als wir zum Bustreffpunkt liefen, fiel uns noch immer nicht auf, daß Alfred, der mit uns zum Schloß hoch gegangen war, fehlte. Doch spätestens als Schwester Elke im Bus durchzählte und es trotz mehrmaligem Nachzählen, immer nur 27 Patienten waren, herrschte helle Aufregung. Eine geschlagene halbe Stunde wartete der Busfahrer, bis wir ohne den Fehlenden abfuhren. Was war mit Alfred geschehen? War er etwa auf diese Weise aus dem Zentrum getürmt? Oder hatte er sich schlicht und einfach verlaufen? fragte ich mich.
Während der Rückfahrt nach Gießen dachte ich, daß ich trotz meines gesundheitlichen Zustandes an diesem Marburg-Ausflug doch etwas Gefallen gefunden hatte. Als der Bus wieder vor dem weißen Plattenbau anhielt und wir direkt zum Abendessen auf die Station gingen, gab es immer noch keinen Hinweis auf Alfreds Verschwinden. Irgendwann, etwa zur Tagesschauzeit, wurde Alfred von einem Taxi vor der Aufnahme abgeliefert. Er hatte sich schlichtweg in Marburg verlaufen.

Flucht und Furcht

Der Juni zog ins Land. Die Zeit der Fußball-WM '94, von der ich noch weniger mitbekam als von der Winter-Olympiade im Februar. Als ich wieder einen dieser Schübe bekam, die mir alles sinnlos

und wertlos erscheinen ließen, drohte ich zu zerplatzen, wie eine Treibgasflasche in der prallen Sonne. Ich flüchtete am frühen Nachmittag von der Station.
Ich lief aus dem Plattenbau auf die geteerte Klinikstraße in Richtung Cafeteria um dann nach rechts auf einen Fußweg vorbei an einem Parkplatz aus dem Krankenhausgelände zu gelangen. Der etwa gleichaltrige, langhaarige Pfleger – ein begeisterter Motorradfan – lief noch eine Weile aus dem Stationsgebäude hinter mir her und versuchte mich aufzuhalten. Als mich Herr Neubert durch das kleine Nebentor das Klinikgelände verlassen sah, blieb er stehen und ging zurück.
Schnellen Schrittes lief ich auf dem Bürgersteig am Zaun des psychiatrischen Geländes neben der Straße weiter, die in Gießens größtes Industriegebiet, das Lehmenberger Tal führte. Von dem vor mir liegendem geradeaus verlaufenden Waldweg zum gleichnamigen Berg, den ich mittlerweile bestens kannte, wich ich ab, und lief in meiner Verzweiflung weiter nach rechts in den Wald.
In dem Moment, als ich aus dem Forst an die Bundesstraße kam, die von Gießen nach Lich, zum Geburtsort unserer Kinder führte, hatte ich wirklich und zum einzigen Mal die Absicht, mir etwas anzutun. Ich mußte zuviel leiden und glaubte nicht, daß sich dieser Zustand bessern würde. So als wenn mir jemand die Kehle zuschnürte, spürte ich diese Aussichtslosigkeit. Die Krankheit dauerte nun schon über ein Jahr. Und je länger sie andauerte, desto mehr wünschte ich mir, diese Quälerei – denn Leben konnte ich es nicht bezeichnen – zu beenden.
Ich sah es als einzige Möglichkeit an, meine Seele von den grauenhaften Gefühlen zu befreien. Diese Todessehnsucht war schon lange Zeit mein ständiger Begleiter. Aber heute weiß ich, daß ich nie den Tod wollte. Ich wollte nur dieses Leben nicht mehr.
In meinen Gedanken sah ich die Situation bildlich vor mir. Ich stellte mir vor, mich vor ein vorbeirasendes Auto zu werfen. Als ich aus dem Waldstück kam und am Fahrbahnrand stand, herrschte reger Feierabendverkehr. Wohl überlegt – konnte ich das überhaupt noch? – ging ich zielstrebig Richtung Mittelstreifen. Für einen Moment lang ver-

harrte ich mitten auf der Straße an der Stelle, wo jedes Jahr tausende Tiere unfreiwillig ihr Leben lassen müssen, dachte ich. Doch ich stand aus freien Stücken hier. Wollte ich sterben? Wollte ich so sterben? Würde ich überhaupt sterben? Wollte ich den Tod? Und das Gravierendste von Allem: Was würde ich meinen Kindern damit antun?
Trotz so viel Dunkelheit in mir blinkte noch ein kleines Licht in meinem Kopf. Ich wurde mir bewußt, daß ich nicht sterben wollte, sondern nur dieses Leben nicht mehr ertragen konnte. Mir fiel ein, daß ich zwar die Beschäftigungstherapie versäumt hatte, es aber bald Abendessen gab. Und so erinnere ich mich: „Wenn du diesen Schritt jetzt tust, wird niemals jemand erfahren, was du durchgemacht hast".
Ich beobachtete den Verkehrsfluß und ging mit langsamen Schritten an den Fahrbahnrand zurück. Gedankenverloren zog es mich wieder in das ungeliebte Psychiatriezentrum. Ich meldete mich im Stationszimmer.

Hölle und Lichtblick

Elke, die dunkelhaarige Krankenschwester mittleren Alters, nahm mich nur kurz zur Kenntnis, während sie weiter ihrer Arbeit nachging. An diesem zu Ende gehenden Tag erfolgte von der Station und vom diensthabenden Arzt keinerlei Reaktion auf mein Ausbüchsen. Am nächsten Morgen wurde ich durch Herrn Müller zu Frau Dr. Bohnenmeier bestellt. Sie erklärte mir, sie könne das Risiko nicht mehr verantworten und ich müßte vorerst für das bevorstehende Wochenende auf die geschlossene Station. Zuviel war in den letzten Tagen und Wochen geschehen, als daß ich eine Chance sah, diese Maßnahme der Verlegung zu umgehen. Oder wollte und mußte ich diese Erfahrung einmal machen?
Mit den notwendigsten Sachen, die ich in meine Sporttasche packte, begleitete mich ein Praktikant auf die Station 5/3, die sich im zweiten Obergeschoß gegenüber der vierten Station des Hauses, befand. Auf den ersten Blick sah auf der Abteilung 5/3 alles ganz genauso aus, wie die offene Station 5/2. Aber bereits beim Warten

auf den Stationsarzt wurde mir klar, daß ich hier auf der Geschlossenen zwar vor mir geschützt wurde, jedoch spürte ich sofort, daß ich auf keinen Fall hier hingehörte. Da mich starke Unruhezustände übermannten, konnte ich nicht sehr lange auf dem Stuhl vor dem Arztzimmer sitzen. Ich ging, wie schon so oft auf der 5/2, auf dem Eingangsflur entlang.

Als ich über den glatten Linoleumboden in der Nähe des Stationszimmers schlich, sprach mich eine ältere grauhaarige Frau mit kaum verständlicher Stimme auf Zigaretten an. Die mit einem Bademantel bekleidete Patientin wartete nicht auf meine Antwort, sondern versuchte mir die Packung aus der Brusttasche meines Hemdes zu reißen. Sie hatte die Zigaretten schon in den Fingern, doch gelang es mir, von dem Übergriff überrascht, das Päckchen meiner Standardmarke zu retten. Die verwirrte Frau wurde nach diesem Vorfall wieder im Krankenbett vor dem Stationszimmer mit einem Bettgitter fixiert.

Ich ging weiter auf und ab und sah hinten, auf dem ebenfalls ringförmigen Flur, eine Putzfrau bei der Arbeit. Als ich nahe vor ihr stand und sie sich mir zuwandte, erkannte mich die Reinigungskraft sofort. „Schorsch, was machst du denn hier?", fragte sie mich und schaute mir dabei ungläubig in die Augen. „Ich bin schon seit Februar wegen Depressionen auf der 5/2, und weil ich gedroht habe mich umzubringen, bin ich jetzt hier", antwortete ich mit trauriger Miene, indem ich ebenfalls gleich wußte, wer vor mir stand. Ich erzählte ihr die Geschichte meiner bisherigen Odyssee. Ihr Name war Vroni Sommer. Früher hatte sie mit ihrem Ex-Mann eine Kneipe in meinem Heimatort betrieben. Dieses Jugendlokal „Kajazzo", vor dessen Tür ich damals Veras Fiat einen mächtigen Tritt versetzt hatte.

Nach unserer kurzen Unterhaltung setzte ich mich wieder nahe der Eingangstür auf den Stuhl und starrte auf den Ausgang. Wann immer die Tür elektrisch geöffnet wurde, dachte ich daran abzuhauen. Da Vroni schnell bemerkte in welcher Verfassung ich war, mußte ich mein Versprechen geben, daß ich keine Dummheiten machen würde. Ich fühlte mich weggeschlossen und aufbewahrt

wie ein Stück Eisen in einer Garagenecke und wegen der miserablen Atmosphäre während des Wochenendes auf dieser Station noch wesentlich schlechter als auf der 5/2.
Ich hielt mich an das Ehrenwort, das ich Vroni gegeben hatte und bekam am Freitagmittag von Mitpatienten der 5/2 Besuch. Auch meine gute alte Freundin Leni, mittlerweile schon über die 70, besuchte mich am Samstag und ließ mir durch ihren belgischen Lebensgefährten etwas Kuchen hochbringen. Sie, die selbst schon wegen ihrer Altersdepression in der Psychiatrie gewesen war, schaffte es nicht, mit Frans auf die geschlossene Abteilung zu gehen. Ich könnte es auch nicht.
Schon das Sprechen darüber – vielmehr als jetzt das Schreiben – bedeutete, die Bilder dieser Umgebung glasklar vor meinen Augen zu haben, die für mich gleichbedeutend mit der schlimmsten Zeit meines Lebens sind. Nie mehr will ich dort wieder hin, noch nicht einmal als Besucher!

Entlassen und Geheilt?

Ende August '94 wurde ich mit der Diagnose „Borderline Syndrom", endgültig entlassen. Was ist das? Klingt gut! Aber mir wurde nicht erklärt das „Borderline" eine Persönlichkeitsstörung bedeutet. Meine Stationsärztin Frau Dr. Bohnenmeier empfahl mir einen Psychiater namens Dr. Basler, bevor ich ab dem 1. Oktober '94 in der Reha-Werkstatt Gießen-West anfangen sollte.

*

Ina fuhr im September mit den Kindern zu einer Mutter-Kind-Kur nach Plön. Nun war ich für vier Wochen ganz mir alleine überlassen. In lebensfrohen Zeiten hätte ich jeden Tag dieser Wochen sehr genossen und wäre abends nach der Arbeit oft unterwegs gewesen.
Mit meinen 35 Jahren wäre ich bei einer Mannschaft ins Training gegangen und hätte es toll gefunden, einmal frei von familiärer Verantwortung zu sein. Jetzt aber, wo ich immer noch schwerste Depressionen hatte, versuchte ich mir eine Art Überlebensplan zu basteln.

Noch immer dachte ich, irgendeine Beschäftigung würde mir bei der Überwindung dieser psychischen Krankheit helfen – auch wenn es sich um „Borderline“ handelte. „Borderline“ ist eine Bewußtseinsstörung, die oft zu panikartigen selbstzerstörerischen Attacken bei den betroffenen Menschen führt. Nein, mich überfielen keine Attacken. Aber ich hatte Angst, Angst vor jedem neuen Tag.

⁂

So fragte ich meinen Bruder Lothar, ob ich vormittags für zwei bis drei Stunden in der Käserei, die diese in ganz Deutschland bekannte Handkäsespezialität herstellte, helfen könnte. Er bejahte mein Ansinnen. Jeden Morgen um 8.30 Uhr fuhr ich mit meinem Rennrad die eineinhalb Kilometer zu der Käsefabrik in den anderen Ortsteil hoch. Schnell zeigte sich, daß ich nur einfache Handlangerarbeiten, wie an der Verpackungsmaschine Kartons falten und den Schacht damit auffüllen, übernehmen konnte. Ich fühlte mich außerstande, eine Tätigkeit wie die Kommissionierung im Käselager auszuüben, die auch nur geringe Konzentration und Aufmerksamkeit erforderte. Ich persönlich aber empfand die Tatsache, daß ich es jeden Morgen schaffte, über den Limesberg in die Weserstraße zu radeln, bereits als eine Riesenleistung.
Da ich zu sehr in meiner Höhle des Leids steckte, konnte ich mir keine Gedanken darüber machen, ob mein Bruder, meine Verwandten und meine Freunde für die Krankheit Depression überhaupt Verständnis hatten, geschweige denn sie verstanden. So wie ich es empfand, machten sie aus meiner Erkrankung in der Öffentlichkeit ein Versteckspiel. Erfuhr ich jedoch von Menschen Interesse und Verständnis, so bedeutete es Balsam für meine trauernde Seele.
Nachdem ich für meinen Vater und mich mittags etwas gekocht hatte (meine Mutter hatte sich im Hof mit dem Bollerwagen den Arm gebrochen und lag im Krankenhaus), legte ich mich in einem der beiden kleinen Kinderzimmer auf den Boden auf eine Matratze und versuchte zu schlafen. Obwohl ich den Raum ab-

solut verdunkelte, gelang es mir nie, meine negativen Gedanken wirklich abzuschalten. Einzig wichtig für mich war, daß ich mit geschlossenen Augen in dem pechschwarzen Zimmer ruhen konnte.
Als Ina und die Kinder an der Ostsee weilten, schaffte ich es unter größter Anstrengung und seelischem Druck gemeinsam mit einem Bekannten die gemauerte Zwischenwand der Kinderspielzimmer abzureißen. Mit der Hilfe von Freunden die mich auf einem Wochenendausflug mit dem Wohnmobil mitnahmen, überstand ich die Zeit bis zum Arbeitsbeginn in der Werkstatt. Meine Schwiegereltern kümmerten sich ebenfalls um mich und nahmen mich meist sonntags zu einem Ausflug mit.

*

Um zu Dr. Basler zu gelangen, mußte ich meinen Schwiegervater bitten, mich nach Gießen zu fahren. Bereits beim ersten Termin in dem vollbesetzten, stickigen Wartezimmer mußte ich sehr viel Geduld aufbringen, bevor ich von dem Psychiater im Fließbandverfahren im Fünfminuten-Takt abgefertigt wurde. Sehr schnell hatte ich für mich entschieden, daß ich dieses Hin- und Herkutschieren in die Stadt nicht mehr in Kauf nehmen wollte. Da ich durch Mitbetroffene, die mir nach und nach aus dem Dorf bekannt wurden, mitbekam, daß in einem Ortsteil unserer Gemeinde eine Neurologenpraxis ansässig war, versuchte ich, dort einen Termin zu bekommen. Bis Anfang November mußte ich mich gedulden, ehe ich bei Dr. Ebner, einen Behandlungstermin erhielt.
Mit meinen Schwiegereltern und deren Bekanntem, den ich in seinem VW Jetta begleitete, holte ich meine Familie Ende September '94 aus der Kur an der Plöner Seenplatte ab.
Ina wußte, daß sie es nicht schaffen würde, mich zusätzlich zu den drei kleinen Kindern zu Hause mit meinen Qualen aufzufangen - wobei mit Henrik wegen seiner fehlenden Motorik sehr viel physiotherapeutisch geturnt werden mußte. Daher wohnte ich ab Oktober '94 bei meinen Schwiegereltern. Von dort fuhr ich – mit meiner neuen Arbeitstasche bepackt, die mir Ina für die neue Stelle

bei der Firma Hoffmann zu Weihnachten geschenkt hatte – mit dem Bus nach Gießen in die Reha-Werkstatt. Am Marktplatz stieg ich aus. Ich wartete auf den Stadtbus der Linie 14, der mich um 7.35 Uhr zum größten Industriegebiet des Oberzentrums brachte. Ich ging von der Bushaltestelle vorbei an einer großen Elektromarktkette bis zur nächsten Querstraße, um nach wenigen Minuten Fußweg meinen neuen geschützten Arbeitsplatz zu erreichen, die Therapieeinrichtung, die mir der Sozialarbeiter des PZGs empfohlen hatte. Diese Anfahrt mit dem Omnibus empfand ich jeden Morgen aufs neue als große Selbstüberwindung. Hinter einem zweistöckigen Verwaltungsgebäude, in dem sich verschiedene Firmen befanden, war ein wie eine Lagerhalle aussehendes Gebäude angebaut, in dem etwa 30 psychisch Kranke beschäftigt wurden. Der Großteil der hier arbeitenden Menschen wurde zu Montage- oder Verpackungsarbeiten eingesetzt.
Im Inneren der offenen Halle koordinierten zwei Meister und mehrere Gruppenleiter, meist Zivi`s, die Arbeit. Gleich zu Beginn lernte ich eine Sozialarbeiterin kennen, die nahezu ständig für die Rehabilitierenden ansprechbar war.
Pünktlich zum Arbeitsbeginn um 8 Uhr versuchte ich aus dem Kellerraum zu kommen, wo die Spinde für uns werktätige Kranke eingerichtet waren. Ich meldete mich im Meisterbüro, das sich an der langen Außenwand in Nähe der Halleneingangstür befand.
Auf einer Art Barhocker wies mir der Meister den Platz an einem großen rechteckigen Tisch zu, wo mehrere Rehabilitanden sogenannte „Fittings“ für einen heimischen Industriebetrieb zusammenschraubten. Wenn auch jede Stunde eine kleine Kaffeepause in der kleinen, von einem Zivildienstleistenden geführten Mensa eingelegt wurde, bedeutete es für mich eine Qual, 60 Minuten lang die gleiche monotone schraubende Handbewegung auszuführen.
Mein Schwiegervater fuhr mich am ersten Arbeitstag in die „Reha“. Danach nahm mich manchmal ein Kollege aus der Werkstatt, der im Nachbarort wohnte und der auf einen neuen Arbeitsplatz in einem großen Verbrauchermarkt hoffte, nach Gießen mit.

Zwei Jahr später, kurz vor Weihnachten '96, besuchte ich meine ehemaligen Arbeitskollegen der Reha-Werkstatt und fragte nach Markus. Von Jörg erhielt ich eine erschütternde Antwort.

Blaulicht und Leitplanken

Mit dem Linienbus wollte ich am Vormittag des 2. Oktober '94, einen Tag vor dem vierten Jahrestag der Deutschen Einheit, von der Werkstatt zu Dr. Basler in die Stadt fahren.
Vom Busbahnhof am Marktplatz bis zur Praxis am Wilhelmsgarten brauchte ich nur wenige Minuten zu laufen. Als ich an die Haltestelle im Industriegebiet West kam, bemerkte ich, daß ich die Abfahrtzeiten durcheinander gebracht hatte und der Bus bereits unterwegs war. Da ich einen Termin hatte, blieb mir nichts anderes übrig, als die zwei Kilometer zu Fuß in die Stadt zu laufen. Ich lief an einem Baumarkt, einem Sanitärhandel und an einem Autohaus vorbei und gelangte über eine große Kreuzung, die ich geradeaus überquerte.
An den Wohn- und Geschäftshäusern entlang ging ich weiter Richtung Gießener Innenstadt. Ich jammerte, schluchzte und weinte mehrmals auf diesem Weg. Wieder fühlte ich mich total am Boden zerstört. Völlig aufgelöst und am Ende erreichte ich die Arztpraxis.
Ich betrat das wiederum überfüllte Wartezimmer. Nachdem ein Patient aufgerufen wurde, fand ich in einer Ecke noch einen freien Stuhl. Ich spürte nicht nur den seelischen Druck im Kopf und in meinen Augen, sondern auch diese beklemmenden Gefühle in Bauch und Magen. Ich wurde in das Sprechzimmer gerufen. Tränenüberströmt äußerte ich in den wenigen Minuten dieser zur Massenabfertigung mutierten „Psychiaterbehandlung“ Suizidgedanken. Dr. Basler ließ über den Notruf sofort einen Krankenwagen kommen und mich wieder ins PZG einliefern.
Mein Schwiegervater brachte mir mit starrem Blick, den er sonst nur zeigte, wenn etwas nicht nach seinem Willen ging, die Sachen auf die altbekannte Station. Dachte er wieder, der muß nur seinen Hintern bewegen und arbeiten, dann hat der auch keine Depressionen mehr?

Während ich wieder in der trostlosen Umgebung des Hauses Nr. 5 untergebracht war, hatte Ina auf ihren Wunsch bereits veranlaßt, mich in die Klinik „Hohe Mark" nach Oberursel zu überweisen. Doch bis zur Einweisung in die christliche Einrichtung sollten für mich noch einige schwere Wochen ins Land ziehen.
Mein Bezugspfleger Herr Müller sprach mir gut zu, indem er meinte, die Entlassung sei einfach noch zu früh für mich gekommen. Ich belegte wieder das gleiche Zimmer Nummer Neun. Allerdings war diesmal ein junger Mann namens Ralf mein Zimmerkollege. Außer Ralf lag noch ein vom Alter schwer einzuschätzender Mann im vorderen Krankenbett, dessen Äußeres, nicht nur wegen seiner Kleidung, ich als total ungepflegt empfand. Ohne sich vor dem Schlafen auszuziehen und zu waschen, warf er sich auf's Bett und schnarchte fürchterlich. Weitaus mehr als der zirka 80-jährige Rentner, der zu Beginn meiner „PZG-Karriere" neben mir lag. Wegen diesem im Grunde bedauernswerten Kerl, der so laut schlief, durfte ich meine Nachtruhe, die ich nur wegen der vielen Medikamente fand, auf dem Flur verbringen.
In mir entwickelte sich ein regelrechter Haß auf dieses psychiatrische Krankenzentrum.
Nacheinander waren Mitpatienten entlassen worden, die viel später als ich aufgenommen worden waren. Und in Kürze stand wieder der Winter vor der Tür! Auch zwei von den drei Frauen, die ich schon seit Februar kannte, verließen jetzt die Stätte der Unfreiheit. Nur Mark, ein Anfang 20-jähriger, der unter Angstzuständen und Depressionen litt und der mich oft, meist vor Langeweile, in den Raucherraum entführte, sowie die Mitdreißigerin Angela, die bedingt durch ihre Psychose keine Entscheidung in ihrem Leben alleine treffen konnte, waren die Einzigen, die ich nach meiner Rückkehr auf die Station 5/2 noch kannte, und die, die mir Vertrautheit und etwas Halt bedeuteten.
Der trübe und triste November zog ins Land. Der Monat, den ich absolut nicht mag und der viele Menschen schon alleine in jahreszeitliche Depressionen bringt. Das Tageslicht wich immer mehr der Dunkelheit, und ich hielt es wieder nicht mehr aus.

An einem Dienstagabend nach dem Abendessen ging ich den routinemäßigen Weg in mein Zimmer und nahm mir wie immer noch etwas Schokolade vom Nachttisch. Es mag so gegen 19 Uhr gewesen sein, als ich mich rechts neben unserem Krankenzimmer in die Besucherecke vor dem Flurfenster setzte. „Das kannst du doch vergessen, hier läuft doch eh nichts", sagte der Neupatient, der mir gegenüber saß. „Ich bleib keine drei Tage hier", fügte er hinzu. Ich wurde immer aufgeregter, bis es aus mir wie aus einem Vulkan heraus brodelte. „Ich muß hier raus, ich halt das nicht mehr aus, ich hau jetzt ab", sagte ich, stand auf und kündigte meinen Entschluß, das zweite Mal von hier zu türmen, dem Mitpatienten an.
Diesmal nahm ich mir jedoch nicht vor mir etwas anzutun, sondern ich wollte einfach nur weg aus diesem häßlichen und trostlosen Psychiatriekrankenzentrum. Denn im Gegensatz zu meiner Flucht im Sommer, hatte ich mir mit meinem kranken Geist vorgenommen, von Gießen bis kurz vor Marburg (30 km) zu Freunden von uns zu laufen!!!
Von der Eingangsschranke des Zentrums aus durchquerte ich bereits seit einer halben Stunde die immer noch pulsierende Stadt. Als ich weiter Richtung Stadtrand lief, kamen mir Zweifel an meinem Vorhaben. Irgendwie, als wenn ich mir etwas beweisen müßte, hatte ich nur das Ziel Wolfshausen vor meinen Augen. Auf dem Weg durch eine Kleinstadt, kaufte ich mir eine Dose Bier, die ich schnellen Schrittes unterwegs austrank. Trotz meines schwer depressiven Zustands bemerkte ich, wie gefährlich es für mich wurde, an dieser in den Abendstunden extrem stark befahrenen B3 zu laufen. Ja, ich spürte wirklich noch Angst um mein Leben!
Da es statt eines Randstreifens nur Leitplanken gab, ging ich im Feld neben diesem Sicherheitssystem entlang.
Ich war nun bereits über zwei Stunden unterwegs, als mich wegen meines erhobenen Daumens, ein Fahrzeug als Anhalter registrierte und wenige Meter vor mir auf der Bundesstraße stehen blieb. Ich öffnete die Beifahrertür und sah im Halbdunkel der Innenbeleuchtung auf eine Frau in den besten Jahren. Sie nahm mich mit! Und sie fuhr mich mit ihrem französischen Kleinwagen an meinen Zielort. Keinesfalls habe ich mich gefragt oder mir etwas dabei ge-

dacht, warum mich eine Frau mitgenommen hatte. Ich war einfach nur erleichtert, die letzten Kilometer bis Wolfshausen nicht mehr laufen zu müssen. Selbst wenn die durchaus attraktive Fahrerin, die mich chauffierte, auf ein Abenteuer mit einem Mann ausgewesen wäre, hätte sie bei mir kein Glück gehabt, da ich seit meiner Erkrankung absolut keine sexuellen Gelüste verspürte.
Mein Ziel lag direkt an der B 3, die von Gießen nach Marburg führt. Vor dem Ortseingang nahe dem großen Hotel stieg ich aus und erreichte nach fünf Minuten Fußweg das schwedische Fertighaus unserer befreundeten Familie. In diesem kleinen Vorort konnte ich mich praktisch nicht verlaufen.
Denn schon oft, meist nach den Weihnachtsfeiertagen, waren wir bei Schwacks zu Gast gewesen. Von der Straße aus konnte ich nicht erkennen, ob unsere Freunde zu Hause waren. Ich klingelte und das Glück war mir hold. Paula, die langjährige Freundin meiner Frau, öffnete die Haustür und zeigte sich ob meines abendlichen Besuchs total überrascht. Ich folgte ihr ins Wohnzimmer, wo neben ihrem Mann Frank ein Pärchen in der neuen Polstersitzgruppe saß. Frank, von Beruf Doktor der Physik, sagte mir, daß sich die beiden langjährigen Ehepaare jeden Dienstag abwechselnd zum Hauskreis trafen. Ich war sehr froh, daß ich sie angetroffen hatte.
Doch ich bin mir sicher, daß es keine Zufälle auf dieser Welt gibt und es Gottes Fügung war, daß ich Schwacks an diesem naßkalten Novemberabend antraf. „Das ist Hans-Georg, der Mann meiner Freundin Ina“, sagte Paula und stellte mich vor. „Wie bist du denn von Gießen hierher gekommen?“, fragte sie mich immer noch überrascht von meinem Besuch. Ich schilderte Paula und Frank, was seit unserem letzten Treffen an Jannas 4. Geburtstag geschehen war.
Wir redeten über meine Krankheit. Ich erzählte ihnen, daß ich meinen Glauben verloren hätte und keine Hoffnung mehr für mich sähe, und davon, daß ich es im PZG nicht mehr aushielt, weil ich die Unterbringung und die Umgebung nicht mehr ertrug und kein Vertrauen in die Ärzte hatte. Paula war der Meinung, eventuell durch eine betreute körperliche Arbeitstherapie, wie sie es in Marburg auf einem Bauernhof gab, bessere Fortschritte erzielen zu können. Bis

gegen 23 Uhr sprengte ich den Hauskreis, bei dem zwei oder mehr Paare über eine bestimmte Stelle in der Bibel diskutierten, ehe mich Frank, den ich sehr schätze, zurück ins Zentrum nach Gießen fuhr. Bereitschaftsnachtdienst leistete derselbe Pfleger, der im Sommer aus dem Stationsgebäude hinter mir her gelaufen war. Nachdem ich die Nachtglocke betätigt hatte, öffnete mir Herr Neubert mit steinernen Gesichtsausdruck die Eingangstür des Plattenbaus. Ich verabschiedete mich von Frank Schwack. Im gleichen Moment dankte ich Gott dafür, daß die beiden zu Hause gewesen waren, und wir ein gutes Gespräch führen konnten.

Der Krankenpfleger bat mich ins Stationszimmer. Mit deutlichen, lautstarken Worten wies Herr Neubert mich zurecht. Er entnahm mir eine Blutprobe, da er offensichtlich meinen Biergenuß roch. „Sie haben die gesamte Station in helle Aufregung versetzt", sagte der Pfleger mit ernster Miene. „Ich habe die Polizei verständigt!", teilte er mir immer noch sichtlich erzürnt mit. „Und weiteres bekommen Sie morgen von der Vertretung der Frau Dr. Bohnenmeier mitgeteilt", fügte Herr Neubert hinzu und warf mir noch einen finsteren Blick hinterher, als ich mich vom Behandlungsstuhl erhob und das Dienstzimmer verließ.

Am nächsten Morgen, gleich nach dem Frühstück, trat ich in Begleitung von Herr Müller ins Zimmer des Arztes ein, zu dem ich allein schon wegen seines kindlichen Umgangs mit uns Patienten kein Vertrauen hatte.

„So laß ich mit meinem Personal nicht umspringen", bekam ich von Dr. Watz zu hören. „Dafür sind mir meine Mitarbeiter zu schade", betonte er ausdrücklich. „Entweder Sie gehen auf die Geschlossene oder Sie verlassen das Krankenhaus", sagte der Arzt und stellte mich vor diese Entscheidung. Da ich freiwillig hier war und nicht zwangseingewiesen werden konnte, war es ganz alleine meine Angelegenheit, wozu ich mich entschied. „Auf die Geschlossene geh' ich nicht", sagte ich mit fester Stimme. „Gut, dann machen wir ihre Papiere fertig und Sie werden heute Mittag entlassen", sagte Dr. Watz und gab mir den Hinweis, daß ich jederzeit zur Krisenintervention wieder aufgenommen werden könnte.

Da der Einweisungstermin für die Klinik „Hohe Mark" mit dem 6. Dezember '94 bereits feststand, hatte ich nur noch knapp vier Wochen in der Reha-Werkstatt zu überbrücken.
In diese Zeit, Anfang November, fielen auch die ersten Arztbesuche bei Dr. Ebner. Meine Frau begleitete mich zum Ersttermin. Durch die alte schwere Holzeingangstür der Praxis führte unser Weg direkt durch die Glastür zur Anmeldung. Nachdem ich meinen Namen nannte, stellte mir die freundliche und äußerst schlanke Arzthelferin die obligatorische Frage, ob ich schon einmal in der Neurologischen Gemeinschaftspraxis gewesen sei. Zum Sprechzimmer von Dr. Ebner im ersten Stock mußten Ina und ich über eine breite mit Teppich belegte Holztreppe gehen. Mitten im Flur dieses um die Jahrhundertwende erbauten herrschaftlichen Hauses saßen reihum viele Patienten, die das offene Wartezimmer zum Lesen der ausgelegten Illustrierten – meist Klatschmagazine - nutzten. Da die Wartezeit sich beträchtlich in die Länge zog, wurde Ina wegen der Betreuung der Kinder immer unruhiger und sah sich gezwungen zu Hause anzurufen. Endlich saßen wir beide vor dem aus dunkler Eiche gezimmerten alten Schreibtisch Dr. Ebners. Der schlanke Mitvierziger mit schmalem Gesicht hörte sich ohne jeglichen Zeitdruck, meine Lebens- und Leidensgeschichte vertrauensvoll an. Er stellte mir gezielte Fragen, ohne daß er dabei auf die Uhr sah. Als Ina und ich die Praxis verließen, fühlte ich mich irgendwie erleichtert. Innerhalb weniger Tage stellte er eine komplette Diagnose, die an die Klinik Hohe Mark gesendet wurde und von der ich eine Kopie erhielt. „Endogene Depression", diagnostizierte Dr. Ebner. Aber nicht nur, daß der Neurologe so schnell mein Krankheitsbild erkannte, beeindruckte mich. Denn vor allem aber nahm er sich Zeit für mich, so daß ich vom ersten Behandlungstermin an tiefstes Vertrauen spürte.
Da ich es zu Hause mit den wuselnden kleinen Kindern nicht mehr aushielt und auch Ina es nicht mehr schaffte, meine ständigen Weinanfälle und Suizidgedanken auszuhalten, zog ich für die Zeit

bis zur Einweisung auf die „Hohe Mark“ zu meinen Schwiegereltern. Ina war durch dieses für uns alle schlimmes und schwieriges Jahr vollkommen erschöpft und ausgebrannt. Obwohl sie sehr schlank ist, sah ich ihr an, daß sich in dieser Zeit ihr Körpergewicht noch weiter reduziert hatte.
Von dem kleinen Dorf am Rande der Wetterau fuhr ich jeden Tag mit dem Bus nach Gießen- West, zu der Werkstätte für psychisch Kranke. Mit Hilfe meiner Familie sowie Inas in Trennung lebender Cousine, die ich jeden Tag gleich nach Feierabend besuchte, schaffte ich es, die Tage bis zu dem dritten Klinikaufenthalt in eineinhalb Jahren zu überstehen. Rosl nahm sich trotz ihrer drei kleinen Kinder immer Zeit für ein offenes und verständnisvolles Gespräch mit mir.

*

In der Einrichtung der Rehabilitationspatienten – aus der es nur einem von hundert gelingt, draußen wieder Fuß zu fassen – wurde die Sozialarbeiterin sehr wichtig für mich. Die junge attraktive Frau Helgenbach baute mich während des mir unendlich lang vorkommenden Arbeitstages immer wieder in Gesprächen auf. Mit ihrer Geduld und Zuwendung hielt ich trotz der Qualen beim „Arbeiten“ bis Anfang Dezember durch.
Eigentlich wollte ich nirgends mehr hin, und schon überhaupt nicht in eine Klinik oder Krankenhaus da ich den Glauben aufgegeben hatte, daß ich wieder gesund werden würde.
Aber zu Dr. Ebners ärztlichem Rat, auf die „Hohe Mark“ zu gehen und meinen Weg, so schwierig, steinig, krumm, uneben und schmal er auch war, dort weiter zu gehen, gab es keine Alternative. Mit wenig Hoffnung, aber mit unglaublicher Angst, daß ich auch aus dieser christlichen Einrichtung „Hohe Mark“, im gleichen Zustand entlassen werden könnte wie in Bad Nauheim und in Gießen, fuhren mich Ina und ihr Vater am Nikolaustag '94 nach Oberursel.

KERZENLICHTER

Atmosphäre und Mitpatienten

Die Klinik mit den drei Fachbereichen Psychiatrie, Psychosomatik und Psychotherapie, die Ina und ich uns im Sommer vorigen Jahres bereits angeschaut hatten, lag am Stadtrand, zirka 500 Meter von der gleichnamigen U-Bahnendstation entfernt, inmitten des Taunuswaldes.

Vom Pförtnerhäuschen neben dem Eingangstor fuhren wir direkt auf das Haupthaus mit Namen „Feldberg" zu. Von dort führte uns die leicht ansteigende Straße weiter nach rechts bis zu einem einstöckigen Gebäude, der Anmeldung, die, wie die Klinik, sehr ansprechend und freundlich gestaltet war. Nach den Formalitäten in der Aufnahme fuhren wir mit dem Mercedes einige hundert Meter die ansteigende Klinikstraße hoch, bis wir das am Rande des Klinikgeländes gelegene Haus „Altkönig" erreichten. Das altehrwürdige Gebäude, etwa um die Gründerzeit erbaut, machte alleine schon wegen seines mächtigen Eingangsportals einen besonderen Eindruck auf mich. Ich ging zusammen mit meiner Frau und zwei Reisetaschen in der Hand über den großen hölzernen und einen besonderen Geruch verbreitenden Treppenaufgang, auf die Station A III im ersten Stock, eine von den vier offenen Abteilungen des zum Psychiatriebereich zählenden Therapiegebäudes.

Vor der Eingangstür mit dem Hinweisschild „Station III" warteten wir auf dem Flur zwischen den beiden Stationen drei und vier. Nachdem Ina die Tür vorsichtig geöffnet hatte, gingen wir bis zu dem kleinen Dienstzimmer links im Zentrum der Stationsdiele. Ich stellte meine Tasche ab und in diesem Moment trat aus der Dielen-Zwischentür ein Mann heraus, der mich fragte, ob er uns behilflich sein könnte.

Ohne jegliches Selbstbewußtsein stellte ich mich namentlich vor. Die männliche Pflegekraft führte uns vom Stationsraum schräg gegenüber in ein Dreibettzimmer, das überhaupt keinen Krankenhauscharakter besaß. In der Mitte des großzügigen Raums befand sich ein runder Tisch mit drei Stühlen. Mir wurde das erste Bett links von der Zimmertür, direkt an der Wand, zugeteilt. Gegenüber meiner Schlafstätte für unabsehbare Zeit sah ich auf das Krankenbett und den benutzten Nachttisch eines Mitpatienten. Zwischen dem dritten nicht belegten Bett direkt in der Ecke der beiden Sprossenfenster und meinem zukünftigen Schlafplatz stand ein hellholzfarbener Kleiderschrank. Ina räumte meine Anziehsachen in den kleinen zweiflügeligen Schrank ein. Unter Tränen verabschiedete ich mich im Zimmer von meiner Frau und dachte, ich würde sie und die Kinder wahrscheinlich nie mehr gesund wiedersehen. Während ich ans Fenster der Dachgaube trat, sah ich Ina und meinen Schwiegervater wegfahren. Ich schaute dem dunkelroten Mercedes noch einige Minuten weinend hinterher und fühlte mich im ersten Moment wieder wie abgeschoben und in Endzeitstimmung.

*

Andreas hieß der etwa gleichaltrige Mann, mit dem ich für unbestimmte Zeit dieses Zimmer teilte. Er, schwarzhaarig mit gepflegtem Vollbart, wirkte durch seine Ausstrahlung von Anfang an beruhigend auf mich. Andreas, studierter Theologe und Pfarrvikar, wohnte mit seiner Familie in einem Dorf auf der rauhen Schwäbischen Alb. Er machte von Beginn an einen nahezu gesunden Eindruck auf mich. Aber das ist eben das Problem, daß man es Menschen mit einer psychischen Erkrankung oft nicht auf den ersten Blick ansieht, daß sie krank sind.
In dieser Adventszeit verbreitete Andreas, der angehende Pfarrer, mit seiner Gitarre sehr oft eine angenehme und für meine geschundene Seele wohltuende Atmosphäre auf der Station. Viele der insgesamt 15 Patienten saßen bei Kerzenschein im wunderschön mit Tannenzweigen und Adventskranz geschmückten Aufenthaltsraum zusammen um weihnachtliche Lieder zu singen. Der Raum, der gleichzeitig auch als Speisezimmer genutzt wurde, verband den vorderen Teil der Station mit den hinteren Patientenzimmern. Aber Andreas spielte nicht nur Besinnliches. Aus einem

roten Liederordner, von dem jeder von uns einen zum Mitsingen bekam, spielte er sehr viele beliebte Songs. Der große Favorit aller Patienten war der Klassiker von Reinhard Mey: „Über den Wolken"... und ein beschwingtes christliches Lied mit dem Titel: „Du bist Du, Du bist der Clou".

Es herrschte ein gutes Klima zwischen den Frauen die in der Überzahl waren und den Männern der Station, von denen alle, ob aus Nord- oder Süddeutschland, ganz normal auf mich wirkten. Ähnlich wie im PZ-Gießen, wurde auch hier ein Stationsküchendienst eingeteilt. Das war auch die einzige Gemeinsamkeit der beiden Kliniken.

Nach dem Wecken um halb Sieben begann der Tag bereits um 6 Uhr 45 mit Frühsport. Wie in der „Schwarzberg Klinik" (aber nicht im PZG) erhielt ich beim Erstgespräch eine Therapiekarte, die ich beim morgendlichen Sport vom Physiotherapeuten abzeichnen lassen mußte. Es kostete mich innerlich unendlich viel Kraft und noch mehr Überwindung, jeden Morgen in die Kälte und Finsternis hinaus zu gehen und die 15 Minuten Gymnastik durchzustehen. Und die Dunkelheit war schon lange mein einziger „Freund", bei dem ich mich wirklich wohl fühlte.

Jede meiner Bewegungen strengte mich dermaßen an, so daß mir die Morgentoilette und das Anziehen zur Last wurden.

Widerwillig schleppte ich mich im Jogginganzug, den ich früher nur in der Sporthalle durchschwitzte, zum Frühsporttreffpunkt. Oft reichte mein Rest Energie nicht aus und ich blieb einfach noch eine halbe Stunde länger im Schein der ins Zimmer leuchtenden Außenlaterne im warmen Bett liegen. Ich drehte mich zur Seite und schloß die Augen und wünschte mir, daß das wohlige und wärmende Dunkel im Raum nie durch das grelle Tageslicht ersetzt werden würde.

Nach dem Frühstück, welches wie das Mittag- und Abendessen mit einem Elektrowagen von der Hauptküche zum „Haus Altkönig" angeliefert wurde, begann eine Andacht, die mittels Lautsprecherübertragung auf jeder Station ausgestrahlt wurde. Für mich und alle anderen Mitpatienten bedeutete die Morgenandacht aber kei-

nesfalls Teilnahmezwang. Kein Patient wurde in irgendeiner Weise beeinflußt, an den christlichen Angeboten teilzunehmen. Ab und zu versuchte ich, mir die morgendliche Stimme eines Klinikmitarbeiters im Aufenthaltsraum anzuhören, war aber danach immer so frustriert, da ich mir nichts davon behalten konnte.
Danach erstreckten sich über Vor- und Nachmittag die verschiedenen Therapien, von denen jede einzelne eine spezielle Bedeutung hatte, wie wir später noch sehen werden.

Ärzteteam und Behandlung

Bereits am Abend des ersten Kliniktages wurde ich von einer jungen Fachärztin auf's gründlichste körperlich untersucht. Als behandelnder Psychotherapeut wurde mir mit Herrn Bertram, ein Diplom Psychologe zugewiesen. Herr Dietmar Bertram betreute nur drei von den 15 Patienten der Station. Dieser zirka 40-jährige großgewachsene Mann war mit seiner Einfühlsamkeit und Geduld genau der richtige Therapeut für mich.
Statt zur Gestaltungstherapie, gleichbedeutend mit der Beschäftigungstherapie, meldete er mich für die Arbeitstherapie an. Eine Entscheidung, mit der ich sehr zufrieden war und die sich später als absolut richtig erweisen sollte.
Zum Erstgespräch am zweiten Kliniktag mußte ich fünf Gehminuten vom Stationshaus „Altkönig" die Klinikstraße hinunter laufen bis ich in der Nähe der Anmeldung kam. An dieses zentrale Gebäude schloß sich mit einem Durchgang ein älteres kleines Haus an, in dem der Diplom-Psychologe sein Sprechzimmer hatte.
Ich schilderte ihm meine große Angst davor, daß ich aus der christlichen Klinik in einem ebenso schlechten Zustand entlassen werden würde wie in den beiden Anstalten zuvor.
„Wir haben genügend Zeit zur Verfügung", sagte Herr Bertram und beruhigte mich damit. Und ich spürte wieder so ein tiefes Vertrauen, wie ich es bisher nur bei Dr. Ebner empfunden hatte. Ich berichtete ihm von meinem Krankheitsverlauf und erzählte ihm all

die Dinge, die bei mir nicht mehr funktionierten, die ich nicht mehr konnte. Daraufhin stellte er mir mit einem Arbeitsblatt als kleine Klinikhausaufgabe die Frage: Was kann ich noch alles?
Wenn ich auch oft bei Henrik in der Kinderklinik gewesen war, erkannte ich nicht mehr, welche einfachen Dinge des menschlichen Lebens, wie zum Beispiel Laufen oder Reden, ich – ganz im Gegensatz zu körperlich und geistig Behinderten – noch konnte. Auch wenn ich die alltäglichen menschlichen Grundverrichtungen wie Waschen, Anziehen, Essen und Einkaufen nur mit größter Anstrengung, unter Aufbietung all meiner Willensstärke, nur schleppend wie in Zeitlupe erledigen konnte, waren für die behinderten Menschen diese selbstverständlichen und einfachen Tätigkeiten nicht zu bewältigen. Zu diesem Zeitpunkt aber, in dem mich die schwarze Dame Depression immer noch in ihrer festen Umklammerung hatte, war diese Einsicht nur eine kleine Unterstützung und Hilfe für mich.
Stück für Stück – Step by Step versuchte mich mein Therapeut zu kleinen Schritten zu bewegen. Abgesehen von den üblichen Einzelgesprächen einmal in der Woche sah ich den entscheidenden Unterschied zu den beiden anderen Kliniken darin, daß auf „Hohe Mark" außer in speziellen Verhaltenstrainingsgruppen und später in der Arbeitstherapie praktisch keine Gruppentherapie durchgeführt wurde. Und in diesem Gesprächstermin wurde ähnlich wie in einer Problemlösegruppe, ein von den Patienten ausgewähltes Problem bearbeitet. Vor allem aber lernte ich mich gegenüber Mitpatienten besser abzugrenzen. Ich versuchte vom ersten Tag an zwar zuzuhören, jedoch nicht in der Tiefe ihrer Krankheit zu bohren. Und ich lernte „Nein zu sagen", wenn andere mich mit ihren Gesprächen über ihre Erkrankung zu sehr belasteten.
Aus meiner persönlichen Erfahrung zeigte sich sehr deutlich, daß mit entscheidend für eine gute Therapie von Depressionen zum einen die Abgrenzung ist und zum anderen der Verzicht auf Gruppentherapie, zumindest bei schwer depressiven Menschen. Wenn die Teilnehmer einer Gesprächsgruppe nicht auf solch einem unterschiedlichen Niveau der Depression sind, halte ich eine Grup-

pentherapie, gerade auch in Form der Selbsthilfe, durchaus für sinnvoll. Nur auf mich wirkten diese Sitzungen ausnahmslos äußerst belastend.
Montags morgens fand eine Stationsvisite statt, wobei ich und die anderen Patienten gemeinsam mit den Therapeuten die Ziele für die neue Woche absteckten.
Mittwochvormittags war die eigentliche Visite, in der jeder Patient einzeln! von dem Ärzteteam in sein Zimmer gerufen wurde. Jede zweite Wochenvisite leitete der für das „Haus Altkönig" zuständige Oberarzt. Nach Absprache zwischen ihm und dem Psychologen Herrn Bertram, war der Chefarzt der Abteilung Psychiatrie, Dr. Wacker, ebenfalls bei der Patientenvisite anwesend. Dies sollte für mich noch von entscheidender Bedeutung sein.
Bei der ersten Oberarztvisite im neuen Jahr ordnete Dr. Gerner die Schlafentzugtherapie an, da alle bisherigen medikamentösen Behandlungen erfolglos geblieben waren.
Schlafentzug ist die einzige Behandlungsform, die zu einem schnellen Abklingen depressiver Symptome innerhalb weniger Stunden führen kann.
Ohne daß ich mir genaueres darunter vorstellen konnte, fand ich es gut und spannend zugleich, daß man mir auf unterschiedlichste Weise helfen wollte. Am Abend des besagten Schlafentzugs wurden Mitpatient Uwe und ich um 22 Uhr geweckt. Zwar, hatte ich früher schon manche Nacht durchgefeiert, aber nun galt für uns beide, uns von zehn bis sechs Uhr in der Früh wach zu halten und uns möglichst leise zu beschäftigen. Im Trainingsanzug setzte ich mich in die Aufenthaltsecke an den kleinen runden Tisch unter die Stehlampe. Ich nahm den von Ina geschenkten Ringbuch-Taschenkalender zur Hand und trug alle für mich wichtigen privaten und beruflichen Adressen ein. Uwe beschäftigte sich mit seinen Briefmarken, ehe wir mit verschiedenen Gesellschaftsspielen die langen Nachtstunden überbrückten. Ab und zu schaute die Nachtschwester, eine Diakonisse, nach uns. Mit all ihrer Strenge und Kraft ihrer Autorität ermahnte sie uns, wenn Uwe und ich uns zu laut unterhielten, so daß es die Mitpatienten hätte stören können.

Endlich geschafft! Kurz nach sechs zogen wir unsere Jacken an und verließen das „Haus Altkönig“, um vor dem Frühstück noch einen Spaziergang durch das Klinikgelände zu unternehmen. Ein eiskalter Wind blies uns ins Gesicht und die Schneeflocken tanzten im Schein der Außenlaternen, als wir über das Treppenportal hinaus in den noch stockdunklen Morgen liefen. Über schneebedeckte Wege, auf denen sich eine feine Pulverschichtdecke gebildet hatte, stapften Uwe und ich auf unserem Rundgang, der uns bis zur Hauptküche führte, in der bereits rege Betriebsamkeit herrschte. Wir blieben eine Weile stehen und unterhielten uns im Lichtschein vor den Fenstern über Gott und die Welt. Von Übermüdung keine Spur, ich genoß doch die besondere Atmosphäre an diesem klirrend kalten Januarmorgen. Jeder unserer Schritte knirschte und knackte. Nach einer guten halben Stunde in der Kälte kam ich mir vor wie frisches Gemüse in der Tiefkühltruhe, genügend durchgefrostet. Ich sehnte mich nach meinem Bett, obwohl ich wußte, daß dieser erwachende Tag in die Schlaftherapie einbezogen wurde. Beim Frühstück fragte ich mich, ob diese Spezialtherapie eine positive Wirkung zeigen würde.

Arbeitstherapeut - und Therapie

Auf der Station wurde mir ein Termin für meine erste von fünf Wochenstunden Arbeitstherapie genannt. Am nächsten Mittwoch um 10. 30 Uhr sollte ich mich bei dem Arbeitstherapeuten Herrn Hagedorn melden. „Bestimmt sollst du zu dem Mann gehen, so daß er dich dann mit irgendeiner Arbeit beauftragt“, dachte ich mir.

Das separat liegende Gebäude befand sich nahe der Eingangspforte auf der rechten Seite der Klinikstraße. Ich lief den abschüssigen Weg bis zur Anmeldung hinunter und sah ein Hinweisschild, das auf die Abkürzung über einen kleinen asphaltierten Fußweg, der vorbei an der früheren therapeutischen Klinikgärtnerei, direkt zur Arbeitstherapie führte. An diesem eiskalten Vormittag betrat ich durch die große Doppelglaseingangstür die Räumlichkeiten. Ich sah einen großen Raum in der Mitte des Flachdachgebäudes, der einer Polytechnischen Werkstatt ähnelte. An den Werkbänken arbeiteten Patienten mit den Werkstoffen Holz und Ton. Um diese große Therapiewerkstatt mit vielen Materialschränken an den Wänden befanden sich Arbeitsräume mit Maschinen und Werkstoffen, sowie die Büros der speziell ausgebildeten Arbeitstherapeuten. In einem dieser kleinen Büroräume arbeitete der Leiter der Arbeitstherapie, Herr Hagedorn. Nachdem er mich in sein Büro gerufen hatte, bot er mir den Stuhl vor seinem beigefarbenen Schreibtisch an. Hinter ihm sah ich durch das Fenster auf die winterliche Landschaft.

Alles gewann an Bedeutung. Selbst das Verhalten der Natur nahm ich viel stärker wahr als zu normalen Zeiten. Links und rechts von mir standen Aktenschränke und ein Regal mit fertiggestellten Tonobjekten. Nach einigen Fragen nach meinem aktuellen Befinden schloß sich ein einstündiges Gespräch an, in dem sich Herr Hagedorn auf einem Fragebogen meine verschiedensten psychischen Symptome – wie z. B. Konzentrations- und Merkfähigkeitsstörungen, ankreuzte. Zum Schluß wollte ich von dem erfahrenen Therapeuten noch eine für mich sehr wichtige Frage beantwortet haben. „Herr Hagedorn, wäre nicht eine noch so primitive Arbeit wie z. B. die in der Käserei meines Bruders besser als in stationärer Behandlung zu sein?".

„Nein, noch viel zu früh, Herr Weber!", lautete seine wie aus der Pistole geschossene Antwort. Weder rechnete ich mit solch einer Beantwortung meiner Frage, noch damit, daß sich der Arbeitstherapeut so lange Zeit für mich nahm. Ich spürte, daß Herr Hagedorn und die Mitarbeiter dieser christlichen Klinik, die ich kennengelernt hatte, mehr als nur einen Job ausübten. Sie fühlten sich für die schwierige Arbeit in Psychiatrie, Psychotherapie oder Psychosomatik berufen.

Mit einer Holzarbeit begann ich die zweite Arbeitstherapiestunde. Die ersten Termine, an denen ich mit Feil- und Schleifarbeiten beschäftigt war, durchlebte ich qualvoll leidend und höllisch schwer. Ständig schaute ich auf die große Wanduhr über mir bis endlich die Therapiezeit beendet war. Nach diesen groben Arbeitsgängen fiel es mit dem Einbrennen und Beizen der Kinderholzgarderoben, die ich für den öffentlichen Verkauf herstellte, leichter, die Therapiestunden zu überstehen. Nachdem die drei Holzteile von mir fertiggestellt waren, durfte ich in einem separaten Büroraum am Computer „Solitär" spielen

Unkonzentriert saß ich vor diesem elektronischen Rechengehirn. Und wenn es mir gelang, eine Karte auf einen Stapel anzulegen, war ich mächtig stolz. Denn bei meiner Erkrankung, meiner absolut unkonzentrierten Verfassung, konnte ich einfach nicht verstehen wie dieses Spiel funktionierte. Des weiteren versuchte ich am PC eine kleine Geschichte zu schreiben über das, was ich am Wochenende zu Hause erlebt hatte. Danach begann ich verschiedene Aufgaben, wie z. B. kleine Klinikbroschüren mit den aktuellen Tagessätzen zu erstellen und auszudrucken. Wenn ich wieder einmal nicht die passende Taste fand, schaute ich aus dem Fenster hinaus und beobachtete in den Bäumen und Sträuchern die Natur. Wenn ich die Meisen, Finken und Stare so umher flattern sah, beneidete ich sie und wünschte mir, ich könnte ebenso wie sie vogelfrei sein. Bevor ich mich auf eigenen Wunsch für's „Freigehege", für Holz sägen und hacken anmeldete, löste ich Briefmarken ab, die für eine soziale Einrichtung gesammelt wurden.

Mit einer handelsüblichen Bausäge sägte ich die Stämme von einem Meter Länge in ofenfertige Stücke ab. Dabei konnte ich mich an der frischen Luft gut abreagieren. Die einfache körperliche Arbeit stärkte meinen Willen und bescherte mir ein sichtbares kleines Erfolgserlebnis. Zusätzlich wurde ich mit drei Mitpatienten der Arbeitstherapie einmal wöchentlich eingeteilt, den Müll (Papier, Glas und Pappe) von allen Häusern mit einer vierrädrigen gummibereiften Handkarre zu sammeln. Nachdem ich mehrere Male bei der Entsorgung des Klinikabfalls mitgeholfen hatte, empfand ich die eineinhalbstündige Tätigkeit am Nachmittag als eine richtig sinnvolle Beschäftigung.

Zusätzlich zu den festen Therapiezeiten laut Therapiekarte, wie der Bewegungstherapie, die immer in der kleinen Sporthalle schräg gegenüber der Arbeitstherapie stattfand und wo wir als reine Männergruppe oft Ringhockey und Volleyball mit einem großen orangenen Pezziball spielten,gab es andere Beschäftigungsangebote und spezielle Kultur- und Sportveranstaltungen am Abend. Die ersten Wochen bis Weihnachten überstand ich dank Andreas' Hilfe sehr gut.

Unter seiner Leitung unternahmen wir mit einer Gruppe von Patienten einen Ausflug auf den Frankfurter Weihnachtsmarkt.

In der Zwischenzeit wurde unser Dreibettzimmer durch einen Endzwanziger komplettiert. Lutz betonte von Anfang an, daß er nicht mehr in eine „Klappse" gehen würde, wie der sportliche Bahnbeamte die Klinik nannte. Weil ich mich gut aufgehoben fühlte, habe ich ihn nach dem warum, nie gefragt. Öfters spielte ich mit Lutz, dem schlanken drahtigen Typ mit blonden glatten Haaren, das berühmt-berüchtigte „Psychiatrie- Spiel Nr. 1":
Tischtennis.

Zirka 200 Meter Fußweg vom „Haus Altkönig" Richtung Hauptküche entfernt befand sich eine offene Halle, die eher danach aussah, als würden dort irgendwelche Landmaschinen untergestellt, als daß diese Holzbaracke als „Sportzentrum" diente. Zentrum deshalb, weil sich morgens zum Frühsport gerade jetzt im Winter die Patienten in diesem Unterstand zum Schutz aufhielten, und um ihre Therapiekarten auf der Tischtennisplatte abzeichnen zu lassen.

*

Lutz war einer von drei Mitpatienten, die Heilig Abend und Weihnachten nicht bei ihrer Familie, sondern auf der Station verbrachten. In der Zeit „zwischen den Jahren", von den Feiertagen bis Silvester, wurde der diensthabende Stationsarzt abends um 21.30 Uhr zu uns aufs Zimmer gerufen, da Lutz unheimlich stark hustete.

Da ich mich im Dunkeln nur in liegender Position unter einer Decke wohl fühlte, hatte ich mich wie immer zwischen acht und neun Uhr ins Bett gelegt. Wegen seiner ständigen Hustenattacken konnte ich nicht einschlafen. Nachdem der Arzt ihn abgehört hatte, überwies er Lutz mit Verdacht auf Lungenentzündung ins Krankenhaus nach Bad Homburg. Obwohl ich mich auch nach fast vier Wochen noch sehr krank und miserabel fühlte und mich nie gegen die strömenden Tränen wehren konnte, hatte ich bemerkt, daß Lutz immer nur ein dünnes T-Shirt trug, unter dem sein blanker Rücken zu erkennen war.

Am Neujahrstag wollten einige Mitpatienten Lutz in der Kurstadt besuchen.

Ich verbrachte den Jahreswechsel 94/95 zu Hause und war mit Ina zur Silvesterparty bei unseren Freunden Michael und Andrea eingeladen, bei deren Hochzeit im vergangenen Jahr ich leider nur an der Trauzeremonie teilnehmen konnte. Es wurde eine sehr lustige Fete in der Kellerbar, an der ich, trotz meiner Seelenqualen, Gefallen finden konnte. Ganz besonders freute ich mich über die Oldie-Musik, die vom Tonband kam und nicht, wie heutzutage üblich, vom CD-Player.

So ruhig, wie ich aber im „Normalzustand" nie war, kam ich am Neujahrsabend in die tief verschneite Klinik unterhalb des Feldbergs zurück. Ich ging zuerst in mein Zimmer und stellte die kleine Reisetasche auf dem Bett ab. Als ich vom Stationsflur durch die Zwischentür den Gemeinschaftsraum betrat in dem sonst immer eine heimelige Atmosphäre herrschte, fiel mir sofort auf, daß weder aus dem schönen alten Radio in der Ecke neben dem Fenster Musik ertönte, noch daß Andreas mit der Gitarre in der Hand in der Gruppe der Patienten saß. Wie versteinert wirkten einige meiner Mitpatienten, in der Sitzgruppe um den kleinen runden Tisch, der noch immer mit Tannengrün und Kerzen weihnachtlich geschmückt war. „Was ist denn passiert?", fragte ich und schaute in all die leeren Gesichter. „Lutz ist gestorben!!!", antwortete mir Andreas sichtlich betroffen. „Aber um Gottes Willen, an was denn ?" fragte ich nach, worauf mir Roswitha entgegnete: „An Lungenentzündung!"

Trotz meiner schweren Depression konnte ich es kaum glauben, daß in der heutigen Zeit ein junger Mensch an einer Lungenentzündung im Krankenhaus stirbt.
Ein Schockzustand breitete sich unter allen Patienten der Station A III aus. Wie Blei lag die Nachricht auf unseren Seelen. Jeder von uns reagierte auf seine Weise bestürzt und mitgenommen.
Als wir an einem der nächsten Abende wieder im kleinen Kreis zusammen saßen, informierte uns Schwester Gisela darüber, daß die Trauerfeier in der ersten Woche des neuen Jahres im engsten Familienkreis stattfinden würde. Uwe bat jeden um eine kleine Spende und wir sandten eine Beileidskarte an seine Angehörigen. Die ältere, resolute aber freundliche Pflegerin Gisela packte seine Klamotten zusammen und desinfizierte das Bett in unserem Zimmer. Jedesmal überkam mich ein beklemmendes Gefühl, wenn ich dieses kahle Krankenbett sah. Die Koffer und Taschen von Lutz standen noch einige Tage im Bad, wo sich auch die Toilette befand. Ehe die Kleidungsstücke von seinen Verwandten abgeholt wurden, bedeutete es für mich jedes Mal eine gewisse Überwindung, auf das Klo zu gehen und vor den Gepäckstücken des Verstorbenen zu sitzen. Würde ich jemals Genaueres über seinen Tod erfahren?

*

Zu den Einzelgesprächen kamen jetzt noch Paargespräche hinzu. In den therapeutischen Paarterminen, zu denen Ina einmal in der Woche nach Oberursel kam, kristallisierten sich auch Probleme in meiner Großfamilie heraus. Vielen meiner weiblichen Mitpatienten gelang es nicht, ihre Partner zu solch wichtigen Gesprächen zu bringen, eben weil diese Männer kein Verständnis für die psychische Erkrankung ihrer Frauen aufbrachten. Wie in Gießen fand auch hier ein Familiengespräch statt, an dem meine Brüder teilnahmen, und an das ich keine genaue Erinnerung mehr habe. Nur eins weiß ich aus heutiger Sicht ganz genau:
Daß es bei solchen Gesprächen sehr wichtig ist, die Angehörigen umfassend über die Depression aufzuklären und die Vorgehensweise in der Behandlung zu besprechen. Des weiteren sollten sich

der Therapeut und die Angehörigen auf eine einheitliche Umgangsform festlegen, um den Gesundungswillen des Erkrankten zu stärken. Ein Fehler von vielen Angehörigen ist es, daß sie eine zu hohe Selbsthilfebereitschaft des Patienten erwarten.

*

Am meisten belastete mich das Verhältnis meiner Schwägerinnen zu mir, meiner Frau und unseren Kindern. Die Geschehnisse Anfang der 90ziger lagen schon eine Weile zurück, doch hafteten sie noch wie eingebrannt in meinem Gedächtnis. Selbst in den Wochen, als unser kleiner Sohn Henrik in der Kinderklinik war und Ina nicht nur von ihrer Familie Interesse und Anteilnahme erwartete, geschah nichts, aber auch rein gar nichts.
Herr Bertram unterbreitete uns den Vorschlag, wir sollten jeweils ein Paar meiner Brüder an einem Wochenendabend einladen, um diese Probleme zu klären. Die Versuche, die bestehenden Probleme, Spannungen und Differenzen als erwachsene Menschen in einem offenen Gespräch aus der Welt zu schaffen, sind leider gründlich gescheitert.
Wer nicht vergessen und vergeben kann, wird ein Leben lang immer mehr Ballast mit sich tragen und verbaut sich den eigenen Weg zur innersten Zufriedenheit.

Männerweinen und Antriebslos

Auch zu Beginn des neuen Jahres '95 folgten bei mir noch öfters psychische Zusammenbrüche in Form von Weinanfällen, in denen ich nicht in der Lage war, die einfachsten Dinge des Lebens zu tun. Die einzige Tätigkeit, die ich bei all meiner Konzentrationsstörung immer noch beherrschte, war schreiben, schreiben und nochmals schreiben. Ich verfaßte Briefe an viele Bekannte, Freunde und an unseren im Kururlaub weilenden Pfarrer Herrn Paltner in denen ich meinen Gedanken und Gefühlen freien Lauf ließ.
Viele haben mir geantwortet:

1. Joachim, der in der Krankheit, das Tor zu einem besseren Leben sah und seine Frau Almuth, die mir vier Strophen des Lieds „Hebe meine Augen auf“, zukommen ließ.
2. Gerold, der mir schrieb, daß es ganz wichtig im Leben eines Menschen sei, positiv zu denken und Ziele zu haben.
3. Und Michael, der meinte, daß viele Probleme nach einigen Jahren Ehe, fast normal seien, nur würden die wenigsten darüber reden. Bei vielen würde nur der Schein nach außen gewahrt.
4. Welch ein Vertrauensverhältnis ich zu Dr. Ebner aufgebaut hatte, zeigte sich dadurch, daß er mir auf meinen Brief antwortete und mir von ganzem Herzen wünschte, daß ich auf „Hohe-Mark“ persönlich verstanden und gestützt würde.
5. Pfarrer Kurt-Erich Paltners ersten Anwortbrief erhielt ich am 19. Januar '95.

„Was ich weiß, ist dies: Ein Mensch muß für sich akzeptieren, daß er psychisch erkrankt ist, und daß diese Erkrankung nicht wie eine Infektion weg ist. Das fällt sicher am schwersten, sich das einzugestehen: Ich bin psychisch krank und muß für eine ungewisse Zeit damit leben und dazu stehen. Dazu kommt die Gesellschaft, die auf Krankheit kaum Rücksicht nimmt oder nehmen kann. So dreht sich die Spirale. Ich denke natürlich auch, daß für Dein Selbstverständnis, für die Annahme der Erkrankung auch die religiöse Dimension ungeheuer wichtig ist“

*

Das Denken eilte mir voraus. Das bedeutete, wenn ich in meiner Therapiestunde war oder mich anderweitig beschäftigte, dachte ich bereits immer an den nächsten Termin, der vor mir lag. Mit einer kleinen Gruppe von Stationspatienten ging ich die 20 Minuten Fußweg durch den Wald zum städtischen Hallenbad nach Oberursel. In meinen Gedanken sah ich mich während des Spaziergangs bereits im Becken schwimmen. So konnte ich das von mir eingeführte wöchentliche Freitagsschwimmen mit anschließendem Essen gehen nicht wirklich genießen.

Überhaupt wurden die Aktivitäten unserer Station für eine psychatrische Abteilung schon beachtenswert groß.
Nachdem Andreas sich mit einem tollen Klavierkonzert im Haupthaus „Feldberg“ verabschiedet hatte, verließ auch Marion, die verheiratete dreifache Mutter, die unter einer Psychose litt, die Klinik. In einem der vielen Gespräche, sagte sie mir, daß ihr Ehemann nicht bereit wäre, zu einem Paargespräch nach Oberursel zu kommen. Daß sie sich nach ihrer Entlassung von ihrem Mann trennte und später scheiden ließ, davon ahnte ich nichts.
Mit ihren blonden kurzen Haaren war sie genau der Typ Frau, auf den ich besonders stehe, und mit der ich mich auch auf anhieb sehr gut verstand. Obwohl Marion mir einmal sagte, daß sie durch die Medikamente einige Pfunde mehr auf die Waage brachte, fand ich sie sehr attraktiv. Jedoch verspürte ich immer noch keine Libido, keine körperlichen Lustgefühle, weder gegenüber Ina noch einer anderen Frau. Zum Abschied schenkte sie mir ihre Baskenmütze, die ich mir oft von ihr ausgeliehenen hatte. Von den „alten“ Mitpatienten war Ende Januar '95, nur noch Uwe da. Er, der Liebhaber von Sportbriefmarken, die er abends sehr oft auf Papier klebte, hatte bereits die 50 überschritten. Mit seiner jungen Familie, wohnte er in Emden (Ostfriesland)! Für Uwe und seine Frau bedeutete es jedesmal eine kleine Weltreise, wenn sie sich in all den Behandlungswochen einmal sehen wollten.

*

Der „Nachfolger“ meines Freundes Andreas war ein geschiedener Mann Mitte Fünfzig, der viel las und mit dem ich regelmäßig zur Abwechslung über den Waldweg in die Stadt lief. Meist gingen wir in ein Stehcafe oder bummelten durch die Fußgängerzone. Ich dachte oft, ich sei der einzige depressionskranke Mensch unter Tausenden. Unbewußt spürte ich wieder, daß sich alle Gefühle in der Depression verstärken. Schnell fiel mir auf, daß Gerhard, der gelernte Elektroingenieur, der jetzt halbtags einen Job unter seinem Niveau verrichtete, hoch intelligent war. Der Vater zweier erwachsener Söhne erzählte mir manchmal spontan von seinen Problemen, z. B. daß ihm Arbeitspapiere aus der Wohnung gestohlen wurden, oder daß ihm seine Ex-Frau nachspionierte. Während seines Aufenthalts auf der Station bemerkte ich öfters, daß Gerhard gegen Abend sehr unruhig wurde. Doch seine Krankheit und damit der Grund für diesen Klinikaufenthalt wurde mir erst bewußt, nachdem ich bereits entlassen war.

*

In diesen Tagen wurde auch wieder das Bett von Lutz in unserem Zimmer belegt. Ein geistig behinderter Mann namens Burkhard Kramer wurde von seinen Eltern auf die Station A III gebracht. Der Umgang mit Burkhard gestaltete sich für mich und die Mitpatienten sehr schwierig, da sein Verhalten, indem er beispielsweise in meinen Kalender oder neuen Schreibblock etwas kritzelte, immer wieder zu Problemen führte. Trotzdem ließ die Klinikleitung Burkhard nicht fallen. Mit der Zeit lernte ich gut mit ihm umzugehen und ihm behilflich zu sein. Burkhard fügte sich immer besser in das Stationsleben ein und wurde nun auch von den Mitpatienten akzeptiert.

Hoffen und Beten

Auch Anfang Februar war mein psychischer Zustand noch unverändert labil.

„Doch welch kleines Schrittchen in Richtung Licht“, Dein Kurt E. Paltner. Ein Hoffnungsschimmer in Form eines Briefes aus Bad Füssing, den ich am 4. Februar '95, dem 72. Geburtstag meines Vaters erhielt.

Lieber Hans-Georg,

vielen Dank für Deinen Brief. Du hast ihn mit der Maschine oder gar mit dem PC geschrieben – das ist doch ein Fortschritt. Da ich jetzt doch etwas mehr Zeit habe, kann unsere Korrespondenz ruhig etwas intensiver werden.

Und ich denke es ist für Dich gut, wenn Du Briefe schreibst – Briefe oder anderes.

Es freut mich, daß Du Licht siehst im Tunnel der Krankheit. Ja, mit den Medikamenten ist das so eine Sache. Bis man die richtigen gefunden hat, ist wohl gar nicht so einfach. Und die Wirkungen auf die Konzentrationsfähigkeit sind doch nicht zu unterschätzen, wie Du bei Dir selbst siehst. Wenn es weitere Fortschritte gibt und die Konzentrationsfähigkeit besser wird, Du mit Interesse die Zeitungen oder Bücher liest, Dir Gedanken über die Welt und das Tagesgeschehen machst – ich glaube dann geht es aufwärts.
Du hast, wenn ich es richtig verstanden habe, einen Theologen als Zimmerkollegen bei Dir. Ich weiß von vielen Kollegen, die in solchen Krankheitsnöten dann auf die „Hohe Mark“ kommen. Sprichst Du mit ihm auch über Glaubensfragen?
Überhaupt nimmt die christliche Lebenspraxis einen breiten Raum dort ein.
Andachten, Tischgebete – ich finde, lieber Hans-Georg, es kann Dir nur helfen, wen Du Dich damit auseinandersetzt und Du vielleicht neue Zugänge zur Welt des Glaubens findest; noch ganz andere als sie Dir von der üblichen „normalen Kirchlichkeit“ mit Religions- und Konfirmandenunterricht her bekannt sind.
Die Wahrheiten des Glaubens wollen im Alltag erprobt und erfahren werden; ich glaube, dann erst werden sie zur Kraft. Sprich ruhig Deinen Nachbarn auf Fragen des Glaubens an, formuliere Fragen und Zweifel, nur so können die Dinge wachsen.
Ja, mit den beruflichen Dingen müssen wir mal sehen. Schreibe mir noch ausführlicher, was Du vorhast. Wer ist Dein Berufsberater in Wetzlar? Was ich machen kann, mache ich, ist doch klar.
Du schreibst im letzten Absatz, daß Ihr gemeinsame Therapiegespräche führt.
Kommt Deine Frau dann nach Oberursel? Ich glaube, das kann nur helfen. Denn Deine Probleme wirken auf die Ehe- und Familienbeziehung und umgekehrt wirken sich Ehe- oder Familienprobleme auf Dein Fühlen und Deine Krankheit aus.
Also bis zum nächsten Mal. Am Samstag hat Dein Vater Geburtstag. Ich habe ihm schon geschrieben.
Also bis bald Dein Kurtl-E. Paltner

N. s.: Diese beiden Briefe von Pfarrer Paldner sollten für mein weiteres Leben noch von großer Wichtigkeit sein.

⁂

Und ich wollte weiter kleine Schritte gehen. Ich konnte mich immer wieder zu den Therapien motivieren. Zusätzlich bekam ich jetzt Musiktherapie verordnet, an der ich gerne teilnahm. Ich durfte mir mit der Doppelbongo ein Instrument aussuchen und meinen Gefühlen freien Lauf lassen. Ich fand es einfach klasse, wie die Musiktherapeutin nach einem „Blitzlicht", in dem jeder Patient sagte, wie er sich fühlt, bereits die Auswahl des Instruments und die „Spielweise" therapeutisch kommentierte. Wegen der vielen kleinen Erfolgserlebnisse ist die Musiktherapie geradezu prädestiniert für die Behandlung der Depression.
Neben der zweimaligen sportlichen Bewegungstherapie in der Woche spielte ich jeden Montagmittag mit anderen Klinikpatienten und dem Chefarzt! Dr. Wacker Fußball auf der Wiese nahe dem zentralen Haus „Feldberg".

⁂

Wie fast immer seit Jahresbeginn weilte ich auch am Faschingswochenende zu Hause. Ich nahm Janna und Marja-Lisa an die Hand und ging mutig mit ihnen sonntags zum Kinderfasching. Im Getümmel von Kindern und Erwachsenen setzte ich mich an eine der langen Tischreihen im großen Bürgerhaus. Ich bestellte bei der Kellnerin einen Rotwein (weil ich Lust darauf hatte, trotz der Medikamente), während die beiden Mädchen in dem übervollen Saal herum flitzten. Laufend sah ich mich um, auch um die beiden nicht aus dem Auge zu verlieren, und konnte dabei kaum begreifen, daß die Leute mir so fröhlich erschienen.
„Jeder schaut dich an und sie reden nur über dich", dachte ich mir, selbst wenn ich samstags mit dem Bollerwagen zum Einkaufen ging. Ich fühlte mich nicht in der Lage, jemanden anzusprechen. Aber immerhin schaffte ich es, mit den zweien unter so viele Menschen zu gehen. Eine Vorstellung, die mir noch vor einem Viertel-

jahr als utopisch erschien. Natürlich sah ich auch etliche Bekannte, von denen mich aber niemand ansprach, sondern die mir alle nur einen flüchtigen Gruß zuwarfen.
Fühlten sie sich dadurch so hilflos, daß ich in der Depression so anders war als der, den sie von früher kannten? Oder trauten sie sich nicht mit mir zu reden, weil Vorurteile und Ängste gegenüber psychisch Kranken, wie sie gerade auf den Dörfern weit verbreitet sind, meine Mitmenschen daran hinderten?

Lithium und Co.

Ich weiß es noch genau, das Kalenderblatt im Stationszimmer zeigte den 9. Februar 1995, einen Dienstag an. Tags zuvor brach ich zum wiederholten Male unter Tränen zusammen. Eine der vier Strophen aus dem Lied, das mir Almuth zusandte.

„Bin niedergedrückt,
mein Herz ist so schwer.
Seh Berge und Mauern vor mir.
Ich fühl mich allein.
Was ist bloß geschehn ?
Es kommt keine Hilfe von Dir !"

Nach der Arbeitstherapie am Spätnachmittag des 8. Februars wollte ich einen kleinen Einkauf im Supermarkt tätigen, der sich zehn Gehminuten von der Klinik in einer Wohnsiedlung befand. Ich schaffte es nicht, mich auf den Weg dorthin zu begeben. Ich konnte einfach nicht. Warum? Warum, nur? Warum?, fragte ich mich immer wieder. Ich kann auch nicht näher beschreiben, was damals meinen Körper, meinen Geist und meine Seele so aufwühlte und durcheinander wirbelte. Dieser alltägliche Gang erschien mir wie ein riesiger Gipfel, über den ich bei Schneesturm in Sommerkleidung hätte laufen müssen. Nur eins weiß ich: Angst, immer wieder Angst, sehr viel Angst spürte ich dabei.

Ich versuchte es trotzdem und mußte beim Verlassen des Therapiegebäudes sintflutartig weinen.
In diesem jämmerlichen und bemitleidenswerten Zustand, gepaart mit einer unbeschreiblichen Antriebs- und Energielosigkeit, wollte und konnte ich den Einkaufsweg nicht gehen. Vollkommen niedergeschlagen und aufgelöst kehrte ich zum „Haus Altkönig" zurück. Ich setzte mich auf den Stuhl vor dem kleinen Stationszimmer und jammerte und weinte mit gesenktem Kopf vor mich hin. Als die schon lange Zeit in Deutschland lebende thailändische Stationsschwester durch mein Klagen beunruhigt auf mich aufmerksam wurde, schaute ich zu der kleinen zierlichen Person auf und sagte: „Es wäre besser gewesen, wenn ich erst überhaupt nicht auf die Welt gekommen wäre". „Sie haben eine tolle Familie, die sie braucht", antwortete sie und versuchte mich wieder aufzubauen. Sie gab mir das im Akutfall zusätzliche Medikament.
Chefarzt Dr. Wacker und Oberarzt Gerner hatten sich in der letzten Monatsvisite im Januar dazu entschlossen, mir ein Lithiumpräparat zu verordnen. Zur Aufklärung und Information bekam ich eine Broschüre über dieses Mittel. Vor dem Schlafengehen versuchte ich darin zu lesen. Ich hegte die Hoffnung, daß dieses für manisch-depressive Menschen und schwerste Depressionen geeignete Medikament, mir helfen würde mich endlich aus den Fängen der schwarzen Dame Depression zu befreien

Am nächsten Tag, dem 9. Februar '95, fühlte ich mich, wie durch ein Wunder, das in dieser sternenklaren Nacht geschehen war, irgendwie besser, wirklich anders als die letzten sechshundertacht Tage zuvor.
Wirkte das Lithiummittel in Verbindung mit dem Neuroleptika? Oder löste das Dogmatil mein besseres Befinden aus? Oder war die Zeit einfach reif dafür, daß es langsam wieder aufwärts ging? Oder erhörte Gott mein Klagen und Leiden, weil ich jeden Abend vor dem Schlafengehen mit dem Vers von Dietrich Bonhöffer „Von guten Mächten wunderbar geborgen", gebetet hatte?
Grundsätzlich geht jede Depression auch ohne Medikamente irgendwann zu Ende. So konnten noch vor 50 Jahren Arzt und Patient, ob ambulant oder stationär, einfach nur warten, bis die Depressionsphase beendet war. Doch nach der Entdeckung der tryzyklischen Antidepressiva 1957 hat die Forschung gerade in den Neunziger Jahren so gute Fortschritte erzielt, daß es in meinen Augen sehr sinnvoll ist, sich bei über Wochen anhaltenden körperlichen und seelischen Symptomen einer depressiven Erkrankung an einen Neurologen oder Psychiater seines Vertrauens zu wenden und die verordneten Medikamente, die entgegen der Meinung sehr vieler Menschen nicht abhängig machen, einzunehmen. Doch um einen Rückfall oder das Kommen und Gehen von Depressionen zu verhindern, ist in meinen Augen außer einer möglichen präventiven Lithiumtherapie auch eine psychotherapeutische Verhaltenstherapie (kognitiv) von großer Bedeutung.
Von diesem neunten Februartag an begann ich, mir positive Gedanken über das bevorstehende Wochenende zu machen.

„Der Nebel verfliegt.
Ganz leise erklingt vertraut und doch neu dieses Lied.
Erreicht fast mein Herz und macht es bereit,
für das Herr, was langsam geschieht"

Ich plante eine Einladung zum Abendessen für meinen früheren Handballkameraden Gerold, nebst Gattin Gabriele. Für dieses Menü schrieb ich auf dem Zimmertisch einen Einkaufszettel. Gerold hatte mich öfters in Bad Nauheim und in Gießen besucht. Zwar zeigte er sich seit meiner ersten Depressionsphase 1985 immer sehr interessiert an mir, doch daß gegen diese Krankheit auch der größte Wille machtlos, ja ohnmächtig war, verstand er nicht.
Einige Tage später erhielt ich noch einen Brief von unserer Bekannten Ellen, in dem sie schrieb: „Wie leichtsinnig wir angeblich „Normalen" mit Aussagen um uns werfen, die uns im nächsten Moment schon wieder leid tun".
Von nun an stieg meine Stimmung wie ein Thermometer, das man aus dem Eisschrank ins Badezimmer legt, Strich für Strich, Tag für Tag, Woche für Woche etwas höher. Und vor allem hatten die regelmäßigen Weinanfälle ein Ende. Die Arbeitstherapie steigerte sich auf 12 Stunden pro Woche. Wenn mir jemand gesagt hätte, daß ich irgendwann wieder acht Stunden pro Tag arbeiten könnte, wäre ich absolut glücklich und zufrieden gewesen, obwohl ich ja von meiner ersten Depressionsphase 1984/85 wußte, daß ich nach meiner Gesundung wieder voll leistungsfähig sein würde. Doch ich litt schon viel zu lange unter dieser quälenden und leidvollen Krankheit, daß mir dieses Ziel in jenen Tagen geradezu utopisch erschien und ich es in schier unendlicher Entfernung, Lichtjahre von mir weg sah. Welcher Belastung ich aber gut zwei Jahre später körperlich wie psychisch wieder standhielt, hätte ich, wenn es mir jemand prophezeit hätte, mit dem Kommentar: „Du spinnst doch, das glaub` ich nicht", abgetan.

*

Die Mitpatienten meiner Station lud ich am letzten Abend zum Abschiedsessen ein. Mit einer im Backofen der Miniküche selbst zubereiteten Pizza verwöhnte ich meine „Gäste". Abschiedsstimmung senkte sich über den vertrauten Speise- und Aufenthaltsraum, als der Pfleger, Herr Strohmeier, mir beim letzten üblichen Tischgebet alles Gute für die Zukunft wünschte. Der letzte Kliniktag:

Ein strahlender Sonnentag
Ein stärkendes Wort.
Die Dunkelheit liegt hinter mir.
Erinnerung nur was gestern noch war,
das lasse ich Herr jetzt bei Dir.

Eine ältere alleinstehende Patientin überreichte mir beim Verlassen der Klinik noch einen handgeschriebenen grünen Zettel, auf dem sie sich für die Pizza bedankte und mich an das tägliche Gebet erinnerte. Dr. Ebner, der mir zu meiner Freude auf meinen Brief geantwortet hatte, war bestens informiert, als ich am 28. März '95 aus der Klinik „Hohe Mark“ entlassen wurde.

Depressogenes Milieu

Tagesstruktur und alte Gefühle

Jetzt hieß es für mich, das Leben wieder in den Griff zu bekommen und mich an vieles, wie z. B. Auto fahren zu gewöhnen. Die allererste Fahrt mit unserem Passat Kombi unternahm ich zum Einkaufen in den hiesigen Supermarkt. Ein schier unbeschreibliches Gefühl überfiel mich, als ich nach einem Jahr wieder schalten, kuppeln, lenken und Gas geben konnte. Ich fühlte mich so, als wäre ich an diesem besagten 9. Februar '95 zum dritten Mal geboren worden.

Als Wichtigstes überhaupt erschien es mir mich an den Tagesablauf zu gewöhnen und an die Umstellung, jetzt wieder für immer zu Hause zu sein. Ich machte mir einen Strukturplan und nahm mir bestimmte Tätigkeiten wie: Einkaufen, Tischdecken und Abräumen, grundsätzlich vor. Des weiteren plante ich, mich am Vor- und Nachmittag insgesamt zwei bis drei Stunden zu beschäftigen. Ich räumte im Hof und in den Nebengebäuden auf und baute die Toiletten von der längst geschlossenen Gaststätte aus. Nachdem ich die Zwischenwand entfernt hatte, gestaltete ich die beiden Räume zu einem Hobbyraum um.

Nachdem ich mich arbeitslos gemeldet hatte, galt in diesen Frühlingstagen in erster Linie mein Bestreben, eine Halbtagsstelle zu suchen. Von der Krankenkasse wurde ich just an diesem 28. März '95, ausgesteuert. Das bedeutete, daß ich nach eineinhalb Jahren keinen Anspruch mehr auf Krankengeld hatte und damit Arbeitslosengeld beantragen mußte.

Von einem gleichaltrigen Mann, den ich bereits von der Schulzeit kannte, wußte ich, daß er Mitinhaber einer Firma war. Während eines Wochenendurlaubs kurz vor meiner Entlassung von „Hohe Mark" fragte ich ihn eines Sonntagmorgens in der Sporthalle. „Ich wollte dich mal fragen, ob du eine Halbtagsarbeit für mich hättest? Es gibt auch Eingliederungshilfen von der Bundesversicherungsanstalt für Angestellte (BfA)", betonte ich ihm gegenüber. „Im Versand könnte ich jemand gebrauchen", antwortete mir Achim

Pflaum. „Du könntest arbeiten wie du willst, auch stundenweise“, fügte er an. Ich verabredete mich mit ihm zu einem Besuch in seiner Firma. Ein paar Tage später fuhr ich in den Gießener Norden und erreichte das kleine Industriegebiet. Durch den Verkaufsraum gelangte ich zur Anmeldung. Als ich vor dem Tresen auf Achim Pflaum wartete, ertönte eine Klingel, wie ich sie von unserem früheren Lebensmittelgeschäft kannte. Ich drehte mich um und sah Bernd Pflaum. Ja, der Bruder von Achim, der mir damals half mein Zimmer zu renovieren. „Na, Alter, wie geht's?“, begrüßte er mich. „Ging schon schlechter“, antwortete ich und Bernd nahm mich sofort an die Hand, um mir den Betrieb zu zeigen. Mir fiel sofort auf, daß die Herstellung von Geräten für Physiotherapie, Krankengymnastik und Massage in sehr beengten Raumverhältnissen stattfand. Das sah für mich nach viel Aufräumarbeit aus. Und darin war ich ja durch meine „Leere“, zu einem Spezialisten geworden. Das war aber auch die einzige positive Fähigkeit, die ich in diesen drei bitteren und verlorenen Jahren gelernt hatte. Nun brauchte ich wegen der „Vermittlungsfähigkeitsüberprüfung“ nicht mehr zum Amtsarzt, da ich ab 1. Mai '95 die Arbeit bei der Firma Kummer&Pflaum aufnehmen konnte. Ich war sehr froh, daß ich so schnell eine Halbtagsarbeit gefunden hatte. Würde es eine Stelle mit Zukunft für mich sein?
Der Spaß am Leben kehrte zurück. Ich konnte wieder planen, organisieren und das Wichtigste von allem, ich konnte mich wieder freuen. Freuen auf jeden Morgen, auf jeden Tag und alles, was das Leben lebenswert macht. Ich erfreute mich an den Kindern und an meiner Frau und vor allem, ich hatte wieder Lust auf mein Weib. Obwohl Dr. Ebner bei einem der 14-tägigen Gesprächstermine vermutete, daß ich bedingt durch meine Medikation weniger Lust auf Sex hatte als meine Frau, war das mit der Libido in der Praxis genau umgekehrt. Eine Frau ist in erster Linie Mutter und dann Ehefrau, stellte ich fest. Sie war belastet durch die Sorgen um die Kinder und hier vor allem um Henrik, dessen Sprachzentrum gestört ist und der dadurch geistig behindert ist. Jetzt, wo Henrik fast drei Jahre alt war, war er besonders anstrengend. Henrik, der mit 16 Monaten das Laufen lernte – dessen Motorik und Feinmo-

torik aber nicht altersgemäß entwickelt war – machte sich ständig an sehr vielen Sachen, wie Lichtschalter, Rolläden oder Herd zu schaffen. Auf Feiern mußten Ina oder ich ihm ständig hinterher laufen, da meine Frau immer sehr viel Angst hatte, er würde auf die Straße laufen oder sonst etwas anstellen.

*

Nach meiner Klinikentlassung machten wir bei Diplom Psychologe Bertram auf „Hohe Mark“ über einen längeren Zeitraum eine Paartherapie, um mit unseren unterschiedlichen Persönlichkeiten und den ungleichen Bedürfnissen besser klar zu kommen.
Bei einem dieser Termine kam ich auf den verstorbenen Mitpatienten Lutz zu sprechen. „Er ist nicht an Lungenentzündung gestorben, sondern er hat Suizid verübt“, sagte Herr Bertram zu meinem Entsetzen. „Die Ärzte mußten im Krankenhaus seine Psychopharmaka absetzen. Dadurch ist er in solche Unruhezustände gekommen, daß er aus dem Fenster gesprungen ist“. Um damals keine Panik auf der Station auszulösen, hätte uns das Ärzteteam nicht die Wahrheit gesagt, erklärte er weiter und ich nahm geschockt Platz.
Da Ina über viele Monate ohne mich hatte leben müssen, versuchte Herr Bertram in der Therapie eine bessere Kommunikation und respektvollen Umgang zwischen den Partnern zu erreichen. Auf Initiative von Herrn Bertram führten wir einen Eheabend ein. An diesen speziellen Abenden wollten wir uns füreinander Zeit nehmen und uns gegenseitig verwöhnen. Da meine Frau befürchtete, daß immer nur der Sex im Vordergrund stehen würde, hatte dieser „Verwöhnabend“ nicht den gewünschten Erfolg. In diesen Paargesprächen gab uns der auf dem Gebiet der Verhaltenstherapie noch unerfahrene Therapeut gewisse Hausaufgaben, die wir beim nächsten Termin besprachen. Ina und ich sollten uns gegenseitig, aber nicht gleichzeitig, mit Ausnahme der erogenen Zonen streicheln. Nach wenigen Wochen war diese Art von Therapie fehlgeschlagen. Das Ungleichgewicht des sexuellen Verlangens bestand weiter. Und durch meine neue Arbeit sollte die Waage noch stärker einseitig ausschlagen.

Am 4. Mai '95 hatte ich nach meiner zweiten Depression im Juni '93 meinen ersten Arbeitstag bei der Firma Kummer&Plaum. 23 Monate nach Ausbruch der Krankheit!
Zu meiner ersten Aufgabe gehörte der Zusammenbau von drei Fangostrahlern. Nach Anleitung einer meiner drei neuen Kollegen klappte das Schrauben der Lampenfassungen und Schalter gut. Auch wenn mir einmal eine Keramikfassung beim Schrauben der sechs Lampen platzte, war ich stolz auf mich, diese manuelle Tätigkeit geschafft zu haben.
An den nächsten Tagen war ich mit einem Studenten als Aushilfsmitarbeiter damit beschäftigt, in einem fensterlosen Lagerraum Ordnung zu schaffen. Weil die angegliederte Schlosserei vergrößert werden sollte, räumten wir den kompletten Raum aus. Nach vier Wochen – ich arbeitete mittlerweile fünf Stunden pro Tag – wurde mir der Versand und das Verpacken der Waren kurz erklärt. Mit den Versandarbeiten und dem ständigen Aufräumen der Lagerregale, die inmitten des gleichzeitig als Werkstatt genutzten ebenerdigen Raums standen, war ich nun oft sechs Stunden beschäftigt. Vom Versandtisch neben der einem Garagentor ähnlichen Eingangstür verschickte ich alles, was die Berufsbranche der Physiotherapeuten, Masseure und der Rehabilitations- und Kurkliniken an Geräten und Produkten so brauchte.
Ab August 1995 arbeitete ich bereits wieder ganztags. Ich war besonders stolz, daß ich in so kurzer Zeit es geschafft hatte, meine körperliche und geistige Leistungsfähigkeit wieder herzustellen. Manchmal wurde ich jetzt auch zu einer bundesweiten Auslieferungstour mitgenommen, die zu zweit in einem Kleintransporter oft vor Mitternacht begann und am anderen Tag nach Null Uhr endete! Von Beginn an hatte ich keine Probleme, nachts den Kleintransporter zu fahren. „Das ist leicht verdientes Geld, denn du bekommst ja jede Minute bezahlt“, sagte der in der Werkstatt mitarbeitende Bruder des Firmenmitinhabers.

Es war Wahnsinn und unverantwortlich, daß bei diesen Gewalttouren ohne Rast- und Ruhezeiten – nur mit unzureichendem Schlaf im Fahrzeug – nicht übernachtet wurde. Selbst wenn die Auslieferungen und Montagen bis nach Hamburg, Rostock und Stralsund gingen. Außer den Überstunden war das einzige Positive, daß ich mit einem Kollegen bei diesen Touren auch Spaß hatte.
Auf den langen Auslieferungstouren hatte ich oft die tollsten und phantasievollsten Vorstellungen von einer Liebesnacht mit Ina. Meist klafften diese Wunsch- und Traumvorstellungen jedoch von der Realität weit auseinander. Ich spürte das starke Bedürfnis, mich von meiner oder einer anderen Frau nach allen Regeln der Kunst verwöhnen zu lassen. Bedingt durch Inas ständigen Druck, die Kinder gut zu erziehen, sie nicht loslassen zu können und neben dem Haushalt noch Henriks Therapietermine wahrzunehmen, war ich schon froh, wenn es bei uns zu „Diakonischem Sex“ kam.
Mein Hinweis, daß die Chefs sich wegen der Fahrten quasi mit einem Bein im Gefängnis befanden, stieß auf taube Ohren. Auch wenn jeder mit jedem der insgesamt 10 Mitarbeiter, auch mit den Inhabern Kummer und Pflaum, per Du waren, zeigten sich in vielen Gesprächen fast alle Beschäftigten mit ihrem Job äußerst unzufrieden. Durch die ständige Kritik an der geleisteten Arbeit und der Besserwisserei bei all den unorganisierten Arbeitsabläufen entwickelte sich für mich eine immer seltsamere und bedrückendere Atmosphäre. So verging Woche um Woche, Monat um Monat bis zum Sommer '96, als ich auf Anweisung der Firmenleitung in die Schlosserei versetzt wurde.
„Du sollst keinen Versand mehr machen, sondern ab sofort Teile entgraden und die Säge bedienen“, sagte mir Bernd Pflaum im Vorübergehen. „Weshalb das denn?“, fragte ich und zeigte mich verärgert und sichtlich überrascht von der Versetzung. „Da mußt du oben fragen“, sagte Bernd und meinte die beiden Chefs im Büro damit.

*

Als eine Belohnung und ein Geschenk für mich sah ich die einwöchige Reise zu meinen Freunden nach Israel an. Im heiligen Land, wo es offizielle Nachtclubs nur in der Hauptstadt Tel Aviv

gab, nahm ich mir vor, mich von einer Frau verwöhnen zu lassen. Die wenigen die in der Tageszeitung inserierten, verlangten sündhaft teure Honorare.
Ich hatte das Vorhaben schon aufgegeben, als ich an einem der letzten Abende in einem der zahlreichen kleinen Restaurants und Cafés saß, die sich in direkter Strandnähe um den zentralen Platz von Netanja befanden. Ich sah eine unattraktiv wirkende Frau an meinem Tisch vorbeigehen. Sie winkte mir so zu, daß ich es als klare Aufforderung deutete. Nach einem Moment des Zögerns – in der sie ihre auffordernde Handbewegung ständig wiederholte – trank ich meinen Wodka-Cola aus und folgte ihr zu einem nahegelegenen Hotel. Nachdem wir eine große Hochzeitsgesellschaft, nahe der Rezeption passiert hatten, gingen wir über eine Nebentreppe in den vierten Stock. Sie schloß die Tür zu einem winzigen Zimmer auf.
In der Ecke am Boden sah ich eine Matratze liegen. Daneben stand ein kleines Schränkchen. Das Bad war für dieses kleine Zimmer verhältnismäßig groß. Aus der Schublade der Kommode holte sie verschiedene Kondome hervor. In einem kleinen Steckalbum zeigte sie mir diverse Bilder, in denen sie in eindeutigen Posen und Stellungen zu sehen war. In gebrochenem schwer verständlichem Englisch erzählte sie mir, wie schwierig es für sie wäre, hier als Ausländerin zu leben. Für „Sex mit Allem" verlangte sie einen Blauen. Doch da ich von ihr nur oral befriedigt werden wollte, lautete ihre Taxe 50 DM. Ich hatte ihr den Hunderter bereits zum Wechseln an der Rezeption anvertraut. Als Sicherheit ließ sie den Schlüssel bei mir.
Irgendwie tat sie mir leid. Als sie wieder hochkam, überlegte ich, ob ich ihr das Geld auch ohne Gegenleistung geben sollte. Doch das Bedürfnis und der Drang, ihre Zunge zu spüren, waren einfach zu groß. Nachdem sie mir beim Duschen gründlich half, ließ ich es geschehen.

Poker und Mobbing

Statt einer Mittagspause wurde jeden Morgen so zwischen acht und halb neun gefrühstückt. Anfangs schaute ich nur zu, als die Kollegen mit dem für Werkstatt und Produktion zuständigen Bernd

Pflaum eine bestimmte Art von Pokerwürfeln spielten. Sie würfelten immer um 5 DM Startgeld, außer freitags, wo mit doppeltem Einsatz gespielt wurde.
Nachdem sie mich, wiederholt aufforderten mitzuspielen, gab ich mich geschlagen und war mit von der Partie. Einmal gelang es mir, fünfmal hintereinander zu gewinnen!
Doch mit diesem „Frühstückswürfeln“ war es noch lange nicht getan. Bernd Pflaum zählte zum Hauptinitiator, wenn während der Arbeitszeit um 10 DM gewürfelt wurde. Wie beim Poker spielten sie mit fünf Würfeln, aber immer mit der Ansage, hohe oder tiefe Gesamtsummen gewinnen. Egal mit welcher Arbeit die Zocker gerade beschäftigt waren, dafür hatten Bernd und die Kollegen immer Zeit. Stand ich aber mal bei Waldemar Kummer, dem Vater des anderen Inhabers, der praktisch noch voll mitarbeitete, an der Drehbank, so wurde ich von Bernd Pflaum blöd angemacht.
Jetzt, Mitte '96 hatte ich mich bereits bei einigen Firmen beworben. Durch meine vertrauensselige Art war meine Absicht in dem Kleinbetrieb schnell durchgedrungen. Ich wollte weg von dieser „Klitsche“. Dadurch war mir die Begründung für die Umsetzung in die Schlosserei, die ich bei den Chefs zu erfragen hatte, egal gewesen. Der Kleine hat immer den Großen zu fragen, und nicht umgekehrt. Diese Schlosserei, die sogenannte Produktion, wo außer mir noch vier Kollegen arbeiteten, war der reinste Saustall. Überall flog, beziehungsweise stand, kreuz und quer Material herum. An jedem Punkt der ehemaligen Garage lauerten Stolper- und Stoßfallen. Ich flexte mit dem Winkelschleifer, stand an der Säge und schnitt zu oder entgratete Kleinteile.
Durch immer abfälligere und wiederholte persönliche Diffamierungen hatte ich auch den letzten Rest an Motivation verloren. „Hey, Affennick, komm mal her“, rief der gleiche Bernd Pflaum, der mir damals beim Zimmertapezieren geholfen hatte. Ich erledigte meine Arbeit und war froh um jede Minute, jede Stunde und jeden Tag, der vorüber ging. Ich hoffte täglich, daß ich aus diesem Dreckloch endlich raus kam. Die Schweißer und Schlosser – einer davon ein junger Türke – zeigten sich mit meiner Zuarbeit höchst zufrieden.

Doch während ich am Vormittag des 10. Dezembers '96 die Säge bediente, kam Bernd Pflaum zu mir. „Ab morgen kommst du nur noch fünf Stunden“, sagte er mir unmißverständlich deutlich. „Ihr glaubt wohl, ihr könnt alles mit mir machen“, antwortete ich nach einer kurzen Zeit des Nachdenkens, als sich Bernd Pflaum schon einige Schritte von mir entfernt hatte. „So nicht“, fluchte ich vor mich hin, obwohl ich mich im ersten Moment mit diesem halben Tag anfreunden konnte. Doch wie sollte ich damit meine Familie ernähren?, fragte ich mich. Ich holte mir das Mobiltelefon und tätigte einen sehr entscheidenden Anruf.

Mit meinem Telefonat inmitten der Rohre und Flacheisen erreichte ich am Nachmittag einen Termin beim Psycho-Sozialen-Dienst (PSD) in Gießen. Der PSD ist eine Einrichtung, die für psychisch kranke Arbeitslose bei Stellensuche und bei Arbeitsplatzproblemen behilflich ist. Einige Wochen zuvor hatte ich durch einen Tip einer Sozialarbeiterin bereits mit Herrn Schleimann vom PSD Kontakt aufgenommen. Ich sah es als einen möglichen Weg an, durch seine Unterstützung wieder in meinen Beruf zu kommen.

Hatte mich diese „Fünfstundenandrohung“ schon genügend in Unruhezustände versetzt, so kam zu allem Überfluß noch ein Anruf von meiner Frau. „Ein Mädchen hat die Haustür gegen den Heizkörper knallen lassen und nun läuft Wasser aus“, sagte sie mir aufgeregt. Ein Unglück kommt selten allein, dachte ich mir.

Um kurz nach 15 Uhr entfernte ich mich vom Ort des Geschehens und ließ Bernd Pflaum im Glauben, ich würde wegen der Heizung nach Hause fahren. Doch ich fuhr direkt in die Stadt, um mit Herrn Schleimann über die miserable Arbeitssituation zu reden.

Als ich ihm von all den Demütigungen der letzten Monate erzählte, mußte ich das erste Mal seit dem 8. Februar1995 wieder weinen. Herr Schleimann reagierte sofort. Er griff zum Telefonhörer, um mit dem Chef Achim Pflaum zu sprechen. Dabei stellte er das Telefon so ein, daß ich mithören konnte. Dies gab mir Gelegenheit, aus erster Hand seine Reaktion mitzubekommen. „Warum ist er nicht erst zu uns anstatt zu Ihnen gekommen?“ sagte A. Pflaum im

brüskierenden Tonfall. „Weshalb wollen Sie Herrn Weber nur noch fünf Stunden beschäftigen?" fragte ihn Herr Schleimann nach dem Grund seiner Handlungsweise.
„Der hat sich den ganzen Tag nur verpißt!!!", antwortete er lautstark, so daß es durch den Lautsprecher schallte. Ich war in diesem Augenblick dermaßen wütend und innerlich tief verletzt, daß ich den Rest des Telefonats nicht mehr verfolgen konnte. Diese ungeheuerliche Anschuldigung hatte das Faß nicht nur zum Überlaufen – nein, es hatte es zum Platzen gebracht. Wie auf einer Festplatte hatte ich diese diffamierende Aussage abgespeichert. „Der ist immer lange beim Frühstückholen, Rauchen und Klo gehen weggeblieben", sagte A. Pflaum und lieferte dem für ihn fremden Mann die Begründung. „Dort gehe ich keine Sekunde mehr hin!. Eher würde ich irgendwo runterspringen! Nein, das ist die Klitsche nicht wert", sagte ich sofort nach Beendigung des Telefonats. Der PSD Mitarbeiter riet mir, mich auf jeden Fall krankschreiben zu lassen. Glücklicherweise hatte ich noch am gleichen Abend einen Termin bei Dr. Ebner.
Herr Schleimann verwies mich auf die rechtlichen Möglichkeiten und Schritte, die ich in Anspruch nehmen könnte. Da ich nun konkret von Arbeitslosigkeit bedroht war, kam er nun seiner eigentlichen Aufgabe als Vermittler zwischen Arbeitgeber und Arbeitnehmer nach.
Den Tip, einen Antrag auf Schwerbehinderung zu stellen, gab Herr Schleimann mir aus dem Grund, daß man mir ab dem Zeitpunkt der Antragstellung nicht kündigen könne. Ohne mir weiter darüber Gedanken zu machen, ließ ich mir das Formular vom Versorgungsamt zusenden, füllte es aus und bat aufgrund der Arbeitsplatzproblematik um zügige Bearbeitung. Zwar hatte ich auf „Hohe Mark" eine Patientin kennengelernt, die im Besitz eines Schwerbehindertenausweises war, doch hatte ich mich nach einem Gespräch bei Dr. Ebner – der Vor- und Nachteile darin sah – gegen eine Antrag entschieden.
Würde ich überhaupt anerkannt werden? Und sollte mir diese Vorgehensweise in irgendeiner Art für die Zukunft nützlich sein?

Als ich Dr. Ebner unter Tränen von all dem erzählte, saß ich völlig aufgelöst auf dem Lehnstuhl vor seinem alten Eicheschreibtisch. „Herr Weber, die wollen Sie rausekeln", war seine erste Äußerung. „Sie können aber aufgrund der psychischen Belastung wegen des Mobbings aus gesundheitlichen Gründen kündigen", sagte er anschließend. „Wegen des Arbeitslosengeldes gibt es mit ärztlicher Begründung keine Schwierigkeiten", erklärte Dr. Ebner, daß ich nicht mit einer Sperrzeit belegt werden würde. Er schrieb mich erst einmal bis Ende des Jahres krank. Wir vereinbarten einen neuen Termin, der zwischen dem sonst üblichen vierwöchigen Rhythmus lag.

Klitsche und Kohle

Zuhause diskutierten Ina und ich, wie wir uns aufgrund der Informationen vom PSD gegen die mündliche Änderungskündigung wehren könnten. Welche Möglichkeiten hatte ich? Und welche war letztendlich die beste Lösung für mich?
Aufgrund dieser extrem beleidigenden Äußerung, „Ich würde mich nur verpissen", rief Ina noch am gleichen Abend bei dem mitarbeitenden Vater des Chefs an. Da sie mir nicht vertraute fragte sie ihn, wie ich meine Arbeit erledigt hätte. „Er hat immer seine Arbeit gemacht", drückte der alte Herr Kummer meiner Frau seine Zufriedenheit aus. Doch im Gegensatz zu ihrem Vater konnte Ina zwar Gefühle zeigen, doch auch sie konnte eines nicht: mir vertrauen.
Am nächsten Morgen schaute ich mir die Unterlagen der BFA an. Laut der Rehabilitationsmaßnahme, für die die Versicherungsanstalt 65 Prozent des Lohns zuzahlte, war ich für die Eingliederung als Lagerarbeiter vorgesehen gewesen. „Jeder Versetzung muß die BFA zustimmen", war dort zu lesen. Danach fuhr ich mit Ina zum VDK (Volksbund deutscher Kriegsopfer und Schwerbehinderter), wo wir aber mit einer Rechtsberatung nichts erreichten, weil ich kein Mitglied war. Unser nächstes Ziel war das Arbeitsamt. Auch auf der Rehabilitationsabteilung des Arbeitsamts konnte man mir

nicht weiterhelfen. Wieder zu Hause rief ich zum wiederholten Mal den Reha-Berater der BFA in Gießen an. Diesmal hatte ich Glück. „Ja, ich erinnere mich. Ich habe diesen Antrag mit Herrn Pflaum aufgenommen". sagte die männliche Stimme. „Ich werde mich mit ihm in Verbindung setzen", informierte er mich kurz angebunden. Ich erzählte ihm was geschehen war. Es war wie immer im diesem Lande: Brauchst du Hilfe oder willst du etwas verändern, schiebt einer die Verantwortung zum anderen.

Da ich nach meinen bisherigen Informationen wußte, daß es sich um eine Änderungskündigung handelte, diskutierte ich mit meiner Frau, wer mir in dieser Situation wirklich noch helfen konnte. „Da gibt's nur eins, ich muß einen Rechtsanwalt für Arbeitsrecht anrufen", sagte ich nach längerem Nachdenken zu ihr. Aus den gelben Seiten suchte ich die Rufnummern eines Anwaltsbüros für Arbeitsrecht heraus. Ich rief an und erklärte kurz, um was es sich handelte. Und entgegen meinen vorhergehenden telefonischen Versuchen bekam ich von einer Anwältin telefonisch Auskunft! Am Nachmittag konnte ich einen Termin bekommen. Im Beratungsgespräch bei Rechtsanwalt Lenk zeigte sich, daß es sich nicht wie Ina beteuerte, um das Fehlverhalten dieser „Möchtegernautoritäten" handelte, die zufällig zu einer Firma gekommen waren, sondern es: „Nur um die „Kohle" ging", wie es Herr Lenk ausdrückte. „Haben Sie einen schriftlichen Arbeitsvertrag?", fragte er mich und zog an einer Zigarette. „Nein, ich habe aber auch nicht darauf bestanden", antwortete ich.

Herr Lenk bestätigte die mündliche Stundenverkürzung als Änderungskündigung und schlug vor, dagegen Kündigungsschutzklage zu erheben, um dann, da ich ja gar nicht mehr in diesen Betrieb zurück wollte, vor Gericht zu verhandeln. „Ich will zuerst das von Schleimann anberaumte Gespräch mit denen abwarten", sagte ich zu Rechtsanwalt Lenk, obwohl ich mir nichts davon versprach. Im Grunde davon überzeugt, daß es für mich nur negativ verlaufen konnte, hätte ich mit Selbstbewußtsein diesen Termin abgesagt. Ich tat es nur nicht, weil der Sozialarbeiter es wollte!

*

Kurz vor Weihnachten '96 besuchte ich meine ehemaligen Kollegen aus der Reha-Werkstatt. Bis auf Jörg, den ich bereits aus dem PZG kannte, war mir kein Rehabilitant mehr in Erinnerung. Doch, natürlich Markus, mit dem ich einige Male zur Werkstatt gefahren war, fiel mir wieder ein. „Was macht denn Markus? Hat es mit der Stelle geklappt?“ fragte ich Jörg, der gerade seinen Arbeitsplatz aufräumte. „Markus gibt es nicht mehr, er hat sich vor einem halben Jahr von einer Brücke gestürzt“. Wieder ein Suizid. Wieder jemand, den ich gekannt hatte. Wieder war ich tief geschockt

*

Mit Herrn Schleimann traf ich mich in seinem Gießener Büro. Vorher ging ich noch einige Schritte die Straße entlang, in der ich mich damals mit Ina am Fachingsdienstag traf. Bei einer Grillstube trank ich zwei Ouzo, um mir noch etwas Mut anzutrinken.
„Wollen Sie nach Kattenberg fahren?“, fragte mich Schleimann und meinte die zehn Kilometer nördliche Kreisgemeinde. „Ja“, sagte ich, obwohl ich dachte, „Besser fährst du nicht“. Da ich wußte, was auf mich zukommen würde, fuhr ich dementsprechend aufgeregt und hektisch.
Mit einer Viertelstunde Verspätung trafen wir bei Kummer & Pflaum ein. Er entschuldigte sich dafür und fiel dabei sprichwörtlich auf die Knie. Vorab wurde der Sozialarbeiter zu den Inhabern alleine ins Büro bestellt. Ich wartete geschlagene 20 Minuten, bis ich – so wie ich es im Nachhinein empfand – das „kleine böse Kind“, hinein gerufen wurde.
Das erste, was ich von einem der beiden Nochchefs zu hören bekam, war,: er könne nicht verstehen wie man, wenn man krank geschrieben wäre, seinen Zweitberuf (das Wort Trainer nahm er nicht in den Mund) ausüben könnte. Keine Nachfrage wie mir´s ging, rein gar nichts. Wie ich es von frühster Kindheit schon gewohnt war, wurden mir viele Vorhaltungen gemacht. Daß ich für ungefähr 500 DM Schaden im Versand angerichtet haben sollte, wurde als Hauptgrund der Versetzung genannt.
Wenn es denn so gewesen sein sollte, dann wäre es Sache der bei-

den Geschäftsführer gewesen, früh genug mit mir darüber zu reden, dachte ich mir. Dann wurde Bernd Pflaum in das gegenüber der Werkstatt liegende Gebäude bestellt.
„Das war doch nur Spaß“, sagte Bernd Pflaum und meinte da wir uns schon ewig kannten, seien die von ihm gemachten persönlichen Diffamierungen nicht ernst gemeint, sondern nur Spaß gewesen. Und überhaupt, betonten alle Anwesenden, hätte ja niemand was gegen mich. „Aber eben nur dann, wenn ich schön „klein“ bin“, dachte ich.
Wiederum mußte ich mich ständig selbst verteidigen. Und Schleimann zeigte, ohne daß er mich auch nur einmal unterstützte, großes Verständnis für die Belange des Betriebs. Obwohl ich in keinster Weise aus der Rolle fiel, versuchte er mich höchstens zu beruhigen.
Als ich aus meinem Notizbuch, mit dem ich mich vorbereitet hatte, noch weitere Argumente vorbrachte, wurde mir die einseitige Gesprächsführung zur Qual. Ich stand auf und verließ das Büro. Herr Schleimann lief mir wie ein Vater seinem Kind hinterher. „Wo wollen Sie denn hin?“ fragte er mich vorwurfsvoll. „Ich geh runter in den Hof eine rauchen und warte dort auf Sie“, rief ich ihm erzürnt nach und verließ den Austellungsraum.
Während ich eine halbe Stunde auf ihn wartete, stattete ich meinen Ex-Kollegen einen Besuch ab. Endlich konnten wir zurückfahren und dieser unnötige Termin gehörte für mich der Vergangenheit an. Da ich noch immer sehr erregt und aufgebracht war, hatte ich nochmals erhebliche Probleme mit dem Autofahren. Von Berufs wegen hätte Herr Schleimann wissen müssen, daß solch eine Situation gerade für einen Menschen wie mich, der ich bereits zweimal an einer schweren Depression erkrankt war, sehr belastend ist. „Für die Geschäftsführer bedeutet es keine Änderungskündigung“, sagte er mir auf der Fahrt nach Gießen. „Als ich alleine mit ihnen redete, haben sie nochmals betont, Ihnen anzubieten, täglich fünf Stunden zu arbeiten“, sagte er und blickte fragend zu mir, ob ich dieses „Angebot“ annehme. „Was haben Sie vor?“. „Ich werde gegen diese Kündigung klagen“, antwortete ich

und zeigte meine Entschlossenheit. Die andere Lösung, die mir aber in diesem Moment nicht einfiel, war die, aus gesundheitlichen Gründen zu kündigen. „Ich werde Sie informieren, wenn es etwas Neues gibt“, sagte ich zu ihm, obwohl ich es im Grunde gar nicht wollte.
Zu Hause überlegten Ina und ich, daß es wenig Sinn machte, vors Arbeitsgericht zu ziehen. Denn ich war weder im Rechtschutz, noch hatte ich die Chance, Prozeßkostenhilfe zu bekommen. Ich rief die Kanzlei Lenk an und fuhr kurzfristig nach Braunfels. In zehn Minuten überzeugte ich Rechtsanwalt Lenk, daß es, auch weil beide Herren Pflaum im selben Ort lebten, besser wäre, wenn ich aus gesundheitlichen Gründen zum 31. Januar '97 kündigen würde. Ich bat ihn, dieses Schreiben für mich aufzusetzen.
Um sein Honorar feilschten wir wie auf einem orientalischen Basar. Nachdem wir uns geeinigt hatten, bat ich ihn um eine Zigarette. „Wegen des Glimmstengels muß ich die Rechnung noch um 10 DM erhöhen“, scherzte der Porschefan. Wieder einmal mußte ich den Weg zum Arbeitsamt antreten und wollte mich eigentlich zum 1. Februar '97 arbeitslos melden.

In den ersten Jahren unserer Ehe, hatte ich wegen der Kinder und dem Handball nur wenig Zeit für mein eigentliches, langjähriges Hobby: Das Kochen.
Für Ina und manchmal auch für Freunde zu kochen, machte mir schon immer, großen Spaß. Bei jeder Gelegenheit sammelte ich nicht nur Rezepte, sondern ich, der gute „Looker" mit seinen tausend Antennen, wie meine israelische Bekannte in einem Shopping-Center es nannte, hielt Ausschau nach preisgünstigen bebilderten Kochbüchern. Mittlerweile hatte ich zirka Fünfzig von diesen bunt illustrierten Büchern. Seit ich aus der Klinik „Hohe-Mark" entlassen war, ließ mich mein Hobby nicht mehr los. Als ich noch Handball spielte, kochte ich oft sonntags für meine Familie. Versuchte ich wochentags in der Küche tätig zu sein, so kam es öfters vor – da unser „Saal" mit Wohn- Eßzimmer und Küche vollkommen offen war – daß mich die Kinder dermaßen in Rage brachten, daß mir und noch mehr Ina der Spaß daran genommen wurde.
Würde ich in einem neuen Haus bessere Möglichkeiten für meine Kochleidenschaft haben?

*

Unsere ganze Zukunftsplanung galt jetzt der Thematik, wie wir unseren umgebauten Saal vergrößern könnten. Zum Beispiel mittels eines Übergangs zum alten Haus. Oder ob wir, wie ich in der „Schwarzbergklinik" in meiner Traumvorstellung ein Bild malte, ein Haus im Garten bauen wollten. „Wenn ich etwas mache, dann mache ich es richtig oder gar nicht", hatte ich schon immer in meiner Jugendzeit zu meinen Eltern gesagt. Obwohl eine Umbaumaßnahme neben geringeren Kosten auch bessere Ausgehmöglichkeiten für uns zu bieten hatte, war ich der Meinung, daß ein gelungener Umbau genügte. Ich überzeugte Ina von einem Neubau, da mit dem Garten hinter der Scheune ein Bauplatz vorhanden war. Wir begannen in aller Ruhe, bei einer Musterhausausstel-

lung uns über verschiedene Haustypen zu informieren. Dort entdeckten wir das Eigenheim unserer Wünsche und Bedürfnisse. Aber das schlüsselfertige Fertighausangebot, der Idealtyp mit drei Zimmern im Dachgeschoß, paßte nicht in unser Budget.
Wir informierten unsere Eltern über das geplante Bauvorhaben. Mein Schwiegervater machte uns deutlich, daß er bereit wäre sich finanziell zu beteiligen, wenn wir in Eigeninitiative bauen würden. Ohne mir näher darüber Gedanken zu machen, gingen Ina und ich zum Notar und ließen das Grundstück auf Eheleute umschreiben, bevor ich einen Architekten suchte. Nachdem Ina und ich die ersten Pläne hatten zeichnen lassen, kümmerte ich mich um die Finanzierung. Als mein Schwiegervater bemerkte, daß ich hinsichtlich eines Darlehnsangebots großen Einsatz zeigte, stellte er uns, ohne daß ich in irgendeiner Weise mit eingebunden wurde, eine Art vorweggenommenes Erbe zur Verfügung.
Nach wenigen Terminen mit dem jungen Architekten hatten wir gemeinsam unser Haus soweit stehen. Auf Papier versteht sich. Durch einen Erker der 50cm breit vom Haus vorsprang entstanden erhebliche Probleme mit dem Bauamt und unser Ziel nach Ostern zu beginnen, zerschlug sich. Nachdem unser Architekt den Erker umgeplant hatte, informierte er uns über einen Termin auf dem Kreisbauamt. Durch die Sache mit dem Erker verzögerte sich der Baubeginn bis in den Mai. Von diesem Tag an begann wieder eine anstrengende, arbeitsreiche und manchmal auch nervige und streßige, aber auch stolze Zeit.

*

Während ich im Januar '97 in der Wartezone des Arbeitsamtes für mein Berufsfeld saß und auf Einlaß zum Arbeitsvermittler wartete, schaute ich mich an der Infotafel um. Ich entdeckte einen Lehrgang für Meister, Techniker und Ingenieure, der bereits Ende des Monats für die Dauer von einem Jahr begann.
Nach Rücksprache mit dem Fortbildungsberater konnte ich mich für den betriebswirtschaftlichen Kurs bei dem Veranstalter anmelden. Offiziell war ich noch bis zum 31. Januar bei Kummer&Pflaum

in Lohn und Brot. Ich war aber die ganze Zeit krank geschrieben. Als würde ich ganztags arbeiten, zahlten sie mir den Lohn in vollem Umfang fort. Aus dieser Sicht lief meine Kündigung problemlos ab.

*

Mit 17 Teilnehmern – darunter eine Frau – startete der Lehrgang bei der Bildung GmbH in Wetzlar. Beim Lehrgangsleiter, einem Endvierziger, hatten wir die meisten Unterrichtsstunden, öfters den ganzen Tag, der von 8 bis 15 Uhr dauerte. Der studierte Betriebswirt hatte eine trockene und langweilige Art den Unterricht zu gestalten. Schon nach den ersten Tagen wurde mir klar, daß ich keine Lust mehr hatte, mit 37 Jahren täglich die Schulbank zu drücken. Als Herr Seewald dann den Einstieg in die Buchführung fand, bombardierte er uns mit immer umfangreicheren Übungsaufgaben.
Abwechslung bescherte uns ein junger Volkswirt, der mit seinem schwungvollen Unterrichtsstil und seiner lockeren Art gut bei uns Fortbildungsschülern ankam. Leider hatten wir ihn nur wenige Stunden in der Woche, und das auch nur für kurze Zeit. Insgesamt sollte der Kurs wohl dazu dienen, diese Arbeitslosen mittleren Alters, die oft bereits lange Jahre im Beruf gestanden hatten und teilweise auf einen reichen Erfahrungsschatz in der Industrie zurückblicken konnten, fit für die Selbständigkeit zu machen. Ich hatte nicht vor, diesen Lehrgang mit Praktikum bis Ende des Jahres zu besuchen, sondern wollte möglichst bald einen neuen Arbeitsplatz haben. Sollte sich meine Situation bald grundlegend ändern?

Bescheid und Bewerbung

Ich hatte vom Versorgungsamt Post bekommen. Aus dem Bescheid ging hervor, daß ein GdB (Grad der Behinderung) von 50 Prozent anerkannt wurde.
Somit galt ich als schwerbehindert. Irgendwie freute ich mich darüber, obwohl ich es jetzt ja amtlich hatte, daß ich, wie man landläufig sagte „nicht ganz richtig tickte".

Zum einen wußte ich, daß es eine spezielle Förderung für arbeitslose Schwerbehinderte gab, zum anderen war mir durch einen Bericht im Hessenfernsehen bekannt, daß das Arbeitsamt Wetzlar zu den Besten in unserem Bundesland gehörte, was die Vermittlung von Schwerbehinderten betraf. Während der Vormittagsunterrichtspause ging ich vom Kursraum, der in der malerischen Fachwerkaltstadt untergebracht war, die 15 Minuten Fußweg zum Arbeitsamt. Obwohl es doppelt soviel schwerbehinderte Arbeitslose wie andere gibt, saß niemand auf den Stühlen vor dem Vermittlungszimmer. Als ich eintrat, erkannte ich den Beamten der hinter dem Schreibtisch saß. Ich hatte ihn mehrmals bei 2. Liga-Spielen in der Sporthalle gesehen und ich wußte, daß er der Vater eines sehr talentierten Jugendspielers war. Ich zeigte ihm den Bescheid vom Versorgungsamt. Aufgrund von Stellen, die ich mir am SIS (Stelleninformationssystem) ausgesucht hatte, überlegten wir uns, ob eine Bewerbung für mich Sinn machte. In den nächsten Wochen suchte ich den Arbeitsvermittler mindestens einmal pro Woche auf, um die weitere Vorgehensweise zu besprechen. Irgendwann im März machte er mir den Vorschlag einer reinen Schwerbehindertenstelle. „Diese einfache Verwaltungstätigkeit kannst du auch“, sagte er und zeigte mir den Computerausdruck der Stellenbeschreibung. Mit Hilfe eines Lehrgangskollegen, der mir das Bewerbungsschreiben und den Lebenslauf per PC erstellte, bewarb ich mich auf den Angestelltenjob.

*

„Den Vollbart lasse ich mir erst wieder abnehmen, wenn ich ein Vorstellungsgespräch habe“, sagte ich zu meiner Frau, als ich zu Beginn der Osterferien zu unserem Dorffriseur ging, um mir vor unserem Urlaub in Ostfriesland die Haare schneiden zu lassen. Ich saß gerade entspannt auf dem Friseurstuhl, als Ina zur Salontür hereinschaute.

„Du mußt den Bart abnehmen lassen! Du hast einen Vorstellungstermin“, sagte sie mit hoffnungsfrohem Blick. Für das erste Vorstellungsgespräch nach meiner schweren Erkrankung – noch dazu für eine An-

stellung im öffentlichen Dienst – kaufte ich mir einen neuen Anzug. Da ich aber nicht besser gekleidet sein wollte als der Verwaltungsleiter, entschloß ich mich dann doch für eine legere Kombination.
Mit dem Zeugnis meines letzten Arbeitgebers in der Hand wartete ich vor dem Zimmer des Verwaltungsleiters. Als ich hinein gebeten wurde, betrat ich einen Raum, in dessen Mitte ein großer Schreibtisch stand, hinter dem der leitende Beamte saß. Er stellte mir die Mitarbeiter von Personalrat und Schwerbehindertenvertretung, die an der Wand vor ihm saßen, namentlich vor, auch den Amtsleiter, der am Fenster neben seinem Schreibtisch stand. Mit Fragen zum beruflichen Werdegang und zu meiner Krankheit begann das übliche Kreuzverhör. Da ich die Frage nach Schreibmaschinenkenntnissen verneinen mußte, vertrat der Verwaltungschef die Meinung, daß mir die Grundfertigkeiten fehlen würden.
„Warum haben Sie bei der letzten Firma gekündigt?“ fragte mich der mit Anzug bekleidete Amtsleiter.
Zuerst überlegte ich ob ich dem Rat des Fortbildungsleiters Herrn Seewald folgen sollte, und mit: „Aus persönlichen Gründen!“ antworten sollte. Doch ich entschloß mich offen zu sein! Ich erzählte, wie sich die Dinge entwickelt hatten.
Weiterhin fragte er mich nach Familie und Kindern. „Da haben Sie und insbesondere Ihre Frau ein Päckchen zu tragen“, sagte der Amtsleiter und zeigte Mitgefühl. „Wenn der Chef der Hauptentscheidungsträger wäre, dann hätte ich bestimmt gute Karten, die Anstellung zu bekommen“, dachte ich. Mit der Aussage vom Verwaltungsleiter, es würde noch eine Weile dauern bis sie die Stelle besetzen könnten, wurde ich in der Hoffnung auf eine positive Nachricht verabschiedet. Als wir danach für eine Woche in den Urlaub fuhren, dachte ich, meine Chancen auf die Stelle im öffentlichen Dienst würden 50:50 stehen.
Nach den Osterferien sprach ich wieder bei meinem Arbeitsberater vor.
Ohne meinen Namen ins Gespräch zu bringen, erkundigte er sich telefonisch beim Verwaltungsleiter nach dem Stand der Dinge. „Du hast den besten Eindruck von den fünf bis sechs Bewerbern

hinterlassen und hast gute Aussichten auf die Stelle", teilte er mir mit. „Du mußt dich nur noch gedulden, weil der Arbeitsplatz jetzt noch nicht besetzt werden kann".

Während ich im EDV Unterricht der Bildung GmbH saß, rief mein Arbeitsberater an. „Würdest du ab 15. Mai '97 halbtags, und dann ab 1. Juli '97 Vollzeit anfangen wollen?", fragte er mich und sagte, ich solle den Verwaltungsleiter anrufen.

Als ich nachmittags anrief, einigten wir uns auf den Arbeitsbeginn 12. Mai '97, Inas 36. Geburtstag. Ich arbeitete mich schnell ein und auch das Schreiben der Aktenaufkleber mit der Schreibmaschine fiel mir nicht schwer. So ging es nahtlos in die Vollzeitstelle über, bis dann ab Juli die komplette Abteilung in Bürgerbüros mit modernster Ausstattung eingerichtet wurden. Auch meine Tätigkeit sollte sich grundlegend ändern.

Bauen und Vertrauen

Dr. Ebner zeigte sich sehr erfreut und auch erstaunt darüber, wie schnell ich mich nach meiner Depression stabilisieren konnte. „Die Schwere Ihrer Depression ist vollkommen untypisch für Ihr Lebensalter", sagte er mir.

Mittlerweile waren zwei Jahre vergangen, seit ich das Klinikbett mit dem zu Hause getauscht hatte. Meist bekam ich im vierwöchentlichen Rhythmus von Herrn Ebner den letzten Abendtermin eines Behandlungstages zugeteilt. Hatte er im Februar über die festgestellte Schwerbehinderung noch Bedenken geäußert, da es seiner Meinung nach für eine Stellenbewerbung Vor- und Nachteile hatte, so zeigte sich mein Neurologe im Frühsommer '97 hoch erfreut darüber, daß ich eine Anstellung im öffentlichen Dienst gefunden hatte.

Aus seiner Erfahrung überzeugte mich Dr. Ebner davon, zur Prophylaxe das Lithiummittel und das Neuroleptikum, über einen sehr langen Zeitraum einzunehmen. Nach dem Tranquilizer „Tavor", setzte er in vertrauensvoller Zusammenarbeit das Neuroleptikum „Taxilan" Schritt für Schritt ab.

„Herr Weber, ich schätze Sie sehr", sagte er bei einem der Abendtermine. Das einzige, was ihn an mir „störte", war meine Ungeduld, mit der ich zuviel und zu schnell meine Ziele erreichen wollte. Diese ständige Unruhe und Hektik, verbunden mit einem enormen Perfektionismus, hatten mich bereits seit meiner Kindheit geplagt, was meine Mutter dann immer zu kommentieren pflegte mit: „Dir kann alles gar nicht schnell genug gehen".

*

Ich lechzte förmlich nach dem prallen Leben, fast so wie ich es 1986 auch getan hatte und als wollte ich die „verlorene Zeit" nachholen. Dr. Ebner mahnte mich aber immer wieder mit den Worten: „Langsam, langsam Herr Weber". Da wir jetzt mit dem Hausbau beginnen wollten, wußte er genau, welche Belastung und Arbeit vor mir lagen. Er warnte mich eindringlich davor, zu viele Vorhaben wie Trainerschein und berufliche Weiterbildung auf einmal realisieren zu wollen. Apropos, Trainerlizenz.
Nach den beiden Lehrgängen für Bundesligaspieler, ließ man mich bei der Abschlußprüfung aufs kläglichste durchfallen. Ich war bitter enttäuscht, war ich doch der Meinung, daß ich etwas von meinem Sport verstand, den ich Zeit meines Lebens ausgeübt hatte. Da nach zwei Spielzeiten als Trainer ohne Lizenz kein Verein Interesse an mir zeigte, beschloß ich die Prüfung nicht zu wiederholen. Was sollte ich mit einem Trainerschein wenn sich niemand für mich interessierte? Ich spürte sehr deutlich, daß viele mir nach meiner Krankheit nichts mehr zutrauten, mich nicht mehr ernst nahmen.

*

Ich begann gewisse Bauvorbereitungen im Garten zu erledigen. Ich fällte die Pfosten des Gartenzauns, die den Pflanzgarten von der Rasenfläche trennte. Nachdem die Zaunreste vom Pflanzgarten in der ehemaligen Mistgrube „beerdigt" wurden, begann am 23. Mai '97 das Ausbaggern für unseren Neubau, bei dem mein Schwiegervater und ich ständig dabei waren. Danach verlegten wir

die Kanalisation, Entwässerung für den Keller und schotterten die ausgehobene Baugrube. Als ich die Menge an Eisen sah, die angeliefert wurde, dachte ich, daß es das Material für das ganze Haus wäre. Ich hatte mich sehr getäuscht. Das Eisen war nur für die Bodenplatte bestimmt. Ab Mitte Juni begannen wir mit dem Anlegen der Kellerecken. Dabei fiel einem unserer beiden Maurer auf, daß mit der Breite der Bodenplatte etwas nicht stimmen könnte. Als wir gerade beim Mittagessen auf der Terrasse saßen, kam unser Architekt Herr Melchior, den ich telefonisch verständigt hatte. Es war Fakt, die Bodenplatte war 20 Zentimeter zu schmal. Damit war klar, daß der Vermesser sich im wahrsten Sinne des Wortes vermessen hatte. Statt 9,86 m wäre das Haus jetzt nur 9,68 m breit geworden. Jetzt war guter Rat teuer. Was sollten wir tun? Das ganze Haus kleiner bauen? Ich rief den jungen freundlichen Vermesser an, der wäh-rend des Ausmessens recht sorglos mit den Plänen umgegangen war, und erzählte von seinem Mißgeschick. Sofort und ohne irgendeinen Versuch der Rechtfertigung, war er bereit, alle entstehenden Kosten zur Verbreiterung der Bodenplatte zu übernehmen. Unsere Fachleute schlugen vor, mittels Bohren in die Platte und einsetzen von Eisenstäben und einem dazugehörigen 20cm breiten Fundament die Bodenplatte zu verbreitern. Nach etwa drei Tagen hatten wir es geschafft. Der Vermesser kam spätabends noch auf die Baustelle, um sich unser Werk anzuschauen.
Von da an ging es mit Hektik, Streß und Ärger zügig weiter, wie es üblich ist beim Bau eines schnörkellosen Einfamilienhauses.
Für mich kam es einem Wunder gleich, daß ich jetzt, gut zwei Jahre nach meiner Gesundung, täglich mehr arbeiten konnte als in einer ganzen Klinikwoche.
Kurz nach unserem neunten Hochzeitstag konnten wir am 5. September '97 Richtfest feiern. Ich hielt eine kleine Ansprache und bedankte mich bei allen, die beim Rohbau mitgearbeitet hatten, insbesondere meinem Schwiegervater, für die fast tägliche Bauhilfe. Doch weil er dringend eine Aufgabe brauchte und Beschäftigung suchte, war in erster Linie er es, der dieses Bauen in Eigenleistung wollte.

Auch wenn es öfters mal Differenzen und Streitigkeiten gab und mein Schwiegervater danach tagelang schmollte, gingen wir immer wieder aufeinander zu. Doch eine Begebenheit während des Bauens erinnerte mich wieder in fataler Weise an meine Kindheit, an das was ich damals so sehr vermißt hatte: Vertrauen.
Eine von meinem Schwiegervater empfohlene Firma stellte eine Rechnung aus, die wesentlich höher war als das Angebot. Daraufhin wollte ich, daß unser Architekt sich diese überteuerte Abrechnung ansehen sollte. „Der Walter soll sich das noch mal anschauen, das kann doch wohl nicht sein, erst solch ein Angebot und dann so eine Rechnung zu stellen“, sagte ich und wollte gerade in den Rohbau gehen. „Ich hab Vertrauen zu dem Mann, dann bezahl ich es eben!“, antwortete er mit starrem Blick. „Er ist zu uns nach Haus gekommen und hat uns alles erklärt, bevor ich ihm einen Teil der Rechnung gezahlt habe. Jetzt denkst du wohl noch, ich hätte mir einen oder zwei Tausender davon eingesteckt!“ setzte mein Schwiegervater mit drohender Mimik seinen Redeschwall fort. Ich war fassungslos und maßlos enttäuscht darüber, daß er mir so eine Denkweise unterstellen konnte. Spätestens jetzt wurde mir bewußt, daß er anderen Menschen, von denen er eine positive Einschätzung hatte, viel eher vertraute als denen seiner eigenen Familie. Ich hatte in eine Familie eingeheiratet, die die gleichen Strukturen wie meine Herkunftsfamilie hatte.
Nachdem wir das Dach gedeckt hatten und die Fenster eingebaut waren, lag im neuen Jahr der zeitaufwendige Innenausbau vor uns. Über Elektro, Verputz, Estrich, Heizung, Sanitär-Fliesen- und Dachausbauarbeiten konnten wir ab Mai ‘98 mit Streichen und Tapezieren zum Endspurt ansetzen. Dadurch, daß unser Haus in kurzer Zeit gewachsen war, hielt ich diesen Streß von Organisation, Produktauswahl und Eigenarbeit gut aus. Immer war ich stolz, wenn ich eine Arbeit, die ich mir vorgenommen hatte, erledigen konnte. Bei der Planung und Organisation kam mir mein großes organisatorisches Talent sehr zugute. Immer wieder freute ich mich, wenn ich von der Baustelle wegkam, um irgendwelche Materialien zu besorgen oder Getränke einzukaufen. Überhaupt kommt Einkaufen für mich einem Sport gleich, bei dem meine

Augen nach allen Richtungen Dinge erfassen, die nach einem Schnäppchen aussehen oder generell interessant sind. Oft war es bei der Auswahl von z. B. Fenstern, Türen, Fliesen, Fußboden und Tapeten unser größtes Problem, die Kinder unterzubringen, besonders unser „Unruheglückssorgenkind" Henrik, so daß wir etwas mehr Ruhe und Zeit für die Kaufentscheidung hatten.

⁂

Wir legten den Einzugstermin auf den 1. September '98 fest. Dies bedeutete für uns, daß wir zum 1. August '98 ausziehen würden. Alles lief zwar zum Einzug hin immer stressiger, aber doch recht planmäßig ab. Und selbst das Telefon funktionierte pünktlich am ersten Tag im neuen Haus. Am Freitag, den, 31. Juli '98 fand der Haupteinzug statt. Am Abend war ich dermaßen geschafft wie noch nie zuvor in der gesamten Bauphase. Ich griff zum Telefonhörer und bestellte in meinem Stammlokal halbe Hähnchen mit Pommes für uns, Burkhard und die beiden anderen Helfer.
„Für heute ist Schluß", sagte ich nach dem Essen. und machte mich mit meiner Familie daran, uns auf die erste Nacht im neuen Haus vorzubereiten. Ina war total glücklich über die gelungene Raumaufteilung im Dachgeschoß. Es machte ihr sichtlich Spaß, Henrik, Janna und Marja-Lisa in ihre über das Standardkinderzimmermaß hinausgehenden drei Räume mit dem hellen freundlichen Bad ins Bett zu legen. Hätte sich dann noch die nach eigenen Plänen entstandene Haustüre nicht nur zusperren, sondern auch abschließen lassen, ja dann hätte im neuen „Weberhaus" diese Nacht nicht nur eine Schlafpremiere stattgefunden.
Als wir am Montag immer noch erschöpft, aber in Ruhe beim Frühstück saßen, stand mein Schwiegervater vor der Terrassentür. „Da stehen vier Mann vorne im Hof und wollen anfangen", sagte er und meinte wir könnten die Arbeiter doch nicht lange warten lassen. Statt am Donnerstag, dem 6. August '98, wie mit unseren neuen Mietern ausgemacht, stand der Renovierungstrupp bereits an diesem besagten Montag vor der Tür.
Das richtige wäre gewesen, unsere Mieter anzurufen und mitzutei-

len, daß sie vor Mittwoch nicht in den „Saal“ könnten, denn sowohl im Erdgeschoß als auch unter der Dachschräge lag überall noch viel Kleinkram herum. „Das ist doch alles halb so schlimm. Ihr könnt doch die Leute nicht wieder wegschicken“, sagte mein Schwiegervater und zeigte sich als ehemaliger Unternehmer ganz auf deren Seite. Wie schon so oft, nahmen Ina und ich wieder einmal Rücksicht auf ihn. Rücksicht auch deshalb, weil mit seiner Mitarbeit und finanziellem Einsatz immer auch eine gewisse Macht und Abhängigkeit verbunden war. Und weil ich mich gegen seine patriarchalische Art nicht zu wehren wußte „Wenn ich viel mache, will ich auch was zu sagen haben“, lautete seine Devise.
Auch mit der Hilfe der Schwiegereltern schafften wir es nicht, am Montag mit dem Aufräumen fertig zu werden. Nachdem ich wie immer seit Januar '97 meinen Vater zur Dialyse fuhr, versuchte ich auch am Dienstag frei zu bekommen. Es klappte, und bis zum späten Abend schafften wir es, den Saal bis auf ein paar Kleinigkeiten komplett zu räumen. Wir alle hatten uns auf das neue Haus gefreut, auch Henrik. Aber während des Umzugs war der Junge wegen der Hektik sehr durcheinander gewesen, auch deshalb, weil praktisch keine Zeit für ihn geblieben war.

Ehetherapie und Seelentheater

Bevor wir unser erstes Weihnachten im neuen Haus feiern konnten, hatten wir uns zu einer Ehetherapiewoche im Schwarzwald angemeldet! Mit Beginn meiner zweiten Depression hatte sich vornehmlich unsere sexuelle Beziehung sehr abgekühlt. Deshalb erhoffte ich mir von dieser Woche einen Durchbruch auf dem Weg zum Eheglück. In einem ehemaligen Gasthof fand das ehetherapeutische Seminar statt. Außer uns nahmen noch drei weitere Paare daran teil. Nachdem sich alle zu ihrem Lebensweg und den Zielen des Seminars geäußert hatten, wurde der Zeitplan für den Therapietag festgelegt.
Da wir uns darauf einigten, jeden Tag von 9 bis zirka 18 Uhr bis auf

eine zweistündige Mittagspause durchzuarbeiten, wurde es eine sehr anstrengende Woche für uns. In der drei Kilometer entfernten Stadt hatten wir ein Zimmer mit Frühstück in einer Privatpension bezogen, deren Besitzer der Gründer dieser christlichen Klinik „Da Genis“ war. Durch mein sehr offenes Auftreten im „Vorstellungsgespräch“ war sehr schnell eine freie und lockere Atmosphäre zwischen den Paaren entstanden.
Der Ehetherapeut legte sein Hauptaugenmerk auf das Selbstwertgefühl des Einzelnen und auf die Arbeit mittels Psychodrama, was soviel wie „Seelentheater“ bedeutet. Gerade bei dem jungen Ehepaar – wo sich die Frau von ihrem Mann trennen wollte – kam es durch ein Psychodrama am Ende der Therapie zu einer guten Lösung.
Ehe Herr Hirsch am vorletzten Tag mit mir arbeitete, saßen wir Paare am Abend noch lange gemütlich in der „Kneipe“ zusammen. Da ich schon seit unserer Ankunft schlecht geschlafen hatte, wollte der Therapeut etwas dafür tun, daß ich wieder besser schlief.
Ich hätte es nicht für möglich gehalten, daß meine Gefühle durch dieses eineinhalbstündige Psychodrama so durcheinander gewirbelt wurden, daß ich mich dermaßen in diese Situation der Kindheit hineinversetzen konnte. Die Partnermassage am Abend war für mich zeitlich zu spät und zu lange, um mich richtig darauf einlassen zu können, um meiner Partnerin spürbar Entspannung und vielleicht sogar Lust auf körperliche Liebe zu machen.
Nach der Verabschiedung am Freitagmittag fuhren wir noch 100 Kilometer weiter auf die schwäbische Alb zu meinem ehemaligen Mitpatienten Andreas. Er, der auf „Hohe Mark“ wegen einer Depression behandelt worden war, litt seit 1995 an der manisch-depressiven Form der Erkrankung und wurde, nachdem man ihn 1996 als Pfarrer vom Amt enthoben hatte, in diesem Jahr '98 vom Dienst suspendiert!
Als wir unser Ziel nach einigen Umwegen erreichten, wartete Andreas bereits vor dem Haus auf uns. Wir betraten das in der Ortsmitte gelegene Haus und begrüßten seine Frau Regina im Flur. Als Mitbringsel überreichte Ina Regina ein buntes Herbststräußchen.

Sofort schien jegliches Eis zwischen ihnen zu tauen. Sehr schnell merkte Ina, daß diese Frau und Mutter zweier Kinder sehr abgespannt und müde wirkte. Wir spürten, daß sie nicht auf Besuch vorbereitet war. Eher deutete alles darauf hin, das sie unserem Wochenendbesuch gegenüber nicht positiv eingestellt war. Abends sahen wir uns die letzte Folge des Krimiklassikers „Derrick" an. Andreas wirkte sehr unruhig, regelrecht nervös – was ich von der Klinik überhaupt nicht von ihm kannte. Da Regina mit meiner Frau allein sein wollte, ging ich mit ihm in sein Büro. Gegenüber damals wirkte er jetzt wie ein ganz anderer Mensch. Er zeigte sich mir vollkommen losgelöst und hatte keine konkreten Vorstellungen wie es mit ihm beruflich weitergehen sollte. Ich bemerkte einige seltsame Züge, wie z. B. daß er ständig das Fenster öffnete und wieder schloß. Da Andreas den Erziehungsurlaub genommen hatte, dachte ich, daß er seine berufstätige Frau entlasten würde. Leider war das Gegenteil der Fall. Auch am Samstagmorgen beim Frühstück vor unserer Abreise mußte Regina alleine die ganze Arbeit verrichten. Da er auch die Einnahme der Medikamente verweigerte, sollte in den nächsten Monaten sein Verhalten und damit seine manische Depression immer schwerere Ausmaße annehmen. „Wir werden noch voneinander hören", sagte Regina und verabschiedete sich von meiner Frau. „ Das glaube ich auch", antwortete Ina und stieg ins Auto.

Gegen Mittag landeten wir bei meinen Schwiegerleuten, um die Kinder abzuholen. Danach ging ich mit den dreien ins heimische Hallenbad und holte dann die erstklassigen Hähnchen vom „Alten Steinhaus“ ab. Ina konnte es kaum abwarten, daß die Kinder nach dem Essen vor dem Fernseher saßen. Als sie mich zum Duschen bat, lag Ina schon mit einem Buch in der Hand entspannt im Bett. Sie war vollkommen nackt. Ein Zeichen, daß sie Libido verspürte. Ina war sehr stürmisch und ich genoß ihre Lust. Wir liebten uns sehr intensiv, wie es sonst wohl nur Paare in der Kennenlernphase tun. Insgeheim glaubte ich, wir hätten, was die Liebe betraf, den Durchbruch geschafft. Doch es war eher so, wie Inas Freundin es ausdrückte. „Das ist normal, wenn man nach einem „Urlaub“ ohne Kinder zurückkommt!“

⁕

Bevor ich für kurze Zeit in ein anderes Bürgerbüro versetzt wurde, hatte ich Anfang Januar '99 noch für drei Wochen eine Sonderaufgabe zu erledigen. Da ich fast 1000 Akten wegzulegen hatte, mußte ich im Keller Platz schaffen. Dabei stieß ich auf eine Akte, von deren Existenz ich vor sechs Jahren das erste Mal gehört hatte. Ich war geschockt! Ich schlug den alten Pappumschlag auf und las: Kindesvater: Albert Weber, Landwirt.

Damit hatte ich nach fast 40 Jahren den Beweis, daß Horst Schneider mein Halbbruder war. Äußerst wütend und innerlich aufgelöst kam ich abends nach Hause.

Ina schickte mich zum Reitstall die Kinder abzuholen. Mir fiel unterwegs ein, ich könnte den Besitzer des nahen Reiterhofs, der ein Freund meines Vaters war, einmal dazu fragen. „Ich dachte du weißt das“, sagte er und gab mir zu verstehen, daß die Geschichte in meines Vaters Geburtsort jeder kennt. „Was ist das denn fürn’ Typ Mensch?“ fragte ich ihn in den Stallungen. „Da mußt du meine Tochter Annette fragen, die kennt ihn“, antwortete er. Zuhause begann ich, die Broschüren für die Kirchengemeinde auszutragen. Unterwegs kam ich beim Haus der besagten Tochter vorbei. Ich wollte sie nach Horst fragen.

Als ich meine Briefe ausgetragen hatte, klingelte ich bei dieser Frau. Es öffnete mir niemand und so hatte ich schon vor, nach Hause zu gehen. Ihr Mann, der sich auf der Straße unterhielt, hatte mich beobachtet und sprach mich an. Ich erzählte ihm, um was es ging, und dummerweise auch noch, daß Horst Schneider mein Halbbruder sein sollte.

Dieser Typ, der keinen guten Leumund hatte, redete über Horst in jeder Beziehung schlecht. Da er sich auch schon mit ihm geschlagen hatte, konnte ich seinem Geschwätz nicht viel Glauben schenken. Immer noch sehr erregt kam ich nach Hause. Meine Frau machte mir Vorwürfe, daß ich so vorschnell reagiert hatte. Am nächsten Tag fühlte ich mich so mies, daß ich bereits beim Gedanken an meinen Halbruder meine Tränen nicht mehr zurückhalten konnte. Da ich kurzfristig nicht zu Dr. Ebner kommen konnte, hatte ich eine gute Idee, wer mir wirklich helfen konnte.

Nachdem ich mit Leni Albrecht, der Schulfreundin, meines Vaters telefoniert hatte, fühlte ich mich wohler in meiner Haut. Leni dachte, ich wüßte davon. Sie klärte mich über vieles auf, was sich damals vor 50 Jahren abgespielt hatte. Da sie an der Vaterschaft meines Vaters zweifelte und es früher nicht die Möglichkeit eines Blutgutachtens gab, wird es für immer unbestätigt bleiben, ob Horst mein Halbbruder ist. Weil mein Vater schon lange Jahre schwer krank war, bat mich Leni – auch wenn ich noch so verletzt sei – die Geschichte auf sich beruhen zu lassen. Auch wenn es vor der Hochzeit meiner Eltern geschah, so war es doch eine ganz andere Zeit, die Zeit nach dem 2. Weltkrieg. Anläßlich meines 40. Geburtstages am 10. August '99, dachte ich daran, ihn zusammen mit Hugo und Lothar zu treffen.

Zum einen aber war ich mir im klaren, daß mein Halbbruder es schon seit mindestens 30 Jahren wußte. Denn so lange war er bereits verheiratet und hatte Kenntnis von seinem angeblichem „Vater". Zum anderen wußten natürlich auch meine Brüder nichts davon. Da beide nicht viel jünger als Horst waren, hatten sie nur früher bei irgendwelchen Kneipengesprächen davon erfahren. „Ich hab` davon offiziell nie etwas erfahren. Und es ist auch nicht bewiesen, daß er überhaupt unser Halbbruder ist", meinte Lothar, als ich ihn auf die Geschichte von damals ansprach. Damit sah ich die Sache mit dem Geburtstagstreffen als erledigt an. Da meine Brüder so grundverschieden anders sind als ich, war es auch irgendwie gut so.

Protest und Attest

Eine Woche vor Fasching '99 wurde ich von einem Beamten, der zur Aushilfe vorübergehend die Abteilung leitete, eingearbeitet. Für mich als jemand ohne Verwaltungsspezifische Ausbildung, war fast alles Neuland. Doch ich kam gut zurecht, es machte mir Spaß und der Arbeitstag ging schnell herum. „Ich muß Sie noch einmal schocken", teilte mir der Verwaltungsleiter mit, als er am Morgen des Aschermittwoch wie immer in die Abteilungen kam. „Leider geht es nicht anders. Die Stelle muß von einem Beamten besetzt werden. Sie, Herr Weber, werden laut Stellenplan das Archiv übernehmen", machte er mir unmißverständlich klar. Im ersten Moment konnte ich mich noch darüber amüsieren. Doch dann wußte ich, was Archivierung bedeutete: Keller aufräumen, wofür niemand seit zig Jahren zuständig war. Das war für mich gleichbedeutend wie der freie Fall von der Bundesliga in die Kreisklasse.
In den nächsten Tagen plagte ich mich nicht nur mit einer Erkältung herum, sondern ich, der ehemalige Einkaufsleiter, fühlte sich degradiert und abgeschoben. Die Vorstellung nur noch im Keller zu sitzen, versetzte mich in einen miserablen seelischen Zustand.
Da ich einen Termin bei Dr. Ebner hatte, erhielt ich von ihm ein Attest, welches beinhaltete, daß aufgrund meiner Krankheit Depression solche ständigen Versetzungen innerhalb eines geschützten Arbeitsplatzes nicht angehen konnten. Ich sollte und wollte das Schriftstück bei der Schwerbehindertenvertretung abgeben. Doch

als ich Frau Heinrich nicht erreichte, gab ich es direkt beim Verwaltungsleiter ab. „Wenn Sie das nicht durchhalten, müssen Sie kündigen“, fuhr er hoch wie von einer Tarantel gestochen und schüchterte mich mit Worten ein. Er behandelte mich nicht wie einen knapp 40 Jahre alten Mann, sondern eher hatte ich das Gefühl, daß er mit mir wie mit einem 14-jährigen Schuljungen umging.
„Selbst den Anweisungen des Hausmeisters haben Sie Folge zu leisten“, hatte mir der Amtsleiter einmal ins Gewissen geredet. Von nun an wußte ich, daß ich an unterster Stelle der Hierarchie stand.
Dr. Ebner zog mich aufgrund meiner psychischen Verfassung für zwei Wochen aus dem Verkehr.
In dieser Zeit besuchte ich den PSD und hielt Kontakt zur Schwerbehindertenvertretung. Denn keinesfalls konnte ich auf Dauer die Arbeit im Kellerarchiv machen.
Als ich nach drei Wochen an meine Dienststelle zurückkam, hatte sich hinsichtlich der vorgesehenen „Kellerstelle“ eine Veränderung ergeben.
Die Pforte sollte ab diesem 20. Februar '99 mein neuer Arbeitsplatz sein, teilte mir Frau Heinrich mit.

Verhalten und Verlernen

Am Anfang war es für mich eine große Umstellung, da ich bei der Arbeit an der Telefonanlage den ganzen Tag an das kleine Pfortenräumchen gebunden war. Wegen jeder Kleinigkeit mußte ich mich abmelden und der Arbeitstag nahm einfach kein Ende. Zusätzlich kam es des öfteren zu Konfrontationen mit den jungen Arbeitskollegen, die wie früher an meinem Selbstbewußtsein nagten.
„Wenn ich abends abschließe, fällt bei mir der Rolladen runter. Dann denk ich nicht mehr an Kunden oder Preise“, hatte mir mein Schwiegervater des öfteren gesagt, wenn ich ihm von meinen Problemen erzählte. Ich aber ging nach Dienstschluß nach Hause und konnte nicht den Schalter von „Betrieb“ auf „Privat“ umstellen. Ich

grübelte bereits während der Heimfahrt. Wenn ich zur Tür hinein kam, bombadierte ich meine Frau sofort mit meinen quälenden Gedanken. Nur allzu oft glaubte ich im Nachhinein zu wissen, wie ich mich hätte verhalten sollen. Tagelang belasteten mich diese Szenarien des Dienstalltags. Zwar konnte ich darüber mit Ina, Freunden und Dr. Ebner reden, aber da mein Neurologe nicht ausgebildeter Psychotherapeut war, konnten sie mir meist nur zuhören, anstatt Lösungswege aufzuzeigen. „Ich würde gerne eine Verhaltenstherapie machen, so richtig intensiv, so in einer Kurmaßnahme. Können Sie mir jemand empfehlen und kann ich eine Kur beantragen?“, fragte ich Dr. Ebner in der festen Überzeugung, daß mir solch eine Therapie helfen würde.
„Ja, wir können einen Antrag stellen und es versuchen, aber da sich so etwas eh sehr lange hinzieht, schreibe ich Ihnen vorher Namen auf, an die Sie sich ambulant wenden können“.
Als ich wegen eines Erstgespräch bei den von Dr. Ebners empfohlenen Therapeuten anrief, lief entweder dauernd der Anrufbeantworter und ich wurde nicht zurückgerufen oder man teilte mir mit, daß die Wartezeit mindestens sechs Monate betragen würde.
Ich nahm die Gelben Seiten zur Hand und begab mich persönlich auf die Suche nach einer Verhaltenstherapie.
„Diplom Psychologin Karin Ruppel – Verhaltenstherapie“, las ich. „Ach, das ist ja bestimmt die Frau von Dr. Ruppel dem Leiter des Altenzentrums“, sagte ich zu mir und erinnerte mich an das Hinweisschild an der Einfahrt des Zentrums. Ich rief sofort an und hatte Glück. In vier Wochen konnte ich zum Erstgespräch kommen. Doch Ina schien über mein Grübeln und das ständige Nichtabschaltenkönnen so beunruhigt zu sein, daß sie zum Telefonhörer griff und die Psychotherapeutin anrief. „Bitte Frau Ruppel, es ist sehr dringend, ich habe Angst mein Mann könnte wieder in eine Depression abgleiten. Können Sie ihm einen früheren Termin geben?“ fragte sie mit aufgeregter Stimme. „Wenn es ihm in der Mittagspause möglich ist, kann er nächsten Donnerstag kommen“. Sichtlich erleichtert setzte mich meine Frau davon in Kenntnis.

Es war kurz nach Zwölf. Vor der Eingangstür des Altenzentrums ging ich über eine Treppe mit modernen Edelstahlgeländer in die Praxisräume des ersten Stocks. Frau Ruppel nahm mich bei der Anmeldung in Empfang und führte mich in den hinteren Teil der Räumlichkeiten.
Wie in all meinen Therapiegesprächen zuvor, saß ich auf einem Stuhl vor ihrem gläsernen Schreibtisch und nicht etwa auf der durch Film und Fernsehen zu so zweifelhaftem Ruhm gekommenen Couch! Dadurch und durch die allgemeine Darstellung der Psychiatrie werden die bereits bestehenden Vorurteile und Ängste der Menschen weiterhin sehr negativ beeinflußt.
Nach dem 50-minütigen Erstgespräch schrieb ich für Frau Ruppel eine Kurzbiographie, so daß sie sich möglichst schnell ein Bild von mir machen konnte. In einem kleinen Notizbuch notierte ich mir über die Woche, welche für mich belastenden Situationen vorgefallen waren.
Die Verhaltenstherapeutin stellte gezielt Fragen, und ich erhielt von der Frau Ruppel Lösungsvorschläge, Strategien und Hilfestellungen bei den aufgetretenen Problemen. Wie bei Dr. Ebner spürte ich vom ersten Termin an, daß die Chemie zwischen uns stimmte. Mit der Unterstützung ihrer Therapie wurde ich von Woche zu Woche etwas lockerer, was aber nicht bedeutete, daß es immer gelang, angemessen zu reagieren. Es ist wie im Sport. Es erfordert viel Training, Übung und Durchhaltewillen, denn manchmal fühlt man sich als Sieger und manchmal verliert man auch. All die Verhaltensweisen, die mir von Kindheit anerzogen worden war, konnte ich mit ständigem Training im Laufe der Verhaltenstherapie auch wieder verlernen. Doch es ist ein Prozess der ständig andauert und an dem ich immer weiter arbeiten werde.
Durch die Verhaltenstherapie und die Bücher des Autors und Lebensphilosophen Josef Kirschner lernte ich besser mit Autoritäten, dominanten Menschen, Besserwissern und neugierigen Menschen umzugehen.

*

Während ich bei meinem Monatstermin bei Dr. Ebner im Warteflur saß, sprangen mir zwei Broschüren über die Aufklärung von Depressionen ins Auge. Auf der letzten Seite eines der Ratgeber war zu lesen, daß 10 – 15 % der Menschen mit Depressionen Suizid begehen!
Dies gab mir den Anstoß, aufgrund meiner Erfahrungen mit dieser leid- und qualvollen Krankheit einen Erfahrungsbericht zu schreiben. Während ich anfing, von meiner ersten Depression im November '84 zu schreiben, faßte ich den Entschluß, ein autobiographisches Erfahrungsbuch daraus werden zu lassen. Das Schreiben meiner Lebensgeschichte bedeutete für mich gleichzeitig der Beginn meines Engagements zur Ent-Tabuisierung der Krankheit Depression.
Und von dem Tag an dem ich begonnen habe, mich für Aufklärung und Information einzusetzen, um die Menschen von Vorurteilen und dem Makel der immer noch auf der Krankheit lasten, zu befreien, fühle ich mich immer mehr meiner Selbst bewußt und dadurch gestärkt.
Der Dienst an der Pforte machte mir zunehmend mehr Spaß. Ich freute mich, in einem guten Arbeitsklima diese mit dem Telefondienst verbundene Arbeit für meinen Dienstherrn zu tun.

10. August '59 und 10. August '92

Jetzt stand nur noch der große Höhepunkt des Jahres '99 bevor. Mein 40. und Henriks 7. Geburtstag. Das 6 x 6 Meter große Zelt hatte ich mittels Lichterketten und Girlanden schön geschmückt. Meinen alten Plattenspieler mit Hits aus vier Jahrzehnten hatte ich ebenso wie zwei kleine Tische für die Geschenke plaziert. Eigentlich wollte ich keine Geschenke, doch da Henrik seine Präsente bekommen sollte, wäre es sehr schwierig gewesen, dies für jeden erklärbar auf alle Einladungen zu schreiben.
Als Hobbykoch suchte ich mir einige Sachen bei einem Haushaltswarenfachgeschäft im Herzen von Wetzlar aus. Ich sollte all die

Dinge bekommen, die ich mir gewünscht hatte. Als ich am Samstagnachmittag das Faßbier anzapfte, zeigten sich die Kinder voller Vorfreude auf das Fest. Pünktlich kamen die Gäste am Abend zur Feier. Nachdem sich alle am von Ina zubereiteten italienischen Büfett auf der Terrasse satt gegessen hatten, hielt ich eine Rede, die in ganz groben Zügen von meinem Leben handelte.
Daß meine Frau, die zwar zuwenig über die Krankheit Depression informiert war, aber trotzdem in den schlimmsten Stunden immer zu mir hielt, war der Grund dafür, daß ich es ansprach. Ina war bisher der einzige Mensch in meinem Leben, der sich in einer Notlage entscheidend und richtungsweisend für mich einsetzte und es möglich machte, daß ich in die Klinik „Hohe Mark" aufgenommen wurde. Mein Rede beinhaltete den Wunsch, in musikalischer Begleitung von Freunden gemeinsam drei Lieder zu singen, die wir auf der Klinikstation am Rande des Taunus oft gesungen hatten und die mir viel Hoffnung gegeben hatten. „Ich wünsche mir, im neuen Lebensjahrzehnt von der Krankheit verschont zu bleiben, und daß Henrik jedes Jahr Fortschritte macht", sagte ich zum Abschluß.
Janna, Marja-Lisa und auch Henrik waren sehr fleißig und bedienten fast über den ganzen Abend die Gäste. Sehr erstaunt war ich über Henrik. Ohne daß er es gezeigt bekam, wußte er genau, wann er den Bierhahn abzustellen hatte. Ich glaube ehrlich sagen zu können, daß allen Gästen diese etwas außergewöhnliche Doppelgeburtstagsfeier sehr gut gefallen hat, auch wenn, oder gerade weil draußen ein Mistwetter herrschte.
Am Sonntagmorgen hatte ich meine früheren Handballkollegen zu einem Frühschoppen eingeladen. Obwohl einige Ehemalige von den 30 Eingeladenen nicht kamen, fanden alle die Idee toll, in Bierzeltatmosphäre zu feiern. Da auch der frühere Jugendwart erschien und seine kompletten Ordner mit Zeitungsberichten dabei hatte, gab es viel Gesprächsstoff. Statt Geschenken hatte ich mir eine Spende für die Lebenshilfe erwünscht. Viele hatten einen Umschlag mit Glückwunschkarte dabei, andere warfen etwas in das große von Janna selbst gebastelte Sparschwein, hinein. Am Abend

war ich total überrascht und hocherfreut, als ich 500 DM zählte. Ich telefonierte mit der Lebenshilfe – wo Henrik in den Kindergarten ging – und der Psychosozialen Kontaktstelle in Wetzlar, um eine Spende anzukündigen. Am 2. September '99 habe ich jeder Einrichtung jeweils 300 DM mit Stolz übergeben.

Wer in der Tiefe war
ganz unten, entsetzt, verzweifelt, am Ende
und wieder leben darf, kann nicht schweigen
muß danken, schreiben und reden.

Hüttenberg, 26. 8. 1999 und 22. 7. 2001

SCHLUSSGEDANKEN

zwischen Mißtrauen, Macht und Mobbing und für eine ehrlichere und offene Welt

Einige Kapitel des Rohentwurfs meiner autobiographischen Lebensgeschichte schrieb ich im Mai 2000 in einer psychosomatischen Kurklinik im Südschwarzwald. In den Wochen dieses Aufenthalts, dessen Tage ich als „geschenkte Zeit" bezeichnete, hatte ich die Möglichkeit, an meinem Buch weiterzuarbeiten.

Diese Geschichte meines Lebens habe ich so geschrieben, als hätte ich sie einem guten Freund oder Freundin erzählt. In meiner Autobiographie ist weder etwas frei erfunden, noch bewußt verändert worden. Es drückt vielmehr mein subjektives Erleben und Leiden, sowie die Freude in mir aus, mit der ich versuche den Betroffenen Mut zu machen zu dem Glauben, daß das Leben trotz Mißtrauen, Macht und Mobbing gerade durch oder wegen der Krankheit Depression wertvoll und lebenswert ist. Alle die Nichtbetroffenen die den ganzen Weg oder Teile davon in meiner Nähe mitgegangen sind, sehen mein Denken und Handeln und meine Gefühlswelt vielleicht mit anderen Augen.

Um die Zusammenhänge der einzelnen Lebensphasen von der Kindheit bis zur eigenen Familie im Hinblick auf die möglichen Ursachen und Auslöser der Krankheit deutlich zu machen, erschien es mir wichtig, statt eines reinen Erfahrungsberichts das Buch in dieser Form erscheinen zu lassen.

Neben diesem Buch habe ich die Kraft und Offenheit, mit einem eigenen Vortrag für Aufklärung und Verständnis zu werben, damit zukünftig immer mehr Menschen darüber informiert werden, was im medizinischen Sinne bedeutet an einer Depression erkrankt zu sein. Im Januar 2001 stieß ich durch das Buch „Mittendrin und nicht dabei" auf den Schweizer Selbsthilfeverein EQUILIBRIUM. Von Beginn an beeindruckt und überzeugt von deren Arbeit, trete ich seitdem engagiert für die gesellschaftliche Anerkennung der Depression ein.

Es ist mein Ziel, nacheinander in Hessen weitere Selbsthilfegruppen aufzubauen und mich für eine bundesweite Selbsthilfebewegung einzusetzen, damit in allen 16 Bundesländer irgendwann einmal ein Verein nach dem Vorbild EQUILIBRIUM gegründet werden kann.
Abschließend wünsche ich mir, daß ich mit meinen autobiographischen Erfahrungen beim interessierten Leser Verständnis wecken, Vorurteile und Ängste abbauen konnte, und so hoffe ich, einen kleinen Schritt zur Ent-Tabuisierung der Depression beigetragen zu haben.

LITERATUREMPFEHLUNGEN

EPSTEIN-ROSEN, LAURA & AMADOR, XAVIER F. :
„Wenn der Mensch den Du liebst depressiv ist“
Scherz-Verlag

FLACH, FREDERIC F. : „Depression als Lebenschance“
Rowohlt Taschenbuch 17168

HELL, DANIEL: „Welchen Sinn macht Depression“
Rowohlt Taschenbuch 19649

JOSURAN, RUEDI & HOEHNE, VERENA & HELL, DANIEL:
„Mittendrin und nicht dabei“
Econ-Verlag

KIRSCHNER, JOSEF: „So wehren Sie sich gegen Manipulation“
KIRSCHNER, JOSEF: „Die Kunst, ein Egoist zu sein“
Knaur Taschenbuch

KULITZA, KARL: „Ich hatte Depressionen“
Ullstein-Verlag

MIKLEWSKI, GÜNTER & RIECKE-MILEWSKI, ROSE:
„Depressionen überwinden“
Stiftung Warentest

PESESCHKIAN, NOSSRAT & BOESSMANN, UDO:
„Angst und Depression im Alltag“
Fischer-Taschenbuch

WOGGON, BRIGITTE: „Ich kann nicht wollen“
Hans-Huber-Verlag

WOLF, DORIS & MERKLE, ROLF:
„Gefühle verstehen Probleme bewältigen“
PAL-Verlag

INFORMATIONEN ZUM AUFBAU VON SELBSTHILFEGRUPPEN

beim Autoren unter eMail: weber.hage@t-online.de
und im Internet unter www.depri-info@hans-georg-weber.de

Der in Deutschland seit 1984 einzige bestehende Selbsthilfeverein:

„Selbsthilfe bei Depressionen"
Wermbachstr. 13, 63739 Aschaffenburg
Tel.: 06021/23626

Verein zur Bewältigung von Depressionen
EQUILIBRIUM
unter:
www.depressionen.ch
oder
Sekretariat
Oberneuhofstr. 8
CH-6340 Bar
Tel.: 041/7287169
Fax: 041/7287166

Informationen zur Schwerbehinderung

- regionale Versorgungsämter (Amt für Soziales und Versorgung)
- Schwerbehindertenvermittlung des Arbeitsamts
- Verband für Kriegs- und Wehrdienstopfer, Behinderter und Rentner e.V. (VDK)
- Landeswohlfahrtsverband (LWV) -Hauptfürsorgestelle
- Schwerbehindertenvertretung des Arbeitgebers (ab 5 Schwerbehinderte im Betrieb)
- Psychosoziale Beratungsstellen
- Integrationsfachdienste